いま読む！名著

こわばる身体がほどけるとき

西田幾多郎『善の研究』を読み直す

✲

目次

いま読む！名著

西田幾多郎『善の研究』を読み直す

こわばる身体がほどけるとき

板橋勇仁
Yujin ITABASHI

現代書館

いま読む！名著

こわばる身体がほどけるとき

西田幾多郎『善の研究』を読み直す

［凡例］

1 西田幾多郎の著作の引用・参照は、岩波文庫の『善の研究』、『西田幾多郎哲学論集 Ⅰ・Ⅱ・Ⅲ』、『西田幾多郎講演集』に収録されているものについては、読者の便宜を考慮してそれらを用い、それ以外のものについては『西田幾多郎全集』全一九巻（岩波書店、一九六五―一九六六年）を用いる。

2 本書における引用文中に現代のものと異なる漢字およびかなづかいが含まれる場合には、適宜現代のそれに改める。

3 引用文中の……は省略記号である。また、筆者（板橋）による註を引用文に挿入する場合は、その箇所を〔 〕をもって示す。引用に際し原文中の強調表現については原則として省略する。

4 本文および註における人名への敬称は原則として省略する。

序章

西田哲学と身体

本書と西田哲学

西田幾多郎は、日本においても世界においても、最も著名な日本の哲学者の一人とみなされ、その中でもとくに独創的な思想体系を確立したと評価される。本書はその西田哲学を手がかりにして、現代のこわばる生きづらい身体がほどけるための思想を探す。そしてこの思想は、現代社会の生きづらさがほどけるための思想でもあることを示してゆきたい。

現代の身体が〈こわばる身体〉であると述べた。本書が現代の身体をどのように捉え、そこにどのような問題を見て取るのかについて、詳しくは第1章で述べることにする。ただしここでその見通しを記しておきたい。筆者が考えるのは、多くの現代人にとって身体は、あるべき好ましい規格に合わせて統御されデザインされる対象として扱われているのではないかということである。現代の多くの身体はこのようにして特定の枠ないし型に当てはまるように制御されたえず監視され続けている。こうした身体はこの型から逸脱しないか常に不安や緊張を強いられる。それは、あそびや余裕のあるゆったりと楽な感じがない、緊張ではりつめてがちがちになった身体であり、その意味で〈かたくこわばる〉身体である。それは言うまでもなく、日々生活していく上で多くの支障をきたす、生きづらい身体である。

そうだとすれば、身体のこうした生きづらさはどのようにすればほどけるだろうか。つまり型にはめられて緊張した身体のこわばりはどのようにしてほどけるだろうか。そしてどのようにして、あそびや弾力がありゆったりとした活力のある身体となるだろうか。

ここで重要なのは、生きづらい身体のこわばりが〈ほどける〉ことは、おそらく単純に生きづらさを克服したり解消したりすることではないということである。むしろそれは、生きづらさを受け容れ包み込んでそれと共に生きることではないか。本書で示していくように、まさにこのことこそ、生きづらさが〈ほどけて〉生きることであると筆者は考えている。

すでに書いたように、本書がこのように現代の身体を考察する上で手がかりとするのは、西田哲学である。そしてそのためには、西田哲学の出発点であり最も重要な著作と言っても過言ではない処女作『善の研究』（一九一一年出版）の思想を読み直し、さらにその上で後の円熟期の思想、すなわち一般に後期西田哲学と言われる思想を、とくにその「歴史的身体」という考え方を理解していくことが重要である。

西田哲学はいま一層注目を集めつつある哲学の一つである。西田は一九四五年、終戦直前に逝去しており、二〇二〇年、生誕一五〇周年を迎えた。この西田の思想は、いまも東アジア、アメリカ、ブラジル、ヨーロッパ各地などで盛んに研究が進められている。一例として、国内外で『善の研究』刊行百年を記念して行われた国際的催しの中でおそらく最も画期的であったものは、ドイツのヒルデスハイム大学で行われたものであった（参加者は世界各地からあり、筆者も発表者として参加した）。世界からの注目度は明治以降の日本の哲学思想の中では突出している。新たな翻訳書も例年世界各地で刊行されている。

ここ十年の間に、日本の哲学思想について、文化横断的に研究を行う国際的な学会・学術団体が海外に幾つも設立されてきており、各々が積極的に活動を始めている。その関心の中心に西田哲学があることは言うまでもない。もちろん日本国内でも、ほぼ年に数冊のペースで西田哲学の研究書が新たに発行されている。西田哲学会（筆者も理事をしている）や石川県西田幾多郎記念哲学館の活動をはじめ、西田に関わる学術的な催しも後を絶たない。

それでは、この西田哲学を本書が取り上げる理由は何か。そもそも西田哲学とはどのような哲学なのか。本書の意図を伝えるためにこのことについて説明していきたいが、ひとまずその導入として、私自身と西田哲学との出会いについて書いてみたい。

西田哲学との出会い

私が西田と出会ったのは『善の研究』を通してである。私は高校生の頃、大学で何を勉強するのかについて決めかねていた。この頃、高校で最も尊敬する世界史の先生から、世界史を受講している学生たちに、教養として読むべき本のリストが配られた。そこにはデカルトなどの哲学書が多く載っており、私は尊敬する先生の推薦書だからと順番に読んでいき、関連書も読んだ。その中でもとくに面白かったのが、三木清の『人生論ノート』で、当時の私はこの本を熟読し、この本を遅れて読んだ級友からの質問に偉そうに解説する始末であった。

そんな時、三木清は日本でも最も有名な哲学者の下で教わったと知り、それで三木の指導教授である西田幾多郎の『善の研究』を自分で手に取ってみた。三木が西田を敬愛する気持ちを書いたエッセーなどは読了済みで、大いなる憧れをもって読んだ。『人生論ノート』より格段に難解に感じたものの、断然興味を惹かれた。当初は内容がほとんどわからなかったものの、当時ひょんなことから習うことになったヨーガの先生が『善の研究』に詳しく、時折内容について説明してもらいながら、少しずつ読み進めていった。ちなみに、その時に書き込んだ本（岩波文庫）はいまでも大切に持っている。大学に職を得てからも、学生との演習で使い続け、とうとう綴じが解けてしまったので、図書館で本の修理の仕事を習っていた学生に綴じ直してもらったものである。

私は哲学を勉強したいというよりも、『善の研究』のように思索したいと思って、或る私立大学の哲学科を選び、進学した。ただ当時は、西田哲学の研究者のほとんどは、西田が教授として活躍し多くの弟子を育てた京都大学（当時は京都帝国大学）の関係者であり、東京で西田を研究したいと言っても、教授たちはあまり賛成しないような時代だった。私は大学の卒業論文、大学院の修士論文と博士論文、すべて西田哲学を扱ったが、常に反対に遭いながら、何とか指導教授を説得して勉強を続けてきたようなありさまであった。

それでは、私はなぜ『善の研究』にそこまで惹かれることになったのか。残っているノートやメモを見ると、その背景事情は高校二年生の頃に遡ると思う。その頃から私は、自分が徹頭徹尾利己的な人間であり、他者をないがしろにせずには生きていけないような人間ではないかと自分を責め悩み始めた。最初は単純に私の性格・人格の至らなさへの反省でもあった。しかし私の性格や行動のどこかを直したり注意したりしようとしても、そもそも根っこが本質的に利己的であるので、そこをどうにかしない限り、どうしようもないように思えてきた。自分はどうしたら自分の中に本質的に宿っている利己性を消していけるのか、そして他者をないがしろにせず尊重することができるのか、といった問題に突き当たっていたのかもしれない。

そのうち、私が他と独立にそれ自身で存在していると認識し、それを前提にして生きる限り、私は自己中心的であって、私を他者よりも優先する態度から抜けられないといった考えも、何かのきっかけで持つようになっていた。あるいは仏教についての一般的な知識を得る中で「我執」という発想を得たからかもしれない。そのため、他者とは独立に私は私であると思っていることそのものが何らかの仕方で否定され消されないといけないという予感があったように思う。そうでないと、まず私は私を中心・基点にしていっさいを捉えることになるから、私は必然的に私の利害関心を優先するし、それに執着する形になる。当時のノートやメモはもちろん支離滅裂なものだが、いま化粧を施してそれをまとめれば、このようなことになると思う。

まず三木の『人生論ノート』のとくに「個性について」の章の中に、解決にたどり着くヒントを見出せそうな気がした。西田の『善の研究』に進んで、わからないながらに、第一編「純粋経験」に強く魅入られた。そこには、他者と独立に存在する自己も、そして自己と独立に存在する他者も、もともと私たちの日々の経験において実は存在していないということが示されていると読んだ。そしてこの思想に大きな感動を抱いた。私が私として独立に存在し、自己中心的にならざるをえないと考えるのは、日々の経験を加工し歪めるから生じることに過ぎず、日々の経験をありのままに生きるなら、私の利己性・自己中心性は生じないのではないか（ただこの理解はいまになって見れば問題点を含んでいる）。むしろ日常の一つ一つのことが、それだけで私と他者とが互いをないがしろにすることなく相手のありのままの姿を受け容れあう、その意味で深く貴重な出会いの経験なのではないか。それなら日々の経験は限りない豊かさを湛えて生じている。そう読んだことで、生きることに勇気が湧いてくる気がした。

身体から西田哲学へ——私の場合

『善の研究』では、我々の経験のあり方を説明する際にしばしば身体による知覚経験が挙げられる。実は私は、もしも私の自己中心性を否定し去ることができるなら、その際には「身体」の活動が重要になるのではないかと考えていた。そして私は『善の研究』では、自己の利己性の生じないありのままの経験における身体活動の重要性が提起されていると理解し、なおのことこの書に共感したのである。

というのも、当時の私にはまた「身体」は大きな関心事だった。制服のない自由な雰囲気の高校だったが、それでも学生なりの身体の所作や振る舞いをするように指導を受ける機会は当然ある。私は少し跳ねっ返りのある気質だったので、そうしたものに反発や息苦しさを感じていた。他方、自分の身体の所作や振る舞い、そこに漂う雰囲気などに他者をないがしろにする自己中心的な匂いを感じてもいた。ただし、それは身体のせいではなく、私の心根のせいとも感じていた。こうして、矛盾する二つの方向から、私は不自由で生きづらい感じを身体において受け止めていた。

だがこうなるのは、社会（世間）が、あるいは私が、身体に変な働きかけを及ぼしているからであり、むしろ身体の側は被害者ではないか、かえって身体自身はこうした状況を打開する力こそを持っているのではとも感じた。たとえば、（趣味とも言えないほどの）ロック・バンドを組んで高校内で活動している中で、弾き手と聴衆（友人）とが結びつきあい交わりあう瞬間があった。それは精神的ないし心理的な結びつきというよりも、肌で体感するものというか身体を通して直接感じあうことのように思っていた。おぼろげながら、私と他者の出会いにはこうした身体的な通じあいが大事なのではないかと考えていた。また、能楽や、舞踏と言われるジャンルのダンスなどを観るのが好きで、そこに立ち現れている身体には、独立しあう私と他者の関係とは何か根本的に異なる関係を結ぶ私と他者が表現されている気がしていた。さらに、書物から鎌倉時代の一遍上人の生きざまに触れて感動した経験からも、「踊り念仏」という、我執の否定としての身体行の持つ力強さを知った。つまり、私は「身体」を、一般的に考えられるように、私の身体と他者の身体というように私と他者とを独立させる契機と考えるのではなく、むしろ私と他者が互いに結びつきあい、相手を深く受け容れあうことを主導する力を持つものとして予感していたのだと思う。

私は、身体がそれぞれの自己が所有する道具のように扱われていることに常々違和感を持っていた。それは、私を中心・基点にしていっさいを捉える利己的で自己中心的な私によって身体が支配され縛られていることを意味すると感じていた。むしろ、この束縛を放つことで身体が本来の働きを活き活きと発揮し、利己的ではない仕方で私と他者が交わりあうことも実現するのではないか。明確な根拠はなかったが、そのように考えた。当時の私は『善の研究』を学べば、この考えをもっと深く進められると理解していた。いま考えると、こうした考えはかなり稚拙なところがある。だが、良くも悪くもこうした理解が機縁となって、私と『善の研究』との、そして西田哲学とのつきあいが始まった。

西田哲学と身体

私と『善の研究』の縁について述べてやや長くなった。本書の導入として書いておきたかったことは、『善の研究』の中で最初に強い印象を受けたのは、私は日々の経験の中で、自己中心性が否定される仕方で他者と交わりうるし（ただしこれがどのような否定なのかは後述のように、もっと考えなければならない）、そしてそれは身体の活動を通して実現するという思想であったということである。『善の研究』を読み始めて三十年以上経ち、私は西田の晩年までの思想の進展についてもまがりなりに研究を重ねてきた。そして改めて本書において私が読み解く方向性は、高校生の時の私の読みの方向性と同一ではないにしても重なりあうところがある。本書で私は、現代の身体の生きづらさについて提示し、そしてこの生きづらさはまた現代における他者との交わりの生きづらさが現実化しているものであることを説明する。この立場からすれば、自己と他者が共に相手を受け容れあうことのできる関係とそこに働く身体の役割とを考察する西田哲学は、こうした生きづらさをほどく大きな道しるべとなる。

ただし本書が論じていくように、西田哲学は、生きづらさを解消させ克服しうるような身体を提示するのではなく、あくまでも生きづらさを受け容れそれと共に生きうる身体を提示する。この両者の差違を見極めることは決定的なことであり、また本書の内容の要点の一つでもある。その意味では、同様に重要なこととして注意すべきなのは、他者に対して私の利己性が消えて全くなくなるような経験を西田が説いているわけではないということである。上述したように、かつての私はそのように考えていた節があった。しかし、西田はむしろ互いの利己性を受け容れ包んで共に生きる自他の交わりを説くのである。言うまでもなく、高校生（から大学卒業論文執筆の頃まで）の私がこうしたことに自覚的であったわけもなく、これに関わる当時の私の理解については、不適切さを正さなければならない。もとより本書における西田哲学解釈については、別途はじめから説明し直すつもりである。ここではただ、本書の問題意識の背景ないしルーツを示したかっただけである。

もっとも、実は一般的な理解では、第一編「純粋経験」は、あるいは厳密に言えば『善の研究』全体が、かならずしもこうした思想を詳しく説明してはいないとされる。自己と他者の関係における身体の役割ないし働きというテーマについてどころか、そもそも、自己と他者の関係についてすら、あるいは日々の経験における身体の役割についてすら、詳しい説明がないとも考えられている。なるほど少なくとも、書かれた文面上に明示されている内容からはそうであるかもしれない。そして、自己と他者の関係やそこでの身体の役割は、『善の研究』よりも中・後期西田哲学においてこそ考察されているというのが研究者の間での一般的な理解かもしれない。

しかし、西田が『善の研究』の時点で説明しようとした内容を十分に無理なく理解しようとするなら、自己と他者の関係や身体の役割についての考察は、たとえ明示的に取り上げた箇所はなくても、『善の研究』の根本思想を基にして我々の側で展開するべきである。そしてそれは十分に可能である。本書は『善の研究』の文面に明示されている考察だけを取り上げて『善の研究』の思想の持つ豊かな可能性に蓋をすることは採らない。むしろ場合によっては西田が明示していない考察についてもこちらで補足を加えながら『善の研究』を解釈していく。ただしそれをこちらが恣意的に行うのではなく、とりわけ後期西田哲学の思想を念頭に置きつつ、それに繋がる方向で行っていくことにする。つまり『善の研究』当時にも西田なら当然考えていたであろうことを浮き彫りにする方向で行っていくことにする。[*1]

もちろんこのことは、後の西田の思想をすべて『善の研究』に読み込もうとすることではない。むしろ『善の研究』の思想の持つ限界ないし難点は明確にしなければならない。自己と他者の関係や身体の役割についての西田の思想の真骨頂は、後期西田哲学を取り上げなければ理解できない。本書もそれをめざす。しかし『善の研究』への十分な理解を基にしてのみ、後期西田哲学の他者論や身体論を読み解くこともできると筆者は考える。本書が現代の身体を考察するために、まず『善の研究』を読み直し、それから後期西田哲学を取り上げるゆえんである。*2

西田哲学の特性——日常の生活をつかむ

本書が西田哲学を手がかりにすることの意図を説明するために、次に西田哲学とはどのような哲学なのか、その特徴・特性についてごく簡単に見たい。西田は本書が取り上げる処女作『善の研究』の出版から二六年を経た一九三七年に行った講演で「我々の最も平凡な日常の生活が何であるかを最も深く摑むことに依って最も深い哲学が生れるのである」*3と述べている（筆記録による）。

上田閑照はここで言われる「日常の生活」について、「何か非日常的な事が起こって日常の生活にひびが入れられる、これも含めて私たちの日常の現実です」*4と解釈している。実際、西田の人生は苦悩と悲哀から来る生きづらさに直面し続けた人生であったように見える。最愛の姉の死や自身の不慮の退学。研究者となるまでの苦渋の日々と愛弟の戦死。苦悩を克服するための参禅。そして七五年の生涯の間に最初の妻の死、二人の間の八人の子の内の五人の死に遭った。*5「日常の生活」とは、これらを含めての生活である。

極めておおざっぱな言い方になるが、哲学は論理的な思考において真理をつかむことをめざす。その際、日常の現実の中から本質的で普遍的なもの（理想的・理念的なもの）を抽出することで真理をつかみうるとする哲学思想が多い。しかしそれは結局は真理を日常と別のところにあるものとする立場となる。あるいは少なくとも各々を成立させせる原理をどこかで分ける立場となる。それに対して西田哲学では、日常の現実を成り立たせる原理と、真理を成り立たせる原理とは分けられていない。西田哲学は、日常の現実を究極的な真理の場とする。西田にとって哲学とは、いわば真理の伽藍を天上に向けて構築することではなく、我々の自己が他者と共に生きている日常の現実を自覚しそれを深めることなのである。それは、極めて切実で血の通った営みであると言えよう。

しかしだからと言って、西田哲学が学問的な体系性に乏しいわけではない。むしろ西田哲学ほど哲学の中の多様な分野を、さらには芸術、宗教、政治の営みから自然科学や社会科学の中の諸学までを体系的に包括する例は珍しい。二〇世紀以降、科学技術の発展に理念の構築が追いついていかない状況が続いている。学問の分化や人間生活の多様化も進み、人間の営みに統一的な理念や思想を求めることが困難となっている。西田は、そのような中、これだけの広範な領域を扱い、しかもそれらを日常に根ざして、また日常に帰結するものとして把握し、学問的な体系の構築をめざした。まさしく類い稀な西田哲学の特性であると言ってよいであろう[*6]。

西田哲学における「日常」の捉え方

それでは西田哲学は日常の現実を実際にどのようなものとして捉えていくのだろうか。西田にとって、我々の自己が生きるとは、他の存在するものと関わりあいながら生きることである。我々の自己や他の存在者を独立別個に存在するものとして捉えず、両者を互いに関わりあい働きかけあっている場全体からつかむこと、それが日常の現実をつかむことである。『善の研究』で言えば、哲学の伝統的な用語において、意識する「主観」（我）と意識される「客観」（物）、あるいは働きかける「主体」と働きかけられる「客体」と区分される時の、その「主」と「客」を独立のものと考えず一つの「統一」的な「活動」の二つの側面として捉えるということである。たとえば、音楽が鳴っているのを一同で聴いている時、それをありのままに捉えれば、聞いている私と他の者たちと音楽とがすべて一つの場をなし一つに働きあっているのではないか。怪我をした友人の身体を私と他の友人たちとで支えている時、それらは互いに支えあい一つの活動をなしているのではないか。それでは、私とあなたの間に衝突が生じ、そのことに苦悩している時はどうなのだろうか。西田は、私が他者と独立に存在するとみなす態度や、それに基づいて自分の利害関心によって他者を捉え統御しようとする態度が否定されるなら、私と他者はたとえ衝突しつつも一つの活動をなすとする。それは私が統御できないどうしようもなく異質的な他者と共に生きる立場に立ってゆくことである。これらのことはいずれも第2章において取り上げたい。

　さらに指摘したいことがある。こうして私と他者とが働きあい一つの活動をなす現場を捉えるなら、当然この現場において働いている身体の役割に深くまなざしを向けることになる。西田からすれば、我々は、現実から宙に浮いた存在ではなく、まさしくこの身をもって生々しく他者と生き交わる限りにおいて存在している。この意味において我々は身体を有する限りにおいて存在する。後期西田哲学では、我々は「身体的存在」であると言う。さらには本書で見ていくように、我々の自己の身体は、自己と他者がいかに関わりあうかについて重点的に表現していると説かれる。言い換えれば、自分の身体がどのように生きられているかが、自分が他者にどのように関わっているのかを表現するのである。

以上で見てきたように、西田哲学は、日常の日々の現実を深くつかむ立場に立つことで、自己によって他者を統御しようとする生き方とそれがもたらす苦悩や生きづらさを明らかにする。しかもこの生き方が転換されることで、相容れない自己と他者とがそれでも互いに相手の存在を受け容れあい一つの活動をなすことができ、そこに生きづらさがほどかれることを示す。そしてこの転換は、統御と管理の対象として生きられ、緊張でこわばった身体がほどけることと一つである。この思考の意義はいまなお深く、また現代の日本における身体の生きづらさをほどこうとする本書の大きな道しるべとなる。

本書の構成

以上を本書の導入とする。以下、本書の構成を述べる。序章では、現代の生きづらい身体をほどく思想を探すために西田哲学を取り上げる本書の意図について述べた。続いて第1章では、筆者が現代の身体をどのように捉え、そこにどのような問題を見て取るのかについて述べる。そして現代のこわばった身体の生きづらさとそれがほどける必要性とを明らかにする。この問題意識のもと、第2章では西田の『善の研究』を、第3章では後期哲学を取り上げて、自己と他者の関係における身体の役割を明らかにする。第4章では、西田哲学を基にしつつ、さらに野口晴哉の整体法の思想をとりあげて、こわばりがほどかれた身体について論じる。終章では、以上の議論をふまえながら、現代の身体の生きづらさをほどいて生きるための思想を筆者なりに展開する。

＊1　西田は一九三七年に『善の研究』の改版が出版された際に付した序文で、初版出版時を以下のように振り返る。「今日から見れば、この書の立場は意識の立場であり、心理主義的とも考えられるであろう。然非難せられても致方はない。しかしこの書を書いた時代においても、私の考の奥底に潜むものは単にそれだけのものでなかったと思う」（西田幾多郎、『善の研究』、九ページ）。

＊2　西田哲学を扱った研究書でその全体が西田の身体論の検討に関わる仕方で書かれたものは少ない。たとえば以下を参照。鋳物美佳、『運動する身体の哲学』。Adam Loughnane, *Merleau-Ponty and Nishida*

＊3　『西田幾多郎講演集』、二〇一ページ

＊4　上田閑照、『西田幾多郎を読む』、三六〇ページ

＊5　西田の生涯については、以下に詳しく記載されており筆者は多くを教えられている。遊佐道子、「伝記　西田幾多郎」

＊6　西田哲学は日常の経験を深くつかむことをめざしつつ、同時に自らの哲学としての論理性・学問性を徹底的に追究した。西田哲学の生成発展はこの両者を同時に行う方法を模索する稀有な道行きでもあった。それは概念で表現できない経験を概念によって明らかにしうる方法の追究となった。以下で論じたので参照願えれば幸いである。板橋勇仁、『西田哲学の論理と方法』

第1章

現代の身体

2020年の感染症の世界規模の拡大により世界の風景は変わってしまった。
マスクの着用、手指の消毒、他者との身体接触を
避けるためのリモートワークから外出自粛……
拡大予防のために身体の管理・統御が、私たち一人ひとりに強く要求される。
しかし、この「身体の統御」が抱える問題は、現代の日本社会においては、
今回の感染症騒動のはるか前から存在してきた。
そして、そこでの、過信と執着が、私たちの身体をこわばらせている。
まず、その背景から話をはじめてみたい。

1 統御されてこわばる身体

感染症の流行と身体の統御

現代の日本における身体について考えてゆく時、いまの感染症の流行状況に触れないわけにはいかない。二〇二〇―二一年春のいま、身体を取り巻く状況は、それまでとは大きく変化している。社会では感染症の拡大を防ぐ策として様々なことが求められている。他人との密な接触を避け、外出や会食を控えたり、手指を頻繁に消毒したり、飛沫が飛びあうのを防ぐためにマスクを着用したりすることが求められる。人との身体接触を避けるリモートワークも推奨される。日常の行動・運動範囲は狭まり、思い通りに身体を使ったり動かしたりすることの自粛も求められる。自分の身体が他人にどのような影響を与えるかについて多くの気を使わなければいけない。現在、拡大予防のために身体を適切に管理し統御することに強い注意と大きな努力が払われている。

こうした身体のありようについて考えるべきことは多いが、筆者はここに見られる〈身体の統御〉という営みに着目することにしたい。というのも〈身体の統御〉とそれのはらむ問題が、感染症流行以前からの現代の日本における身体の大きな特徴であると考えるからである。〈身体の統御〉につきまとう深刻な問題について言うなら、それは感染症流行において大きく先鋭化していると言えるものの、本質的にそれより前から現代の日本社会に存在してきた。このことこそ本章が注目したいことである。

もともと現代の日本人が身体に対して抱く関心の多くは、自分にとって、あるいは自分が属している社会にとって、美しいないしは好ましいものへと自分の身体を統御していくことにあると筆者は考える。身体の活力と健康を得るための、ダイエット、体操、エクササイズ、医療、食材、などについて繰り返される際限ない情報は、ほとんど強迫観念となって我々の健康願望を煽り立てている。また、カラーリング、整形、あるいは若者ではいまやそれほどは珍しくもない、夥しい数のピアシングが施された身体など、現代のファッションは結局、洋服も含めて周到にそしてマニアックにデフォルメされた身体に行きつくかのようである。そして健康情報にせよ、ファッションの情報にせよ、かならずと言ってよいほど、「理想的」で「模範的」と称される体力や姿・形・振る舞いが示される。現代の日本社会における身体は、多くの場合、統御され管理されるべき対象として扱われている。美と健康とを共に獲得できるような「癒し」系の商品・施設・娯楽が乱舞していることからも理解できるように、身体にいい、気持ちいい、きれい・かっこういい、いい感じ、といった快楽・快感に向けて、しかもしばしば、そのあるべき「理想形」に向けて、身体は絶えず統御され、デザインされていく。

以上に見られるのは、特定の規格に向けて身体を統御し、そのことでまさに身体を自分に好ましいものとして所有し管理しようとする態度であろう。現代において身体は、〈健康な身体〉〈美しくかっこういい身体〉といった特定の理想的な標準規格を先に設定した上で、それとの比較の中で価値・意味が見出されている。現代人の身体の多くは、特定の規格に合わせて統御されデザインされてゆく、いわば枠ないし型にはめられた身体なのではないか。

その中で、いま多くの人は、「身体」をいかに扱えばよいのか、実はその答えが見つからないままに、ある種の閉塞状況の中で身体をもてあまし、もがいているようにも見える。健康志向がますます加熱してきているという事実そのものがすでに、多くの人が常に自分の身体のありようにコンプレックスや不安を感じており、そしてその不安にひたすら急き立てられているということを示している。身体は安心して身を寄せられるようなものではなく、むしろ絶えず監視しなければならない対象であり、不安や恐れの源であるというのが実情であろう。

かたくこわばる身体

たとえば過度のダイエットから摂食障害を起こすように、身体へのコンプレックスから、身体自身に様々な深刻な問題が引き起こされてしまうことはもはや珍しいことではない。鷲田清一は『悲鳴をあげる身体』の中で「ダイエット症候群」や「不潔恐怖症」という状態を例に挙げる。この状態ではダイエットだったらスリムな身体、不潔恐怖症だったら匂いをさせてはいけないなどの強迫観念で、「身体ががちがちに硬直してしまっている」[*1]のであり、「太くてもいい、匂いがしてあたりまえだ」というような融通がきかなくなっていると指摘する。[*2]

我々はここに現代における身体の一つの縮図を見て取れるのではないか。なるほど「ダイエット症候群」や「不潔恐怖症」の状態にまでは至らなかったとしても、多くの人はたとえば自分の身体について「太くてもいい、匂いがしてあたりまえだ」とは思えないのではないか。少なくとも許容できる範囲は相当狭まってきているのではないか。つまり、現代の日本人は、汚いかどうか、匂うかどうか、はたまた消毒（滅・殺菌）されているかどうか、不快かどうか、管理が行き届いているかどうか、などといったことについて、お互いの身体にある程度の許容範囲を認めて〈これぐらいは大丈夫〉と融通や加減・案配をきかせることが、どんどんとできなくなってきているのではないか。

感染症の拡大を予防するために、〈これぐらいは大丈夫〉の融通が、一時的に通常よりも遥かに厳しく制限されることはありうるであろう。ただその場合でも、医療体制や経済的支援体制の整備など総合的な施策があって予防が可能になる。それが十分でないままにただ個人の管理努力を求め、その履行を互いに監視しあうような状況が見られるとしたら、それは感染症流行より前の時点で、すでに身体に対する融通の許容範囲が過度に狭まり、互いに身体管理を過度に求めあっていたことによるのではないか。そして、感染症拡大の危険が去った時、我々の身体は〈これぐらいは大丈夫〉の融通をはたしてもと通りに、あるいはそれ以上に取り戻すことができるのだろうか。

鷲田が先に挙げた本を書いたのは、一九九八年である。その中で「身体はいま、健康とか清潔、衛生、強壮、快感といった観念に憑かれてがちがちになっている」[*3]と述べている。それは、身体がその独自の「ゆるみ」や「ゆらぎ」を失って、「加減とか融通がきかなくなっている」ということであると言う[*4]。そして一九九八年からこの傾向はいまも続いている、いやむしろ強まっているであろう。

鷲田はこれらの観念の根本には、「じぶんの身体のすみずみまでじぶんのもの、じぶんの所有物でなければならないという観念、その意味で〈わたし〉によって遺漏なく監視される身体という観念」[*5]があるとする。この観念とは、身体をすべて自己の意志によってコントロールできる、あるいはしなければならないという観念である。しかしこうした観念に基づいて自分の身体を統御することを通して「身体のなかにじぶんを充満させておくことが、身体をこわばらせてしまう」[*6]のであり、身体を

「ピーンとはりつめて」[*7]緊張した状態にしてしまうのである。この状態では、余裕やあそびがなく、自分の心のちょっとしたためらいも不安もすべてが精密に身体の反応として出て、食欲そのものの喪失や過食と拒食などを起こしてしまう。鷲田によれば、自分の意志が身体のすみずみにまで行き渡るようなこうした「ぎりぎりの緊張状態」か、あるいは逆にその果てに「弛緩しきってしまう」状態、つまり放心状態や失神状態のような無反応・無抵抗の状態か、その両極のどちらかに偏した時、身体は危険な状態になる。[*8]それでは生きることもままならなくなり、鷲田の言う「いのちのぎくしゃく」「いのちの不安定」「いのちのトラブル」[*9]が生じてくる。

　現代日本の身体として、〈健康な身体〉〈美しくかっこういい身体〉といった特定の理想的な標準規格に合わせて統御されデザインされる〈型にはめられた身体〉があることをすでに述べた。この〈型にはめられた身体〉とは、鷲田の言う、すみずみまでじぶんのものでなければならないという、「〈わたし〉によって遺漏なく監視される身体」ではないか。この身体は、融通や加減の余地を奪われてあそびや余裕を持たない。緊張してはりつめ、こわばることで、大きな問題を引き起こす。鷲田の述べる「緊張状態」もその反動としての「弛緩しきってしまう」状態も、共に身体が過剰な統御・管理・監視を受けてすみずみまでデザインされ型にはめられてゆくことで生み出された状態であろう。それらはいずれも、あそびや余裕がない、その意味で緊張して〈がちがちにかたくこわばる身体〉である。

　そうであるならば、身体のこの〈こわばり〉がいわば〈ほどける〉ことがない限り、鷲田が指摘するように、生きていく上で重大な支障をきたすのではないか。いまや生きづらさが〈ほどかれる〉ことが必要なのではないか。ここで筆者は〈こわばる身体がほどける〉ということで、こわばりがゆる

む と共に、単にそれだけではなく、身体に余裕が出てそこに弾力ないし活力が生まれてくることを念頭に置いている。それは、生きづらさが〈ほどける〉こと、つまり生きる力が湧いてくることである。しかしそれはどのようにして可能となるのであろうか。

身体は社会に向けて統御される

現代の我々には身体統御への過剰な志向が見られることを指摘した。ただしこの志向は、単に個人自らの意志や趣味嗜好に基づいて自由に選び取っているものとは言えない。

草柳千早は、二〇一五年に刊行された『日常の最前線としての身体』において、社会学者のE・ゴフマンの思想を援用しながら、現代の日本における身体のコントロールや管理のあり方について以下のように論じている。人と共に居る時、我々は「互いの身体を各々の身体に備わった感覚によって(典型的には視覚によって)感じ合っている」[*10]。たとえば駅のホームで電車を待っているという、偶然公共の場所に居あわせただけの見知らぬ者同士でも、互いにその存在に特別な関心を持たず、互いに危害を及ぼす恐れのない存在であることを外見によって示しあい、一瞥のもとに確認しあう。ここには、言葉を中心とした意識的なやりとりではない、「人がただ居合わせているだけで互いに受けとり合っているあらゆることからなっている」ような「相互作用」が成り立っている。[*11]

そしてこのようなやりとりの中で、我々は状況にふさわしい行為をせよという規則に従うことを常に期待されている。「街中、駅のホーム、オフィス、教室、店、コンパやパーティの会場、家族や友人と共に過ごす家の中、いつでもどこでも、その状況にふさわしい立ち居ふるまい、服装、外見が期待される。そしてもしそれに外れると「変」であると感じられる」。[12]すなわち、我々は常にその場の秩序に合うように身体を適切に管理することを要請されており、意識するしないにかかわらず現にそれを執り行っている。[13]

しかも草柳は、ゴフマンを参照しつつ、我々の身体は「秩序攪乱の危険性」[14]を秘めていると言う。身体の立ち振る舞い・服装・外見・衛生・健康（体調）などをいかに注意深く管理しようとも、身体は様々な物理的・外的影響に対して脆弱であり、生理的な不安定さを備えている。身体は秩序に服しながらも、常にそこから外れてしまう可能性を帯びる「両義的な存在」[15]である。それゆえに、現代において各人はその管理を怠って失態を演じてはならないという「秩序維持への強迫と緊張」を与えられるのであり、「身体の管理」と不慮の事態への「危機管理能力」とを同時に厳しく問われている。[16]

こうした草柳の考察をふまえれば、自らの身体をデザインし統御していくことは、他者そして社会の評価に沿うことへの「強迫と緊張」と本質的に表裏一体である。そもそも我々は他と共に居る場でなるべく問題なく快適に過ごしていきたいと思うものであり、そのためには他の期待に応え、評価されたい、あるいは失態を演じて失望を買い排除されることは少なくとも避けたいと思うものであろう。各人が自らの身体を統御し管理＝監視していくことの背景には、自分が居あわせる状況や属している社会の秩序が好ましく価値あると評価するものへと自らの身体をデザインするよう仕向けられていることがある。

したがって、過剰な統御によって〈型にはめられた〉身体、すなわち弾力やあそびがなく、かたくこわばる身体とは、社会が好ましいと評価するイメージに合わせて規格化・均質化されてゆく身体、常に他者と社会から強迫され緊張を強いられている身体のことを意味するのである。草柳は、たとえば一般的に正しいとされる専門的な医療の知識とは異なる基準で、「からだの声をきく」ことによって身体の健康に向きあおうとするような試みがあるとして、北村昌陽や野口晴哉の思想を紹介する。[*17] しかしこの試みは、社会の中で個人に当然のこととして期待されていることと調和せず、社会生活において支障が生じてくると報告している。[*18]

こうして、我々の身体統御・管理・監視は自らの身体が社会の秩序に合致し価値あるものとなるようにめざされている。自分の身体の様々なありようを注意深く管理し監視することを常に社会から求められており、それに応えるように強いられている。そして我々はそれに応えることを望むようになっていく。応えることに失敗すれば、社会的な制裁が恐ろしいし、首尾良く成功すれば、社会から賞賛されるからである。

そうだとすれば、過剰な統御によってこうしてかたくこわばる身体とは、自分の他者や社会との交わりのあり方が現実化したものに他ならない。すでに見てきたように、現代における多くの身体は、ほっとできて気分に余裕を持たせるような存在ではなく、むしろ過剰な統御によってかたくこわばっている。そうなると日々生きることもままならない。この身体は、他者や社会からの絶えざる強迫に面する緊張による、日々の生きづらさを示すものである。[*19]

しかも現代の日本はインターネット・メディアの普及において情報の量とその伝播速度がかつては想像もつかなかった規模になっている。社会ではデジタル化された大量の情報が日夜めまぐるしく移り変わっている。さらにこうした情報は、それがどこからでも瞬時に世界中に拡散しうるために、かつてない暴力性を帯びている。こうした社会においては、身体を管理し損なってひとたび失態を演じれば、二度ともとの位置に復帰できないのではないかという不安を決して払拭できない。身体を統御・管理・監視せよという強迫と緊張は、極限まで達しているように思われる。

身体統御の背景にある過信と執着

筆者は、こうした問題が生じる背景には、そもそも自分の身体を自分の意志や関心を基にして統御しデザインできると過信し、それに執着する態度があるのではないかと考える。

なるほど、自分の身体を統御し監視しなければならないと周囲から圧力をかけられ仕向けられているのであって、自分の意志を基に身体を統御できると自分を自発的に評価しているわけではないとの反論も予想される。しかしたとえ周囲からの圧力によってだとしても、自分の意志に合うように身体を統御する能力を自分が持たなければならないという考えを持って統御を行うのであれば、その背景には、少なくとも何らか自分も自分の意志に基づいた統御や支配ができそうだという自己評価があるのではないか。

そもそも、このような状況の中で他者や社会からの求めにただ応えていても、事態を打開する出口は見い出せないであろう。この態度から離れていかないと、型にはめられたこわばる身体を現れさせ、それを生きることになるのではないか。そして生きることに支障をきたし、生きづらさを覚える一方となるのではないか。そうであるにもかかわらず、他者や社会に向けた自分の身体統御を少しでもゆるめようと創意工夫を行うこともないままであるなら、それは当座は他者や社会との衝突を避けておこうという考えから、社会に向けた身体統御を結局は自ら選び取っている、少なくともそこへと自ら流されていると言わねばならない。あるいはいつかは他者や周囲を統御したいのだが、いまだ果たせず、せめて社会に脅かされないように自ら自身を統御しているのかもしれない。

こうしたことに見られるのは、社会に向けた身体統御を続けることで自分の生き方も何とかなると過信して、そのことから離れようとしない態度である。そこには自己の身体統御への過信と執着がある。むしろ自己が身体を統御しつつ社会で何とかやってゆけるという自信・過信を失ったり傷つけたりしたくないからこそ、目前の快適さを優先して、他者や社会と衝突しないようにしているとも言える。それは他者や社会を尊重しようというのではなく、むしろ自己統御への過信と執着を貫くために、周囲の人がすでに行っている身体統御・管理のありように合うような仕方で、いわば因習的・画一的に身体統御を繰り返していくことである。こうなると、まずは社会や他者の評価を得ておこうとして、結局は過度の緊張に疲弊してしまう。そこではもはや自己を積極的に好きになる余裕がない。現代において一人ひとりに自己肯定感が少ないと言われるのも、この事態を指しているのではないか。もちろん統御へのこうした執着だけが現代の我々の身体統御の背景をなすとは言えない。実際には様々な要因が複雑にからみあっているであろう。しかしその中でもこの過信と執着がなければ、身体統御を、他者や社会秩序に沿った因習的・画一的なそれとしてであれ、続けようとはしないであろう。

現代の身体の多くは、以上のような状況にあるのではないか。これは感染症流行の前もいまの流行下でも同じであろう。そうだとすれば、安心して身を寄せられるような身体、その全身でほっと息をつくことができるような身体は失われる一方ではないか。我々はそのような状況でどこまで生きてゆけるだろうか。弾力やゆるみのない硬直してこわばる身体をほどいていく作業がいまや必要であろう。そのためには、美しく好ましい身体に向けて自己自身で身体を統御・監視・管理してゆこうとすることに無理があることに眼を向けなければいけない。そしてそうした統御・監視・管理能力が自己にあると過信しそれに執着する態度がほどけなければいけないであろう。

しかしそれはどのようにして可能となるのか。そして社会秩序に沿って規格化・均質化された身体のこわばりがゆるみ、ほどけたらどうなるであろうか。その時、わたしたちは一層の生きづらさを抱えることになるのだろうか。そのような中でも、自己は他者と共に社会の中で生きていくことができるのだろうか。むしろ身体は不断の統御を必要とする対象として常に不安や緊張を呼び起こすものであることをやめるのではないか。そして生きづらさをほどいて他者や社会と関わることの力となりはしないか。

2 身体の転換が生きづらさをほどく力となる——ある事例から

竹内敏晴の「話しかけのレッスン」

統御された身体のこわばりがほどけるとはどのようなことであろうか。このことを考えるための導きとして、演出家である竹内敏晴による「話しかけのレッスン」の実践例を取り上げてみたい。このレッスンでは、五、六人が勝手に座り、そこから三メートルぐらい離れて一人が立つ。そして立っている人は、離れたところからそのまま、座っている中の一人に向けて、「こっちへ来て」「おなかすいたね」「お茶飲みに行かない」など、好きに話しかけてみる。座っている人たちはそれを聞いて、自分に話しかけられたなと思った人は手を挙げる。この際、立っている人と座っている人たちとは眼を合わさないようにして、誰に話しかけているのかを見て判断しないようにする。

こうして、立っている人は大体同じ距離だけ離れて座っている人たちの中のある一人にだけ声を向けて話しかけを届けようとする。そうすると、座っている人たちは、それが自分への話しかけかどうか、話しかけてくる声だけを頼りにして、相手を見ずに身体で感じて判断することになる。竹内の報告によれば、話しかけた人がこの人に話しかけようと思ったまさにその人が、その通りに自分に話しかけられたと感じて手を挙げる場合が非常に少ないという。竹内は『教師のためのからだとことば考』において、社会学者の宮原浩二郎との対談の中で以上を紹介しつつ以下のように述べている。

その〔レッスンの〕中で出てきた反応といえば、全体に話しているみたいで、誰か個人に話されてる気がしないっていうのが非常に多いです。それから、ただ自分で独り言を言ってるだけで、こっちの方へ話しかけてるって気が全くしない、と。それから、もう一つ多いのは、声がバーッと通り過ぎて行っちゃって、なんか先の方へ行っちゃう、と。初めに多いのはこういう反応です。繰り返し聞き分けていってみると、自分の方まで声が来たんだけれども、どうも手前で消えちゃったとか、それからもっと微妙になってくると、自分の方に声が来たんだけれども途中で引き返して行っちゃった、なんていう感じ方がある。中には、肩にふれてきたとか、あっ、背中にドシーンとあたったとかいうものももちろんあるわけです。[20]

座っている人たちは、相手を見ずに、話しかけてくる声が自分に当ててのものか身体で感じようとする。そうすると、座っている人たちは、声が散らばって特定の人に話しているように感じなかったり、単に独り言を言っているようにしか聞こえなかったりするというのである。通常は相手と眼を合わせるなどの助けを借りて、その話しかけが自分に向けられているとわかっているのであって、話しかけ自体について、向けられたその人が自分に届いたという実感を持つことは決して簡単なことではない。竹内は続く箇所で「声というか、ことばそのものが相手の、わたしのことばで言えばからだに、ちゃんととどいてるってことが、非常に少ないっていうことなんです」[21]と述べ、さらに「ふつうの意味で、ことばの意味を聞き分けるっていうことと、話しかけられてるって感じることとは全然別だということなんです」[22]とも述べている。

たしかに、実際に話しかけられていても、相手のことなどお構いなしにまくしたてていたり、調子よく話を合わせているだけで気持ちのこもっていない感じがしたりすることも多い。話しかけている言葉の意味は一応伝わってくる。しかし本当にこの自分に向けて話しかけてくれていると実感できる、つまり他の誰かではだめであなたに話しかけを届けたいと思ってくれていると実感できることは、必ずしも多くはない。こうした場合、自分に話しかけているとただ眼で見て感じているだけで、話しかけが届いていると肌で感じられてはいないと言えるのではないか。ということは、実際には本当の意味で自分に向けて話しかけられてはいないのではないか。通常こうした時には、相手の気持ちが入っていない、自分の気持ちを見てくれていないという言い方がされるのであるが、実はその本質から言えば、相手は私に話しかけてはいない、あるいは話しかけが私に届いていないと言える。

逆に、相手の言葉が心に響いた、腑に落ちた、という実感を持つことがある。これは、単に相手の言っていることを私の心で納得するという以上のことを指しているのではないか。つまり、相手の言葉の内容も含めて、相手の話しかける言葉が自分に向けられている、届いていることについて、身体全体で手応えを実感しているということがある。その時、他者と社会からの強迫に対して緊張して身体を管理・演出・監視するというあり方から解き放たれて、私と他者とが身体全体で活き活きと表現を交わしあい、互いの言葉が深みと豊かさをもって響きあうことが起こるのではないだろうか。

身体のこわばりがほどける時——その一つの事例

竹内はこの対談で、あるエピソードについて語っているが、それはこわばる身体がほどけることについて重要な示唆を与えてくれる。以下、それをまとめてみよう。

とても元気が良く、仲間と相談してどんどんいろいろなことを企画してやる大学生がいたという。逆に教員がアドバイスしようにも、おかまいなしにどんどん進めるので、教員も少し困っているような学生だった。ある時、竹内のところにやってきて話しかけのレッスンを行ったが、どうもおかしい。ある人に向けて「○○さん！」と名前を呼んだが、「さん」という言葉の部分が話しかけているというより、投げ飛ばすように言う。竹内が、あなたはとても元気よくしゃべっているけれど、本当は相手が怖いのではないかと指摘すると、学生は憤然と怒ってそんなことはないと言う。そこでもっと丁寧にやろうということで、話しかけのレッスンを一対一に変えて、ある女の人に立って聞いてもらった。そうすると女の人は、おかしい、ずいぶん元気よくバーンとからだに声が来るみたいだけれど、全部通り過ぎて行っちゃって、自分に話しかけられているような気がしないと言う。

そこで、竹内は学生に対して、「さん」の言葉を、「相手のからだにちゃんと、からだというかこころというかわからないけども、入るように、ふれるようにしゃべってみろ」[*23]と言ってみる。学生ははじめは何のことかわからず、話しかける相手を変えても、相手からは同じような感想が返ってくる。そのうちこの学生が「さん」を真剣に言おうとすると、今度は「○○さん」の「ん」が小さく引っ込んでしまう。相手の女の人は引っ込んで自分の方へ来ないと言う。それでもうちょっと強く言おうとして、「○○さーん」と言うと、今度はまた相手の向こうへ通り過ぎていってしまう。

その日、次の日とレッスンに参加して繰り返してもうまくいかず、学生からは本当にあぶら汗がたれていた。三日目もうまくいかない。四日目になったらレッスンに出てこない。しかし昼過ぎになったらフラフラしてやってきた。その様子について書いた、竹内の言葉をそのまま引用する。

〔竹内が学生に〕どうしたんだって言ったら、「下痢しちゃった」って言うんだ。で、下痢しちゃったんじゃそれじゃダメか、見学してるかって言ったら、「いや、やります」って言うの。その声は、下痢しちゃったからまるで力がないんですよ。それで一人相手の女の人に立ってもらって、言ってごらんって。「コンニチハ」って、スッと言ったと思ったら、女の人が、「アタシに言われた」って言うわけです。その下痢っていうのは、わたしは、かなり意味のある下痢だったと思うんですけれども、自分の中で無理に肩肘はっていろんなふうに意気ごんでたものが、くずれたときに、初めて他人と話ができたということであるわけです。[*24]

まず注目すべきなのは、竹内が「かなり意味のある下痢だった」と述べていることである。下痢をしたので、おなかに力が入らない。それを竹内は「まるで力がない」と言っているが、同時に「無理に肩肘はっていろんなふうに意気ごんでいたものが、くずれた」というように、積極的な変化・転換とみなしている。この下痢は、もちろん何か悪いものを食べたとか、ウィルスに感染したとかいった外的な原因による現象ではない。話しかけに思い悩み疲労した末に、身体が自然にないし内的に下痢を起こしたということであろう。この下痢は、身体が内的に自分の緊張やこわばりをゆるめほどいた現象なのである。ゆえに竹内は、この下痢で、ふっと憑きものが落ちたように余分な力みが一気に抜け落ちて、はからずも飾らない話しかけができたと評価するのである。竹内自身、「からだをときほぐすとは、肉体の緊張だけでなく、内なる身がまえをとくこと」[*25]であるとも述べる。下痢という身体の内的反応によって力みがほどけることと、意気込んだ生き方がほどけることとは同じことなのである。

竹内は、「あるところまで相手のからだに近づいて、声でも肉体でも、近づいて行くにもかかわらず最後のところで相手にふれない、スッとそこのところで壁作って、自分にひっこんでしまう」ことがあり、しかもそれが本人に自覚できないことが多いと述べている。[*26] そしてこの学生はこの一例であると考えている。いままで述べてきたことからもわかるように、竹内は、この学生は他者と向きあうのが実は怖くて、それを隠そうと無理に力んで積極的に周りをリードしていたと考えている。このことは、おそらく既存の社会秩序にうまく適合できない自分を持てあましたためにそれを隠し、適合するように自分に対して過剰な自己統御・自己演出を行っていたことを意味するのではないか。そこには他者と向きあう自分の身体に不安や恐れを感じて絶えず身体を他者に対して統御・演出しようと緊張することの生きづらさがあったはずである。そしてにもかかわらず、根本には自己の意志に基づいて身体を統御しうるしそれによって社会や他者をある程度リードしていけるという過信と執着がある。

しかし、このレッスンによって、実際には身体統御がうまくいっていないという現実にいやというほど直面し、もはや統御が続けられなくなった時、統御によって緊張してかたくこわばった身体が自らほどけた。ここでの下痢という生理的変化はこのことを意味する。そうした身体の変化・転換によって、この学生は過剰な自己統御と過信から放たれたのである。もはや学生の身体は「まるで力がない」ように見えて、実は、自己統御のために緊張して身構えたり壁を作ったりするのではなく、よそゆきではないこの自分の等身大の身体で他者と向きあい、他者に話しかけを届けることができる。この身体は他者と交わる活力が戻ってきた身体である。

「まるで力がない」中で「コンニチハ」と「スッと言った」時には、もはや口やのどで(あるいはお腹で)声を工夫案配するという意識はどこかへ行ってしまっているのではないか。たとえ力がなくても、ただ素直に身体全身で話しかけている。そしてこの時に相手は「アタシに言われた」と言った。つまり、他者に話しかけが届き響いたのである。このことは、まさに内に硬直した身体がほどけて外に開かれ、身体全体と身体全体とがぶつかりあい響き通じあうことではないだろうか。そしてこうした身体が働くことで、ずっと他者が怖くて（したがって自分のことを何らか肯定できずその意味で好きになれなかった）、生きづらかったこの学生が、ある意味では「はじめて他人と話ができた」のである。このような出来事には、こわばる身体がほどける時に生きづらさをほどく力が現れるという、その一つの例を見て取ることができるのではないか。

『善の研究』へ

もちろんこうした事例は「話しかけのレッスン」という場を設定することで生じている特殊な出来事であるとも言える。「話しかけのレッスン」についてのいままでの考察が、もっと一般的な状況においても妥当するのかどうか検討しなければならない。というよりも、そもそも統御・管理・監視によってこわばる身体がほどけるということはどのようなことなのか、ゆるみや弾力のある身体とは何か、そこにどのように現代の生きづらさをほどく力が現れるのかについて、一般的・普遍的に考察しなければならない。そしてむしろその成果からいままでの考察が裏づけられなければならない。

しかもそのためには、そもそも我々が〈生きる〉とはどのようなことかを普遍的に考えることから始めなければならないであろう。我々の自己が生きるとは、どのような仕方で成り立っているのか、その中で身体とはどのような働きをしているのか。また、生きることには、生きづらさを生じさせるどのような要因ないし契機があるのか、そして生きづらさはどのようにほどかれるのか。その際には自己と他者とはどのように交わりながら生きるのか。こういったことについて考察することから始めなければいけないであろう。

この考察は、まさに西田の『善の研究』が取り組んだものである。この書で西田は、過剰に統御された身体の生きづらさとは、自己が自分の意志に基づいて身体を統御できるとする過信と執着によるものであること、そして統御された身体の転換がこうした生きづらさの転換であることを我々に理解させる。次章で考察を進めてみたい。

＊1 鷲田清一、『悲鳴をあげる身体』、一八〇ページ
＊2 『悲鳴をあげる身体』、一八〇ページ
＊3 『悲鳴をあげる身体』、三六ページ
＊4 『悲鳴をあげる身体』、三六ページ
＊5 『悲鳴をあげる身体』、一八〇ページ
＊6 『悲鳴をあげる身体』、一八〇ページ
＊7 『悲鳴をあげる身体』、一八〇ページ
＊8 『悲鳴をあげる身体』、一七九ページ
＊9 『悲鳴をあげる身体』、一七ページ
＊10 草柳千早、『日常の最前線としての身体』、二〇七ページ
＊11 『日常の最前線としての身体』、二〇七ページ。なお草柳は同箇所でゴフマンによって「相互作用」は「焦点の定まった相互作用」と「焦点の定まらない相互作用」との二種類に大別され、行き交う情報についても意図的に伝えられる「ギブン情報」と、意図とは無関係に伝わってしまう「ギブンオフ情報」との二種類に区別されていることを指摘する。そして駅のホームに居あわせる見知らぬ人同士の相互作用はとくに「焦点の定まらない相互作用」であり、そこでやりとりされる情報は「ギブンオフ情報」であるとする。
＊12 『日常の最前線としての身体』、二〇八ページ
＊13 『日常の最前線としての身体』、二〇八ページ
＊14 『日常の最前線としての身体』、二〇八ページ
＊15 『日常の最前線としての身体』、二〇八ページ
＊16 『日常の最前線としての身体』、二〇九ページ。草柳は同時に攪乱的性格の意図的な活用の可能性も呈示している。
＊17 『日常の最前線としての身体』、第5章
＊18 『日常の最前線としての身体』、一六五ページ
＊19 高垣忠一郎は、現代の若者の生きづらさについて、自分を嫌い否定する傾向を持つ一方で、周囲の大人や友人に自らの悩みやつらさを表現することに不安や恐れを感じている

という二つの「苦しみ」と指摘している（高垣忠一郎、『生きづらい時代と自己肯定感』、二〇八ページ）。筆者はこの生きづらさは若者だけに限ったものではないと考える。本文で書いたように、私たちは社会の秩序に合致し価値あるものとなるように周囲から強いられている。ゆえにその要求に応えきれない部分については、他者や社会の失望を買い評価を下げないように隠しており、その悩みやつらさを周囲に表現し相談することができない。そこでは自己を積極的に好きになる余裕ももはやなくなるのではないか。なお高垣がこの本の「Ⅵ」で、一般に言われる「自己肯定感」を批判しつつ、生きづらさがほどかれるありようについて述べている内容に、筆者は感銘を受け、多くの示唆を受けている。

＊20　竹内敏晴、『教師のためのからだとことば考』、一八六―一八七ページ

＊21　『教師のためのからだとことば考』、一八七ページ

＊22　『教師のためのからだとことば考』、一八七ページ

＊23　『教師のためのからだとことば考』、一九七ページ

＊24　『教師のためのからだとことば考』、一九八ページ

＊25　『教師のためのからだとことば考』、一五九ページ

＊26　『教師のためのからだとことば考』、一九六ページ

第2章

『善の研究』の「経験」と身体

いよいよ、本章から西田哲学の深い読み込みに入っていく。
『善の研究』では、主観と客観とが独立せず相互に開かれている、
一なる〈場〉である「純粋経験」の在り方において、
世界を把握することが全体の骨子になっている。
そして、この「純粋経験」では、主観的自己による身体統御が挫折し、
否定されることが重要な役割を持ってくる。このように見てくると
『善の研究』の思想には、統御され均質的な型にはめられたこわばる身体と、
そこに現れる現代日本における生きづらさとをほどく
みずみずしい力があるのがわかってくる。

1　経験の一なる場

人生の問題と哲学的世界観

『善の研究』は一九一一年、西田が四一歳の年に教え子・紀平正美の仲介で東京の出版社・弘道館から刊行された。それ以前に発表していた、倫理学、実在論、純粋経験論、宗教論についての諸論考を一冊にまとめたものである。この書は明治以降の日本の哲学思想史上の記念碑にして金字塔とされ、不朽のベストセラーである。また西田の出世作にして最も有名な著作であり、その後の彼の哲学における物の見方・考え方の原点である。

この著作は当時より永きにわたって、一般読者から専門家までの多くの人々に受け容れられてきた。それは、学問的な水準の高さ、思索の深さに加えて、人生をどのように生きたらよいのか、あるいはそもそも生きるとはどのようなことなのかという「人生の問題」に取り組むものだったからであろう。『善の研究』は当初「純粋経験と実在」という題名であり、後に出版社と紀平の提案に従って改められたが、実際にはもとの題名の方が西田の希望に沿っていたようである。[*1] しかしこの書の序文では「この書を特に「善の研究」と名づけた訳は、哲学的研究がその前半を占め居るにも拘らず、人生の問題が中心であり、終結であると考えた故である」[*2] と述べている。

四編からなるこの著作は、第二編「実在」と第三編「善」、第一編「純粋経験」、第四編「宗教」という順に出来あがっている。そのうち、第二編は「余の哲学的思想を述べたものでこの書の骨子というべきもの」であり、西田自身、初めて読む人はこの第二編から読むことを薦めている。[*3] そこで本書でも第二編「実在」から、とくにその冒頭の二つの章である、第一章「考究の出立点」、第二章「意識現象が唯一の実在である」から考察してゆきたい。

西田は第二編第一章の冒頭段落の中で次のように述べる。

我々は何を為すべきか、何処に安心すべきかの問題を論ずる前に、先ず天地人生の真相は如何なる者であるか、真の実在とは如何なる者なるかを明にせねばならぬ。[*4]

これはどのようなことであろうか。人生における苦難に面する時に人は大きな問いに向きあうことがある。その主なものとして、人生とは何なのか、生きること死ぬことをどのように受け止めればよいのか、つまりは人間が生きるとはどのようなことであり、そこで何をなすべきなのかといった問いがある。それは、どこに自己の落ち着きどころ・拠りどころを得て生きていくのか、西田の引用中の言葉で言えば、「何処に安心すべきか」という問いでもある。こうした問いは、西田の言う「人生の問題」に当たる。本書は、現代の生きづらさの中で我々はどのように生きづらさをほどいて生きてゆけばよいのかという問いに取り組む。この問いはまた人生の落ち着きどころ・拠りどころを模索するという点で、やはり西田の言う「人生の問題」に当たる。

ただしこの問題に向きあう際に、多くの人は、生と死のあるべき理想や人生の拠りどころないし救いについて説く、広い意味での倫理（道徳）や宗教の教えを直接手がかりにするであろう。しかし西田は先の引用箇所で、それとは別の方法を採るべきことを主張している。

たとえば本書のように生きづらさをほどく思想を探し求めるなら、すでに述べたように、そもそも我々が〈生きる〉とはどのようなことか、生きづらさを生む契機とは何か、そして生きづらさがほどけるとはどのようなことかということから考え直さなければならない。そうなると、いったい自分が生きているとは、この世界が存在しているとは何のことなのかについて考え直すことから始めなければならない。それは、生きるとは、自分とは、世界とはどういうものかについてのいままでの理解が立ちゆかなくなるということである。

このことに示されるように、「人生の問題」が生じ、それに真剣に向きあう時、生・死・自己・世界といったものがどのようなものであるかについて日頃抱いている確信が維持できなくなり、それらが本来（ないし本当＝真には）何であるのかについて、根本的に問い直さざるをえない。だからこそ、先に見た引用箇所で、西田は「我々は何を為すべきか、何処に安心すべきか」という「人生の問題」に取り組む際には、その答えを直接に道徳（倫理）や宗教に求める前に、まず「天地人生の真相」としての「真の実在」とは何かという問いに答えを出すべきであると述べている。それは、生・死・自己・世界などの「真相」とはどのようなものか、言い換えれば真の「実在」とは何かについて先に答えを出すべきであるということである。

そして西田からすれば、この問いに答えることとは、「世界はこの様なもの、人生はこの様なものという哲学的世界観および人生観」を確立することである。*5 ここで西田の言う「哲学的世界観」とは、実在とはどのようなものかについて、「凡ての人工的仮定を去」*6 ることで、すなわち先入観や主観的な空想を排除して把握される理論的知識・認識である。より詳しく言えば、実在について独善的・独断的にではなく客観的・普遍的に確実な仕方で、そして部分・断片に偏向しておらず、包括的・統一的な仕方で、理論的に理解するような認識・思想である。つまり西田からすれば、「人生問題」に先立って問うべき「実在」についての問いに対する答えは、実在について先入観や独断を排除し客観的・普遍的な確実性をもって理論的に把握するこうした「哲学的世界観」の確立によってはじめて十分な答えとなる。というのは、たとえ実在とは何かという問いに答えたとしても、それが自分の先入観や主観的な空想に支配されたごく独善的・独断的で偏向的な産物であれば、その答えは生きることや自己と世界の真相（すなわち実在とはどのようなものか）から乖離することになりかねない。それではその答えによって人生を生きていくことはできず、答えの意味をなさないのである。こうしてみれば「哲学的世界観」の確立をめざす西田の主張は、人間の生における哲学の意義を提示するものであると共に、西田自身が『善の研究』を執筆し哲学的考察を行う動機を示すものである。

直接の知識と「経験の一なる場」

以上のように、「哲学的世界観」の確立をめざす際に重要となるのは、先入観を排除して実在を把握するということである。そのために西田は、「疑いうるだけ疑って」、実在についてそうと気づかれずになされている「人工的な仮定」による独断を見つけ、それを取り除く作業を最初に行う。そしてそれは、実在についてのどのような知識・認識であれば、人工的な仮定が差し挟まっておらず確実であるかを見定めることと対をなしている。

西田は次のように書いている。

今もし真の実在を理解し、天地人生の真面目を知ろうと思うたならば、疑いうるだけ疑って、凡ての人工的仮定を去り、疑うにももはや疑い様のない、直接の知識を本として出立せねばならぬ。我々の常識では意識を離れて外界に物が存在し、意識の背後には心なる物があって色々の働をなす様に考えて居る。またこの考が凡ての人の行為の基礎ともなって居る。しかし物心の独立的存在などいうことは我々の思惟の要求に由りて仮定したまでで、いくらも疑えば疑いうる余地があるのである。*7

ここで西田が根本的な「人工的仮定」に基づく独断として批判するのは、外界の物と内界の心とを独立の実在とすることである。つまり「我々の常識では意識を離れて外界に物が存在し、意識の背後には心なる物があって色々の働をなす様に考えて居る」が、こうした図式に基づいて、物と心とを真の実在とみなすのは誤りである。まず物について考えれば、「意識外に独立固定せる物とは如何なる者であるか。厳密に意識現象を離れては物其者の性質を想像することはできぬ」*8とも述べられるように、物が意識の外部に意識内容と無関係に独立に実在するという想定は、それではそもそも物が我々に意識されようがないゆえに誤りである。次に心について考えても、意識の背後にあって、意識内容と独立にそれ自身で存在するような心の実在を想定することは、そうしたものはその状態が意識されようもなく、意識する主体にもなりえないので誤りである。

こうして西田からすれば、〈物－心〉の独立実在という二元的図式に制約される限りすでに独断的仮定が介入している。そして「疑うにももはや疑い様のない、直接の知識」について以下のようであると述べる。

そ〔れ〕はただ我々の直覚的経験の事実即ち意識現象についての知識あるのみである。現前の意識現象とこれを意識するということとは直に同一であって、その間に主観と客観とを分つこともできない。事実と認識の間に一毫の間隙がない。真に疑うに疑い様がないのである。*9

その上で西田は「少しの仮定も置かない直接の知識に基づいて見れば、実在とはただ我々の意識現象即ち直接経験の事実あるのみである」*10と述べ、第二章の標題を「意識現象が唯一の実在である」と掲げている。それでは「主観と客観とを分つこともできない」ないし「事実と認識の間に一毫の間隙がない」ような知識とは何か。そしてこの知識に基づくとされる、「意識現象が唯一の実在である」という主張は何を意味するのか。

ここでは、考察の手がかりとして、西田が京都帝国大学での「哲学概論」講義用に作成した自筆ノートにある、以下のような記述を取り上げてみたい。

元来 subject & object〔主観と客観〕の区別というのは決して fundamental〔根本的〕のものではない。……本来は物我の区別があったのではなく、one field of exp〔erience〕〔経験の一なる場〕

であったのである。*11

「哲学概論」は京都帝国大学に着任した一九一〇年から講義されているが、内容からしてほぼその頃に作成されたものと判断される。この講義の「認識論」の部分には、西田自身の立場が説明されている部分があり、その中にこの記述が見られる。『善の研究』が出版されたのは一九一一年であり、この記述はその直前ないしほぼ同時期に書かれたものと見られる。ただし『善の研究』の内容は一九〇九年頃までに発表された論考を基にしている。したがってこの引用箇所の内容は、『善の研究』の思想を完成させてから、その視点で改めて自分の思想をまとめ直したものと言える。事実、「one field of experience」という説明は『善の研究』には見られない。しかし筆者はこの説明には西田が『善の研究』において明らかにしようとした内容がより明確に示されていると考える。そしてこの説明を念頭に置くなら、『善の研究』の根本思想によって自己と他者の関係や身体の役割がどのように明らかにされるのかについても、『善の研究』では明示的でないものの、明確に理解できるようになると思われる。すでに述べたように、本書では『善の研究』の文面に明示されている考察しか取り上げないことで『善の研究』の思想の豊かな可能性に蓋をするような態度は採らない。本書では、あえてこの引用箇所の記述を補助線として据えながら『善の研究』の考察を進めてゆく。

後には具体例を想定して考察してみるとして、まずは引用中で述べられていることについて以下のように説明することができるだろう。心と物の独立実在という想定が誤りであったように、意識する主体としての主観（我）と、意識される客体・対象である客観は独立自存するものではない。だとすれば主観と客観とは、まず互いに他と無関係に存在した上で後に相互に関係しあうのではないのだから、むしろ両者が相異なりつつもはじめから相互に関係しあっている〈場（field）〉それ全体が、直接に最初から生じていると捉えるべきである。やや難解になるがより正確に言うなら、客観の内容と主観の作用（意識すること）とは、意識内容がそれとして現れていることすなわち意識現象がそれとして現れていることにおいて、もともと唯一つの出来事、唯一つの〈場〉をなしている。ゆえに、「主観と客観とを分つこともできない」ような知識とはこうした出来事ないし〈場〉それ自身に他ならない。そしてこの〈場〉以外には主観も客観も存在しない以上、もともとこの〈場〉こそが実在である。

以上のことから、主観（意識）と客観とを独立自存する二つの実在とみなす独断的な「人工的仮定」を廃するなら、主観と客観とが相関的で「分つこともできない」ような〈場〉が本来の真実在であることになる。すなわち、事実（客観）と認識（意識）が直接に一つのこととして現れ、そこに「一毫の間隙がない」ような〈場〉が真実在である。これが、「少しの仮定も置かない直接の知識に基づいて見れば、実在とはただ我々の意識現象即ち直接経験の事実あるのみである」「意識現象が唯一の実在である」ということとの意味である。西田はこのことについて、「物体と分れて精神のみ存する」ということではなく、正確には「真実在とは意識現象とも物体現象とも名づけられない者である」とも述べている。[*12]

だがここで注意しなければならないのは、主観と客観の独立自存という見解が誤りであるからといって、それがただちに両者の間に差異を認めないことにはならないということである。主観（意識）と客観とが全く同一であり何の相違もないのであれば、或る意識現象が現れることとそれが現れないことの違いも成り立たなくなるが、それはありえないことである。西田の見解について、主客の無差別的同一を帰結するものと断じてしまうのは、主客独立か主客無差別かの二者択一しか認めないからである。それは主観と客観とが実在するなら独立自存という仕方でしかないという誤った前提に基づいているに過ぎない。

西田からすれば、主観と客観はそれぞれ他に還元できない固有性を持っている。『善の研究』の第三編「善」には、「元来物と我と区別のあるのではない、客観世界は自己の反影といい得る様に自己は客観世界の反影である」[*13]とも記されている。すなわち先の引用で「本来は物我の区別があったのではなく」と西田が言っていたのは、主観（我）と客観（物）とが無関係に独立自存するものとして対立視され峻別されることを否定する意味である。主観と客観とは、各々でありつつも、元来互いに自らを他の存在において反映し表現しあう仕方で分かちがたく存在している。主観と客観は自らの内に閉じているのではなく、もともと互いに他の成り立ちに参与しており、いわば他を自らの内に含みあっている。そうした仕方で主客が相互に開かれている〈一なる場〉が最初から成立している。主観と客観がそれぞれの固有性を持って存在するのは、独立自存するものの二元的対立という仕方によるのではなく、むしろこうした一なる主客の開けの〈場〉のただ中においてである。

直接経験の独創性——音楽を聴くことを例にして

いままで取り上げてきた西田の叙述は、基本的に第二編「実在」の第一章・二章のものである。そして続く第三章「実在の真景」では以下のような記述がある。

主観客観の対立は我々の思惟の要求より出でくるので、直接経験の事実ではない。直接経験の上においてはただ独立自全の一事実あるのみである、見る主観もなければ見らるる客観もない。恰も我々が美妙なる音楽に心を奪われ、物我相忘れ、天地ただ瀏喨たる一楽声のみなるが如く、この刹那いわゆる真実在が現前して居る。これを空気の振動であるとか、自分がこれを聴いて居るとかいう考は、我々がこの実在の真景を離れて反省し思惟するに由って起ってくるので、この時我々は已に真実在を離れて居るのである。*14

これは、音楽を聴くという経験が、元来「独立自全の一事実」すなわち主客の開けの一なる〈場〉として成立しているということである（この場には独立自存する意味での主観も客観もない）。この記述を参考に、西田が主張している、「一なる場」が真の実在であり「意識現象が唯一の実在である」ということについて、具体的な状況で考えてみよう。

たとえば、私が或る場所でいま実際に音楽を聴いているとしよう。この場を中心に考えてみれば、私とは音楽を聴いている私であり、それ以外に私は存在しない。私という人間のいかなる部分も、すなわち身体の反応、感情、知識、判断・思惟、過去についての記憶、未来についての予想や願望・意志、といった「知・情・意」のすべてが、強弱の差はあれ、私がいま音楽を聴いている行為と無関係ではありえず、この行為から切り離されて存在しない。私は音楽を聴く限りにおいて私であり、いまこの場において私が存在し私が私であることは、音楽が鳴り、それを聴いていることと分けられない。

他方、この場では、音楽が鳴ることも、私に聴かれ受け止められながら存在しており、私が聴いている行為から独立した音楽はどこにも存在していない。また、引用箇所では主観ないし我と客観ないし物（音楽）との関係しか触れられていないが、これはもちろん音楽が鳴っている時にそれを聴いている他の主観（聴衆）が居るようなケースを排除してはいない。むしろ「一なる場」が真実在であるとしたら、その〈場〉に一緒に音楽を聴いている他の人々が居ることは、西田は明示していないものの、当然ありうることである。そしてそうだとすれば、いまこの音楽がこのような仕方で鳴っていることは、どのような聴衆がどのように聴いているかを含んでいると言える。私も他の人々も一人ひとりが多かれ少なかれそれぞれの感性・観点でこの音楽を聴いており、そしてそのことを含んで音楽はいまこのように鳴っているのである。というのも、この場の一人でも欠ければ、厳密に言えば音楽はいまこの場においてとは異なる仕方で鳴るであろう。いまこの音楽は一人ひとりがそれぞれの仕方で聴いていることをすでに反映し表現している仕方で響き渡っている。すなわち私はそして他の一人ひとりは、いま音楽を聴く中で、実は同時に他の者のそれぞれの聴き方をも聴きあっている。

こうしてこの〈場〉において、私が私であること（その場の一人ひとりが各々であること）、音楽が鳴ること、そして私と他の一人ひとりとが共に音楽を聴くこととは、はじめから互いへと参与しあい、互いに表現し内に含みあって、一なる〈場〉、一なる協働をなしている。別言すれば、もともと音楽は、主観と客観（私と音楽）とが、かつ主観と主観（私と他者）とが分かちがたく存在する主客の開けの一なる〈場〉ないし活動をなして響き渡っている。この経験の事実をありのままに経験し生きる時は、「美妙なる音楽に心を奪われ、物我相忘れ、天地ただ瀏喨たる一楽声のみなるが如く、この刹那所謂真実在が現前して居る」と言えるであろう。これは特別な経験なのではない。いつどのような場合でも、音楽が鳴っていること、音楽を聴いていることは、元来このように生じている。

ここで重要なことは、こうした一なる〈場〉としての経験の特性は、忘我恍惚などといった点にあるのではなく、むしろいまこの場の現実の持つかけがえのない個別的なありようを極めて明瞭に知るという点にあるということである。そもそも主客の開けの一なる場をありのままに生きるなら、この場から独立に存在する私（主観）や客観は認められない。西田が述べていたように、空気が振動するから、あるいは私がそれを聴くから、音楽が鳴りそれを聴くのではない。そのように考えてしまうのは、客観としての空気や主観としての私という〈もの〉が互いに独立自存し、それらがいまこの場と独立にまずあるとみなすからである。そしてこの考えは、いまこの場を空気の機械的・法則的変化の一例として、あるいは私がいつでもなしうる行為の一例として、一般化・均質化・平板化してしまうものに他ならない。しかし、たとえば音楽を聴いている時、その私は他のいつどこででも同じように存在するような私ではない。この私は、すでに見たように、互いに他ならぬこの時この場に居あわせている私と他のものとのその邂逅において、相手と互いの存在に参与しあって協働する仕方で成り立っている。詳しく言えば、いまこの場に共に在るいっさいの異なるもの同士が、あるいはこの場全体が全体として、この場のこの取りあわせならではの個性的で独創的な出来事を創造しているとも言えよう。西田も、経験をそのありのままに見れば、一々の事実が「種別的」すなわち個々に異なって個性的であり、その場合ごとに「独創的」であると述べている。[*15]

一なる場の個性ないし独創性については、こうしたいまこの場の創造が過去や未来のそれと常に連関していることからも指摘できる。過去は現在の既成の条件として、未来は現在の向かう先として、いまこの場のありように関わり、その不可欠の構成契機となっている。「空気の振動であるとか、自分がこれを聴いて居るとかいう考は、我々がこの実在の真景を離れて反省し思惟するに由って起ってくる」とも述べられていたように、定められた特性を持つ「空気」、他と異なる独特の過去や未来への意志を持つ「自分」といったものは、いまこの場に先立つ〈もの〉として在るのではなく、あくまでもいまこの〈音楽を聴くこと〉に関わる限りで存在している。それらはかえってこの〈こと〉の代替不可能で個性的な動的契機をなしている。いわば〈私が他者と共に聴く音楽が鳴ること〉それ全体が唯一無二の個性的な場として丸ごと生じており、この場に先立つような空気や私（自分）という独立実在としての〈もの〉はこの〈こと〉から事後的に抽出したものに過ぎない。私はこの〈こと〉の中でかけがえのない創造的・独創的な仕方で働くことにおいて、この私としてのかけがえのなさを発揮し活き活きと生きているのである。

もちろん、経験がこうして主客の開けの一なる場をなし、その都度に唯一無二の独特で個性的・独創的なありようを持つことは、音楽を聴く状況に限ったことではない。景色を見るにせよ、友人と話しあうにせよ、およそ物であれ人であれ自分が何か（誰か）に関わっているいっさいの状況においてそうである。というのも、いかなる主観も客観も独立自存するものではありえない以上、もともと自分の生活の一々の経験のすべてが、すなわち人間が生きるということのすべてが、主客の開けの一なる場として生じているからである（このことは後に我々の「身体」について考察することでさらに明らかになるであろう）。

直接経験の疑いえなさ

以上では、西田が具体例を挙げている記述を手がかりに、主客の開けの「一なる場」がどのようなものかについて考察してきた。こうしてみれば、西田が第一章の中で、「直接の知識」は「直覚的経験」であるとしつつ、それを「直接経験の事実」[*16]と言い換えていることも頷ける。それは、我々の日々の経験の元来のありのままの事実を意味する。そしてありのままの事実とは、まさしく「事実と認識の間に一毫の間隙がない」直接的な経験の事実なのであって、経験の事実が現れることと、それをそのままに知ることとが、ただちに一つのことをなしている。それが「意識現象が唯一の実在である」ということの意味である。ここでは、経験の内容となる事実がまず生じていて、その後にそれについての知（意識現象）が生じるのではない。すでに見た事例では、音楽が鳴ることと私が聴くこととは一つのことであり、それは自己と他者たちとが互いに各々の聴き方をも聴きあっていることであった。経験内容についての知（「直接の知識」）は、主客の開けの〈場〉を現に生き経験するという仕方で生じる。ないしは、経験の内容がそもそもそれ自身の知を含む仕方でもともと成立している。精確を期した言い方にするなら、この知（直接の知識）とは、経験の一なる〈場〉がそれとして開けていること、ないしは〈場〉としての経験の事実が事実としてあらわになっていることとただそのことである。そして経験がこうして現象していることがもともとの事実であり、元来の実在のありようである。

ゆえに「少しの仮定も置かない直接の知識」が「真に疑うに疑い様がない」というのは、もはやそれが「誤るとか誤らぬとかいうのは無意義である[*17]」からである。「直接の知識」は、独立自存する主観と客観とが一致するか否かという図式によっていないような事態である以上、両者が一致しているかどうかという疑いそれ自身が起こりえず意味をなさない。「直接の知識」はそもそもこうした疑いが主観によって成立することの前提として常にすでに成立しているような直接的事態のことである。なるほどこうした「直接的経験の事実」が直接の〈知識〉と言われるのはやや奇異なことに感じられる。しかし、直接的経験の事実という語は、明瞭な認識に至る以前の状態を指すように誤解されることがある。「直接の知識」の語は、直接経験の事実がむしろいまここに生じている経験のありのままの事実内容をはっきりと把握し認識する経験であることを提示するのである。

2 経験と身体

純粋経験——経験の最醇なる者

考察してきたように、「疑うにももはや疑い様のない、直接の知識」は「直接経験の事実」としての主客の開けの一なる場であり、それが本来の真実在である。ただしこの「直接経験の事実」の語では、この事実があたかも内容の多様さや個性・独創性を含まないないしは少なくともそれが現実化していない経験の事実であるかのようにも響く。しかし経験の一なる場は、多様ないっさいのものが創造的・独創的な仕方で働くかけがえのない個性的な場である。しかも一なる場はこうした創造的な協働であり、それ自身がダイナミックに展開し発展する活動であることもこの語では十分に含意されていない。そもそも「直接」という語は、間接的ではなく直接的な事実であるということではなく、むしろ元来の経験のありのままであることを指示している。実際、次節で示すように、一なる場の活動は直接–間接（抽象）という対立を超えて発展する。
西田はこうした事情から、以下に見るように、「直接の知識」「直接経験の事実」について「純粋経験」とも呼んでいる。この「純粋経験」の語は『善の研究』のキーワードとしてよく知られる。この語はもともとW・ジェイムズが使用した有名な用語「pure experience」の転用であるが、実際にはかなり独自の意味で使用されている。西田の言う「純粋」というのは、次の引用に見るように、「事実其儘に知る」ような「経験」のその「真に経験其儘の状態」という意味である。『善の研究』第一編「純粋経験」の第一章「純粋経験」の冒頭では、次のように書かれている。

経験するというのは事実其儘に知るの意である。全く自己の細工を棄てて、事実に従うて知るのである。純粋というのは、普通に経験といって居る者もその実は何らかの思想を交えて居るから、毫も思慮分別を加えない、真に経験其儘の状態をいうのである。例えば、色を見、音を聞く刹那、未だこれが外物の作用であるとか、我がこれを感じて居るとかいうような考のないのみならず、この色、この音は何であるという判断すら加わらない前をいうのである。それで純粋経験は直接経験と同一である。自己の意識状態を直下に経験した時、未だ主もなく客もない、知識とその対象とが全く合一して居る。これが経験の最醇なる者である。*18

すでに見たように、この第一編は『善の研究』の中では第二編・第三編の後に書かれたものであり、

第二編「実在」の内容を前提にしているところがある。そのことを理解しないと、この叙述の理解が誤まった方向に向かうおそれがある。[*19] 引用中の「全く自己の細工を棄てて」とは第二編で言われる「凡ての人工的仮定を去り」ということである。したがって「普通に経験といっている者もその実は何らかの思想を交えて居るから、毫も思慮分別を加えない、真に経験其儘の状態」というのは、我々の通常の経験に至る前の原初的で無意識的な経験のことではない。また、経験の内容が明瞭に意識されるようになるその手前にある、未だはっきりとした形を結んでいない事態のことを指すのでもない。そうではなく、主客（物心）の独立実在という独断的な「思想」（先入観）を交えずに、主客の開けの〈場〉としての経験の事実をそのありのままに明瞭に経験し生きているということである。

また「毫も思慮分別を加えない」というのは、物事の差違や個性についての知がないという意味ではなく、経験の事実の個性的なありようのそのありのままの経験以外に、それにプラスして独断的な思慮分別を加えないという意味であろう。「未だこれが外物の作用であるとか、我がこれを感じて居るとかいうような考のないのみならず、この色、この音は何であるという判断すら加わらない」についても、客観と主観（我）の差違が成立していないとか、色や音についての知がないという意味ではない。むしろそれは主客の独立実在という図式に基づく判断によらずに、主客が分かちがたい一なる場をありのままに経験しているという意味であろう。すでに見たように、「直接経験の事実」は主客の開けの一なる場である。そこでは、たとえば音楽を聴くことにおいて、その場に唯一無二の仕方で音楽が鳴り響くことのその個性・独創性をありありと理解し経験するような、そうした知がもともと成り立っているのである。

引用文中の最後の箇所では、「純粋経験」が第二編で言う「直接経験」「意識現象」であることを確認しつつ、「これが経験の最醇なる者である」と述べている。「醇」とはまじりけがないと共に豊かであるということである。したがって西田の言う「純粋」とは、様々な要素を取り除いて本質だけを抽出するといった、ある種の理想状態を指すのではなく、人工的仮定を廃して経験の事実そのままを生きるという意味である。すなわち「純粋経験」とは、日々の具体的な経験の事実に至る前の原初状態でもなければ、生じるのが稀なごく特殊で特別な状態でもない。むしろ具体的に経験される事実のありのままの経験である。すでに考察したように、この経験は個性的・独創的な出来事を創造していく一なる場、一なる活動それ自身である。

したがって西田からすれば、日々の経験のそのあるがままの全幅を湛える経験こそが最も独創的・創造的であって、そこにおいて私は自らのかけがえのなさを発揮して活き活きと生きる。この意味では、具体的な経験の事実をそのあるがままに現に生き経験することが、最も豊かな経験、「経験の最醇なる者」である。西田は「直接経験の事実」を「純粋経験」と呼ぶことで、こうした理解を明確にしているのである。

経験の一なる場における身体

以上の考察によって、すべての経験が本来「純粋経験」であり、独創的な出来事を創造していく主客の開けの一なる場ないし活動として成立すること、そこで私と他とは共に自らのかけがえのなさを発揮して活き活きと生きていることを理解してきた。それではこのことによって、我々の身体はどのように理解され経験されることになるのだろうか。

西田は純粋経験において身体の活動がとりわけ重要な役割を果たすとみなしている。このことは、『善の研究』において、我々の経験のあり方を分析する際にしばしば身体による知覚の例が挙げられることから明らかである。しかし『善の研究』の中では、身体が持つ重要性についての立ち入った言及はほとんど見られない。とはいえ、筆者から見れば、少ない言及の中に身体についての意義ある考察が含まれており、それを『善の研究』の根本思想の中で我々の側でさらに展開することは十分に可能である。

第二編「実在」第二章で西田は以下のように述べている。

我々に最も直接である原始的事実は意識現象であって、物体現象ではない。我々の身体もやはり自己の意識現象の一部にすぎない。[*20]

この記述は、ともすれば誤解を生じさせるかもしれないが、意識という〈もの〉が先にまず存在して、それが身体の活動を作り出すと主張しているわけではない。そうした誤解に陥らないためには、「意識現象」が主客の開けの「一なる場」の事実のことに他ならなかったことを想起すればよい。そうだとすれば、ここで西田は、身体は一なる場がそれとして生じることと同時にその不可欠な契機として成り立つと述べていることが十分に理解できる。

さらにこの記述を第一編「純粋経験」の第三章「意志」の中の以下のような記述と照らしあわせてみよう。この記述は、主観ないし内界（に成立する知識）と客観ないし外界（において実現する意志）とは独立自存するものではなく、一つの経験の事実の両面であることを説明する文脈におけるものである。

実際、原始的意識の状態では自己の身体の運動と外物の運動とは同一であったであろうと思う、ただ経験の進むにつれてこの二者が分化したのである。*21

我々は通常、自己の身体とその外にある客観とを別々に存在できるものとして経験している。しかし身体は常に他のものや周囲の環境と関わりつつ存在しているのであり、それらと独立に存在するような〈もの＝基体〉ではありえない。なるほど「経験の進むにつれて」そのような身体理解はともすれば失われる。しかしそれは主客の独立存在という独断が混入するということであり、実際には我々は常に他と関わり切り離せない身体を経験し生き続けている。ここで西田が言う「原始的意識の状態」とは、物心のついた大人の経験に至るまでの未発達な原初状態という意味であるが、より根本的には、我々が経験している事実の元来の具体的なありのままという意味にもなる。後者に焦点を当てれば、本来我々が日々常にすでに経験している「経験の一なる場」のことを指していると言いうる。

たとえば音楽を聴く場合なら、すでに考察したように、聴くという身体の知覚運動と音楽が鳴ることとは、唯一つの事実の両面を示し、互いに参与し包含しあって同時に生じる。あるいは私が怪我した友人の身体を支えることがあったとしたら、その際には、友人の身体の重さ、形状、質感とそれを私の身体全体が支えることとは、互いに参与し包含しあっている。友人の身体を私の他の友人と二人で一緒に支えるのであれば、支える二人もバランスを取り互いに息を合わせることをしながら、お互いが支えている箇所を、そして互いにどう支え持っているかを感じ取りあう。というより三者は互いの感じを自らの身体が支えられたり支えたりする感じの内で感じあい、包含しあっている。つまり自己の身体的な知覚の運動は他の身体的な知覚の運動と唯一つの事実・活動を実践している。これらの例では、身体的な知覚の運動は経験の一なる場・活動として成立している。そしてこの知覚の運動と別に身体は存在しない。

他を包含する身体

身体的な知覚が経験の一なる場として成立するという理解は、三四年後にフランスの現象学者、M・メルロ＝ポンティによって書かれた身体論の名著『知覚の現象学』の思想を想い起こさせる。メルロ＝ポンティは、「外的知覚と自己の身体の知覚はいっしょに変化するが、それというのも、両者は同一の作用の二つの面だからである」[*22]と述べた上で、さらに以下のように述べている。

感覚する者と感覚されるものとは二つの外的な項のようにたがいに面と向い合っているのではないし、また感覚は感覚されるものが感覚する者のなかへ侵入していくことでもない。色をささえるのは私のまなざしであり、対象の形をささえるのは私の手の運動なのである。あるいはむしろ、私のまなざしが色と、私の手が固いものや軟かいものと対になるのであり、感覚の主体と感覚されるものとのあいだのこうした交換においては、一方が作用して他方が受けるとか、一方が他方に感覚をあたえるとか言うことはできないのだ。*[23]

知覚における身体と客観・対象とのこうした相互包含的な関係について、他ならぬ西田は以下のように言う。

我々が始めて光を見た時にはこれを見るというよりもむしろ我は光其者である。凡て最初の感覚は小児に取りては直に宇宙其者でなければならぬ。*[24]

これは第四編「宗教」第一章「宗教的要求」の記述である。「我は光其者である」とは、光が現れることと私の眼が見ることとは同じ一つのことであり、言い換えればもともと主客の開けの一つの場をなし、唯一つの〈光が光ること〉をなしているということである。このことは、いままで明らかにしてきたことに即して言えば、光は、他の誰かではなくこの私が見ていることを含んでそれならではの個性的な仕方で光るということである。ゆえに、「始めて光を見た時」とは、小児の感覚に限ることではない。その都度の光は常に独創的で「始めて」である。*[25] その意味では光を見る日々の経験のありのままにおいては、光を見ている私がこの私であることは、元来個性的・独創的なこの光（が光ることとしての一なる場）の現れそのものである。

したがって、私の身体と他の物、他者の身体とは元来常に互いに異なりつつも相互に含みあっており、一なる場を形作っている。別言すれば、身体ははじめから自らに異他的なるものに自らを開く仕方で存在している。それゆえに私の一々の経験は、それがすべて身体の運動を伴っている以上、根本的に主客が開かれた一なる場ないし活動として、その都度に個性的・独創的な出来事を創造しているといいうるのである。

しかも物心の独立実在という図式が誤りであった以上、私の心と身体とは独立自存するものではない。その都度の一なる経験の場は、そもそも身体の知覚のみならず、およそ心身丸ごとの私の活動全体が他の存在者のその全体と協働している場である。すでに考察したように、音楽を聴くことは、単に音の知覚にのみ関わることではない。それどころか、他と異なる独特の過去や未来を生きる私が他と共に活き活きと働く場として生じている。かえって私の身体の働きとは、この一なる場ないし活動において、他のいっさいと含みあい働きあっている限りで存在しており、この意味で一なる場の（それと不可分の）動的契機である。したがって、西田からすれば、私の身体は、主客の一なる場において、元来異他的なるものを含みながら、したがって他者に開かれながら、他者と共に活き活きと働いているのである。

生きづらさと身体の統御

しかし日々の経験のありのままのそうした事実についてともすれば我々は見失い、それを生き損なっていると思われる。いったん現代の生きづらさに眼を転じれば、こうして経験のありのままを見失うことで、生きづらさが生まれていると言えるのではないか。第1章では、現代の生きづらさの背景に、自らの意志や関心に基づいて自らの身体を統御する態度があることを見た。それは自らの身体について異他的なるものの介在を排除しようとすることを意味する。すなわち、私の身体を主客の開けの一なる場の契機として生きないことを意味する。このことの背景には、我々が日々の経験を主観と客観が分離された仕方で理解しており、主客の開けの一なる場を経験の事実としていないということがあろう。

それでは、私のそうした錯誤・転倒の何がどのように転換されれば、私はありのままの経験の事実を生き、独創的な一なる場において他と共に活き活きと働きあうことが可能となるのであろうか。そしてそもそもなぜ私のこうした錯誤・転倒が生じているのであろうか。

次節で詳しく見ていくように、西田は第二編の第四章「真実在は常に同一の形式を有って居る」以降や、第四編「宗教」などにおいて、実在のいっさいが「唯一実在の唯一活動」と「分化発展」において成り立つという思想を展開する。それはまた西田の立場からいま述べた課題に答えようとすることにもなっている。その展開を追っていきたい。

3 唯一実在の分化発展

唯一実在の唯一活動と統一作用

まず重要になるのが、「普通には何か活動の主があって、これより活動が起るものと考えて居る。

しかし直接経験より見れば活動其者が実在である[*26]」という主張である。「経験の一なる場」は、それに先立って主観や客観がまず在り、そうした〈もの〉が原因となって成り立つのではない。音楽を聴くことにおいては、独立自存する私（主観）と音楽（客観）とが、あるいは私と他者（他の主観）とが関わりあうのではない。むしろ、〈私が他者と共に聴く音楽が鳴ること〉それ全体が唯一無二の場として丸ごと生じている。こうしてみれば、西田が言うように、「経験の一なる場」とは、その場がそれ全体として個性的で独創的な出来事を創造する、そうした自己創造的な「活動」それ自身である。

ここで西田はこの「活動」において「実在の根本的方式は一なると共に多、多なると共に一[*27]」であると述べる。そしてこの一と多という「二方面」が切り離せないことから、この活動は「一つの者の自家発展」に他ならないと述べる[*28]。それでは、この「一つの者の自家発展」（自己発展）とはどのようなことであろうか。

すでに考察してきたことから明らかであるように、「経験の一なる場」の活動においては、個々の多数の存在者（多）と一なる場全体（一）とは独立自存するものではなく、切り離すことができない。まして両者のどちらかが他方に先んじて存在するわけではない。一なる場の活動は、多様で異なる個が互いに他に参与しあい他を形作りあう〈こと〉それ自身である。すなわち、その場のいっさいの個が、互いに他に対して自らを開き、他を自らにおいて含みあう仕方で一なる場を分かちがたく形作っていることと、いっさいの個が互いにかけがえのない個であり、互いに異なり多様であることとは、両立している、というよりはじめからただ一つの〈こと〉をなしている。この意味で一なる場全体は個の多様さを通して成り立ち、それ自身で自らを創造し展開する。これが「一つの者の自家発展」と呼ばれる活動である。

したがって、この「一つの者」の語は、やや誤解を誘うきらいはあるものの、一つの〈もの＝実体・基体〉がまずあって、それが多（個）を産み出すことを指示しているのではない。「活動の主」があるのではなく「活動其者が実在である」という西田の記述を見たように、「一つの者」とは、あくまでも〈もの〉ではなく〈こと〉であり活動それ自身である。「一つの者」の自己発展とは、主客の開けの一なる場が全体で自らを形作るような自己創造活動そのものを指している。はじめからもとこの活動が実在なのであり、この活動に先立つようないかなる〈もの〉も実在しない。

さらに西田は「実在は相互の関係において成立するもので、宇宙〔万物すなわちいっさいのもの〕は唯一実在の唯一活動である」[*29]と述べる。いままでの考察をもとにすれば、或る一なる場の自己創造的活動は、他の一なる場のそれと空間的にも時間的にも「相互の関係において成立する」、つまり相互に連関しあって生じていると言うことができるからである。詳しく見てみよう。

まず空間的に言えば、いまこの場で音楽を聴いていることは、ここのこの場を取り巻いている、ないしはこの場に接している他の場の出来事と否応なしに連関しあっている。周りが静粛か、あるいは大きな騒音があったり、何か突発的な出来事が起こっているかどうかが、音楽を聴くことに影響を与えるし、いまこの場に音楽が響いていることは、周りにも影響を与えながらのことである。こうした相互連関・影響の範囲は無限に広がっている。

時間的に考えてみても、やはり音楽を聴く例で見たように、過去の出来事や未来の予定はいまこの一なる場の動的契機となっている。そして逆にいまこの場に何ら関わらない過去や未来は存在しない。

私がこれまでどのように音楽を聴いてきたか（どのように生きてきたか）、この後は何をするつもりなのか（これからどのように生きてゆくのか）、それはその場に居あわせる他者の側ではどうか、またその場の周りの自然環境や社会環境について、過去はどのようであったのか、また未来に向けてどのように変化してゆこうとしているのか……。私が生きているいまこの「経験の一なる場」は、私の過去・未来と、そしてその場に存在する他者やいっさいの存在者の過去・未来と連関しつつ生じている。またそのような連関を持たないで独立自存するいかなる過去・未来も存在しない。

それぞれの一なる場の自己創造活動は、別々に独立に生じているのではなく、空間的にも時間的にもすべて互いに連関しあいながら生じている。別言すれば、本来全体として唯一つの活動が唯一つ実在している。その意味でいっさいは西田の言う「唯一実在の唯一活動」である。

こうして、いまこの一なる場はこの「唯一実在の唯一活動」の中で成立していると言える。この際、この唯一つの活動は、いまこの場から離れて自存するような〈もの〉ではありえない以上、いまこの一なる場に他のいっさいが、すなわち唯一つの活動のその全体が反映し連動している。このことを私が経験しているいまこの場に定位して言うなら、いまこの「経験の一なる場」がその場全体として個性的で独創的な出来事を創造することに、他の場のいっさいが参与し、その意味でいわば実在全体が集約され統一されているということになる。いまこの一なる場に実在しているのは、一つの者の自己発展の活動すなわちこの場全体で個性的・独創的な出来事を創造してゆく活動そのものであるが、それはそうした個性的な仕方でいまここを中心・焦点にいっさいの実在全体を集約し統一することである。この集約・統一の実現は、さらに別の角度から言えば、いっさいの実在（唯一実在）全体がいまここの一なる場において自らを集約し統一することとも言える。西田はこの自己統一の活動を唯一実在の「統一力」「統一作用」と呼んでいる。

もちろんこの唯一実在の統一作用は「経験の一なる場」の個性的な自己創造の活動と別に存在するわけではない。両者は一つのことの分かちがたき両面である。西田は「我々の自己は直に宇宙実在の統一力其者である」[*30]と述べている。したがって、私がいまここのこの場において、かけがえのない仕方で他の存在と協働し個性的な出来事を創造するその本来のありのままに徹底する時、同時に私の経験の場は「唯一実在の唯一活動」の場となる。すなわち私は、いっさいの実在がいまこの一なる場を中心・焦点として自らを統一する活動を、すなわち唯一実在の「統一作用」を経験し生きることになる。しかしこのことは逆に言えば、いまこの場を中心・焦点にして唯一実在の統一作用を生きることなしに、私はかけがえのない仕方で個性的・独創的な協働を実現することができないということである。それはどのようなことであろうか。西田は実在の「分化発展」という観点からこのことを説明している。次にこの「分化発展」について見ていこう。

実在の分化発展

西田は、「無限なる唯一実在が小より大に、浅より深に、自己を分化発展する[31]」と述べる。これは、「唯一実在の唯一活動」が成立する仕方ないし方式を指している。西田がこの「分化発展」について、喩えを挙げて説明している箇所として以下がある。「我々の意識が精細となりゆけば、一種の色の中にも無限の変化を感ずる様になる。今日我々の感覚の差別も斯くして分化し来れるものであろう[*32]」。

色の感覚が精細になるにつれて、たとえば一種類の青色の中にも、藍、紺、瑠璃、群青、碧、といった様々な色合いの変化を感じ取るようになる。芸術家なら、名前もつけられない微妙な色の差にも色合いの個性を感じそれを表現するであろう。

西田が指示していることがこのようなことであるとすれば、「分化発展」とは、実在の多様化・多彩化を意味する。すなわち各々のものの個性化の深まりを意味する。たとえば演奏を聞くうちに、演奏のその時ならではのニュアンスや、一つの曲の展開に応じて変化する表情の機微を深く聴き取るようになる。あるいは演奏者や私、他の聴衆の各自各様の微妙な息づかいも深く感じ取るようになる。そしてそのことで、音楽を聞く経験が一層その場ならではの個性的・独創的なものとなっていくのである。こうして見れば、「経験の一なる場」の個性的・独創的な創造活動が進展していくことは、その場の内に在るものの他にない個性が各々より一層明確になり、多様・多彩になってくることである。この多様化・個性化こそが「分化」と言われることに他ならない。

したがって、実在の「分化発展」とは、全体の統一性が弱まり、個々のものがばらばらに独立していくことではない。むしろいまここのこの一なる場ならではの個性・独創性が一層深まった仕方での統一が実現することである。というのも、そもそも多様化ないし分化とは、各々のものが互いの差違・区別を際立たせ、互いに他と異なる個性を発揮することである。それは各々が互いに他にとって代替不可能なかけがえのないものとなること、すなわち互いに他の個性の実現に欠くことのできないものになることである。つまり、各々が互いになくてはならない存在として他の個性の実現に参与しあうということである。ゆえに、分化はそれぞれの個性を生かす仕方で「一なる場」が実現することと一つのことである。言い換えれば、分化は一々のものの多様性と個性を深めた全体の統一が実現することと表裏一体のこととしてのみ可能である。このことを西田は第四編において以下のように述べる。

元来、実在の分化とその統一とは一あって二あるべきものではない。一方において統一ということは、一方において分化ということを意味して居る。……具体的真実在即ち直接経験の事実においては分化と統一とは唯一の活動である。[*33]

そしてこのことから、先に触れたように、いまこの一なる場の個性・独創性を実現すること、すなわち私が他と協働しあい各々の個性を実現すること（分化・個性化）は、唯一実在が自らを統一する活動（統一作用）を私が生きることなくして実現しないということが明らかになる。音楽がいまこの場において、いまここの取り合わせならではの個性・独創性を有して活き活きと響くとは、一つの音、一つの音色が変わっても感興を失うような、このメロディー、この音色でしかありえないような仕方で音楽が響く（あるいは演奏される）ということである。それは、他のものであってもよいような偶然的・流動的な音は一音もなく、そのすべてがいまここならこのようでなければならないという不可欠さとゆるがなさつまり必然さを持っているものとして響くということである。この意味において、音楽の個性・独創性とは、いまこの場において音楽が現にそのようであることが偶然的・恣意的ではなく必然的であるということである。この例にも見られるように、経験の一なる場が全体として個性的な出来事を創造すること、別言すればそこにおいて私と他のものが協働しあい、かけがえのない個性を発揮しあうことは、唯一実在の統一作用と離れて私ひいてはいまここの場のみによって実現しうることではない。というのも、いま見たように、いまこの一なる場の個性・独創性とは、この一なる場(とそこに生きる私)の中で恣意的に定め導くことはできないからである。むしろ、いまこの一なる場が個性的であることが実在全体の中で偶然的ではなく必然的であるようにいっさいの実在が参与して統一を実現することで、一なる場の個性・独創性も成り立つのである。

以上を振り返ってまとめれば、一なる場が個性的な出来事を創造することにおいて分化・個性化の深まりが実現する。それは、いっさいの実在全体が唯一つの実在として自らをいまこの場の個性的・独創的な出来事において統一する活動、すなわち唯一実在の統一作用と一である限りにおいて成り立つ。引用でも見たように、一なる場の自己創造と唯一実在の統一作用とは、唯一実在の「唯一の活動」の相異なる両面をなしている。西田が唯一実在の唯一活動を「分化発展」の活動と述べているのは、このことを言い表している。[*34]

ゆえに、唯一実在の統一作用を生きることなくして一なる場の自己創造を実現できないと述べてきたのは、我々は自らの個性を実現することを斥けてまず統一作用を経験することが必要だ、といったことではない。後者と前者とは一つの活動の両面であり、前者なくして後者だけを生きることはありえない。むしろ我々はあくまでもかけがえのない他と協働しつつ自らの個性化を徹底すべきである。日々の「経験の一なる場」とは、私の個性を明確にし、かけがえのない仕方で活き活きと生きる場である。「分化発展」とは、単に実在全体が多様になり拡がっていくことではなく、むしろこの一なる場が、そしてそこに生きるこの私が、自らの個性・無二性を明確にし、限定し実現していくことである。ただし西田は我々の自己の生の焦点をこうした分化・個性化に置きつつ、この個性化は、実在の統一作用においていっさいの実在が自らをいまここの場に集約し統一していくことと同時にのみ成立することを強調するのである。『善の研究』第一編における西田の以下の言葉はこのことを表している。「真の一般〔統一〕と個性とは相反する者でない、個性的限定に由りてかえって真の一般を現わすことができる」[*35]。一なる場の個性的な自己創造を実現することは、私によって、あるいはいまここに居あわせるものたちによってだけで恣意的に実現することではない。この点に注目するために、筆者は、統一作用を生きることなくして私は自己の個性を実現できないと述べた。そしてこのことは、自己と他の者たちによる自分（たち）を中心・基準にした恣意的な活動（その場を恣意的に統御しようとすること）がもともと否定されながら経験の一なる場が成り立っていることを意味するのである。

主観的自己を立する錯誤

以上のように、西田は実在とは唯一つの実在の分化発展の活動それ自身であることを明らかにした。このことは西田からすれば、前節末尾で見た課題、すなわちいまこの経験において私と他の存在者とが分離されているように理解し、主客の開けの一なる場を経験の事実としないことがなぜ生じているのかについて明らかにすることに繋がる。というのも、西田によれば、分化・個性化の深まりの中では、主観と客観（物）ないしは主観と主観（すなわち自己と他者）との間で、ただちに一なる場の協働を実現できない状況が生じるからである。西田は第四編で以下のように述べる。

一方より見れば実在体系の衝突により、一方より見ればその〔実在体系の〕発展の必然的過程として実在体系の分裂を来すようになる、即ちいわゆる反省なる者が起って来なければならぬ。これに由って現実であった者が観念的となり、具体的であった者が抽象的となり、一であった者が多となる。ここにおいて……彼此相対し物々相背く様になる。[*36]

すなわち、西田が述べるのは、唯一実在の分化発展の過程において主観同士や主観と客観との間に衝突や分裂が生じ、経験の一なる場が現実化しないことが生じるということである。いままで見てきた例で言えば、音楽（の演奏）を聞く時であれ、怪我をした友人をみんなで支え持つ時であれ、その場の人間たちの互いの個性の相違が際立つにつれ、互いの個性が衝突し分離してその場の協働がうまくいかなくなるといったことである。

この際、私と他の存在者との分離を理解し経験することは、引用にあるように、私と他のものとをそれぞれのものとして区別する「反省」的な思惟が生じることである。もとより、分化と統一とは唯一つの活動の切り離せない両面である。私と他との衝突や分裂の経験においても、見失われているだけで統一作用が同時に働いており、主客（自他）の開けの一なる場が生じている。しかしこの「反省」は、引用にあるように、現実に「一であった者」（一なる場）を「観念的」「抽象的」に「多」にしてしまう。すなわち各々の存在者がもともと一なる場において互いの存在に参与しあい含みあっているのではなく、もとから相容れず別々に分離しており、独立自存する存在であるとみなしてしまう。またそのように私自身とその生とを理解してしまう。ここでは、私と他の存在者の衝突は、単純に衝突の事実、ただ背きあうのみのものとして経験され、その衝突がまた一なる場において互いの存在に参与しあう限りで相関的に生じていることが見失われてしまう。

こうして私が私として独立自存するものとして経験され生きられると、私は一なる場において他と協働することによって生き行為する者ではなく、他と独立に私自身によって意志し行為できる者と理解されることになる。そうなると、日々の経験は大なり小なり、他から切り離された私を中心・基準にして他のいっさいを捉え行為する態度に基づくものとなる。それはたとえ明確に意図されていなくても、自分の考えや意図を中心にして（あるいは少なくとも自分の考えや意図が脅かされないように）、できる限り他者や周りの世界を統御しようとすることに帰する。これはたとえば第四編で「客観的世界に対して主観的自己を立しこれに由りて前者を統一せんとする」[*37]と述べられ、第三編で「客観に対して主観を立し、外物を自己に従える」[*38]と述べられるありようである。ただし言うまでもなく自分を中心にして世界を統御し管理・差配しようとすることは行きづまらざるをえない。それは本質的に不可能な試みであるが、しばしば我々はこの錯誤に無自覚である。

前章で見たことを振り返れば、現代社会における生きづらさは、社会に強いられて自己とりわけ自己の身体に対する過剰な統御・管理・監視を行っている点に現れている。そしてその背景には、自分の身体を自分の意志や関心を基にして統御しデザインできると過信し、それに執着する態度があることを指摘した。西田はここで、まさにこの態度がはらむ問題の本質について、自己を中心にして世界を統御しようとする「主観的自己」の錯誤として提示している。「主観的自己」の根本には、私が私として独立自存する、したがって他に対して閉じているものとして経験されているという転倒がある。しかし西田が明らかにしたように、元来、私の身体は一なる場において私に異他的なるものを含みながら、したがって他者に開かれながら、他者と共に活き活きと働いているのである。それと異なって「主観的自己」の経験は、自己の意志によって統御できるよう、自己の身体から異他的なるものを排除しそれに対して身体を閉ざす仕方で進められる。それは前章で見た、すみずみまで自己の意志に基づいて型にはめられてゆく〈かたくこわばる身体〉を生む錯誤である。それでは、こうした錯誤・転倒はどのように転換されるべきであろうか。

思惟の二つの方向

この問いに取り組む前提としてまず確認しておくべきことがある。というのも、筆者からすれば、『善の研究』には思惟ないし反省をめぐって読者の誤解やつまずきを生みかねないところがあると思われるからである。そのため、西田の叙述を整理しこの誤解を去っておく必要があると考える。先の引用にあるように、反省的思惟は、自己と他のものとが相反しあうものとして経験されることを導き、いっさいを統御しようとする「主観的自己」を立するに至るものとされた。しかし誤解されがちであるが、西田の他の叙述を見れば、実はすべての反省的思惟がこのように一なる場の分裂において働き、主観的自己を立するものではない。

ここで改めて、思惟や反省とはどのような働きか、西田の言うところについて、とくに詳しく論じられている第一編を中心に見ておきたい。西田は、思惟とその基になる判断や意味・概念は諸々の経験内容の関係を定めるものであるとする。思惟や反省は、自己や他者を含む諸々の実在の性質や働きを意味・概念によって分析・区分しつつ関係づけ統一する。

なるほど思惟は、「経験の一なる場」において分かちがたく参与し協働しあう各々の実在を分離して各々について分析する。しかし同時に思惟はこの分析を通して意味・概念によって実在を統一的に把握する「思想」を生み出す。しかもこうした「思想」は、単に個々の分析を連結させるものではない。「思惟は一種の体系である、体系の根柢には統一の直覚がなければならぬ」[*39]とも言われるように、この「思想」は統一的全体の直覚を伴っていると言える。すなわち、思惟が形成する「思想」においては、それが整合的・必然的な体系を形作る時、個々の分析・区分は互いに密接に連関しあい、別個のものとして分離できなくなる。すなわち概念や判断の連関全体が分かちがたき統一を有し、いわば思想が一つの「一なる場」をなす。

こうしてみれば、思惟は概念による分析・分節によって「経験の一なる場」の統一性を壊すものではなく、かえってこの統一性を維持すると考えられる。というよりもむしろ思惟の体系的な統一性と経験の一なる場の協働の統一性とは唯一つのものであると考えうる。

たとえば、あたかも音楽が鳴り響くことが一なる場の一なる協働として生じるように、仲間同士で話しあい、考えをまとめていくことそれ自身もまた、一なる場の一なる協働として生じる。この話しあい（対話）において働く思惟は、一なる場の自己創造活動そのものである。そこでまとめられた考え・思想は、個々の分析を分かちがたく統一している一つの体系であり、しかもそれはその場のいっさいのものの一なる協働において成立している。

実際に、西田は以下のように述べる。

我々の純粋経験は体系的〔な分化〕発展であるから、その根柢に働きつつある統一力は直に概念の一般性其者でなければならぬ、経験の発展は直に思惟の進行となる……。[*40]

したがって、思惟による思想の形成とは、いまこの一なる場がそれ全体として創造する個性的な出来事それ自身である。すなわち元来思惟は、一なる場の分裂と自他の相反を認識しいっさいを統御する主観的自己を立するものではなく、むしろ「経験の一なる場」の自己創造活動そのものであり、この活動に即しそれから離れずに行われる。そして思惟が形成する思想は、たとえば諸々の分析や話しあいの結果が演奏に生かされていくように、個性的な出来事の新たな創造を産み出していく。

以上のことから、西田は「思惟と経験とは同一であって、その間に相対的の差異を見ることはできるが絶対的区別はない」[*41]と述べる。ただし同時に思惟にはそれ固有の機能があることを看過してはならない。「思惟は単に個人的意識の上の事実ではなくして客観的意味を有って居る、思惟の本領とする所は真理を現わすにある」[*42]。思惟とは、あくまでも概念を介して思想を形成するのであり、一方で実在を抽象化すると共に、他方で実在についての一般的・普遍的で客観的・必然的な認識を生む。この点に思惟の固有性・独自性がある。分化・個性化と統一とは、唯一実在の分化発展における両面であるが、思惟とはその後者、とりわけ唯一実在自身の統一作用そのものに力点を置いた営みであると言うことができよう。

西田は第二編では、「実在の真景はただ我々がこれを自得すべき者であって、これを反省し分析し言語に表わしうべき者ではなかろう[*43]」と述べているが、この記述は読者に誤解を生みかねないものであろう。なるほど直接的経験の事実ないし純粋経験はそれ自体が分かちがたい一なる場であり、主観的自己を立するような思惟や反省によっては捉えきることはできない。しかしすでに見たように、元来、思惟や反省による整合的な思想の形成は、直接経験の事実すなわち主客の開けの一なる場の自己創造によるものである。むしろ思惟や反省が概念によって形成する「思想」は、それが整合的で必然的な一つの体系をなす時、分析・分節を介しつつそれ自体が分かちがたい一なる体系である。すなわち、思想の体系的な統一性は、いまこの一なる場ひいては唯一実在における分かちがたい統一性が概念を介して認識され表現されたものである。この際、経験の一なる場はこの表現と別に存在するものではない。むしろこうして自らについて表現することまでを含んでその丸ごとの活動が経験の直接ありのままの事実であり活動である。先の引用の言い方にならえば、この活動を「自得」することすなわち直接に生き経験することは、経験の一なる場が自らを「思想」において表現する活動を直接に生き経験することである[*44]。我々はそうした仕方で経験の一なる場を思想に表現することそれ自身を直接経験の事実すなわち経験の一なる場において生き経験する。ゆえに西田は、先に見たように「経験の発展は直に思惟の進行となる」「思惟と経験とは同一」であると述べたのである。

西田の言う直接経験ないし純粋経験について思惟によって言語化・概念化して語ることは不可能ではないかという疑問が投げかけられることがある。しかしいままで考察してきたことからも明らかであるように、西田からすれば決して不可能ではない。一なる経験の場において、我々は言葉によって分析し概念化・一般化できないその内容を経験するが、それはあくまでもこの内容を概念化・一般化して表現することと共にないしそれを含んで経験するのである。[*45]『善の研究』において言語・概念によって展開される純粋経験の哲学は、主客の開けとしての経験の一なる事実が思想を介して自らを表現する活動によっているのである。[*46]

こうしてみれば、西田は実質的に思惟ないし反省に二つの方向があることを提示していると言えよう。すなわち一つは、思惟が私とその他の存在者について区分・分析しつつそれらを統一する整合的・必然的体系としての思想を形成する方向である。それは経験の一なる場におけるその自己表現としての思惟であり、そこには主客を独立自存のものとする認識はない。それに対して、私とその他の存在者について区分・分析するのみならず、それらを互いに独立自存するものとみなし、いっさいを統御しようとする主観的自己を立する思惟ないし反省の方向がある。これはすでに見たように、自己と他の存在者との衝突をそれとしてのみ認識し、実際には常に存在している元来の「経験の一なる場」を認識しないものである。

『善の研究』はこうした思惟・反省の二方向の区別を明瞭に示しているとは言えないところがある。しかしこの区別に着目せず、およそいっさいの思惟や反省が働く時には主観的自己が立てられ、経験のありのままのありようが経験されず見失われていると理解するなら、思惟や反省が意識されるうちは純粋経験から離れているとか、純粋経験についての哲学的な思惟・反省は不可能であって西田の哲学には矛盾があるなどといった誤解が生じかねない。主観的自己を立して世界を統御しようとする自己の錯誤を転換し、経験の一なる場においてかけがえのないこの自己として生きることは、思惟や反省の段階を乗り越えた経験へと移行するといったことを意味しない。つまりすべての思惟や反省がありのままの経験から離れそれに背いているのではない。乗り越えられるべきは、思惟・反省の二方向のうち、自他の衝突背反の経験を一なる場から離れたものないしそれに背くものとするような思惟・反省の方向である。さらに詳しく見ていこう。

4 主観的自己の転換と自在なる活動

自己の主観的空想の否定

西田は、主観的自己からの転換について、第三編第十一章でこう述べている。

自己の真人格を実現するということは、客観に対して主観を立し、外物を自己に従えるという意味ではない。自己の主観的空想を消磨し尽して全然物と一致したる処に、かえって自己の真要求を満足し真の自己を見る事ができるのである。一面より見れば各自の客観的世界は各自の人格の反影であるということができる。否各自の真の自己は各自の前に現われたる独立自全なる実在の体系其者の外にはないのである。*47

「自己の真人格を実現する」とは、真の自己を実現するということである。それはこの引用文の最後では、「独立自全なる実在の体系」すなわち唯一実在の分化発展活動をそれとして実現することと示されている。このことは、すでに見たように、私が「経験の一なる場」において個性的な仕方で他と協働するということである。

西田は、引用中でこうした真の自己の実現は「自己の主観的空想」を「消磨」することによってのみ実現すると言う。「自己の主観的空想」とは、その直前の記述が示すように、主観的自己を立てて外物を自己に従えようとする恣意的な妄想・錯誤を指す。すなわちここで西田が述べていることは、真の自己の実現は、したがってありのままの経験の一なる場を生きることは、自分を中心にして世界を捉え、それに基づいて世界を統御し、管理差配しようとするもくろみが否定され擦り切れてなくなることによってのみ実現するということである。このことを西田は「全然物と一致したる処」とも書いている。

「空想」のこうした否定と物との「一致」は日常の経験において少なからず成り立っていることである。そもそも「自己の主観的空想」が何らか否定されることなしには、我々の日々の経験は成り立たない。物を動かすにしても、器を洗うにしても、その物の形状や重さ、質感、丈夫さといった性質や機能に従わなければうまくいかない。すなわち「主観的空想」を否定してどこまでも「物と一致」しなければならない。それに反して、こちらの考えや都合を中心にしたその「空想」の通りに物を統御しようとするなら、雑に扱うことになり、落としたり壊したりしかねないであろう。

否定における物とのこうした一致は、物と我々の自己との相違・差異がなくなってしまうことではない。「経験の一なる場」は各々がかけがえのない個性を発揮して協働する活動であった。物の特性に一致するとは、物と我々の自己とが互いの個性を発揮しあう一なる協働を実現するということである。物の性質・機能とは、その物が自身と異なる他の存在とどのように作用しあうかを意味するのであり、それは物と異なる我々の自己が適切な仕方で自らの個性を発揮しつつ物を持ったり動かしたりすることによってのみ現れ、発揮されるものである。たとえば物がスムーズに動いている時、器を無理なく洗えている時、物の動きに私が従うことと私が物を動かすこととは、共に一つの動きをなしてそもそも直接に一つの出来事である。私が統御への主観的空想を否定することによって、物が私を動かしかつ私が物を動かすような経験の一なる場が生じ、異なるもの同士の一なる協働が成り立っている。

このことは、自転車に乗る、楽器を演奏する、料理を作る、など日常生活に見られるすべての技術に言えることである。あるいは音楽を聴く、友人を支え持つといったすでに見た例にも言えるであろう。それらも広義の技術を何らか介しているからである。また私の働きかける対象が物のみではなく同時に他の人間であっても、一緒に机を運ぶ、グループで合唱する、協議しながら義足を創るなど、同様のことが考えられるであろう。西田も『善の研究』において純粋経験について説明する際、「技術の骨」や「熟練せる行動」[48]、あるいは「技芸」に「熟する」[49]といった状況について取り上げている。

したがって、たしかに自己からの一方的な統御をめざすような「空想」への何がしかの否定を伴いつつ日々の経験が生じていると言える。とはいえ、こうして普段から主観的自己による統御への否定を経験しているといっても、それは決して十分な否定が経験されているわけではない。つまり「自己の主観的空想を消磨し尽して」いるわけではない。すなわち、我々の自己が経験の一なる場のありのままにおいて十分にかけがえのない仕方で生きているとは言えない。たとえば、扱い慣れた食器や気心の知れた人ができてしまうと、その物や相手に寄り添っているつもりが、知らず知らずのうちにおざなりになってしまい、ついには大きな失敗が生じることがある。皮肉なことに統御の否定がスムーズにできるようになり自信をつけてしまうと、むしろ世界をある程度は意のままに統御できるかのような傲慢さが湧いて、かえって根深い錯誤に陥ってしまうのである。ここに至ると、他者と活き活きと協働するどころか、かえって相手との衝突を繰り返すようになり、思うに任せないことの繰り返しで生きる気力を失ってしまうなど、苦しみに苛まれることになろう。

ゆえに、「技術の骨」「熟練した行動」「技芸」などの経験の繰り返しだけではやがて惰性化したり、あるいは日常生活全般においてかえって傲慢に世界を統御する態度を生んだりしても不思議はない。結局、こうした場合には、自分の意図・目的に基づいた統御を原則として維持したまま、それが脅かされない限りで私の統御への否定を経験しているに過ぎない。仮に当初の目的の変更を余儀なくされても、何らか別の仕方で自分の意図を実現し、世界を統御し直そうとするのである。こうした否定の経験は、世界の統御をめざすような「空想」そのものへの根本的な否定の経験とはなっていない。それはかえって苦しみをもたらすであろう。

ここには、西田が『善の研究』で第四編「宗教」を論じた理由の最も重要なものの一つがあると考えられる。そもそも物や人そして自分自身をいくらかは自分の力で統御できるとみなすこと、その意味でおよそ生活全般において何らか自分を頼り拠りどころにして信じることそれ自身が「消磨」し尽くされなければならない。そうでなければ、「主観的自己」の統御を十分に否定し、一なる場におけるかけがえのないこの自己を生きることができない。本書第1章では、現代の身体の生きづらさの基には、自分の意志に基づいて自分の身体を統御できるという過信と執着があることを指摘した。西田がここで指摘しているのはまさしくこの過信と執着が十分に否定されることでのみ、かけがえのない自己を生きることができるということである。そしてこのことが根本的に実現するのが西田にとっての「宗教」的な経験である。「一点なお自己を信ずるの念ある間は未だ真正の宗教心とはいわれない」*[50]という叙述がそれを示している。そしてこの経験こそ、これから見てゆくように、自他の衝突背反の経験を一なる場から離れたものとする思惟の方向を否定し、自他衝突を一なる場において経験するありようである。

主観的自己からの転換

それでは第四編「宗教」における西田の叙述を見てゆこう。すでに明らかになったように、そもそも自己中心的な「主観的自己」による統御は完遂することが不可能な試みであり、そうした自己に立つ限り、私は自らの内に矛盾と苦しみをつのらせることになる。西田は主観的自己に立脚した生き方を「個人的生命」と呼んで、以下のように書いている。

個人的生命は必ず外は世界と衝突し内は自ら矛盾に陥らねばならぬ。ここにおいて我々は更に大なる生命を求めねばならぬようになる……宗教的要求はかかる要求の極点である。我々は客観的世界に対して主観的自己を立しこれに由りて前者を統一せんとする間は、その主観的自己はいかに大なるにもせよ、その統一は未だ相対的たるを免れない、絶対的統一はただ全然主観的統一を棄てて客観的統一に一致することに由りて得られるのである。*51

すなわち西田によれば、我々の自己が、つのる矛盾と苦しみについて解決しようとするなら、自らを中心にする「主観的自己」によって世界を統一（統御）しようとする空想・妄想を断念し棄てざるをえない。そして自己と世界との衝突を解決するような両者の「絶対的統一」すなわち真正の統一を求め生きようとする。この「統一」の実現は、いままで見てきたところで言えば、主客の開けの一なる場において唯一実在の統一力を生きることに他ならない。ただしここではそれを実現しようとすることは最終的には宗教的要求として具体化すると述べられている。それはどのようなことであろうか。

ここで西田が「宗教」と言う時、何らかの宗教団体に属しているかどうかは問題ではない。また必ずしも特定の宗教・宗派の教義に即して考えているわけではない。西田は第四編第一章の冒頭で以下のように述べている。

宗教的要求は自己に対する要求である、自己の生命についての要求である。我々の自己がその相対的にして有限なることを覚知すると共に、絶対無限の力に合一してこれに由りて永遠の真生命を得んと欲するの要求である。*52

西田は同編第二章では「宗教の真意」は「神人合一」の意義を獲得することにあるとも述べている。*53

すなわち、「宗教」的な生き方とは、絶対的な存在つまり「神」の働きに「合一」して生きることである。西田が言う絶対的な存在ないし「神」とはどのようなものかはひとまず置いておく。ここで確認したいのは、我々の自己が有限な存在であり、何ら自分を拠りどころにすることはできないことを思い知ることで、我々は「主観的自己」による統御への「空想」を断念し、自己を超えた絶対的な存在によって生きることを求めると言われることである。西田は「真正の宗教は自己の変換、生命の革新を求める」[*54]とも述べる。ここでの要点は、「主観的自己の空想」の根本にある「一点尚自己を信ずるの念」が、前に見たように完膚なきまでに否定し去られることである。

なるほど、主観的自己へのこうした過信・盲信を断念し否定するに際し、かならずしも絶対的な存在との宗教的な関わりを求めなくてもよいように思われる。しかし、実は主観的自己によって世界を統御しようとすることを自己によって否定し転換しようとしても、そのこと自身がまた自己による統御を意味する以上、自己矛盾に陥り苦悩は深まるばかりである。むしろ西田は、主観的自己への否定が根本的に、したがって自己の生き方全般にわたって生じうるのは、絶対的な存在としての神と合一し、「神において真の自己を見出す[*55]」ないしは「我はただ神において生く[*56]」ことによってであると考える。

ではここで西田が言う「神」とはどのようなものか。すべてを創造し在らしめる絶対的な存在が「神」である。西田によればいっさいは唯一つの実在の唯一つの活動（分化発展）において成立している。したがって「神」はこの活動以前に存在したり、この活動以外のどこかに存在するものではない。ゆえに西田は以下のように述べる。

唯一実在はかつていった様に、一方においては無限の対立衝突であると共に、一方においては無限の統一である、一言にて云えば独立自全なる無限の活動である。この無限なる活動の根本をば我々はこれを神と名づけるのである。神とは決してこの実在の外に超越せる者ではない、実在の根柢が直ちに神である……。*57

すなわち神とは唯一実在の唯一活動の「根本」「根柢」であり、唯一活動をそれとして在らしめている存在である。それはこの唯一活動が自ら活動し分化発展することとそのこと自身を指す。さらに、「宇宙〔いっさいの実在〕は神の所作物ではなく、神の表現 manifestation である」*58という記述も併せて考慮するなら、西田にとって神とは唯一実在の唯一活動それ全体そのもののことである。*59

したがって、西田が言う「神において真の自己を見出す」「我はただ神において生く」とは、私が唯一実在の唯一活動を生きることである。すなわちそれはいまこの一なる場において他と協働しつつ、唯一実在の統一作用を生きること以外ではありえない。「宗教」的な「神人合一」の経験とは特別で特権的な経験のことではなく、日々の経験において私が本来経験しているそのあるがままの事実すなわち「純粋経験」を生き経験することに他ならない。それは誰もがいつでも経験できることである。

だがこの経験がなぜわざわざ「神において生く」という「宗教」的な経験と呼ばれるのだろうか。それは主観的自己への過信・盲信の否定しがたさによっているのであろう。主観的自己による統御への執着とその苦悩からの転換は、自己による統御・差配によって生じさせることはできない。むしろ

郵 便 は が き

お手数ですが
切手をお貼り
ください。

１０２－００７２
東京都千代田区飯田橋３－２－５
㈱ 現 代 書 館
「読者通信」係 行

ご購入ありがとうございました。この「読者通信」は
今後の刊行計画の参考とさせていただきたく存じます。

ご購入書店・Web サイト	書店	都道府県	市区町村
お名前《ふりがな》			
〒 ご住所			
TEL			
Eメールアドレス			
ご購読の新聞・雑誌等			特になし
よくご覧になる Web サイト			特になし

上記をすべてご記入いただいた読者の方に、毎月抽選で
５名の方に図書券５００円分をプレゼントいたします。

お買い上げいただいた書籍のタイトル

本書のご感想及び、今後お読みになりたいテーマがありましたらお書きください。

本書をお買い上げになった動機（複数回答可）

1.新聞・雑誌広告（　　　　　　　）　2.書評（　　　　　　）

3.人に勧められて　4.ＳＮＳ　5.小社ＨＰ　6.小社ＤＭ

7.実物を書店で見て　8.テーマに興味　9.著者に興味

10.タイトルに興味　11.資料として

12.その他（　　　　　　　　　　　　　　　　　　　　）

ご記入いただいたご感想は「読者のご意見」として、新聞等の広告媒体や小社Twitter等に匿名でご紹介させていただく場合がございます。
※不可の場合のみ「いいえ」に○を付けてください。　　　いいえ

小社書籍のご注文について（本を新たにご注文される場合のみ）

●下記の電話やFAX、小社HPでご注文を承ります。なお、お近くの書店でも取り寄せることが可能です。

TEL：03-3221-1321　FAX：03-3262-5906
http://www.gendaishokan.co.jp/

ご協力ありがとうございました。
なお、ご記入いただいたデータは小社からのご案内やプレゼントをお送りする以外には絶対に使用いたしません。

このことに直面し、自分では苦悩を解決できないという自己の存在の有限さ・無力さについて徹底的に思い知らされると、我々は世界をそして自己自身を統御する能力が自己にあるという「自己を信ずるの念」をついに手放さざるをえなくなる。そしてこの転換は我々の自己から差配できるものではないことを覚り、自己を超えた絶対的な存在を頼り、それに救いを求めるようになる。

ただしこうしたあり方も、実は主観的自己への「信」を否定し尽くしてはいない。というのも、こうして救いを求めることは、結局、私の生の苦悩や困難を払拭し安心・安定を得たいと願うことに他ならない。換言すれば、自己による生の統御を絶対的な存在の手助けによって何とか成し遂げようと統御することに他ならない。実際にはそれでは絶対的な存在は「自己を信ずるの念」の道具として扱われており、真の意味での絶対的な存在として経験されていない。一般に「宗教」と言われる時、こうしたあり方が念頭に置かれることも多いが、西田は以上の理由から、それは間違っているとして以下のように述べている。

> 現世利益のために神に祈る如きはいうに及ばず、徒らに往生を目的として念仏するのも真の宗教心ではない。……また基督教においてもかの単に神助を頼み、神罰を恐れるという如きは真の基督教ではない。これらは凡て利己心の変形にすぎないのである。しかのみならず、余は現時多くの人のいう如き宗教は自己の安心のためであるということすら誤って居るのではないかと思う。[*60]

こうして見れば、自己の統御を否定するために絶対的な存在に拠りどころを求めても統御の否定はなしえない。しかし西田によれば、まずはこのことにまで直面することが必要である。統御の否定もなしえない（否定すらも統御しえない）ほどに自己が無力であることを覚知することは、エックハルトの言葉に準えて西田が使う語で言えば、神を求めて「神すらも失った所」である。ここに至ると、もはや逃げ道はなく主観的自己への信は擦り切れて断たれざるをえない。そしてその時こそ、我々の自己は、自らを独立自存するものとする空想が消磨し、本来の「経験の一なる場」に開かれる。もちろんそれは主観的自己によって可能となった転換ではない。それゆえにこの転換は、それが生じてみれば、有限なる我々の自己を超越し、自己のいかなる統御によっても左右できない絶対的な存在としての神の力によっていることが自覚される。すなわち「神すらも失った所に真の神を見る」*61のである。

自己の変換、生命の革新

この転換は、「主観的自己」に立脚して生きてきた自己から見れば、すでに見た引用にあるように文字通り「自己の変換、生命の革新」であり、自己の人格と生命（いのち・生きること）の革新である。それは古来たとえば神の愛を生きる、あるいは佛のいのちを生きる（西田は「永遠の真生命を得る」と表現しているのをすでに見た）、といった仕方で表現されるような、絶対的な存在との人格的な関わりの経験と言いうる。西田が絶対的な存在を「神」と呼ぶのは、この存在が絶対無限にして人格的な生命であるという意味を込めてのことである。そしてこうした転換によって実現する生き方について、「神」と合一し「我は神において生く」ような「宗教」的な生命（いのち・生き方）とみなす。西田はこうした「生命」が彷彿されるものとして、いくつかの言葉を紹介している。すなわち、パウロの「既にわれ生けるにあらず基督我にありて生けるなり[*62]」や、聖書におけるイエスの「父よ、もしみこころにかなわばこの杯を我より離したまえ、されど我が意のままをなすにあらず、唯みこころのままになしたまえ[*63]」、親鸞の「念仏はまことに浄土にむまるるたねにてやはんべるらん、また地獄におつべき業にてやはんべるらん、総じてもて存知せざるなり[*64]」などである。

ただし「神」と合一し「我は神において生く」ことは、私の主体性がなくなってしまうことではない。再度確認しておけば、それは本来の経験のありのままの一なる場において、私が他とかけがえのない仕方で協働し個性的な出来事を創造する経験以外ではありえない。このことは唯一実在の唯一つの活動〔分化発展〕をそれとして生きることである。そして我々の自己の統御を超越した絶対的な「神」とは、この唯一つの活動そのもののことである。この経験が「神において生く」と言われるのは、それが私の人格的な生命の根本に関わっており、しかも主観的自己の統御によっては実現できないからである。いま見たように、経験の一なる場は絶対的な「神」と私との人格的な交わりの経験として現実化するのである。

もちろんこの人格的な交わりとは、互いに独立自存するもの同士の交わりを意味するのではない。神において私が生きるとは、私が私とは別のものになってしまうことではないし、私に別の存在が加わるわけでもない。この意味では、私は他と協働している私を生きるだけである。すなわち、神とは私を含むいっさいの実在にとって「無」であるとも言いうる。しかし神が「無」であるとは、西田が第四編第二章で言うように、「ただその能く無なるが故に、有らざる所なく働かざる所がない[*65]」ということを示す。それは神の働きは限定や制約がないということである。すなわち神とは絶えざる仕方で（永遠に）すべての人格的生命に即しそれとして働いている「大なる生命」「永遠の真生命」そのものである。このことを神に焦点を当てて言うなら、いわば神は、自らやいっさいの実在同士が独立自存することを否定し、一なる場を開くことそれ自身であると言うことができよう。

苦悩の転換と自在なる活動

もちろん神の働きと合一し「我は神において生く」ような「宗教」的な経験は、生きること（生命）の困難と苦悩がなくなることを意味しない。また、私と他者との対立や矛盾衝突がなくなっていくような、一種の調和的な世界を生きることを意味しない。すでに見た引用中にあったように、神とは無限の活動であり、一方では「無限の統一」であると共に、他方で「無限の対立衝突」である。むしろ「神」すなわち唯一実在の唯一つの活動そのものは、矛盾衝突や苦悩と共にあるいはそれらを含んで実現する。そうだとすれば、経験の一なる場は主客（自他）の矛盾衝突がない場ではない。

ここにとりわけ注目すべき転換がある。ともすれば我々は自他の衝突と、主客（自他）の開けとしての一なる場における自他の統一とを相反し両立しえないこととして経験するし考える。しかしそれとは異なり、もはや自己は自他の衝突背反の経験を一なる場から離れたものとする思惟の方向を否定し転換させ、自他衝突を一なる場において経験し生きる。すなわち、矛盾衝突と統一を一つの経験の事実として生きる。あるいは矛盾衝突を含んだ統一を生きる。西田は『善の研究』においてこうした統一を「絶対的統一」と呼ぶと共に、しばしば「深き統一」「大なる統一」などとも呼ぶ。それは衝突のない統一のことではない。衝突が起きないようにすること、ないしは衝突のない一種の自他調和が存在しそれを実現すべきであるとすることは、それ自身が主観的自己による空想の錯誤であり、転換されるべき思惟に他ならない。このことは十分に理解されなければならない。[*66]

　こうした転換は我々の自己の苦悩の転換でもある。すなわち主観的自己を立し世界を統御・差配することで生じる倒錯した苦悩から、主客の開けの一なる活動における矛盾衝突の苦悩へと苦悩の相貌と質の転換が生じる。前者の苦悩は、どうしようもない生きづらさとしての苦悩であるが、後者はもはやそのような質の苦悩ではない。

　ここでは西田が第二編で、我々の自己は元来無限なる統一力において生きており、「人心の無限に自在なる活動は直に神其者を証明する[*67]」と述べることも考え併せてみよう。ここで「自在なる活動」とは、自由なる活動のことである。それは何にもよらないという意味での自由ではなく（西田はそれを自由の真義としない）、「己自らにて働く」「自己の性質に従うて働く[*68]」という意味での自由なる活動を指す。西田は、場合によっては「抑圧」の下においても自由であると述べるように、[*69]状況がどうであれ、様々な苦悩や衝突に面しつつもそれから離れず、むしろそこにおいて自己の個性を発揮することが「自在なる活動」である。そこでは苦悩は苦悩でありつつも、出口のない生きづらさとしての苦悩ではなくなっている。西田が第三編で「我々は場合に由りては苦痛の中に居てもなお幸福を保つことができるのである[*70]」と述べることがここにも当てはまるであろう。

　こうした生き方は、苦悩を生む矛盾衝突をそのまま消極的に受忍し認容肯定することとは全く異なるものである。この生き方は自在なる自己の積極的な活動であって、すなわち自他の個性の間の矛盾衝突について、自他の統一を破壊せず失わない出来事にしていくことである。ないしは、自他の衝突を自他の背反・分裂とせず、自他協働の一つのあり方とし、いまこの場の個性的・独創的な出来事の創造へと活かしていくことである。

このことは、自己を中心にして他者の統御をめざす限りは不可能である。自他の利害がただ背反し分裂しあうだけだからである。むしろ自己中心的な「主観的自己」に立つことを否定し、ゆえに自己の利害関心を徹底的に捨て去ることでのみ可能となろう。もはやそれは無自覚に主観的自己を立している通常の我々の生き方（生命）から見れば、そうした生命の「死」すなわち主観的自己への執着の「死」であり、その意味で「自己の変換、生命の革新」であろう。『善の研究』では引用されていないものの、後に西田が論文に引用するようになる、至道無難禅師の言葉「いきながら死人となりてなりはてておもいのままにするわざぞよき[*71]」といった表現がこうした生き方に当てはまるであろう。

主観的自己への執着が否定された私の生は、当然他者との関わりにおいても積極的な転換をはたす。なるほど『善の研究』では自己と他者の具体的な交わりについて明示的に考察されてはいない。しかし西田が『善の研究』の時点で説明しようとした内容を十分に無理なく理解しようとするなら、自己と他者の関係についての考察は、たとえ明示的に取り上げた箇所はなくても、『善の研究』の根本思想を基にして我々の側で展開するべきである。そしてそれは十分に可能である。

西田は、神は「無限の愛、無限の喜悦、平安[*72]」であると述べるが、それは、神は我々の自己が他者を愛しそれを喜びとする活動の根本であると捉えられているゆえである。この西田の思想を十分に無理なく理解するために、我々の側でそれをさらに展開するとどうなるであろうか。それは、西田の言う「神において生く」際には、対立し衝突する私と他者との間の相容れなさも、愛と喜びにおいて受け容れられ包まれながら生きられるということである。これは自他の相容れなさと共に、ないしはそれすらも含めて、いまこの一なる場の個性的・独創的な創造活動を形作ることである。ここでは自他の対立・衝突は互いの自在・自由の礙げとならず、したがって自他分裂・背反ではなく、いまこの一なる場における自他の礙げなき開けの中の対立・衝突である。

作家・日野啓三は癌の進行に伴う自らの死と向きあう中で自らが接する人たちに目を凝らしながら以下のように述べている。『善の研究』と直接の関係はないが、西田が示そうとしたことを我々が十分に理解する上で示唆に富む。

> 様々なことがまわりで心の中で休みなく起こり消え続けていること自体が、慰めであり救いであり癒しなのではないだろうか。起こってほしいことだけが起こり、それがいつまでも続くのではなく、耐え難いことも起こり（この頃その方が多い）、何事にも終わりがあることも含めて、何事かが常にゆらめき起こりざわめき高まり渦を巻き、深夜の病室でのように底無しに落ちこむことさえも、氷のような死んだ安定、マグマのような混沌《カオス》に比べれば、在（有）り難いことなのだろう。……目前の好きなこともイヤなことも、ひとつずつこなしてゆくことが、そんな何事かを（何もすることがないではなく）与えてくれた〝世界の（神の）慈愛〟にこたえることに違いない[*73]。

日野の言葉に示唆を受けて述べるなら、本来、互いに相容れずまたそのことに苦悩を抱きつつ私と他者とがいまこうして出会うことも、耐えがたい衝突としてであれ、二度と逢えない別離としてであれ、それでも唯一度そうした仕方で現にいまこの場を共にしていることそれ自身が私の喜びとなる。別言すれば、本来私は私と他が共に在ること自体を、またたとえば相容れないことをめぐって衝突と苦悩とが生じること自体を、いまこの場を他者と共に形作り、互いにかけがえのない自らの生を創造することの現場とするのである。

先には、経験のありのままの事実である一なる場の活動として、共に音楽を聴く、友人を支え持つ、友人と話しあう、といった自他協働の例を挙げた。しかし共にその場に居る自分と他人の意見や行為に矛盾や衝突が起き、必ずしも協働がうまくいかないこともある。その場合でも、意見や行為が互いに相容れないこと、ひいては協議しても目的や理念すら共有できないことなどを含む仕方で、自他〈主客〉の開けの一なる場の協働が元来生じている。互いの行為のめざすものの相違は相違のままでありながら、しかもそこでは〈相容れない〉ということも、自他が各々に固有の個性を互いに他と共に他を介して惹起し実現しあう事態として現れるのである。

たとえば、各々の支え持ち方の個性に違いがあって衝突し、友人を支え持つことが中断してしまうことがある。なるほど支え持つという目的を実現することに向けて自己を中心・基準として効率良く統御・差配しようとする観点からは、これは意義のない出来事である。あるいは目的実現の一プロセス・一手段としてのみ意義を有する出来事である。しかしいっさいを統御する主観的自己への執着が徹底して否定され〈死する〉なら、友人を支え持つことが自他の衝突なくそのまま実現する時も、支え持つことが自他の矛盾衝突によって実現しない時も、それぞれに唯一無二の他に代えがたい稀有の意義を有する創造的協働となる。[*74] 言い換えれば、簡単に統一できないほどに各々にそれぞれ独特の個性があることを現実化させ主張しあうことそれ自身が、自他が互いに他の個性を否定するどころかむしろその実現に参与しあう一なる協働となる。そして自己がこのように経験しうるなら、もし友人を運ぶことに命に関わる緊急性があれば、いつでも〈休戦〉し、たとえ自分が望む（統御したい）仕方でなくても、衝突を一時保留にして協働することができる。こうして、自己による統御が消磨されて、経験の一なる場をそのありのままに即して生きる時、自分と他者は、互いに相容れない異他的な者として存在することを留保なしに無条件に肯定し実現しあい、そのことで個性的・独創的な出来事を創造するのである。

ただし、自己のこうした創造的な生はともすれば容易に見失われるものである。それはその都度のいまここにおいてそのたびごとに統御が消磨され自己の転換が生じることでようやく実践されるものである。しかもこうして互いの異他性を留保なしに肯定するような協働に根ざしてこそ、支え持つ、話しあうといったことはもちろん、ひいてはより広範で複雑な協働（社会制度を変革するなど）に至るまで、様々な形の自他協働が、自己統御の錯誤に陥らない真に活き活きとした創造的活動として実現しうるのである。

5 『善の研究』から現代へ

生きづらさがほどける

以上で見てきたように、主観的自己に基づいて自身と世界をできる限り統御しようとすることは、不可能な企てであり、自他の矛盾衝突を生み、出口のない苦しみや生きづらさを生じる。本書第1章で指摘した、現代の身体の生きづらさの基にある過信と執着とは、まさしく『善の研究』で西田が提示した、「自己を信ずるの念」であり、主観的自己に立脚し執着することである。したがって、現代における自己中心的な過信と執着とがほどかれるということは、まさしく西田が言う我々の主観的自己が〈死する〉ことに他ならない。

主観的自己が死することとは、我々の自己が統御への執着から離れようとしてもそれがまた統御への執着となるという自己の有限さ・無力さにまで面することである。そのことで主観的自己は徹底的に否定され転換される。それはおよそ「神すらも失った所に真の神を見る」と言われるまでに、自己の統御を否定する絶対的なるものに人生において面することによって生じる。すでに見たように、このことで私は日々の経験の一なる場において、自他の衝突や相容れなさとその苦しみについて、それを受け容れ包みそれと共に生きうるようになる。そもそも自己の出口のない生きづらさは、主観的自己への執着によって、自他の衝突とその苦悩を一なる場から離れて経験することによっていたのである。経験の一なる場において苦悩を包んで生きるとは、自らによって統御・差配・管理できないどうしようもなく異質的・異他的なるものと共に、あるいはそれを内に容れて、自己のかけがえのない生を生きる立場に立つことである。このことはすでに明らかであるように、自己と他者とが対立し衝突することとの苦悩とその生きづらさについて解消克服すべきものとすることではない。それは依然として主観的自己に基づいていっさいを統御しようとする態度に根ざしている。それは異他的なる他者との邂逅のかけがえのなさを失う誤った態度である。

このように見れば、西田の『善の研究』の思想には、統御され均質的な型にはめられたこわばる身体と、そこに現れる現代日本における生きづらさとをほどくみずみずしい力が見て取られる。主観的自己が死して、自己とその身体をそして世界を統御しなければならないという倒錯した緊張・重みから我々の自己がほどかれた時、およそ他者との衝突とその苦悩が生じることは、自己の生の礙げとしてではなく、異他的なる他者と交わりつつ共にかけがえのない生を創造する活動として成立する。自己はいわばほどかれた苦悩を生きることによって、真に他者に面し苦悩とその生きづらさを受け容れ包みつつ生きうるのであり、その時に生きづらさはほどけているのである。

このことは身体のこわばりがほどかれることと一つのことである。身体は、主客の開けの一なる場において自らと異他的なる存在とが互いに自らにおいて他を包含しあうその限りで在る。すなわち自己の身体の活動は、統御されるべき対象ではなく、むしろ一なる場ないし協働において、もともと他を受け容れつつ他と共に独創的な出来事を創造している。しかし、「主観的自己」は身体を自己の意志による統御の対象とすることで、身体から異他的なるものを排除し、自らの内へと閉じて〈かたくこわばる身体〉を生む。このことはすでに見た。それに対しこの主観的自己による統御が否定されるなら、このこわばりはほどかれ、自己の身体は他者を包含し他者に開かれたもともとのありようを実現し、独創的でかけがえのない生を活き活きと実践する。それはいま見たように、他者との衝突やその生きづらさを受け容れ包みつつ生きることである。すなわち生きづらさからほどかれて生きることである。だからこそ、自己の身体は、竹内の「話しかけのレッスン」にも見られたように、自己統御・監視によって作られた緊張やこわばりがゆるんだ時に、生きづらさがほどかれて他者と共に生きることを実現するのである。

『善の研究』からの回答とその問題点

とはいえ、『善の研究』の以上のような思想では、第1章で述べたような、統御された身体の転換が自己の生きづらさをほどくための重要な力になるのではないかとの仮説に対して、全面的に回答が得られたとは言いがたいのも事実である。まず『善の研究』では、自己と他者の関係や社会における自己の生活などを詳しく論じている箇所は実質的にはほとんど存在しない。そのため、現代の我々の生きづらさが、社会や他者から強いられる自己統御・管理によって生じる不安や緊張であるということ、そしてそれはどのようにほどかれるのかということについて、立ち入った回答を『善の研究』から展開することは難しい。それに加えて、『善の研究』では、統御・管理の重しによるこわばりがほどかれた身体はどのようなあり方になるのかについて、十分に考察されていない。したがって、こわばる身体がほどかれることが、我々の生きづらさをどのようにほどくことになるのかについて、『善の研究』から思想を継いでいくことは困難であると言わざるをえない。

我々は『善の研究』から、我々の自己と他者との交わりにおける生きづらさの転換と、統御された身体の転換とが連動し一つの事態をなすことについて理解することができた。また、後者が前者においても積極的な役割を果たすであろうことも想定できる。『善の研究』は経験における身体の活動をとくに重視しているからである。しかしそれにもかかわらず、生きづらさがほどかれる際の身体の活動の持つ役割や力を詳しく分析するという当然あるべき記述が『善の研究』には抜け落ちている。そのため、いま指摘したような難点を抱えてしまっている。つまりは、他のことではなく、過剰な統御によってこわばる身体が転換することならではの固有の役割や力について焦点が当てられてはいないのである。およそ身体をその固有のありように即して展開する思想が『善の研究』からは十分に展開できない。

『善の研究』の身体と西田哲学の特性

とはいえ西田が経験の一なる場に定位して展開しようとした思想は、本質的に身体の思想を含みうるし、また含むべきものである。実際に本書がこれから見ていくように、西田は『善の研究』の後の著作とりわけ後期哲学において、『善の研究』の枠組みや概念装置を解体し、新たな枠組みで改めて経験の一なる場について思索を紡ぎ直していく。そこでは豊饒な身体論も展開されることになる。

それでは『善の研究』における西田の哲学的思索は他の哲学思想と比べてどのような特徴を有するであろうか。そしてたしかに『善の研究』が意義ある思索を展開しているとしても、なお身体についての思索が不足しているのはなぜであろうか。これらの点を明らかにしておくことは、『善の研究』

の後の西田の思索を考察していく上で重要であろう。

西田の哲学的思索の特性としては、西田がどこまでも自己が生きているその現場から離れずに思索していることがある。西田は、自他の独立自存を前提にせず、むしろ自己と他者とが関わりあっている現場、正確には自他が互いに自らの内に他を包含しあっている現場を捉え、そうしたありのままの経験の開けの場からいっさいを把握する。このことは、自己が生きているその現場において、自己が統御しえない異他的なる他者の働きを、ひいては無限なる創造活動それ自体としての「神」を見出すことである。こうした思索は、自己と物、自己と他者、自己と神といった互いに異質で異他的なるものの間の差違や対立と統一とが唯一実在の唯一つの分化発展においてただちに一つの活動をなすことを明らかにし、それによっていっさいのものを説明する立場に立つものになる。ここに着目することで、西田の思索の特性をさらに以下のように理解することができる。

西田の思索は、自己・物・他者・神といったものが相互に自らを開き包含しあう〈一なる場〉においてそれらの差異や対立衝突をも明らかにする。いっさいが唯一つの実在であるとみなす哲学思想の場合、ともすれば差異や対立衝突を虚妄ないし偽とみなすことに帰結する。しかしこうした思考は、実際には自他の差異は両者の独立自存（分裂）において生ずることとみなし、自他がいわば〈一である〉か異質で〈分かれてある〉かの二者択一的図式を採る不十分なものに他ならない。

これに対して西田の思索では、意義深いことに、世界を統御する主観的自己を自他分裂において立することへの否定が徹底されたことによって、自己・物・他者・神が〈一である〉こととそれらが異質にして異他的で〈分かれてある〉こととが同時に一つのことであるようなありようを明らかにしている。あるいは正確な言い方ではないかもしれないが、〈一である〉ところを離れずにそこにおいてものの〈分かれてある〉ありようや、自己が他ではなくこの自己であることを徹底的に明らかにしていく。我々の自己は〈一である〉現場を他が決して代わることのできない仕方・方法で生きている。自己にとって、自己が自己であることと、他の存在者がそれぞれの存在者であることとは、大きく異なっており、異なる次元に立っている。自己は他と働きあっている現場全体を、他者が身代わりになることのできない唯一無二の視点ないし場から生きているのである。実際、『善の研究』では、「自己の真人格」の実現が「唯一実在」の活動を生きることであると言われていた。こうして、一だけでなく、一において自己を自己として、多を多として見ることができる点に西田の思索の大きな意義がある。ありのままの経験の現場から出発するこの思考は、一元的でも多元的でもないゆえに、ほとんど不可能にも思われる極めて独特の、ある意味でラディカルな思考ともなっている。

ただし、西田が当然あるべき身体への哲学的思考を十分に徹底しえなかった背景には、西田の意図に反し、結局は自己・物・他者・神が〈一である〉ことに偏って焦点が当てられ、それらがどのように異質・異他的で差異や対立を持ちながらも〈一である〉のか、あるいはそうした〈一である〉ことがどのように〈分かれてある〉個々の存在において、そしてとりわけこの自己の生において働くのかについて、実は未だ十分な考察をできていないということがあろう。[*75] 自己の身体は、一なる場において自己が異質な他者へと開けていることに際して、まさにその開けが現実化する重要な場である。[*76] このことに十分な解明が充てられていないのは、自己が一なる場における唯一無二の場を占めて生きていることに対する焦点の当て方が十分でないことを意味する。それは、社会における自己に異質で異他的な他者との交わりについて徹底した考察が向けられていないということでもある。西田がこうした思索を成し遂げることができたのは、後年とくに『哲学論文集　第一』（一九三五年）以降の著作においてである。それではこの思索はどのように可能となったのか。さらに考察していきたい。

＊1　この経緯については、以下を参照。遊佐道子、「伝記　西田幾多郎」、二四三ページ。藤田正勝、「『善の研究』解説」、三四五ページ。
＊2　西田幾多郎、『善の研究』、六ページ
＊3　『善の研究』、五ページ
＊4　『善の研究』、六三―六四ページ
＊5　『善の研究』、六三ページ
＊6　『善の研究』、六四ページ
＊7　『善の研究』、六四―六五ページ
＊8　『善の研究』、七二ページ
＊9　『善の研究』、六六ページ
＊10　『善の研究』、七一ページ
＊11　『西田幾多郎全集』（新版）第一五巻、一一一ページ。この引用に限っては、西田による英語表記が反映されている新版『全集』を典拠とする。当該箇所は一九巻版（第二刷）『全集』では第一五巻、一九〇ページに掲載。なお引用中の亀甲括弧内註記は新編集版『全集』に記載されているもので あり、また one field of experience の註記のみ筆者の訳に改変したので注意されたい。
＊12　『善の研究』、七三ページ。西田は物をすべて心の創造物とみなすような唯心論に立つわけではない。唯心論に立つとは、何かを意識するのに先立ってそれ自身で独立に存在しすべてを創造し意識に現れさせるような心という主体を想定することである。この唯心論も、独立自存する二つの実在としての〈物―心〉という独断的な二元的図式に基づいた誤った見方に過ぎない。
＊13　『善の研究』、二〇五ページ
＊14　『善の研究』、八〇―八一ページ
＊15　『善の研究』、一九ページ。なおこの典拠箇所には「純粋経験」の語も見られるが、「純粋経験」については後述する。
＊16　『善の研究』、六七ページ
＊17　『善の研究』、六六ページ

＊18『善の研究』、一七ページ

＊19 上田閑照は、哲学思想を述べた第二編が先に書かれ、その後で「哲学の根柢」が遡って返照されたものが第一編としておかれたとして、とくにその冒頭は「哲学的ならざる根柢」を挙示していると理解している（上田閑照、「経験と自覚」、一〇九―一一〇ページ）。筆者には、上田が『善の研究』をはじめ西田哲学の全般について解釈し提示したものは、我々が西田哲学を読む際の大きな基準軸になると思われる。

＊20『善の研究』、七一―七二ページ

＊21『善の研究』、四七ページ

＊22 M・メルロー＝ポンティ（竹内・木田・宮本共訳）、『知覚の現象学 2』、六ページ

＊23『知覚の現象学 2』、一九ページ

＊24『善の研究』、二二六ページ

＊25 上田閑照は、この西田の記述を取り上げて、我は光其者であるという「最初の感覚」の原初性は「西田にとっては見ること、聞くことの根源性としてそのつどの見る、聞くに現成し得る」と解釈している（「経験と自覚」、一二五ページ）。

＊26『善の研究』、九六ページ

＊27『善の研究』、九三ページ

＊28『善の研究』、九四ページ

＊29『善の研究』、九七ページ

＊30『善の研究』、一〇五ページ

＊31『善の研究』、一〇三―一〇四ページ

＊32『善の研究』、七七ページ

＊33『善の研究』、二五二ページ

＊34 西田は実在の分化発展について第二編で「先ず全体が含蓄的 implicit に現われる、それよりその内容が分化発展する、而してこの分化発展が終わった時実在の全体が実現せられ完成せられる」（『善の研究』、八五―八六ページ）とも述べている。これについては、後に本章の註74において触れる。

＊35『善の研究』、五九―六〇ページ

＊36『善の研究』、二五三ページ

＊37『善の研究』、二二五ページ

＊38『善の研究』、二〇四ページ

＊39『善の研究』、六〇ページ

＊40『善の研究』、三七ページ

＊41『善の研究』、四〇ページ

＊42『善の研究』、三三ページ

＊43『善の研究』、八五ページ

＊44 西田はこうした経験を「知的直観」と読んでいる。詳しくは『善の研究』第一編第四章「知的直観」とくに五九―六一ページを参照。

＊45 ただし、『善の研究』では、ここで述べたような、言語や

概念と直接経験の事実との関係が十分に説得的に示されたとは言えない。この点については次註も参照されたい。

＊46 『善の研究』では、概念や思惟の権能について十分に解明されたとは言いがたい。前註で指摘した問題点と同様に、純粋経験の哲学を展開する思惟すなわち哲学的思惟・反省についても、十分に基礎づけられていないところがある。それは言い換えれば、本文で説明したような、対話において一なる場を独創的に創造していく思惟と、そうした活動それ自身をも反省し哲学において解明する哲学的思惟との違いについて明確ではないということである。『善の研究』における概念的思惟と直接経験の関係づけや哲学的思惟の基礎づけが有する難点と、それを克服するために展開されたその後の西田の思索については、拙著『西田哲学の論理と方法』で考察したので参照願えれば幸いである。

＊47 『善の研究』、二〇四ページ

＊48 『善の研究』、五九ページ

＊49 『善の研究』、二六ページ

＊50 『善の研究』、二二三ページ

＊51 『善の研究』、二二五ページ

＊52 『善の研究』、二二三ページ

＊53 『善の研究』、二三四ページ

＊54 『善の研究』、二二三ページ

＊55 『善の研究』、二三〇ページ

＊56 『善の研究』、二三〇ページ

＊57 『善の研究』、一二八ページ

＊58 『善の研究』、二三六ページ

＊59 神は実在の全体であるが、直接そのように記されずに、実在の「根本」「根抵」であると記されるのは、後述するように、神が実在全体でありつつ同時に実在にとって「無」であるという知見が背景にあると思われる。

＊60 『善の研究』、二二三―二二四ページ

＊61 『善の研究』、二五三ページ

＊62 『善の研究』、二二三ページ

＊63 『善の研究』、二六三ページ

＊64 『善の研究』、二六三ページ

＊65 『善の研究』、一三三ページ

＊66 西田自身の叙述の中にも誤解を誘発する内容のものがあるので、なおのこと注意が必要である。たとえば、「分裂や反省の背後には更に深遠なる統一の可能性を含んで居る、反省は深き統一に達する途である」（『善の研究』、二五四ページ）といった記述を見ると、いまこの矛盾衝突が解決し克服されることすなわち衝突をなくしていくことが深く大なる統一の実現であり、実在はそうした目的に向かって分化発展していると受け取られかねない。しかし西田の意図する主張はそれとは異なる。衝突と統一とは常に一つのことの両面であり、前者は解決されたり解消されたりしう

るものではない。だが他方、このことを理解せずに主観的自己によって両者を切り離し対立させるという意味での衝突・対立は否定され転換されなければならない。そして主観的自己によるこうした衝突それ自身は、自らの矛盾と苦悩とを自覚させ、主観的空想を消磨させる契機となる。本註で見た引用はこのことを指していると理解すべきであろう。

*67 『善の研究』、一三一ページ

*68 『善の研究』、一五二ページ

*69 『善の研究』、一五三ページ

*70 『善の研究』、一九〇ページ

*71 至道無難、『即心記』、三一ページ

*72 『善の研究』、一三四ページ

*73 日野啓三、「出会い、感謝、神の慈愛」

*74 主観的自己が転換すると、自他の矛盾衝突それ自身も含め、いまここの出来事がそのたびごとに個性的・独創的であり、自己が活き活きと生きる現場である。一々の出来事は、本来その個性・独創性において大小・深浅・進退の区別はない（もちろん一定の目的を基準にすれば進歩・退歩ということも言いうる）。その意味では、唯一実在の分化発展は、より深く大なる統一に向けて進展する活動であるという解釈は不適切であり、およそあらゆる目的論的な解釈は避けられるべきである（この点について、西田のショーペンハウアーからの影響を顧慮しつつ以下で論じた。板橋勇仁、『底無き意志の系譜』、一〇九－一一〇ページ）。第二編で「先ず全体が含蓄的 implicit に現われる、それよりその内容が分化発展する、而してこの分化発展が終わった時実在の全体が実現せられ完成せられる」とも述べられていたが、この記述は、本文および註66で述べたように、本来、衝突の解消としての統一を提起することを避けて、主観的自己の転換の実現としての統一を提起すべきところであるのに、むしろこの点を不明瞭にしている。そのために、実在が衝突の解消としての統一への目的論的な進展を原理としているかのような不適当な表現となってしまっている。

*75 註46で指摘した、哲学的思惟の基礎づけについての不十分さは、ここで指摘したことに起因すると思われる。〈一である〉ことが〈分かれてある〉ことをどのように含むかは、〈一である〉ことについての哲学的な思惟の成立可能性に関わるからである。新田義弘は『善の研究』では知の統一性（一であること）の捉え方に難点があり、そのため哲学的な記述（思惟）を含むいっさいの知の成立根拠を不明瞭にしていると指摘している（新田義弘、『現代の問いとしての西田哲学』、九－十ページ）。なおこの難点と註46で指摘した難点とを連関させて捉え、それを乗り越える西田の「場所」の思想への展開を明らかにしたものとして以下の論文を参照されたい。村井則夫「超越論性の変容」

＊76『善の研究』は、自己と物や、自己と他者が、独立自存せずに〈一である〉ことを提示する際に、それぞれの差異を絶対的なものとみなさず相対的な程度の差であると論じることがあるが、そうした把握は〈分かれてある〉ことを十分に捉えられず適切ではない。このことがまた身体を固有の存在として定義しその役割を考察することを礙げていると考えられる。

第3章

後期西田哲学の「制作」と身体

西田は、『善の研究』以降の、とくに後期哲学において、
経験の一なる場について、「制作」を中心に
改めて思索を紡ぎ直していくのだが、そこでは豊饒な身体論が展開されていく。
本章では、その後期哲学を中心に読み進めながら、
西田の言う「歴史的身体」を明らかにする。
さらに私たちの生き方の中に「我執」があることを考察しつつ、
「我執」の否定によって実現する、
創造的な自己と他者の関係における身体の役割を明らかにする。

1 後期西田哲学における自己の「制作」と身体

制作——統御の否定

後期西田哲学においても、我々の自己は、現実の世界において他と互いに関わりあい協働しあっているその一なる現場において捉えられる。[*1] 我々の自己が生きるとは、他と共に互いにかけがえのない仕方で、唯一無二の個性的な出来事を創造することに他ならない。この点では、「経験の一なる場」の個性的・独創的な創造活動を真の実在とした『善の研究』の立場は根本的には変わっていない。ただし後期西田哲学では、この創造活動は、既存の現実を基にしつつそれを否定し作り変える活動であることが強調される。西田はそれを「制作」と呼ぶ。そしてこの「制作」ゆえに、自己の生はいままでにない個性を有した新たな出来事の創造になるとされる。[*2]

これから、とくに断らない限り、主に『哲学論文集 第一』および『同 第二』（一九三七年）を取り上げて考察してみよう。これらの著作では、後期西田哲学の立場が確立し身体への思考も積極的に展開される。[*3] まず西田が着目するのは、我々の自己の生は、文化的・物質的・生物的など、およそ広い意味において形作られた現実を足場にして可能となるということである。実際、我々の自己は、特定の自然環境や文化的・社会的伝統などが折り重なる現実の世界の中から生きる。このことは、自己の生は、特定の仕方で形作られた過去によって規定される限りにおいて成り立つということである。このことを西田は以下のように言い換えている。「我々は何処までも物に従わなければならない。我は何処までも物とならなければならない。かかる方向の極限に於て制作が成立するのである」[*4]。「物」とは広い意味でのすでに「形作られたもの」全般を指し、「極限に於て」とは、物に従うことを徹底することによってのみ、制作が可能となるということである。すでに形作られた物の性状や働きは、それに働きかけ新たに制作する自己の意のままになるものではない。その意味で両者はどこまでも異他的である。このことに着目することで、西田は「経験の一なる場」では、あくまでも異質な自他が〈分かれてある〉と共に〈一である〉ことを示していくのである[*5]。

前章でも見たように、我々の自己の生活の中では、眼の前の物を動かすという単純なことの場合でも物は単に我々の自己の意のままになるものではない。このことは、自己はすでに形作られているその物の性質・機能にあくまでも従わなければならないということである。この意味においてその物が我々の自己の動きを規定している。これに加えて、そもそも物を動かすという行為自体、動かすことが可能でありそうな物がすでにあるからこそ思いつかれ、実践されると言える。

他方、すでに形作られた物（現実）のありようとは、実際に我々の自己がそれに働きかけ、動かすことによってのみ現れ、発揮されるものと言える。すでに形作られたものは過去としてすでに固定・決定されたものである。しかし「眼というものができない前に、色というものがあったのであるか、あった。しかしそれは眼というものができれば、見えるという意味に於てあったのである」[*6]と述べられるように、現実はすでに形作られ決定されているが、それは現在の制作において明らかになるという仕方で決定されている。物がいままでに把握されていなかった新たな仕方で動かされるなら、それだけ物の形作られたありようの本領がより深く精密に現れる。たとえば器を様々な状況や方法で洗うほどに、ますますその器の性状が発見されるのである。この点から言えば、過去に形作られた物の現実のありようは、自己が現実の状況を否定し新たな現実を創造することを介してこそ、それを浮き彫りにし、あらわにすると言える。

したがって、すでに形作られた物と、新たな出来事を形作る主体としての自己という二つのものが各々独立にそれ自身で存在し、それらが関係しあうのではない。かえって、物が自己を動かし、自己が物を動かし、両者が直接に一つの動きをなす〈一なる場〉が、自己と物との間の異他性を保持しつつ、それ全体としてそれ自身で生じている。物がスムーズに動いている時、形作る自己が形作られた物を動かすことと形作られた物が形作る自己を動かすこととは、直接に一つの動きをなしている。また両者が直接に一つの動きをなす限り、私が物を動かすことが実現している。

西田は、「主観客観の対立はかえって我々が行為によって物を見る所から考えられる[*7]」と述べる。むしろ自己が物に対して「行為」し(物を動かし)て物を「見る」(物の動きとなる)事態・出来事のただ中において、自己と物が存在するのである(後述するように、西田はこのありようを「行為的直観」と呼ぶ)。独立する主観(自己)と客観(物)の対立という図式はかえってこの協働を基に後から設定したものに過ぎないのである。

ここでの要点は、物を動かすこと一つでも、自分の勝手な都合や思いの通りに物を統御し状況を差配しようという態度が否定されることで、実現するということである。机を持ち運ぶにせよ、器を洗うにせよ、自分の思い通りに物を動かそう、手間を惜しんで効率的に動かそうとしてもうまくはいかないことは前章でも見た。それらは先の引用の表現を使えば、自己が物に従い〈物となる〉ことに能く徹底しうることではじめて適切に実現するのである。

物を動かすということの行為も、軽微な範囲ではあるが、既存の現実の状況に働きかけ、状況を否定し作り変える「制作」である。そして新たな物を積極的に制作する行為であっても、以上の事情は基本的に同じであろう（これについて後述する）。基となる形作られた物の性質や運動に従わない限り、その物を作り変え、その物から新たな物を制作することもできないからである。

制作における身体と自己

我々の自己が物を動かす行為は、具体的には自分の身体を使って物を動かす行為である。すなわち自分の身体は物を動かす際の道具となる。西田によれば、私たちが身体と呼ぶものについて眼を向ければ、それは私が行為する際の道具となるものである。私は手を動かして物を動かしたり、包丁を研いだりする。あるいは口を動かして言葉を発して対話をしたりする。しかし様々な道具がある中で、自分の身体と呼んでいるものは、自分がそれと直接に結合し直接に意識しているものである。つまり、我々は我々自身が直接に「身体的」であって、かつその身体を「道具」として持っているのである。逆に言えば、私が直接にそれでありつつ、かつ私がそれを道具として使用するものが私の「身体」である。西田は『哲学論文集 第二』以降、一貫して「我々は身体的存在であると共に、身体を道具として有つ」と定式化している。

物を動かす行為で考えれば、自己の身体の動きは物のすでに形作られた性質や運動に従わなければならない。この際、道具となる自己の身体それ自身が、すでに特定の性質や運動機能をもって形作られたものである。物を動かす際、その物の動きに即すのに適切な身体の角度・重心・部位の連携具合がある。すなわち、自己は自らの身体の動きに従いつつ物に従うのであり、自己は身体を介して物となる。身体が道具としてうまく働かない限り物がスムーズに動かないことを考慮するなら、自己は〈物となる身体〉となると言うこともできよう。そして先に見たことからも明らかであるように、このことは、自己の都合に合わせて身体を統御したり差配したりしようとすることが否定されることではじめて実現する。

これに加えて、先に考察したことからも明らかになるように、すでに形作られた身体のありようとは、実際に我々の自己がそれに働きかけることによってのみ明らかになり発揮される。そして周囲の物（ないし広義の状況・環境）に対する反応や作用を全く行っていない状態の身体はありえない。自己が身体に働きかけるとは、身体を道具として使って物（現実）に働きかけることである。身体とは、常に外の物と働きあっている限りでの運動体それ自身である。たとえば私の身体は、すでに前章でメルロ＝ポンティの議論を引きながら見たように、物のありようの知覚と一つの出来事をなしている。私のまなざしは色と、私の手は硬いものや柔らかいものと相互包含的であり、協働的である。私の身体が眼でどのように物を見るか、手でどのように物をつかむかは、ひとり私の身体のみによって内から知られるものではない。むしろ物との協働を実現していく中で実践的にのみ把握されるものである。これについて西田は「身体は運動の主体と考えられる。然るにまた逆に運動によって身体が見られる」[*8]と記す。またさらにそれを敷衍して「我々の身体は外から知られる」[*9]とも記す。ゆえに身体がどのような運動体として形作られているのかは、我々の自己が身体（と物との協働）を介して物（現実の状況）を否定し新たに物を創造することによってこそあらわになる。自己の身体が実在する場は、自己の動きと物の動きとが直接に一である制作的行為の中にある。

いま見たことから、我々の自己と自己の身体もまた、共に両者が直接に一である協働において成立していることは明らかである。物を動かす時、自己の意志の働きと自己の身体の動きは直接に一である。実際、物を動かす、あるいは立ち上がるなどの行為において、自己の意志と身体の動きの境界は存しない。つまり、意志が働いて身体を動かすというより、身体の動きの中において、ないし身体の動きを貫いて、要するに身体の動きとなって、意志が働いている。逆に言えば、身体の動きが意志の動きとなって働いている。自己が身体を認識したり、身体について感情を持つ場合でも、自己の認識や感情と身体の動きとは一の働きをなしている。たとえば自己が身体の緊張を認識することと身体の呼吸や心拍あるいは発汗などの生理的状況とは切り離すことができない。というより両者は緊張するという一つの現象の両面をなしている。

自己が意志しても身体がうまく動かない場合もある。しかしそこでも、自己というものと身体というものがそれぞれ排他的・自己内完結的に一定の領野を有してまず独立に存在し、それが関係しあうのではない。自己が身体を動かそうと意志することも、すでに身体の動きや状態を伴っている。また身体がうまく動かないことも自己が動かそうとする限りにおいて現れている状態である。そのどちらのことにおいても自己と身体とは一つの現象における切り離せない両面をなしている。

我々の自己は、新たに形作る主体であり、自らの身体を対象にして意志したり認識したりできる主体である。こうした主体としての自己と自己の身体とは、一面ではあくまでも質を異にしており、一方から他方を導出することはできない。しかし同時に、他面では両者は互いに異なりつつも一つの働きをなしている。いわば互いに自らにおいて他を表現しているその限りにおいて成立している。自己は身体を介して自己であり、身体は自己を介して身体である。一般的には主体としての自己は、意識・心・精神などと呼ばれるが、問題は呼び名よりも、そうした自己が身体と決して一つにならないものとされたり、あるいは脳の一機能として身体に還元されたりする見方が存することである。しかし、いま見たようにどちらも斥けられなければならない。両者はもともと一つの働きの異なる二つの面・契機としてのみ働いているのである。正確には、両者が異なりつつ互いに他を表現しあい一つの働きをなすことそれ自身がはじめから存在するのである。

身体についての以上のような考察は、我々の自己が行為する際に、自分の身体を使っているという経験から出発した。それは「我々は身体的存在であると共に、身体を道具として有つ」と言い換えることができた。ただし我々の自己は自己の身体を使用して行為することではじめて自己を知り、自己として行為しうることが明らかになった。いまや自己と自己の身体は、異なりつつ一つのことをなす限りで成立していると言うべきなのである。

創造における自他の協働

これまでの考察をまとめれば、我々の自己が物を動かす行為は、物、自己の身体、新たに形作る自己の三者が、各々独立にまずそれ自身で存在し、後にそれらが関係しあうことによるのではない。一方で自己は、自己の都合に根ざした統御が否定され、形作られた物の動きになる、すなわち物になる形作られた身体の動きになることにおいて、物を動かすという自己の行為を実現する。しかし他方、形作られた物の動きや形作られた身体の動きはまた、我々の自己によってそれらの従来の状況が否定され新たなありようへと作り変えられる限りで実現する。物、自己の身体、自己の三者が新たなありようへと互いに他を形作りあう創造的な場ないし事実がそれ自身で生じるのである。また三者はそこにおいて互いに異なりつつ一である仕方で存在するのである。

注意すべきことは、物を動かす際にはそれぞれにその都度の固有の状況があり、それに寄り添うことは、かえってその都度の新たな創意工夫を要するということである。自己の統御を否定することは、それぞれの物および自己の身体のその都度の状況・事情の個性に即することである。しかしそれは単なる受動的な事態を意味せず、形作る自己の能動性を必要とする。つまり、単に自己が機械的に物に応じるのではなく、従来とは異なるかけがえのないその状況ならではの制作を行うのである。たしかにそれは自己の統御によって物を見ることを実現させようとすることではなく、かえってその態度が否定された立場から成り立つ。自らの都合による統御をめざす制作は、現実を無視した画一的・惰性的な営みである。それは決して成就しない。物を動かす「技術」とは、統御を否定して物の働きとなるないし「物の中に入る」[*10]ことの徹底を意味する。そしてそれはその都度の創造的な行為なのである。『善の研究』では経験の一なる場の創造的協働が提示された。この協働は、以上では物を動かす例を考察しただけではあるが、後期西田哲学では、過去に形作られた物を基にしつつそれを否定し新たな物を制作することとして捉え直されている。こうして形作られた物を基にするという契機がクローズアップされることで、現在自己が生き存在しているその現場ないし現実において、自己と他という異なるものが〈分かれ〉つつ〈一である〉ことが、より適切に提示されることになったと考えられる。このことを少し見てみよう。

自己の身体を含むまるごとの自己を自己としてまとめて考える。形作られた物の動きはすでに先だって決定されているものであり、自己の恣意的な統御をあくまでも否定する。他方、物に従う自己の動きは、あくまでも自己による新たな働きかけである。

> 我と物とは何処までも対立するものでありながら、我々の作用が我々を否定するもの〔すなわち形作られた物〕から起って、我々を否定するものを否定する〔すなわち作り変える〕。それが制作であるのである。制作とは……現実が現実自身を形作ることである……*11

自己と物は互いに他の動きの中に参与しあって一つの動きをなす限りにおいて実在する。言い換えれば、自己と物とが否定しあいつつ協働しあういまここの一なる場・出来事としての現実それ自身がそれ自身として自らを形作る。そこでは、自己と物とは〈一である〉と共に、両者はあくまでも異他的であり、その意味で「否定」しあい、〈分かれてある〉。両者は互いに自らにおいて他をそしてこの一である場（現実）全体を映し表現している。一である動きにおいて、自己は徹頭徹尾自己であり自己のままでありつつ、また物は物でありつつ、かつ両者は互いに否定しあい他に参与しあっていわば相互包含的に成り立つ。もちろんこの際には、両者の動きが混合したり交換されたりすることはありえない。一つの動きの中で自己は自己の動きを遂行している。自己（の動き）を見失ってしまえば、すなわち自己の自覚がなければ、そもそも動かし続けることはできないのである。

行為的直観——矛盾的自己同一としての自己同一性

西田は、いままで見てきたような我々の自己の制作的行為のあり方を「行為的直観」と呼んでいる。そしてこの語は、時に誤解されるように、我々の制作が勘や骨のような実践的な直観によって成り立つことを示すものではない。西田が「行為的直観」の語を使用するのは、すでに形作られた物の働きと新たに形作る我々の自己の働きとがいかにして異なる各々として成立するか、すなわち各々の同一性を持つかに関わっている。この語は、両者が同一性を持つのは、あくまでも互いに他を否定することを介してであることを、唯一無二の視点ないし立場から行われているこの自己の行為に即して示すというねらいがある。このことについて『哲学論文集　第三』（一九三九年）以降、さらに明確にされて、形作られたものの働きと形作る自己の働きとが「矛盾的自己同一」によって成立すると定式化される。たとえば西田は以下のように言う。

> 行為的直観というのは、我々が自己矛盾的に客観を形成することであり、逆に我々が客観から形成せられることである。見るということと働くということとの矛盾的自己同一をいうのである。[*12]

「行為的直観」の内の「直観」とは、過去にすでに形作られた物を受動的に受け取ることを意味する。

西田はこのことを「見る」とも言う。「行為」とは、過去にすでに形作られた物に働きかけることで、未来に向けて新たな出来事を能動的に形作ることである。すなわち行為的直観とは、この直観（見る）と行為（働く）とが独立自存するのでもなく、またどちらかが他に先行するのでもなく、見ることが働くことであり、働くことが見ることであるようなありようを指す。

このことは実際にはすでに考察してきたことである。また「矛盾的自己同一」とは、通常考えられる自己同一性のあり方とは異なる自己同一性を指す（その矛盾の意義を徹底し強調する際には「絶対矛盾的自己同一」とも言われる）。つまり通常の自己同一性を否定しそれに矛盾するような自己同一性のことを指す。したがって、時に誤解されるように、相異なり矛盾するものが実は一であるといったことを示すのではない。すなわち前掲の引用に即せば、見ることと働くこととが本来は一であるということを示すのではない。「矛盾的自己同一」について西田はしばしば「自己自身の中に自己同一を有たない」「絶対の他において自己同一を有つ」とも表現する。すなわち「矛盾的自己同一」とは、そのものが、他と独立にそのもの自身によってないしそのもの自身の中でそのものであるというような、そうした仕方での自己同一によらず、それに〈絶対に他なる〉仕方で成り立つ自己同一のあり方ないし形式を指す。すなわち、前掲の「見るということと働くということとの矛盾的自己同一」とは、自己が働くということ自身が、それ自身によってそれ自身の内で成立することはできないことを意味する。また、物の働きを見るということ自身についても同様であることを意味する。

自己が働くことは、物からの否定を受け取ることを介してのみ、それとして成立する。物の働きを見る（受け取る）こともまた自己からの否定を介してのみ、それとして成立する。物の働きを見ることも、自己が働くことも、それがそれ自身によって自らを実現しうるということ、すなわち自らに自らの存在根拠を持ち、他を要せずに自己完結的に自らを実現しようとすること、そのこと自身を否定することによってのみ、存在するのである。制作的行為において、自己と自己の身体と物とは、互いに他を表現しあい包含しあうことをすでに見た。これはこれら三者において、自ら自身によって自らを実現するあり方が否定されることによる。したがって、我々の自己がいまここの制作行為において創造的に活き活きと働くことは、自己の都合に基づく統御が否定されるというのみならず、およそ自己が自己によって身体にそして物に働きかけ、自己によって何らかそれらを動かし作り変えられるとみなす態度それ自身が否定されることによってのみ実現することである。

このことは、現代の我々に照らしてみれば、自己が人生を何らか統御できるとする態度の否定を要するということである。すなわち、自己が活き活きと生きるためには、第1章で見た、現代の身体の生きづらさの基にある自己中心的な盲信・過信とそれへの執着の否定が必要になるということである。ただしこれは次章で改めて詳しく考えたい。

創造的世界の創造的要素としての自己

西田の言う「制作」的行為について、物を動かすといった単純な例で考察してきた。西田は制作が「技術」的であるとして、大工が建物を建てる例や科学者の実験の例を挙げているが、それらをかならずしも詳しく説明しているわけではない。ここでは「技術」を媒介にした制作として、包丁を研ぐ行為について考察してみたい。それは技術を介した制作が日常において物に関わりかつ我々の自己の自己としての生き方に関わることを示す例だからである。

我々が砥石で包丁を研ぎ、切れ味のよい包丁を作り上げていく時、この包丁を研ぐ技術とは、私の動きが包丁の動きとなり、両者が全く一つの動きとして実現されることである。そして、その都度の固有の状況の中で適切に刃を研ぐということは、一方では研ぐという仕方で、すでに作られた各々の包丁に固有の質感を誤りなく見ているということである。また他方では適切に研ぐために生かすべき自分固有の身体のさばき方が誤りなく働いているということである。私の視覚や触覚はまさしく包丁の刃先に、その内側・裏側にまで通じており、包丁の刃先は、身体の動きの重心・中心である腹ないし腰で感じられている。身体全体が一つにまとまり、その全体で刃先を視て触っている。包丁の研磨の具合と、私の身体全体の動きとその間合いすなわち呼吸のリズムとが一つになるのである。とはいえ実際にはこの技術は特別なものではない。またこの事情は日本の伝統下に限ることでもない。異なる伝統においては料理用ナイフを研磨するなど別の方法の技術において同じことが起こっている。

以上のことは、私が包丁と独立にまず存在して、その私が自分の持っている技術を物に応用するということなどではありえない。私が実際にいかに包丁を研ぎうるのかは実地に訓練し工夫していく中で、いわば自分なりの型を定めていくことで発見していくしかない。私が研ぐことができてはじめて力の入れ方なり角度の取り方なりの知識や技術が習得されたことになったのである。その現場のただ中でのみ包丁を研ぐ技術もそれを使う私も存在する、というよりもそれらが見られ作られるのである。

そもそも自分が身体にどのような動きや感触を求めていたのか、つまり自分が意志していた動きはどのようなものであり、どのように身体を動かしたかったのかについても、私の身体の動きが適切に研ぐことを実現することではじめて自覚される。私は包丁の研ぎ方について何を知っていたことになっていたのか、研ぎ方の何を知りたかったのか、ひいては、なぜ私は包丁を研ぐのか、そして私とは何者であるのか、それは包丁を実際に研ぐことの中で最後に発見される。だからこそ包丁を研ぐことそれ自体が、料理人の精神修養の場ともなるのであろう。ゆえに、うまく研ごうという想い（自分の力で包丁を統御しうるとみなす態度）までもが捨て去られるほどに、各々の包丁の個性に従い適切に研ぐ訓練を積むことは、かえって自分なりの型が生み出されることであり、自己が研ぎ澄まされる行ですらある。この意味では、いまここで包丁を研ぐことが、他でもないこの自己が自己としてまるごと生き、あらわになる現場である。

自己の身体の動き、そこにおいて働いている自己の意志ひいては自己の生きざまそれ自身、さらには砥石の動き、包丁の動きは、個々独立に存在するのではなく、いまこの包丁を適切に研ぐことが実現するその直中において、互いに異なり否定しあいつつ一であり、互いに分かれつつも他を表現している。包丁を適切に研ぐことは、こうした仕方でその時だけの個性的な出来事を創造することなのである。そしてここでこそ他でもないこの自己が発見され、あらわになるのである。またこのように制作が技術を媒介にするとは、自己がいまここの現実の固有の状況にある物に即してゆくこと、言い換えれば、物を統御しようとする自己の態度が否定されてゆくことによるのである。

このことは、すでに形作られた現実を足場にして様々な技術を使う行為の一々において成り立っていると考えられる。たとえば、自転車に乗る、料理を作る、建物を建てる、といった自己が物や環境に技術を介して働きかける場合でもそうであろう。また、音楽を合奏する、人と対話をするなど、自己が働きかける対象が他の人間たちを含む場合でも、したがって自己と他の人間たちとの関係すなわち社会を制作する場合でもそうであろう。そして社会を制作するとは、組織のありようや規則・法を変革するなど、社会制度・社会構造・社会環境を制作することも含意するであろう。こうした行為においては、まさにそれが実現している現場において、すでに形作られていた物（道具・素材・関係やそれらの背景にある環境・文化・法則・制度・社会構造など）と新たに形作る自己とが、互いに異なり分かれつつも他において自らを表現しあっている。

加えて、判断や思惟など、さしあたり身体を使用する実践と独立にもっぱら主体としての自己の内で行われるかのように考えられる理論的認識であっても同様である（思惟の成立構造については本章註28も参照）。実際にはそれは自己の周りの現実の状況と無関係ではありえない。すでに見たように、主体としての自己は、自己の身体を使用して行為することではじめて自己を知り、自己として行為する。主体としての自己の内におけるいっさいの営みについても同様である。すなわち、我々の自己の生の一々のことにおいて、技術的な「制作」と関わらないものは存在しない。

それは、我々の自己ひいてはいっさいの存在、すなわち現実の世界全体の存在のありようを示している。そもそもいまここの制作行為に参与している形作られた物と形作る主体のいっさいは、こうした制作と独立に存在しない。このことを敷衍すれば、いまここの制作は、他の時と場所における制作の出来事すべてと、言い換えれば過去から未来へと連なる世界のいっさいと連関しあっている。すなわち、いまここの出来事を制作し創造することに参与しているいっさいのものは、およそ現実の世界の全体をそれぞれの仕方であらわにし、表現し包含していると言いうる。逆に言えば、一々のいまここの制作・創造において、世界が全体として自らを創造しており、世界が全体としていまここの一々の存在に自らを表現していると言える。西田はとくに『哲学論文集 第二』以降、現実の世界は自らで自ら自身を形成する世界すなわち「創造的世界」であり、こうした世界は表現的に自らを形成する世界であることを強調する。[*13]

この観点から言えば、我々の自己のいまここの制作的行為は、自己といっさいのものとがこの「創造的世界」の自己形成における「個性的な創造的要素」となることと言いうる（すでに考察したことからも明らかであるように、両者は一つの出来事の両面であり、世界がまずあってそれが個々の要素を生むのではない）。このことは、自己は創造的世界全体を他者が身代わりになることのできない唯一無二の視点ないし立場において生きていることを意味する。『哲学論文集 第六』（一九四五年）にしばしば見られる言葉づかいで言えば、我々の自己は「自己自身を表現する世界」の「一視点」ないし「一中心」として世界を表現しつつ自己を自覚するのである。

創造の中心としての「現在」——過去・現在・未来

それでは、こうして自己が創造的世界の自己形成において世界全体を表現し包含しているとは、実際にこの自己にどのように経験されることなのであろうか。西田は、いまこの現在の制作的行為は「永遠の今の自己限定」として成立し、[*14]「そこに現在を中心として無限の過去未来が現在の背景となるのである。そこを中心として、すべてのものが生かされ、創造的となる」[*15]と述べる。それはどのようなことであろうか。

いままで考察してきたことを振り返れば、すでに形作られた過去のそれ固有の個性は、現在において未来に向けて行われる制作を介してのみ、あらわになり発揮される。ゆえに過去がそれ固有の個性を発揮するとは、それに対する新たな未来が過去と異なる個性を発揮するということである。つまり両者はいまここの制作において一つのことであり、その相異なる二つの側面である。その意味では、いまここの現在の制作は、過去は過去、未来は未来として、互いに他との差異を際立たせあいつつ、互いに欠くことのできない関係を実現する。言い換えれば、いまこの制作は、過去と未来とがその個性を発揮しあう仕方で一つに繋がることで成り立つと言える。

ゆえにたとえば包丁を研ぐとは、一方では、研ぐ包丁の材質やその経年変化、これまでの使われ方、いままでの研がれ方などの過去の一々の来歴が損なわれることなく、そのすべてが一つに繋がり生きることである。そして他方では、この包丁の現状を生かして、今後未来に、この包丁ならではの一々の使いみちが実現するよう整うことである。包丁を適切に研ぐとは、この両者の一々が互いにばらばらではなく、全体として欠くことのできないかけがえのない関係をなして一つに結びつきまとまることである。

そしてこのことは、研ぐ者について言えば、過去の自分の経験の一々が生きることと、自分の創意工夫を未来に向けて実現していくこととが、一つに繋がることである。その時、包丁を研ぐことは、自らの人生がどのようなものであり、他ではないこの私とは、その唯一の個性とは何なのかについて、自らを研ぎ澄ます自覚の現場となる。逆に言えば、包丁を研ぐ中で、包丁の過去の来歴から未来の歴史までが他にない仕方で一つに連関し、またそのことと一つに結びつく仕方で、過去から未来へと連なる私のこの私としての生き方もかけがえのない仕方で一つにまとまり自覚される。またこのことは、私と包丁を取り巻く日本ひいては世界の過去の伝統や今後の未来と独立に起こることではなく、むしろそれと連関する限りにおいて成り立つことである。

したがって、我々の自己の制作的行為とは、いまここの現在を中心にして、過去から未来にわたる一々のことが、互いの代替不可能な個性を互いに呼び起こしあい際立たせあう仕方で一つに結びつき、繋がることである。逆にこのことを通してはじめて一々のことがそのかけがえのない個性をあらわにしうるのである。それは先の引用にもあったように、現在を中心に「すべてが生かされ、創造的となる」ことである。

しかもこうした制作は、次の現在における新たな制作にも、唯一無二の個性的な出来事として参与することになる。つまりいまここの制作的行為は、それが次のいまここの制作的行為に取って代わられて消滅することで、二度と現れない唯一無二の個性を有する過去の出来事として常に働き続ける。西田は、『哲学論文集 第五』（一九四四年）以降になると、「創造的世界は一面に生滅の世界である」[*16]として、行為する我々の自己についても、「一度的として消え去ることを条件として、自己が成立する」[*17]と述べる。

実際、その都度包丁を誤りなく研ぐことは、その時の包丁と自己の固有の状況に徹底して向きあい寄り添う創意工夫において可能となる。つまり、研ぐ技術は、繰り返し使用できるような技術の応用例として実践されるのではなく、いまここの状況に誠実に即することをめざして、その意味ではその技術は同じ仕方では二度と使われない、いまこの状況ならではのものと限定しつつ実践されるのでなければならない。それは、その時その場に限定された特徴や個性を自覚することである。それによってかえって、別の状況では以前と異なる特徴や個性に気づき、それに応じて技術を新たに実践することができるのであり、技術は惰性に陥ったり画一的に実践されたりするのではない、創造的な生きた技術となるのである。

したがって、包丁を適切に研ぐとは、次回適切に研ぐことがしやすいように研ぐことでもある。それは、現在の行為が未来における新たな創造に干渉せずに、いわばいかに良く消えうるかを理解し表現することである。したがって、制作において自己の統御を否定することは、すでに形作られた過去に対してのみならず、未来における制作に対しても行われることが注意されなければならない。こうして、制作的行為において、現在のこの自己が、過去と未来の個性的な出来事と互いにいかに対し、いかに連関しているかを自覚し表現することと、自己が自己として生き、自己を自覚することは、一つのことの二つの側面として同時に起こることなのである。

したがって、以上のことを、先に見た「創造的世界」の自己形成・自己表現という観点に即して言い直せば、「創造的世界」の自己形成とは、過去から未来に至る世界のいっさいが個性的に連関し、現在のいまここを中心に唯一無二の仕方で自らを創造し表現することである。またそれを実現するように現在のいまここの場を形成し表現することである。現在とはこの創造の中心・焦点であり、この創造のありようが表現され自覚される場である。いまここの場のこの自己において限定される唯一無二の個性的なありようにおいて、過去から未来のいっさいが創造的となりそれが表現されるのである。創造的世界の自己形成は、いまここの現在を中心にして過去から未来のいっさいがかけがえのない仕方で現在に自らを限定し表現するという意味で、「永遠の今の自己限定」とも呼ばれるのである。[*18]

2 創造的な身体

世界の重心としての身体（1）――生物的身体

西田は、こうして創造的世界の自己形成とその創造的要素である自己の生とは、現在を中心にしていっさいのものの個性的連関を実現するとしたが、その連関は他ならぬ「身体」の働きを重心・重点にするとみなしている。たとえば『哲学論文集 第五』では「世界がそこに自己同一を有つ、即ち自己自身の重心を有つと考えられる所が、我々に身体的と考えられるのである」[*19]とも述べられる。このことについて西田の身体論の骨格が確立した『哲学論文集 第二』の論述を中心に見てゆこう。

まず注目すべきことは、身体は単なる生理的な運動の体系と同一視することはできないということである。自己の身体が一般に言う諸々の生理的な運動体系として働くありようについて、西田は「生物的身体」的と呼ぶ。その上で西田は以下のように述べる。「我々の自己は何処までも生物的身体的でなければならないとともに、それは何処までも個物的でなければならない……（歴史的身体的でなければならない）」[*20]。すでに見たように、我々の自己は制作的・創造的な行為において他にない個性を有した個としての自己を生きる。このことは、引用箇所によれば、我々の自己の身体が「生物的身体」的であると共に「歴史的身体」的であることを意味する。[*21]

まず「生物的身体」ということから見てゆこう。西田は「生物的」ということについて、以下のように述べる。「生物的生命としては、……環境と生命とが、なお連続的に一である。唯、合目的的自然あるのみである」[22]。西田によれば、そもそも生命体は、常に生存条件としての何らかの環境を持ち、それに適応しうる限りにおいて存在する。しかしまた生命体は、それが生きていると言える限り、環境に対する固有の自立性ないし主体性を持っている。言い換えれば、生命体は、環境に働きかけ、新たな環境を作るその限りにおいて、生命体である。生命と環境は個々独立に存在せず、むしろ、「生命が環境を変ずるとともに、環境が生命を変ずる」[23]ような運動がそれ自体として存在する。

西田の見解によれば、これはいかなる生命においても共通のことである。そのうち、環境に対する自立性・主体性が制限されているのが動物ないし生物（的生命）であり、それは人間（的生命）と区別される[24]。すなわち、個々の動物・生物は限られた仕方では主体性を有してはいるが、それはすでに形作られた環境と一つの調和した（言い換えると合目的的な）システムをなすその範囲のみでのことである。つまり、個々の動物・生物は、ただ生物法則によって定まった範囲内で環境を作り変える（整備する）のみである。したがって動物・生物には、根本的な意味では環境に従属する機能しかない。言い換えれば、他に代替不可能な仕方で新たな出来事を制作し創造する、そうした個性を有するという意味での個（個物）は存在しない。動物・生物は「個」ではなく「（生物）種」として主体的なのであり、合目的的なシステムの中で「種」の持つ習性・法則に適合する範囲で環境を整備する。逆に言えば、個々の動物・生物が自己の利害や都合を基準にして環境を統御しようとすることも起こらない。

以上をふまえて、動物・生物の身体（生物的身体）について言えば、呼吸や消化と排泄、ないしは生殖機能など、個々の生物的身体のいっさいの生理的な運動は、基本的に外的な環境（自然環境）に適応しそれを維持する機能である。それは合目的的なシステムの中での各々の「種」が従う法則に則って運動する。その意味で本質的には個々の身体にそれ固有の運動は存在しない。生物的身体は、生命体が環境を整備する運動の体系であり、環境と調和しうる範囲を示す。生物的身体の形態と機能はその生物種に固有の法則と運動を表現し現実化するものである。

世界の重心としての身体（2）──歴史的身体

これに対して、すでに見たように、自己の身体を道具とする人間の技術的制作においては、形作られた広義の環境（自然的環境・社会的環境を含む包括的な現実世界）を否定し作り変えて新たな創造を行い、自己の身体はその欠くことのできない契機である。したがって、我々の自己の身体は、こうした新たな個性的な制作・創造を行うという意味で、個（個物）的であると言える。前掲の引用のように、西田が「歴史的身体」的と呼ぶのは、身体がこのような創造の契機として働くありようである。「我々の身体というものは歴史的に作られたものである、何処までも決定せられたものである。しかしまた作るものである[*25]」。西田の言う「歴史的」とは、すでに形作られてきた現実を基にしつつ、それを否定して従来にない新たな唯一の個性を有した出来事を創造していくことである。

もちろん、すでに見たように、自己の身体は物や道具と、あるいは身体を使用する主体としての自己と別にそれとして存在するわけではない。つまり自己の身体というものがまずあって、それが様々な運動を起こして他と関わるわけではない。すでに形作られた物や道具は、その背景に特定の習慣・

文化・共同性を有して存在する。そしてそれらの物や道具と、自己ならびに自己の身体とは、互いに異なり他に否定されることを通してのみ自らとして存在する。これらいっさいは創造的世界の自己形成における契機である。ゆえに、自己の身体の動き（捌き）は、はじめから技術（それ自体も一つの伝統・文化である）や習慣・文化様式・社会的共同性を通しそれを担う意味を持つものとして知られ、生きられると言える。たとえば包丁を研ぐ身体は、単なる物理的運動ではなく、腰に重心を落とし呼吸を整えていくという所作の一環を担うものとして、ひいてはその所作が持つ、〈修練〉ないし〈行〉としての文化的で共同的な意義を表現するものとして、はじめから実感され実践される。自己の身体のいかなる動き（所作）も、文化的で共同的な意義を有する制作であり創造である。

自己の身体が技術・習慣・文化様式・社会的関係などを表現するということは、自己の身体の動きが他の時と場所において応用されたり道具に代用されたりするモデル・範式を備えていることである。西田は「歴史的身体的なる我々の行動は、歴史的・社会的でなければならない」[*26]と述べ、その意味で、「我々の身体というのは種的運動のモデル」[*27]であると言う（ここでの「種的」とは生物種の意味ではなく社会的という意味である）。自己の身体はモデル・範式を備えるという意味での汎用的・一般的な知を含んでいる。

このことをふまえて、西田は、歴史的身体は「話す身体」[*28]であると言う。「話す身体」とは自らの動きについての一般的・普遍的な知を記号ないし言語において表現する身体である。つまり制作において、自らの動きが表現しているいまここの自己や他の存在ひいては創造的世界全体のありようを記号化・言語化する身体である。それゆえに、我々の自己は共同体における諸制度とその理念や、学問思想とその原理なども制作しうる。それらは我々の制作行為の一般的・普遍的な理念・原理を記号や言語を媒介にして表現するものであり、我々の自己は自らの身体が「話す身体」として働くことで、そうしたものについて、その既存のものを否定し新たに制作し創造してゆくことができるのである。このことは、理念や原理は、たとえばそれを言葉で表現する場合には、その言葉（文章）の視覚的な美しさとか、響き、リズム、語調などと内的に結びついており、またださからこそ歴史的状況に即した理念や原理の制作・創造になるということでもある。[*29]

以上をまとめれば、自己の身体は、すでに形作られてきた包括的な意味での歴史・伝統を担う仕方で働く。しかも既存の歴史・伝統を基にしつつもそれを否定し、歴史を新たに制作し創造する仕方で働くのである。このことを指して、西田は自己の身体が「歴史的身体」的に成り立つと言うのである。

世界の重心としての身体（3）――歴史的身体における共同性

いま我々の自己の身体が「歴史的身体」的であることを見た。このことは、すでに引用した西田の文章にも見られるように、自己の身体が「歴史的身体」的であると共に「生物的身体」的でもあるということを意味する。人間の身体は、自然環境に適応しそれを整備する生理的な運動体系であるという一面を持つ。しかし、このことは呼吸や代謝などといった身体の生理的運動の体系がまずあって、その上に身体による制作的な行為が成り立つということを意味していない。

むしろ「生物的身体」的な諸々の生理運動は、身体を道具とする「歴史的身体」的な制作行為の一契機としてあくまでも実在している。すなわち、身体の生理的運動は、我々の自己がすでに形作られた物（現実）に従うことでそうした物（現実）を否定し作り変え、新たな出来事を制作し創造する行為の中で、他の契機と連動する限りにおいて成り立っている。つまり、自己の意志や、身体の捌きや重心の取り方、物の性状機能などと関わりあうその限りにおいて成り立っているのである。さもなければ、病は気からと言われる事態のように、自己の心情や意志に身体の生理的運動が連動するといったことは起こりえないであろう。また、第1章で見たように、身体を統御しようとする自己の意志が否定され、「自分の中で無理に肩肘はっていろんなふうに意気ごんでいたものが、くずれたとき」に、身体の生理的運動においても下痢が生じる、といったことも起こりえないであろう。ここでは、身体を使用する主体としての自己のありようが身体の生理的な運動・情況の中に表現され、後者がまた前者の中に表現されていると言える。正確には、自己と自己の身体とは、異なりつつも自らにおいて他を互いに表現しあい、唯一つのことをなしていると言えよう（この点から見ると、自己を意識・心・精神などと同一視することは、自己と生理的身体とを峻別する見方を滑り込ませることになり不適切であろう）。「生物的身体」的な生理的運動が、自己の制作的行為に先だってあたかもそれだけで自立的に成立しているようにみなされる時、そこでは、身体のうち、形作られた物（現実）に適応する側面、いわば環境に調和的・連続的な側面だけが捉えられている。このことは以下のように言い換えてもよいであろう。そもそも制作的行為において、環境に連続的な側面は、環境を否定し新たな創造を行う側面と連動する。にもかかわらず、このことが顧慮されずに、諸々の契機の連動全体から、環境に連続的な側面だけが独立にそれだけで成立しているように抽出されているのである。

我々の自己による制作的行為とは、いまここの現在を中心・焦点にして、過去から未来に至るいっさいが、それ固有の個性を発揮しつつ一つに連関し繋がることであった。身体が身体である限り備わっている生理的運動体系も、身体においてすでに形作られた過去として、現在を中心にしてその働きを発揮する。すなわち、我々の自己の「歴史的身体」的な制作においては、生理的運動体系も、常に現在のいまこの自己による個性的な制作・創造を中心にして自らを発揮する。生理的運動体系は、その都度の現在においていわば新たに発見されていく限りで存在しているのである[*30]。「生物的身体」においては、身体の運動が本質的に生理的運動体系のみであり、そこには個々の身体に固有の運動は存在せず、その生物種に共通で普遍的な運動しかない。しかし、人間においてはそれとは異なり、生理的運動体系の共通性・普遍性は、個性的な制作の一契機として発見されていく。このことは、人間における個々の主体の制作・創造には、人間に共通的で普遍的なそれが伴うということを意味する。個によるその都度の制作・創造はその都度新たな形で成り立ちながら、しかも人間の創造に共通的・普遍的な形を表現しているのである（したがってこの普遍的な形はその都度の現在において新たに発見されていく限りで存在する）[*31]。身体の生理的運動体系の共通性・普遍性は、こうした創造の形の一契機として働いているのである。実際、すでに見たように、自己による制作において、自己の身体は「歴史的身体」的であり、技術・習慣・文化様式・共同関係など、人間の広義の社会的共同性を担い表現しながら制作する。たとえば共通して人間は生きる上で食物を食べる。そしてその共通性・普遍性は、単に生理的なそれではなく、むしろ食する仕方の文化的・社会的な意味での共通性・普遍性であり、前者は後者の中の一契機である。会食がそうであるように、人間にとっては、どのように食べるかがただちに社会的関係を構築し制作する意義を担っている。

ゆえに、人間における制作において、個が広義の社会的関係や社会構造と無関係に主体であるわけではない。制作における自己の身体のいかなる動き（所作）も、共同的な意義を有する。自己による制作は、一方から見れば、個としての自己を通して社会的共同体が主体となって制作する行為とも言える。また他方から見れば、社会的共同体を通して個としての自己が主体となって制作する行為とも言える。もちろんこのことは、自己が社会的共同体に従属するという意味ではない。個としての自己は、すでに形作られた社会的共同体を基にしつつ、それを否定してかけがえのない仕方で他と協働しあい、社会的共同体を新たに創造するのである。

このように見てくれば、自己による制作が、他ならぬ「身体」の働きを重心・重点にして実現するとみなされることも理解できるようになる。すでに見たように、「世界がそこに自己同一を有つ、即ち自己自身の重心を有つと考えられる所が、我々に身体的と考えられるのである」と述べられていた。「世界が自己同一を有つ」とは、世界が世界として、個々の存在者が各々として成り立つということである。言い換えれば、我々の自己と他者とが各々他にない個性を有して互いに関わりあいつつ存在するということである。だとすれば、引用文は、こうしたことがいまここの現実において実現する重心・重点が身体であるということを意味する。そしていま見てきたように、自己による制作では、身体の生理的運動体系の共通性・普遍性は、個性的な制作において働く共通的で普遍的な制作の形の一契機として働いている。ゆえに、身体はこの意味で常に社会に共同的な形を重点的に表現すると言える。自己と他者との関係、広くは自己の社会における関係がいかにあるか。こうしたことの重心となるのが、我々の自己の身体が個性的な制作において活き活きと創造的に働くかどうかなのである。

創造的な身体

以上のように、現在の制作・創造では我々の自己の身体が活き活きと創造的に働くことが不可欠である。西田はこうして身体が活き活きと働くことについて『哲学論文集 第二』では、「死することによって生きる」と言い、それは「身体がなくなるとか、死んだものが蘇る」ことではなく、「世界が自己の身体となる」ことであると言う[*32]。またこうして「世界が自己の身体となる」ことで「我々の身体的自己は創造的要素として能動的となる」とも言う[*33]。これはどのようなことであろうか。

制作的行為は、我々の自己が、自らによって制作を統御しうるという態度を否定することによってのみ実現することであった。ここではこの否定が「死する」と言われている。ゆえに「死することによって生きる」とは、『善の研究』において、主観的自己を立して執着することの「死」と「生命の革新」が語られていたことと相応するであろう。制作は「行為的直観」において「矛盾的自己同一的に成立することはすでに見た。すなわち、制作は、我々の自己が自らの力で他を要せずに自己完結的に行為し制作を統御しようとする慾が徹底的に否定され滅せられることにおいて実現する。この意味では、この自己が本質的に他を要さず包含せずに自己に完結して存在しうるとする妄想・盲信とそれへの執着が「死する」ことなしに、制作は実現しない。

以上で見たように、自己による統御への志向が否定されることで、自己完結的で他を含まない存在として自らを理解し行為しようとする執着が「死する」。それと共に、自己が他を介さずに自己自身で自己の身体を統御しうるとする慾とそれへの執着が「死する」。これを別の言い方で言えば、いわば他に開かれることなく自己完結を志す〈自己〉の所有下に収まった身体が、ないしは、他を包含せずに自らの内に完結しうるものとして生きられてきた〈身体〉が「死する」と言ってもよいかもしれない。このことは、統御と監視のもと、統御しえないものを含有せずに完結するように縛られてこわばる身体がほどけ、身体の転換が起こるということである。それが「死することによって生きる」と言われることと考えられる。その時、自己の身体は、創造的世界の創造的要素となり、現在のかけがえのない制作・創造において働く活き活きとした本来のありようになる。

とはいえ、自己の身体はあくまでも主体としての自己や、道具、他者、物、といった諸々の契機と共にのみいまここの自己の制作的行為を実現することを理解しておかねばならない。身体だけが特権的な役割や機能を持っているわけではない。まして、他の契機と独立に身体が働いたり何らかの力（たとえば生きづらさをほどく力）を有したりするわけではない。いたずらに身体を特権視し、自分の身体をあるべき身体へと統御しようとする志向を誘発してしまうような見解は避けなければならない。

ここで改めて思い起こしておくべきことは、制作において諸々の契機が協働し表現しあう中でとくに社会に共同的な形が表現される重心が自己の身体であるということである。ただしこの共同性は、既存の共同性を基にしつつもそれを否定しその都度新たに創造されるものである。食べるという身体運動は人間に共通的であるが、その共通性は、自己と異質な他者とが協働しつつ、既存の共通性を基にしてその都度新たに創造していくことで成り立つ共通性である。すなわちそれは社会的な共同性である。そして自己と他者との協働とは、互いに自らによって相手を統御しようとすることが否定されることを通して、したがってまさしく互いに相手が異他的で異質な〈他者〉であることに面することで実現する。こうしてみれば、自己が他者や社会に向けて自己を統御することがどのように否定されているのかを重心的・重点的に表現しているのが、我々の自己の身体のありようであると言うこともできる。

この点は注目しなければならない。逆に言えば、統御によってこわばる身体のありようが否定されほどかれて転換することに至らないうちは、他者や社会に対する統御への執着からの転換は現実化しないのであり、したがって、我々の自己による統御への執着からの転換は全面的に現実化することはないのである。なるほど先に述べたように、自己のこの転換は、制作的行為における諸々の契機の働きあいにおいて生じるのであって、身体だけがそれを引き起こす特権的な力を有しているのではない。ここで指摘したいのは、そのことを前提にした上で、そうした我々の自己の転換が決定的に現実化するには、この転換がこわばる身体の転換に活き活きと具現化され表現されることに至る必要があるということなのである。

3　我々の自己の我執とその転換——身体の転換へ

我々の自己の我執

後期西田哲学が明らかにしたように、我々の自己の生の一々は、いまここの制作的行為においてかけがえのない自己による個性的な創造の現場になる。制作的行為は、我々の自己が自己自身によって身体にそして他の存在に働きかけ、それらを統御しうるという態度それ自身が否定されることによってのみ実現する。しかしまた西田は、以下で見るように、現実の世界には、そして我々の自己の生には、我々の自己によって働き制作しようとする態度が優先され、統御の否定をできる限り排しようとする態度が生じる可能性が本質的に備わっていると主張する。そしてこの態度は、現実の世界をできる限り意のままに統御することへの自己中心的な執着となるとする。西田はこの執着を「我執」と呼び、『哲学論文集 第三』において「各人の独断、各人の我執と云うものが、此世界に本質的でなければならない」[34]と述べる。そしてこのことによって我々の自己の生は苦悩に充ちているとみなす。こうしたことがなぜ主張されるのか詳しく検討してみたい。

制作的行為は、我々の自己による統御が否定されることで実現する。しかしすでに考察したように、それは単なる受動的な事態ではなく、むしろその都度の状況・事情の個性に即する自己の創意工夫が成就することである。つまり制作において、自己による統御が否定されることと、自己が自己ならではのかけがえのない仕方で自己から能動的に働くこととは、同時に一つのこととして成立する。

注目すべきは、この意味での両者の同一性は決して調和的・安定的に維持できることではないということである。一々の制作的行為はその消滅を条件として成立していた。歴史的現在は「動揺的」であると繰り返し言われる。すなわち、いまここの制作的行為に調和的・安定的・連続的な同一を保証するものは一つも存在せず、両者の同一のあり方が偏向的となることは常に起こりうる。

『哲学論文集 第六』ではこう述べられる。

我々はいつも自己が世界を映すことによって世界を形成すると考えて居る。我々の自己が、個なるかぎり、斯く考えざるを得ない。自力的である。そこに我々の自己そのものの存立に深い矛盾があるのである、不安があり、苦悩があるのである。*35

自己の生はかけがえのないこの自己の生であり、それは、制作的行為において自己がかけがえのない仕方で自己から能動的・自力的に働くという側面があるからこそである。それゆえ我々の自己が自己である限り、自己から自力的に働くという側面に偏向するないしそれが優先されるという傾向を持つ。そこに我々の自己が自らの意に沿うように現実の世界を統御することに執着する「我執」が生じると言える。筆者から見れば、第1章で見た、自己の意志に基づいて身体を統御しようとする過信と執着は、この「我執」に根を持っている（次章で詳しく触れる）。西田は、この「我執」ゆえに我々の自己は不安と苦悩に苛まれると引用箇所で指摘する。

すでに見たように、物を動かす、包丁を研ぐ、他者と会食する、その他、あらゆる行為は、自己の統御を否定する仕方で実現している。しかし前章においても考察したように、通例の我々の自己の行為では、自分の意図・目的に基づいた統御を原則として維持したまま、それが脅かされない限りで自己の統御への否定を経験しているに過ぎない。そしてそうした行為をそのまま重ね、統御の否定がスムーズにできるようになると、自己が自らによっては自己の統御を否定できないことが段々と見失われ、現実の世界をある程度は意のままに統御できるかのような傲慢さが湧くことも起こる。統御の否定が首尾良くいけばいくほど、それが習慣化しいわば癖になり中毒になってそれを失いたくないと考えるようになってしまう。働きかける対象として与えられる他の存在や自己の身体が我々にとって既知の親しいものになればなるほど、我々は自己による統御の否定によってその都度他や自己の身体のその状況ならではの個性を「見ること」を見失ってしまう。自己は傲慢さにかられてできる限り統御しようと強く欲するようになる。そしてこうした倒錯した欲求の実現に執着するようになってしまう。

ただし、自己がおのれの力でこうした我執を否定し除去しようとすれば、皮肉にも結果としてますます自己中心的な統御への我執を深めてしまう。それは統御を除去する方向に自己を統御しようとすることであり、それでは統御への執着は変わらないからである。それどころかそこでは自己が自己によって自己完結的に存在することへの志向がさらに重なっている。この際には自己の身体も、以前にも増して自己によってくまなく管理され監視されるものとして扱われる。自己の身体は、統御を否定する身体であるように管理され監視されるのである。そのことで身体は絶えざる緊張を強いられ、その力みやこわばりを増していく。こうして、我執を自己によって取り除こうとすればするほど、自己はまさに不安と苦悩に苛まれ、出口のない生きづらさを抱える。

ここでは、自己と他者とが力を合わせたからといって、我執を否定することはできない。もちろん、制作的行為においては、本来、自己による統御を否定し、自己の我執を否定する存在として、他の存在が出会われている。しかし、他の存在もまた自己から自力的に働くという側面に偏向しそれを優先するという傾向を持つ。したがって、いったん両者の協働がスムーズにいくようになると、やはり互いの協働によって現実の世界を意のままに統御できるかのような傲慢さが湧いてくることが起こってしまうのである。

我々の自己の我執と絶対者

我々の自己の生は、以上のような仕方で我執によって覆われていく。しかし、自己の生の一々はそもそも制作的行為として成り立つ。そして制作的行為は本質的に自己による統御への志向が否定され「死する」ことによって実現する。我執が否定され転換されるとは、このありようをその根本から現実化することに他ならない。それは我々の自己が自己として生きている限り、日常の一々の出来事において本質的にいつでも可能なことに他ならない。

すでに見たように、我々の自己は、自らに本質的な我執を自らによって廃棄することができず、自ら廃棄しようと努力してもさらにその我執を深めざるをえない。しかし西田によれば、この矛盾への撞着が強まると、苦悩煩悶の末に努力も尽き果てることが生じる。ここに至ると、自己の生の統御への我執は擦り切れて、ただこの矛盾が回避も解決もできない如何ともしがたい事実であると自覚し、この矛盾を受け容れることが起こりうる。正確に言えば、この矛盾に徹し、この矛盾そのものを生きることが起こりうる。自己の苦悩煩悶と矛盾をこのように受け容れて生きることは、自己の統御を維持しそれを否定するものを防ぐことの不可能さを自覚し受け容れることである。それは、自己の我執の否定を実現することである。すなわち、自己が他を介さずに自らによって自らの生そして身体のありようを実現しうるという態度そのものが徹底的に挫折し崩壊する経験である。出口のない苦悩煩悶に苛まれる中で、自己には自己が生きていくことの拠りどころとなる能力も根拠もないことが徹底的に自覚されるのである。

西田はこうした経験を宗教的な経験とみなす。それはこの経験が自己によっても他者たちによっても実現できず、ただ絶対者において実現するからである。西田はこう述べる。

宗教に入るには、何等かの途に於て一度絶対矛盾に撞着せなければならない。しかし一旦自己の真に徹した時、それは神の呼声であったのである。*36

我執を否定しようとして我執を深めるという自己矛盾に撞着したあげく、この矛盾に徹し生きることへの転換がひとたび起こる時、こうした転換は、たしかに自己が行ったことでありながらも、しかし我々の自己からは決して統御できず実現できないことである。だとすれば、引用にあるように、それが生じるのは絶対者（神）が存在し、我々の自己を矛盾に徹し我執を否定することへと呼び出し誘っているからである。

後期西田哲学の宗教論が最終的に展開された論文「場所的論理と宗教的世界観」（一九四五年）では、絶対者ないし「神」とは「自己自身において絶対の否定を含む絶対矛盾的自己同一である」*37と述べられる。絶対者（神）が「絶対矛盾的自己同一」であるとは、絶対者が絶対者であること（自己同一を持つこと）は、自己完結的な自己同一の否定においてであることを意味する。したがって、絶対者は、自己完結的に存在する〈もの＝実体・本体〉ではない。つまり個々の存在者が個性的な創造を行うことと別に存在しない。絶対者と個々のいっさいの存在者とは、互いに自己完結的で排他的に存在することを否定する仕方で存在するのであり、ゆえに個々の存在者同士も互いに同様であり、絶対者はこのことに先だって存在しない。絶対者が絶対者として在るとは、このことを実現し在らしめることとそれ自身である。

以上から明らかになるように、絶対者が我々の自己を在らしめることとは、我々の自己の制作的行為がそれとして成立することと全く同一のことである。すなわち、自己が自己によって自己完結的に行為を実現しようとする態度が否定されることで、自己が他と協働しつつ自己として存在し自己ならではの個性的な生を創造することと端的に一つのことである。このことをまとめて言えば、絶対者において我々の自己が自己として生きることと言い換えてもよいであろう。絶対者の絶対性と自己の個性的な生の創造とが矛盾するように思われるのは、絶対者を自己完結的な〈もの＝実体〉と理解するからに他ならない。

こうした生は自己による統御への志向が挫かれるという意味では常に苦悩を伴う。西田は「一歩一歩血滴々地[*38]」とも表現している。しかしそれが絶対者による否定であり、絶対者が我々を在らしめる働きであると自覚する時、我々の自己はこの否定ないし挫折が、在るべくして在る絶対的な真実の生起であると自覚する。こうしてひとたび自己の苦悩と矛盾を受け容れると、統御の否定や挫折はもはや苦悩の源として防がれるべきものではないことが自覚される。それどころか、むしろいま見たように、この否定や挫折に徹することによって、かえって我々の自己は自己の個性的な生を能動的に創造しうることが自己に明らかになる。ここでは、統御を挫かれる苦悩煩悶は、自己の不安や緊張をもたらす危機ではなく、むしろそこからの「救済」の現場である。その意味ではこうした苦悩はまた喜びと共に生き抜かれるとさえ言える。西田は以下のように述べている。

我々の自己が何処までも矛盾的自己同一的に、真の自己自身を見出す所に、宗教的信仰というものが成立するのである。故にそれを主観的には安心といい、客観的には救済という。[*39]

西田は「一歩一歩血滴々地」の生はまた「平常底」であるとも述べる。苦悩は決して克服されたり解消されたりするものではない。[*40] しかしこの苦悩は、苦悩でありつつ「安心」ないし「平常心」の内に生きられる。前章で『善の研究』を手引きとして論じたのと同様に、我々の自己の苦悩は、我執における出口のない苦悩煩悶ではなく、いわばほどかれた苦悩として生きられるのである。

以上で見たように、我々の自己が絶対者において生きることで、日々の生の一々が、我々の自己による統御の否定によって実現する制作的行為の現場となる。西田も「我々の自己が自己自身の根柢に徹して絶対者に帰するということは、この現実を離れることではない、かえって歴史的現実の底に徹することである」[*41]と述べる。『善の研究』と同様に、ただ日常現実の生活のみが、我々の自己の我執を否定する絶対者において生きる宗教的経験の現場である。

ただし『善の研究』では、苦悩もまた自己ならではの生の創造の現場となりうることが示されたにとどまる。[*42] 苦悩が創造に対してどの程度の内的な関係にあるかは不透明なところがある。それに対して後期西田哲学の観点では、その都度の苦悩なしに生の創造はありえないし、むしろ統御を挫かれる苦悩こそが、我執がその都度否定されて制作・創造が実現されるその現場であり、またこの現場を証示するものである。

無限の努力——平常底と自然法爾

絶対者において我々の自己の統御が否定されることが我々の自己の制作が実現することである。このことは現実を受動的に受忍することとは全く異なる。そもそも統御の否定・挫折とその苦悩の経験とは、単に自己の統御が通じない経験を意味するのではない。そうした経験は、抵抗に遭う苦悩と痛みの経験であっても、自己が自己自身によって自己を実現できないことを真に自覚し受け止めた苦悩や痛みではない。むしろ、その都度の状況の持つ個性的な事情に即して、当初の自己の意志や行為の志向が否定され転換される経験に至って、はじめて統御が否定された、ひいては我執が死したと言いうるのである。そこでこそ苦悩や痛みが真にその名に値するものとなっている。したがって、統御の否定とその苦悩や痛みの経験とは、自己がかけがえのない自己として意志し行為すべき内容を新たに自覚し現にそれを積極的に実践することと同時のことである。西田は「平常底」の立場は「自己転換の自在的立場[*43]」であると言う。我執が死するとは、一々の行為において、自己の意志・目的やその下の技術を、その都度他のものの個性に即した否定を受けて、新たに変更ないし創造していくことである。そしてこのような自由にして自在な転換が起こることこそが、元来一々の制作的行為の根本的なありようである。

『善の研究』よりも後期西田哲学で強調されるのは、我々の自己が本質的に我執に充ちた存在であるという点である。またそれゆえに、我々の自己の努力ないし行が無限に要求され、その意味で現実の世界は我々の自己にとって常に無限の「課題」をもって迫っているという点である[*44]。世界は「動揺的」であってみれば、自己の「平常底」の立場は決して安定的ではない。我々の自己には、生の一々の現場において、自己の統御の挫折と我執の否定による苦悩から逃避せず、この否定と苦悩によってのみ自己が自己として生きうるという矛盾に徹する努力ないし行が必要となる。

西田は、こうして無限の努力を生きることについて、主に『哲学論文集 第五』以降、親鸞の語を援用して「自然法爾」と名指している。*45 「場所的論理と宗教的世界観」でも使用されるこの語については、『哲学論文集 第三』刊行の後に出版した『日本文化の問題』（一九四〇年）の段階で、すでに以下のように説明されている。

それ〔自然法爾〕には事に当って己を尽すと云うことが含まれていなければならない。そこには無限の努力が包まれていなければならない。唯なるがままと云うことではない。しかし自己の努力そのものが自己のものではないと知ることである。自ら然らしめるものがあると云うことである。パウル〔パウロ〕が既に我生けるにあらずキリスト我にありて生けるなりと云うのと同様であろう。然もそれは外から自己を動かすのでもなく内から動かすのでもなく、自己を包むものでなければならない。否、絶対矛盾的自己同一として、我々の自己がそれに於てあるのである。*46

繰り返し見てきたように、我執の否定に面する努力を我々の自己が自己自身で貫徹しようとすることは、それ自身不可能なことである。こうした努力は一定の効果をあげても、やがて統御の否定を貫徹できない事態に達する。そして自らの努力がかえって我執を深めることになるという矛盾に直面する。

そこにこの努力が擦り切れて、この矛盾に徹することも生じる。すなわち、統御の否定への努力が徹底されると、この努力を貫徹しようと統御することそれ自身の否定に自ずから面する。逆説的にもそれこそは統御を否定しようという努力の成就である。

ゆえに、我々の自己が我執の否定に面し自己の矛盾に徹しようとする努力ないし行に徹する限り、必ずや自ずからこの努力ないし行が成就する。そしてそれは、この努力が自己によって成就しうるものではない以上、絶対者において否定され成就せしめられることを意味する。だからこそ西田は「自己の努力そのものが自己のものではない」、「自ら然らしめるもの」「自己を包むもの」があると述べている。すなわち自己の無限の努力は絶対者において然らしめられた努力である。したがって、この努力は自己がそれを努力しうる限りそれ自身が我執からの救いである。つまり失敗を恐れる必要のない努力である。あるいは失敗ということが元来ありえない努力である。絶対者においていわば緊張と不安をほどかれた努力である。

このことをその都度自己が自覚してゆく時、我執の否定による苦悩から逃避せずにそれに徹しようとする努力は、苦悩に面し苦悩を伴う無限の努力でありながら、したがって「一歩一歩血滴々地」でありながら、我々の自己が平常心で特別に力むことなく行いうる努力である。だからこそ、苦悩と矛盾のただ中で、自己の創造性を失い逃避したり無力になったりすることなしに、自ら自在に活き活きと、我執の否定に面する努力に徹しうる。

こうしてみれば、絶対者において我々の自己が生きるとは、絶対者にほどかれた苦悩と共にこうした努力をその都度行うことである。それは自己の我執による生きづらさを統御し克服することの不可能さを受け容れ包んで生きることと言い換えてよい。出口のない生きづらさがほどけた苦悩を生き、かけがえのない自己を活き活きと実現するのである。

我々の自己の身体と他者

それでは、我々の自己がこのように生きる時、自己は他者とどのように関わることになるだろうか。[*47] 自己と他者との関係、広くは自己の社会における関係がいかにあるかを重点的に表現するのが我々の自己の身体であった。西田は絶対者と自己の身体との関係について、「歴史的身体の形というのは、絶対と自己との、かかる矛盾的自己同一的結合の範式である」[*48] と述べる。この引用で言われていることは、以下のようであろう。絶対者と我々の自己とは矛盾的自己同一的に、すなわち各々自己完結的で排他的に存在することを否定する仕方で存在する。[*49] このことは、絶対者において自己と他者とその身体が、いずれもそれ自身で自己完結的であろうとする我執を否定されそれぞれからほどかれているということである。その際、我々の自己の身体が表現する自己と他者との関係とは、自らの自己完結的な自己同一を否定し、自らに統御しえない異他的なる他者を互いに自らの内において表現し包含しあうという関係に他ならない。それは「死することによって生きる」と言われた事態、すなわち統御しえないものを含有せずに完結するように縛られてこわばる身体がほどけることである。ゆえに、この身体は自らの内に異他的なる他者の参与を受け容れる仕方で協働する。また逆にこうして自他が互いに他を含み表現しあうことが各々の身体において実践される限り、それは自己が絶対者において生きていることの範式・範例であり証となるのである。

第2章では、『善の研究』を基に考察する中で、至道無難禅師の言葉「いきながら死人となりてなりはててておもいのままにするわざぞよき」を取り上げた。実はこの言葉が引用されているのは「場所的論理と宗教的世界観」論文においてである。ゆえに第2章で説明した生のありようを、以上のように見てきた、絶対者において我執が転換されて生きる自己のありようにさらに重ねてみよう。

いま見たように、自己と他者とは、互いに他を統御しえず、そのことに苦悩を抱かざるをえないことに徹する努力（苦悩をほどかれた努力）を行いつついまここの場を共にする。そして第2章で見たことも重ねれば、こうして自らによって統御することの不可能などうしようもなく異質的・異他的なる他者と共にあることとそれ自身が、自己と他者とが互いに自らの内に異他的なる他者の参与を受け容れて自らの創造性を発揮する現場なのである。我々の自己にとって、他者（たち）と共に居るいまここの場は、それが苦悩に充ちたものであっても、いやそうであるからこそ、この場が開かれていることそれ自身で、我執がほどけることであり苦悩からの救いである。

実際には自己の一々の生の平常は常にそのような場である。それは西田の用語で言えば、我々の自己が「無基底的」に「平常底」の立場に立つと言われることである。*50「基底」とは、自己と他者が共有できる目的や理念といった、自他が互いに相手を受け容れる際に拠って立つ条件となる基盤や根拠も指す。そしていま見てきたような自己と他者とのかけがえのない協働は、そうした「基底」に基づくものではない。自己と他者とは異他的であり相容れないままに共にある。むしろ我執に充ちたままの自己と他者とが、互いに相容れないこととその苦悩とにただ面しそれに徹することが、そのまま相手を互いに受け容れつつかけがえのない協働を実現することとなるのである。それは、自己と他者とが目的や理念（基底）を共有できない異他的なる者同士として存在することそれ自身を留保なしに無条件に肯定し実現しあうような努力（苦悩のほどかれた努力）において、実現することに他ならない。

こうして自他がいまこの場に共に在ることを無条件に肯定することは、単なる現状容認・肯定ではないことは言うまでもない。むしろ我執が否定されて互いに異他的な自他の唯一無二の個性を実現するということである。それは、すでに見てきたように、自他の過去と未来のいっさいが唯一無二の個性を発揮する仕方で結びつき連動することを実現するということである。このことはまた、自己と他者が自らとして互いに何をなしいかなる意志や目的を持つべきかについて自覚し実践することを含む。そもそも、目的に拠らない肯定への努力と目的の下での努力とは切り離すことができない。両者は、我執が否定されてそれまでの目的を転換して目的を新たに変更ないし創造するという本来の制作・創造的行為において、切り離すことができない一つの努力として生きられているからである。

残された課題

西田は、絶対者において苦悩がほどけて生きる我々の自己と他者との関係を明らかにした。そしてそれは自己の身体に重点的に表現されることを示した。この身体は統御によるこわばりがほどけることで現実化する身体である。西田はそうした身体が自らの内に異他的なる他者の参与を受け容れそれを包含し表現することを解明することができた。しかし同時に、それ以上の詳しい考察は行ってはいない。したがって、我執が否定されることで実現するような社会における自己と他者との関係が重点的に表現される身体がどのようなありようを持つのかについては詳しく解明されていない。*51

ゆえに、統御によってこわばる身体がほどけることによって、我々の自己はどのような身体を生きるのか、それは自己が社会において他者とどのように生きることを意味するのか、そこで自己の苦悩と生きづらさはどのように生きられるのかについては、十分に論じられたとは言えない。[*52] 西田は「場所的論理と宗教的世界観」を完成してほどなく逝去した。西田には改めて身体について取り上げる機会が残されなかった。

次章では、西田哲学の思想を基にしつつ、現代社会において、身体が統御の重しからほどかれることを力にして我々の自己はどのような身体を生き、どのようにして生きづらさをほどいて生きることができるのかについて明らかにしていきたい。

＊1　本来は後期西田哲学を考察するに当たり、『働くものから見るものへ』（一九二七年）において確立された西田独自の「場所」の思想を理解しておく必要があるが、紙数の都合上それができない。この思想は、我々の自己の「自覚」に焦点を当てつつ「場所の自己限定」という考え方を展開するものである。『善の研究』の「経験の一なる場」という思想においては、自他の開けの場全体が一なる仕方で生じることに焦点が当てられていた。それに対して「場所」の思想では、自他の一なる開けは、それが特定の観点・側面において映されるないし限定されていることにおいてのみ生じていることに焦点が当てられる。自他の協働の中で自己が自己ならではの仕方で自己を限定し、他が他ならではの仕方で他自身を限定し、そのいずれにおいても自他の開け全体が限定され表現されることにおいてのみ、自他の開けは生じているのである。このことを明らかにするために、西田は自他の開けの場を「無の場所」と呼び、「場所の自己限定」の思想を展開するのである。この思想については、以下の拙著で詳しく論じた。板橋勇仁、『西田哲学の論理と方法』、第三章以下

＊2　西田はこの「制作」のことを古代ギリシャ哲学の用語を用

いて「ポイエ〔ー〕シス」と呼んでもいる。文脈に応じて「実践」（古代ギリシャ哲学の用語では「プラクシス」）や「創造」とほぼ同じことを意味するように使用することもあれば、それらの間の意味を区別して使用することもある。

＊3 西田が身体についての考察を積極的に導入したのは『無の自覚的限定』（一九三二年）以降である。その経緯もふまえつつ西田の身体論について解明したものとして以下のものに多くを教えられた。松丸壽雄、「場所的身体」。大橋良介、「歴史と身体」。岡田勝明、『悲哀の底』。杉村靖彦、「〈自覚〉する身体」

＊4 『西田幾多郎全集』第八巻、四五九ページ

＊5 詳細を論じる紙数がないが、場所の自己限定の思想の特性の一つは、自他が〈分かれてある〉かつ互いに開かれて〈一である〉ことを『善の研究』のように後者に偏ることなく明らかにすることにあると考える。ただしこの「場所」の思想から「現実」をつかみ、具体的に身体を考察するにはさらにこの思想が精細なものへと錬磨される必要があった。西田の身体論が真に積極的な展開を見せたのは、『哲学論文集 第一』以降においてである。

＊6 『西田幾多郎全集』第八巻、四三八ページ

＊7 『西田幾多郎哲学論集 II』、二〇二ページ

＊8 『西田幾多郎哲学論集 II』、一八四ページ

＊9 『西田幾多郎全集』第八巻、四六三ページ

＊10 『西田幾多郎哲学論集 II』、二〇二ページ

＊11 『西田幾多郎全集』第八巻、四六〇ページ

＊12 『西田幾多郎哲学論集 III』、三四ページ

＊13 この形成はしばしば「世界の自己限定」と言い換えられる。このことは註1に見た「場所の自己限定」の思想が後期西田哲学では現実のいまここの自己の制作に焦点を当てて展開されていることを意味する。場所の思想の後期西田哲学での展開については、とくにその論理に注目しつつ以下の拙著において詳しく論じた。板橋勇仁、『歴史的現実と西田哲学』。なお後期西田哲学は、田邊元や戸坂潤との思想的交流・論争を介して発展している。この点についてもこの拙著で明らかにしたので参照されたい。

＊14 ここで「永遠の今の自己限定」と呼ばれる事態は主に『哲学論文集 第四』（一九四一年）以降は「絶対現在の自己限定」と呼ばれるようになる。

＊15 『西田幾多郎全集』第八巻、四四八ページ

＊16 『西田幾多郎哲学論集 III』、二二三ページ

＊17 『西田幾多郎哲学論集 III』、二二三ページ

＊18 石井砂母亜はここで言う「（自己）限定」とはどのようなことかについて詳しく明らかにしている。「永遠の今の自己限定」の思想の背景と内実について解明した以下の二つの論文を参照のこと。石井砂母亜、「私と汝」、「「永遠の今」と死の自覚」

＊19『西田幾多郎哲学論集 Ⅲ』、一八七ページ
＊20『西田幾多郎哲学論集 Ⅱ』、一八九ページ
＊21 西田の「歴史的身体」の意義と射程について明らかにした重要な論考として以下を参照されたい。野家啓一、「歴史の中の身体」
＊22『西田幾多郎哲学論集 Ⅱ』、二〇七ページ
＊23『西田幾多郎哲学論集 Ⅱ』、一八八ページ
＊24 ただし西田は生物的生命と人間的生命との区別はあくまでも概念的・理念的なものであり、具体的に両者に厳密な境界線を引けるかどうかはまた別の問題であると考えていると思われる。
＊25『西田幾多郎哲学論集 Ⅱ』、三一九ページ
＊26『西田幾多郎哲学論集 Ⅱ』、三二〇ページ
＊27『西田幾多郎哲学論集 Ⅱ』、三二〇ページ
＊28『西田幾多郎哲学論集 Ⅱ』、二一四ページ。西田はこの身体を「ロゴス的身体」（『西田幾多郎哲学論集 Ⅱ』、二一五ページ）とも言い直すことで、我々の自己の生が思惟の遂行を媒介にしていることを明らかにする。なお本書では後期西田哲学における思惟の固有性と妥当性については触れることができない。西田によれば、創造的世界全体がいまここを焦点にして自らを限定し表現することのその普遍的側面・観点において、普遍的に妥当する思惟そして哲学的思惟が現実化する。詳しくは拙著『歴史的現実と西田哲学』を参照願いたい。
＊29 西田は数学、物理学、生物学などの各々の原理と身体との内的な関係について『哲学論文集 第七』（一九四六年）において考察している。
＊30 我々の自己の身体は、もちろん様々な技術によって補助することができるものの、呼吸や代謝、生殖などの生理的運動体系の定常的な範囲の一定の限界を超えて生命を存続することはできない。しかし生理的運動体系の終わりとしての「死」も、歴史的身体における諸々の契機と連動する限りにおいて存在するのであり、それだけを抽出して「死」を論じることは、我々の自己にとっての「死」を具体的に論じることにはならない。後期西田哲学における「制作」と関わらせて、生理的な死と我々の自己にとっての死との関わりを論じたものとして、以下を参照。杉本耕一、『西田哲学と歴史的世界』、一四六ページ。なお自己にとっての具体的な死（死する）についての筆者の捉え方は本章で後述する。
＊31 西田は主に『哲学論文集 第五』以降、歴史的形成を「形から形へ」という側面から明らかにすることを試みる。紙数の都合上、本書ではこの「形」の思想については触れることができないので、それを考察した拙著『歴史的現実と西田哲学』、第三章「三」を参照願えると幸いである。
＊32『西田幾多郎哲学論集 Ⅱ』、二四七ページ

＊33　『西田幾多郎哲学論集 Ⅱ』、二五六ページ
＊34　『西田幾多郎全集』第九巻、三〇一－三〇二ページ
＊35　『西田幾多郎全集』第十一巻、一四〇ページ
＊36　『西田幾多郎全集』第十一巻、一三四ページ
＊37　『西田幾多郎哲学論集 Ⅲ』、三三五ページ
＊38　『西田幾多郎哲学論集 Ⅲ』、三五五ページ
＊39　『西田幾多郎哲学論集 Ⅲ』、三四九ページ。ここで「矛盾的自己同一」とは、我々の自己が自己によって自己完結的に行為し統御をなすことが否定されることで自己を実現することを指す。
＊40　西田は、自らによって我執を否定できない我々の自己は、絶対者に背くことしかできない存在であるとした上で、絶対者は我々の自己をそのままに「包む」と言う。すなわち、絶対者による救いとは、自己が絶対者に近づくことによってではなく、絶対者と隔たることで、いわば「逆対応」（『西田幾多郎哲学論集 Ⅲ』、三四六ページ）において可能となる。「逆対応」については、上田閑照、「逆対応と平常底」を参照されたい。
＊41　『西田幾多郎哲学論集 Ⅲ』、三五四－三五五ページ
＊42　このことは、第2章で指摘したように、『善の研究』では自他が〈分かれてある〉ことよりも〈一である〉ことに偏って焦点が当てられていることを意味しよう。
＊43　『西田幾多郎哲学論集 Ⅲ』、三八三ページ
＊44　白井雅人は、現実がこうして課題をもって現れることについて詳しく論じている。以下を参照。白井雅人、「否定性と当為」。なお白井は我々の自己に無限の課題が与えられることと救いとの関係について考察し、裁く神と赦す神が同一の事態であることを明らかにしている。以下も参照されたい。白井雅人、「赦す神と裁く神」
＊45　西田と親鸞の思想とくに「自然法爾」との関係については、以下を参照。長谷正當、「場所的論理と浄土教」。名和達宣、「西田哲学と親鸞教学」
＊46　『西田幾多郎全集』第十二巻、三六九ページ
＊47　西田哲学の他者論を考察したものとして、以下のものも参照されたい。Bret W. Davis, "Ethical and Religious Alterity: Nishida after Levinas." 田口茂、「閉じた個という不合理」。美濃部仁、「西田における絶対無と個」
＊48　『西田幾多郎哲学論集 Ⅲ』、二二一ページ
＊49　引用中の「かかる」とは絶対者は自己が達するべからざると共にいつも接していることを指す。なお本書では、宗教的行における身体については立ち入らない。「歴史的身体」の思想の射程を詳しく検討し、そこから宗教的行としての身体的行為を論じたものとして、以下を参照。杉本耕一、「西田における歴史的身体と身体を越えたもの」。
＊50　『西田幾多郎哲学論集 Ⅲ』、三八二ページ
＊51　我々の自己の制作・創造が社会における民族や国家に対し

てどのように行われるべきかについての西田の見解は以下の拙稿で論じた。ただし身体のありように関わらせて論じることはできていない。板橋勇仁、「歴史的世界の個性的な自己創造と国家」

＊52 この点については、『善の研究』の場合とは異なり、後期西田哲学の思想の中にかならずしも本質的な不備があったとは思われない。すでに述べたように、制作において身体が他の様々な契機と独立に特権的な機能や力を働かせるわけではない。そのことをまず十分顧慮しておきたいというのも、西田が統御のほどかれた身体を詳しく主題化する機会を持たなかった一因かもしれない。

第4章

苦しみを苦しむことまでを楽しんで息する身体

こわばる身体がほどけるとき

前章で提示した「我執の否定」で実現される身体の
具体的なありようにに関しては、西田は詳しく論じることができなかった。
そこで、本章では、それについて、
野口晴哉の整体法の思想も取り上げて考察していきたい。
そのために、まず、西田哲学の「我執」の思想を基にして、
現代の生きづらさの背景にある、私たちの執着を分析する。
次に、野口の思想を考察しつつ、この執着によって
こわばる身体がほどけるありようを探っていく。

1　西田哲学と身体の転換

西田哲学から見た現代の生きづらさ

西田哲学に基づくと、第1章で見たような、現代の日本に見られる身体の生きづらさはどのように捉えられるだろうか。まずそのことから見ておきたい。第1章では、現代の日本では、社会秩序が承認する特定の規格＝カテゴリーに沿うように身体を統御・管理・監視することが強いられていることを見た。この統御・監視に失敗すれば排除されかねない。ここには、他者や社会に向けた過剰な統御・管理によって型にはめられて均質化され、ゆとりや遊びを奪われてがちがちにかたくこわばる身体がある。この身体には、他者や社会との交わりにおける現代の生きづらさが現実化している。

西田によれば、現実の世界には、そして我々の自己の生には、我々の自己自身によって働きかけ、事態を統御しようとする態度が優先され、自らがなす統御への他者からの否定をできる限り排しようとすることが本質的に備わっている。このことから、後期西田哲学は、我々の自己が自らによる統御を否定してその都度の状況・事情の個性に即するということがないままに、自らの意に沿うように現実の世界を統御することに執着する「我執」が生じることを明らかにした。

この思想を基にすれば、現代の日本の生きづらさの背景も明らかになるように思われる。我々の自己がこうした執着に根ざしたまま、その都度の個性的な事情を顧慮せずに現実の世界に働きかけ、それを統御しようとするなら、結局はただ既存の技術（やり方）を因習的・画一的に踏襲していく他ないであろう。我々の自己は、すでに形作られてある技術や道具が許す範囲内で新たな制作を行うにとどまるようになる。すなわち、自己は本質的に新たな個性的な創造の余地のない画一的・均質的な技術とそれが織りなす既存の秩序へと、自ら進んで従属していってしまう。他者や社会との既存の共同的な秩序が画一的に存続することを助ける範囲であくまでも表面的に新たな制作を行うと言ってもよい。自己は現実の世界を統御しつつ自らの創造性を発揮しているつもりで、むしろ社会において他者と均質的な存在となり創造性を失う方向へと自ら進んでしまう。

とはいえ、他者や社会に向けた自己統御を強いられる現代の生きづらさは、我々の自己が他者や社会との関係を統御しようとしたその結果として生じる場合ばかりではないという反論もあるだろう。我々は自分が他者や社会を統御しようなどと思う余裕もなく、ただ社会からの強迫で秩序に従わされている場合も多いと考えられるからである。

しかし、こうした強迫に従う時、それをすれば自己の意志に基づいた統御が一定の範囲では可能になると考えているのも事実である。そこには、自己が統御できる範囲を確保するために、他者や社会との衝突をできる限り避けていこう、またそれが可能であるという考えがある。むしろこのような意味で自己による統御が可能であるという考えなしには社会からの強迫に従うことはないであろう。しかもこうして自己を社会の画一的な秩序に沿うように統御していくことは、この秩序の維持に加担しそれを利用していることである。さらにはこの秩序のさらなる画一化・均質化を助長・助成していることでもある。つまりそれらは自己による統御を維持しようとする執着に基づいている。言い換えれば、我々の自己は実際には社会の画一的な秩序に消極的に従うのではなく、かえってそれを積極的に選び取っているところがある。

たとえば、社会からの強迫を前にして、むしろ既存の秩序にうまく従うことのできない自分を責め、他者と異質な自分を好きになれないといった感覚を持つ人も少なくないかもしれない。この場合、自分を承認してくれない社会の方を批判したい気持ちも多少は生じるにせよ、結局は、他者と衝突して自己の統御が挫折することを避けたいという思いが強くある。つまり、実は均質的な社会秩序に従うことを積極的に選び取っており、その上で、自己が統御できる範囲を一定程度確保できるはずなのにそれができない自己に落胆し苦しんでいるのではないか。そうだとすれば、自分とは異質な他者からの否定に面さずに、できる限り自分の意図に沿う形でスムーズに生き行為したいという執着こそが、ありのままの自己を肯定せず好きになれない要因である。我々の自己は、この執着ゆえに、自分の意図による統御が社会や他者から否定されることへの恐れや不安を強める一方になる。その結果、自らを画一的な秩序にはまる代替可能な存在にしようとしてゆく。それに当てはまらない、本来は積極的な意味を有する自己ならではの自己を自分で認められず責めているのである。

第1章では、現代の生きづらさの背景として、自己の意に基づいて自分の身体をそして人生を統御する能力が自分にあるという過信と執着が考えられることを指摘した。この指摘はいまや西田哲学から裏づけることができる。いま述べたように、西田哲学から見れば、現代の生きづらさが生じるのは、自己による統御が否定されることを避け、自己によって他者や社会との関係を制作できるとする態度が存すると考えられるからである。もちろん現代の社会の生きづらさには複雑な要因がからみあう。そこには、西田が想定しなかった現代特有の要因も存在するであろう。社会の科学技術化とりわけインターネット化はその典型的なものである。インターネットによって情報は量と質を問わずに瞬時に極めて広く社会に拡散する。そしてごく親密な少数の仲間内の出来事でさえ、インターネットによる交流や情報共有を介して社会に拡散しうる仕方で成り立っている。それゆえに社会からの強迫と我々の自己の緊張や不安は極度に増している。しかし西田哲学からは、そうした諸要因の根本に、人間の抱える普遍的な問題が存在していると見ることができる。我々の自己は自己による統御への執着すなわち「我執」が否定されることによってはじめて、かけがえのない出来事を活き活きと制作し創造できる。この執着こそが問題の普遍的な本質である。

ここで最も注目すべき要処は、現実をとりわけ身体を統御しようと執着することが否定されることそれ自身が、生きづらさがほどかれる現場であるということである。しかもそれは、自らによって執着を否定しようと努力することによって実現はしない。執着を否定しようとする努力それ自身も否定されるないしは挫折することが、生きづらさがほどける現場である。それは言い換えれば、自己によって生きづらさを解消したり克服したりすることではなく、また執着の否定への努力が挫折することを拒むことでもなく、むしろそうした克服したり拒んだりすることの不可能さを受け容れることである。それこそが生きづらさをほどかれて生きることである。身体の転換に焦点を当ててこのことをさらに詳しく考えていこう。

再び「話しかけのレッスン」から

第1章では、竹内敏晴の「話しかけのレッスン」の事例を見た。この事例は、西田の思考に照らせば、「死することによって生きる」とも言われた事態、すなわち身体が統御からほどかれて活き活きと創造的になることと言えよう。つまりこの事例はまさに西田の言う制作的行為を実現している。統御を否定しようとする努力自身も挫折することが、他の誰でもない〈私〉と〈あなた〉の間で言葉が響きあう、自他協働の出来事の現場となっていると言えるのではないか。そこでは自己と他者が互いに異なりつつも自らにおいて他を表現し包含しあい、いまここならではのかけがえのない出会いを共に創造している。それは「はじめて他人と話ができた」とも評価できる出来事であり、生きづらさがほどけることである。

統御による緊張からこわばる身体がほどけると、どのような身体となるのか。その一つをこの事例は示している。統御しようと壁を作って自身の内に閉じていた過去の自分を受け容れて、よそゆきでない等身大の自分となった身体である。すなわち、自己の過去から未来までが他ならぬ自己ならではの唯一の仕方で一つに結びついた身体である。それは、生きづらさを受け容れ、それと共に生きる身体であると言える。そしてこの転換は、具体的には下痢という生理的現象を伴っている。一般には身体の生理的な反応と考えられる下痢と、これも一般には身体を使用する主体としての自己の内面のことと考えられる過信や執着の否定・挫折とは、一つのこととして成立している。それはまた、社会における自己と自己が統御しえない他者とのかけがえのない創造的な協働関係の実現と一つのことである。ゆえにおよそ身体の内的反応によって身体の力みや息の詰まりがほどけることと、自己の過信や執着がほどけることとは同じことであるとも考えられる。

とはいえこうした見方には反論も予想される。いわゆる生活習慣やストレスなどと連動するとみなされているものはともかく、怪我や風邪など、自己による統御への執着とは関係ないと思われる身体の生理的な反応が存在するのではないか。また或る下痢についてはすでに考察してきた通りだとしても、すべての下痢に妥当しないのではないか。さらにこのことを見ていこう。

2 野口晴哉の整体法の思想——こわばる身体がほどけるとき

風邪によって身体がゆるむ——野口晴哉の思想から

ここでは、いわゆる野口整体の創設者であり『風邪の効用』などの著書でも広く知られる野口晴哉の思想をやや詳しく取り上げてみたい。野口は、人間の身体は緊張と弛緩の平衡運動から成り立っているとした上で、とくに身体の緊張をゆるめて力を抜くことの大切さを説く。それでは、身体の緊張がゆるみほどけるとはどのようなことか。野口によれば、身体が過度の緊張をゆるめるために要求した現象が、風邪や下痢であるとする。まずこのことを見ていこう。

人には、じっと頭で考えてから行動する人もいれば、考えるより先に行動を起こす人もおり、それぞれ心の性格や体の動かし方の習性がある。したがって、どうしてもその傾向に沿って使い方の偏る部分ができる。その部分は、気づかないうちに過度の緊張で硬直しこわばって働きが悪くなり萎縮する。そうするとそれを庇うためにその人の習性に沿ってその他の部分に余分な働きが強いられ、そこも過度の緊張を起こす。この連鎖・連動に限界が来ると痛みや異常が生じる。野口はこうした現象を

「偏り運動」の習性による「偏り疲労」と呼ぶ。たとえば、頭の使い過ぎや心の緊張を起こしやすい人たちは、首や肩の緊張が抜けなくなってこわばってくる。さらに疲労が進むとそれを庇うために、それぞれの人の習性によってある人は腕が過度に緊張してそこに痛み（や麻痺）が出てくる。また人によって胸であったり胃であったり、あるいは腰であったり足であったりに痛みや不調が出る（このように進むと、頭の疲れそれ自身はだんだん自覚症状が乏しくなってくる）。我々は、往々にして腕の痛みや不具合、胃炎、息切れ、腰痛などの各々について、その部分が異常を起こしていると見て、その人の心身の連動全体との連関でその異常を見ることをしない。しかし身体の異常は基本的にその人なりの連動全体の「偏り疲労」から生じているというのが野口の考えである。それは、緊張をゆるめるないし分散させるような部分部分の連動・連携の調整が活力を失い不全になったことの現れである。にもかかわらず、ある箇所のこわばりや痛みを直接除去しようとすると、むしろ全体調整の連動に歪みが生じ、もっと大きい深刻な異常を生じるのである。

ここでこの考えを敷衍しておけば、こうした「偏り」が生じるのは、本来は心身全体のバランスを図り特定の部分の働きが過度にならないようにすべきところ、その人の習性に沿ってついつい慣れた傾向に流され、惰性化することによってであると言える。本書で考察してきたことから見れば、この背景には、できる限り自分の意図や関心に基づいて自分の生活を統御したい、そして統御が否定されることをできる限り排したいという態度が存していると言える。

野口はこのように見た上で、風邪や下痢は、身体の平衡運動における部分部分の連動全体の緊張やこわばりをゆるめ快復するよう、身体が要求した現象であると言う。

頭を使い過ぎて頭が疲れても風邪を引く。消化器に余分な負担をかけた後でも風邪を引く。腎臓のはたらきを余分にした後でも風邪を引く。とにかく体のどこかに偏り運動が行なわれ、働かせ過ぎた処ができると風邪を引く。……そうやってそれぞれその人なりの風邪を引くと、その偏って疲れている処がまず弾力性を恢復してきて、風邪を経過した後は弾力のあるピッチリした体になる。だから風邪というものは治療するのではなくて、経過するものでなくてはならない。*1

野口は、心身の過度の緊張がゆるむ際には、だるさや痛みが自覚されたり、発熱、下痢、発汗などの生理反応を伴うとする。風邪はこうした反応を経過することで、身体の緊張と弛緩の平衡運動全体の弾力を快復させリフレッシュする働きである。野口は、風邪は身体が自分の身体の平衡運動をその全体から整えるために起こすプロセスであり、そのプロセスを止めずに経過し全うすることが望ましいと説く。

野口からすれば、足の怪我が快復する時ですら風邪を引くことがある。足を怪我した時にそれを庇っていると、その人なりの偏り習性に基づいて、たとえば腰に「偏り疲労」の痛みが出たりする。そうした際に、身体の要求で風邪を引くと、発熱と下痢や発汗を経て、その腰の緊張がゆるみ、むしろ足の怪我した部分に痛みが出る。そして足がもとの動きを回復するのである。

こうして見れば、足の怪我の快復も足の問題ではなく、心身全体の問題である。そもそもすでに身体の疲労が蓄積して動きが鈍くなっていたために足を怪我したのだとすれば、怪我をした時点で、何らかの偏り疲労による過度の緊張がすでに生じていたとも言える。逆に足の怪我の快復を通して心身全体が活力を帯び溌剌としてくるのが実感されてくるのである。野口は身体の問題と心の問題は常に一つであることを強調する。それは、頭を使いすぎたり、不安や悩みを抱えたりすることで風邪を引くと指摘されていることからも明らかである。

自己による統御の否定

一般的にも、風邪に伴う発熱や下痢が毒素を除去し代謝を促進する、いわば身体を掃除する効果を持っているという考えは広く受け止められている。子供はそれを通じて体力や抵抗力・免疫力をつけていくことはよく知られる。体力の向上という点では、成長期における無病息災が必ずしも良いことではない場合もある。病気は外的環境に呼び起こされる一つの適応・同化運動であるという見方もよく知られたものである。

野口は「難しい条件に体を適わせて自分の体を変えていく」ことが「生きているということ」であり、「自分の中にある可能性を開拓するというだけでなく、不可能を可能にしていこうとするものが、みんなの裡にある」と述べる。[*2] 野口の述べていることは、西田哲学にならって言えば、人間が生きていくということは、その都度のいまここにおいて、すでに形作られた現実を基にしつつそれを否定し（乗り越えて）新たな創造を行っていくということである。たしかに、その人なりの心身全体の連動が偏り疲労によって緊張しこわばることで、その人の現実への関わり方も惰性化し画一的で受動的なものとなる。そして、その緊張がゆるみ、こわばりがほどけてその人なりの全体の連動が活性化することは、その人がその都度の現実の状況に即して個性をもって能動的に働きかけうるようになることである。それは、その都度新たな仕方で現実を切り拓き創造していくことである。

したがって、風邪はもとより、怪我や病気ですら、その背景には、偏り疲労によって画一的で受動的になった自分と現実の状況との関係を転換しようとする内的な要求がある。言い換えれば、過度の緊張をゆるめることで、身心全体の連動が自分と現実との関係をその都度新たに創造する働きになっていこうとする自発的な要求がある。野口からすれば、風邪、怪我や病気は心身を自然に丈夫にする働きであり、いわば「眠っている体力を喚び起こそうとしている」[*3]とすら言えるものである。

そもそも野口は「健康の為に色々の方法を講ずることではなくて、その方法を捨て去ること」[*4]が必要であると言う。たしかにいろいろな方法で身体を健康にしようとすることは、かえって身体を型にはめて緊張させこわばらせると言える。実際、意図的に緊張をゆるめようとしても、かえって力みが増すばかりである。ところが、我々はともすれば「自分の体を自分の力で活かしていると思い込んでいる」のであり、その限りは体の力を抜くこともできない。[*5]つまり過度の緊張を一度ほどいて身体を休めることはできない。我々はともすれば自分の身体を統御し健康な状態へと導く必要があると思い込んでいる。しかしその背景には、すでに見たように、自分の意図や関心に合うように自分の身体を統御していきたいという態度が存する。心身の緊張を自分でゆるめようと努力したとしても、そのことそれ自身がまた自己による統御である。

それに対して、風邪や病気といった異常は、身体を統御しようとするこうした努力を否定し挫折させる現象であると言ってよい。それは自己による統御を否定する仕方で生じるからである。ここには、西田哲学が提示した要点と同一のことが野口なりに示されていると考えられる。西田哲学は、執着を否定しようとする努力それ自身も否定され挫折すること、そしてそれを受け容れることが、均質化を強いられる生きづらさがほどける現場であることを示した。他方、野口が提示するように、風邪や病気とその反応は、自己の身体自身でそれを統御し実現しようとしても不可能なものである。それは我々の自己が統御を否定しようと努力する（それも自己統御である）こと自体を否定し挫折させるような現象である。この風邪や病気によってこそ、心身が統御による重しからほどけて緊張によるこわばりもゆるみ、現実と自己との関係をいまここに個性的に新たに創造していくことができる。こう野口は説くのである。[*6]

自分の個性を自覚する

野口の思想の要点は、風邪や病気とその反応に対してただ従うということにあるわけではない。風邪や下痢について、感染症やインフルエンザの拡大時期、あるいは様々な疾病を患っている人などには、その症状を止める治療が必要になる。医療機関における一刻も早い治療が必要となる重篤な症状がある。野口からすれば、だからこそ平時において、風邪の発熱や下痢を薬の服用によって止めるのではなく、反応の自分なりの経過を十分に全うしその観察を深めておくことが重要である。そうすることで、経過を全うしたらよい現象（症状・反応）と、治療が必要となる現象との違いを見る眼を養うことができる。そして何より、自身の体力（免疫力）を高めておくことになる。

野口は、薬そのものが悪いのではなく、その効果の使い方によくよく考えるべきところがあると繰り返し述べている[*7]。野口の説く整体法は、医療機器や薬剤投与と共に生活することと矛盾しない。風邪やその反応である発熱や下痢の経過によって、自己の統御が否定され緊張がほどけると、心身の全体の連動が呼び起こされる。何より肝要なのは、この経過を丁寧に何度もたどる機会を持つことで、他の人とは異なる自らの個性を自覚し、それにかなった心身の働き方で現実を創造していくことである。治療や投薬を行わないことが大事なのではない。

ゆえに一般によく使われる物差し、すなわち身体が丈夫か弱いか、自由か不自由か、健康か不健康か、長生きかそうでないかということは問題ではない。むしろ眼目は、病や障害も含めて、自己の身心全体の状況を知り、いまここのその都度のこの自己なりの連動運動全体を、必要なら医療を利用しつつその人にかなった仕方で自発的に活かし尽くすことなのである。

現代社会では身体は性別、人種、病気、年齢、障害、体質などにおいて規格が定められ、それを基に人間の価値が判定され評価される傾向が増していると指摘される[*8]。なるほど医療でもこうした規格に基づいてこのように振る舞うべきである、あるいはこのように治療すべきであるという規範が示されることが多い[*9]。しかし野口は、そうした治療の規範に向けて自己を型にはめ統御することから自由になり、いまここに自分が持っている体力ないし創造性をただ自分なりにすべて発揮することをめざす。状況に応じて医療行為や他者からの介助を受けることはやぶさかではない。何より「自由な心になって、本来の命を生ききる決心をして潑剌とふるまう[*10]」ことを説くのである[*11]。

自分なりのいまこの生命（いのち）を生き切る

ただし偏り疲労が過度のものになれば、身体が風邪や下痢によって緊張をゆるめる反応それ自身が滞ってしまうことも十分に起こりうる。それはやがて不治と言われる病や癌などを引き起こすこともあろう。整体法の思想と実践は、癌に代表されるような深刻で死に至る病を得た人についても妥当しうるであろうか。

野口からすれば、風邪にせよ、癌にせよ、偏り疲労によるこわばりをほどくために心身が要求した現象である。したがってその反応を経過することが体力の快復のために望ましいことに変わりはない。しかし癌のような深刻な病になれば、その反応を全き仕方で経過するのは難しいことも多い。医療による治療行為も必要となる。とはいえ、進行段階にもよるが、発熱や下痢などをその影響を見つつもできる限り経過する工夫をしていくことで自己の全体の連動が活かされ呼び起こされる。そのことで心身がゆるんで楽になり活力も湧いてくる。このことは癌の進行をゆるやかにする可能性があり、状況が整えば完治させることの手助けになる。

ただしそれにも増して、反応の経過への工夫が大事になるのは、すでに見たことからも明らかであるように、反応を経過することによって、自己ならではの個性的な連動の仕方を自覚し、いまある体力を呼び起こしてできる限り発揮できること、つまりいまこの「命」を「生き切る」ことにおいてである。風邪と同様に癌もその人特有の偏り疲労から来るのであり、それぞれの人の数だけ癌のなり方がある。深刻な病の内にあるからこそ、発熱や下痢の反応を経過することで緊張がゆるむことは、その人なりの連動の個性を自覚し、またその個性を実践する重要な機会である。

深刻な病が進行するごとに、心身の使いうる能力も限られてくる。こわばりがゆるみ、心身が楽になる度合いや幅も小さくなる。しかしそのことは逆に言うと、病のなかった時よりも、小さな度合いでも快復されてくることのありがたさ、その質の重みに敏感になるということである。限りある能力、限りある生命を自覚する中で、失ったものよりも、いまできる運動、自己ならではのいま呼び起こされ活かされてくる連動の方に目を向け、それに活力を感じることは、自己が潑剌となることである。

それは、その都度のいまここの状況において自らの生を切り拓き、いまここの自分に固有の仕方で現実と自らの関係を創造していくことである。野口は「生には死あり、死ぬことによって生きているといえる。生死は別でない。我が裡に常時うごめく死を見詰めて生きる人は、生を活かす[12]」と述べる。第2章で『善の研究』を基に「いきながら死人となりてなりはてておもいのままにするわざぞよき」や日野啓三の言葉から考察したように、むしろ病によって死に面し、死によって限られた自分なりのいまこの生命（いのち）を自覚することは、いまここに唯一固有の仕方で創造を行うことを一層可能にする。野口は「今の私は自分の体のはたらきに生涯を任せ、余分に生きようとか、死にたくないとかいう考えはない[13]」と記す。そして「生の終わる瞬間まで活発な心身でいようと思う[14]」と述べ、その「活発」ということをめぐって、「患っている中にも怪我をしているなかにも、活発に働いているその体」を見るべきことを説く[15]。なしうること創造しうることが病によって失われてゆくとしてもそれは本質的な問題ではない。現実と自己の関係は日々変わり新たになる。いまある自己の体力を呼び起こし、自己なりの生命を自覚して全力で生き切っている時、我々の自己は病と共に生きつつも活発にして日々新たであり、充実し潑剌とする。そしてこうした生命は、病とその反応によって自己統御が否定されて心身の緊張とこわばりがほどけることにおいて現れる。

このことは西田哲学が示したことから裏づけられる。西田が示したのは、我々の自己による統御が否定されることにおいて、自分なりの過去や来歴（連動傾向・体力状況）と、自己のめざす未来（生き方）とが個性的に連関し連動しあうということである。すなわちそれらが互いに他を呼び起こし活かしあい、全体が全体としていまここならではのかけがえのない仕方で結びつくということである。そして我々の自己はこうしてその都度のいまここにおいて唯一無二の生を実現することで日々新たにして創造的となるのである。

異他的な他者を表現する身体

以上の野口の思想においてそれほど明示されていない視点は、我々の自己の身体こそ、社会における自己と他者との共同的な制作・創造の形を重点的に表現しているという西田の視点である。しかしこの視点から改めて見てみれば、野口にとって心の問題と身体の問題は一つである以上、身体の偏り疲労には社会における自己と他者との交わりから生じる過度の緊張が直接に表現されていると捉えることもできる。

さらに野口の生命観を見てみれば、身体が自己と他者との共同性の表現であるという思想も明確に看取できるように思われる。風邪や病気によって生じる反応を外的に抑えるのではなくできる限り経過し通すことは、日々の生活で心身全体のその人なりの連動が整うことである。言い換えれば自己が自らの個性にかなった仕方で溌剌としてくること、それを実感することである。このことは、本質的に考えれば、自己が生きている生命の力そのものを自覚し尊重することである。そしてそれは、自己からは統御できない異質で異他的な他者において他者の個性にかなった仕方で働く生命の力を自覚し尊重することと一体である。すなわち他者が風邪を引いた時には相手の反応の経過を尊重し、その人がいまここに持つ心身の力をその人なりに発揮し尽くすことを助けるということと一体である。実際、自分が風邪の経過を全うすることは、他者や周囲の理解と手助けを何らか必要とするであろう。また他の人が経過を全うするには私の手助けが必要となることがあろう。風邪や病気の経過を自分なりに全うするとは、多くの場合一人で行うことではない。

野口は「お互いに庇い合い手を携え合って生きてゆく行き方[16]」を提唱し、「お互いに、生きている人間を大切にし、互いが互いを傷つけないで、互いの体をいたわり合おう[17]」と述べるが、風邪による発熱や下痢の経過を全うしていくことは、まさにこうして野口が言うことの実践そのものであると言えよう。まして病において死に面し、限りある生命の中で自他が出会いあうことのかけがえのなさを自覚する中でこうした経過が実践されるならなおさらである。野口は「生命」は「すべての人に連なって生くる力[18]」であり、それを全うすれば「お互いに快く感じあえる[19]」とする。自己の統御を否定する仕方で身体に生じる反応の経過を全うし、心身のこわばりがほどけてその全体の連関運動が活き活きと働くことは、自分の生命の力を尊重し全うすることである。それはいま述べたように、他者が生命の力を尊重し全うすることと一つのことである。さらに言えば、野口の生命観を示すこの引用にあるように、自他が共にしている同じ生命の力を自覚し尊重することである。西田哲学は、統御が挫かれ我執が否定されることによって、自己と他者における過去から未来までのいっさいの事象が個性的に活かしあって連関し、いまここにその全体がかけがえのない仕方で結びつくことを示した。野口の説くことはその実践例と理解しうる。

以上で見たように、風邪による発熱や下痢といった身体の反応とその経過は、統御しえない異他的なる他者に対して自己を開く営みである。そして他者を同じ生命を共にする者として無条件に受け容れて共に日々の出来事を創造していく営みである。それは本書で見てきたように、死に面する病において現実化するのみならず、そもそも日々の生活において実践しうることである。ここでは、ある理念や目的、感情などを共有することで認めあい尊重しあうのではない。異他的である他者がただそのように他者の個性を持つこと、そしてその他者とこの自己がかけがえのない稀有の仕方でいまここに生命を共にすることとそれ自身を無条件に尊重し肯定していくのである。そうだとすれば、野口のこのような生命観とその実践は、我々の自己が異他的なる他者を無条件に肯定し自己の身体において表現し包含するという、西田哲学が提示したありようをその具体相において実感し実証する一つの例となるであろう。

生きることないし息することの喜び

それでは、野口の思想から見れば、現代の我々の自己の生きづらさはどのようにほどかれることになろうか。野口は「痛みに対する今までの価値観の転換をはかる」[*20]ことが大事な問題であると述べる。日々の風邪や病気、怪我から生じる反応の経過を全うすることは、異常や苦痛が、心身の過度の緊張がゆるみ、活力が回復し潑剌としてくる過程として実感されることである。下痢や発熱、湿疹、頭痛、腰痛といった症状も、単なる不快や苦痛としてではなく、緊張がほどけてくる快い感じとして、そしてその人なりの連関運動の新鮮な力の表現として経験される。「病気を経過することを快さに換えてしまったら、熱が出ても平気であるし、出血しても平気である」[*21]と述べられるように、風邪や病気の発熱も、怪我の出血も、経過すべきものであって避けるべきものではないことが経験される。そうすると、その痛みや異常がむしろ期待や自信に繋がる。苦痛は緊張や不安をほどくことはあってもそれを生じさせるものではない。そのように価値観が転換される時、それはもはや苦痛でありながら苦痛とならず、苦痛であると同時に一種の快さや楽しみをもって経験される。野口はこう述べる。

患っている中にも怪我をしているなかにも、活発に働いているその体を見ないで、その体のはたらきである痛いとか、熱がでるとかいうことを敵のように思って気張って、苦しんでいる人を見ると、もう少し素直に人間の生を体のはたらきの齎らすものと見られないのだろうかと思う。[*22]

風邪や病気や怪我は自己の統御を否定する仕方で生じる。ひいては自己の統御を否定しようと努力することと自身をも挫折させ否定する。それゆえにそれは苦痛を伴うが、それこそが心身の統御がほどけ、かえって自己が自己として唯一無二の生を活発に実現する現場である。

このことが自覚されるなら、自己の統御が否定される苦痛を経過して自己が自己として潑剌とするという運動のその全体が、楽しみであり喜びとして肯定される。ここでは、ある目的を成し遂げたから、ある希望が達成されたから、ある不安が払拭されたから、などということとは関係なしに、生きるということそのこと自身が無条件に、統御による過度の緊張や不安そして息苦しさからほどかれてほっと息をつける現場となる。

野口は「生きるということそのものに快感を感じる[23]」と述べ、また「生くることは欣びだ。息していることそのものが嬉しくてしようがない[24]」と述べているが、これらの言葉は、心身がほどけてほっとし、ゆったりと息ができる実感について述べていると思われる。ここでは、たとえ様々な苦痛や苦難があろうとも、それを含みつつ生きることと息することそれ自身が実感として喜びになる。

以上のことを裏づけるように、野口は以下のように述べる。

悲しいことも、苦しいことも、それを避けず、逃げず、没入してその苦しみを苦しみ、悲しみを悲しむ、そのこと迄を楽しんで息できるようになる事が、生きているということではないだろうか。[25]

自己と他者とが互いの生命（いのち）を留保なしに受け容れることには、自らの統御が否定される苦しみや悲しみを伴う。この苦しみや悲しみに面しそのことを楽しみ喜んで息できるようになることこそ、生きること息すること自身が喜びであるということなのである。統御を否定し挫折させる他者と共に生きることの苦しみは、他者と共に互いに自らのかけがえのない生を創造していく充実した喜びの中で楽しんで生きられる。この楽しみとは、野口の言葉に「苦しきも楽しきも新鮮なるはいつも活き活きしている也」[26]というものがあるように、すでに見てきたような日々新たな生の創造において、溌剌とした新鮮さを実感することと言い換えることもできよう。

そうだとすれば、野口の言う生きることの喜びは、単に自己ひとりのこととして起こることではない。すなわち、苦しみを苦しみ、悲しみを悲しむことまでも楽しんで息するとは、互いの統御を否定しあう異他的なる自己と他者とが共に生きることにおいて、互いにゆったりと息をつくことができることである。互いの生命（いのち）を留保なしに肯定し実現しあうことと言ってもよい。このように見れば、苦しみ悲しむことがことさらに避けられ恐れられることなく、それを楽しんで息することは、野口からすれば、社会における他者との生きづらさがほどけることであると言ってよいであろう。

それでは、以上のような身体の実例を念頭におきつつ、西田哲学を基にして考察すれば、身体の生きづらさとは、それがほどけて生きるとは、どのようなことであると結論づけられるのか。終章においてまとめよう。

＊1　野口晴哉、『風邪の効用』、二六－二七ページ。以下、野口の著作の引用・参照は、単行著作からのものは読者の便宜を考慮してそれを用い、そうでない場合には『野口晴哉著作全集』を用いる。後者の場合、死後編集された語録集である『風声明語』『風声明語　2』に収載されている際にはその収載箇所も付記する。文言に相違が見られる場合には『著作全集』による。

＊2　野口晴哉、『健康生活の原理』、一三ページ

＊3　野口晴哉、『整体法の基礎』、九〇ページ

＊4　『野口晴哉著作全集』第四巻、三一七ページ

*5 『野口晴哉著作全集』第四巻、三二ページ（『風声明語 2』、一四ページ）

*6 野口は、身心の平衡運動の弾力を快復させる補助として、後頭部の温めや脚湯、さらには活元運動と言われる体操や、コンサルタントによる整体操法（触手整圧）も提唱している。整体操法は、外的な治療行為ではなく、身心が必要とした際に風邪や下痢などを適切に経過するよう身体に促すために行われる。

*7 『野口晴哉著作全集』第十巻、六七二ページなど。

*8 後藤吉彦の指摘にならっている（後藤吉彦、『身体の社会学のブレークスルー』、三ページ）。

*9 後藤吉彦は、現代社会では「身体は、人を分けるために利用されるカタログである」と指摘し、この慣れ親しんだ事実が「ある種の生き難さ」をつくりだしているとする（『身体の社会学のブレークスルー』、三ページ）。筆者も深く同意する。

*10 『野口晴哉著作全集』第四巻、二一ページ（『風声明語 2』、一八ページ）

*11 野口は人間の心身の平衡運動習性の傾向を十二種の「体癖」に大別する体癖論を展開している。しかし「体癖」がその型通りのまま現実に存在することはない。それぞれの人間に異なる個性的な要求と偏り傾向を把握することが何より重要であることは言うまでもない。

*12 『野口晴哉著作全集』第十巻、七〇七ページ（『風声明語』、一四七ページ）。これ以降は主として野口が六十歳前後ないしそれ以降の時期の思想を取り上げる。

*13 『野口晴哉著作全集』第十巻、六七九ページ（『風声明語』、六六ページ）。六十歳になる直前（一九七一年七月。死の五年ほど前）に発表された文章である。

*14 『野口晴哉著作全集』第十巻、六七九ページ（『風声明語』、六六ページ）。この箇所については後にも触れる。

*15 『野口晴哉著作全集』第十巻、六七九ページ（『風声明語』、六六ページ）

*16 『野口晴哉著作全集』第十巻、七七七ページ

*17 『野口晴哉著作全集』第十巻、七七七ページ

*18 『野口晴哉著作全集』第十巻、八六〇ページ

*19 『野口晴哉著作全集』第十巻、八六〇ページ。当該箇所は「健康であればお互いに快く感じあえる」という文章であるが、ここでの「健康」とは生命の力をすべて発揮することを指す。

*20 野口晴哉、『体運動の構造』第二巻、二〇四ページ

*21 『体運動の構造』第二巻、一八八ページ

*22 『野口晴哉著作全集』第十巻、六七九ページ（『風声明語』、六六一六七ページ）

*23 『体運動の構造』第二巻、一九九ページ

*24 『野口晴哉著作全集』第三巻、六二八ページ。これ以降に

見る野口の思想は、野口が三十代後半から四十代前半の時期のものを主として取り上げる。本書ではこれを六十歳前後ないし以降の生と死の思想の前提ないし根本的な原点をなす思想として位置づける。

＊25 野口晴哉、『碧巌ところどころ』、一二三ページ。同書は一九八一年刊行だが本文章の初出は一九五五年（『野口晴哉著作全集』第三巻、四二一ページ）。

＊26 『野口晴哉著作全集』第四巻、五九六ページ

終章

身体の生きづらさをほどいて生きる

感染症の流行のもとで

第1章冒頭では、現代の身体を考えるには、いまの感染症流行の状況に触れないわけにはいかないと述べた。いま（二〇二一年春）は感染症拡大防止のために、個人がその人なりの個性的な生を送ることが制限されている。そして一時的な緊急事態として、感染拡大防止のために設定された秩序に従うような自己統御・管理が求められる。しかしそれに合わせて、個人の自己管理に対する過剰な相互監視や社会からの強迫が生じていることもまた指摘されている。

感染症の予防は本来、医療体制や経済的支援体制の整備などの社会的な施策があってこそ可能であろう。しかしそのことに必ずしも十分な処置がないまま、むしろ個人の自己管理に監視の眼が当てられているように思われる。我々の自己が他者や社会からの監視と強迫の中で絶えず身体の統御に駆り立てられ、またその失敗への不安に怯えるという息苦しい生きづらさは、いままでにも増して社会を覆っている。いったい、このような息苦しさはいつまで続くのであろうか。あるいは一度こうした状況が日常化すると、互いに管理意識が過剰になるのではないか。つまり、いまのような自己統御・管理の強迫は今後も形を変えて続くのではないか。そうした重苦しさがのしかかる。

この問題の本質は、感染症流行より前の時点で、すでに身体に対する融通の許容範囲が過度に狭まっており、均質的・画一的な秩序に従うよう強いられる生きづらさが強く社会に拡がっていたことにある。そしてその背景として、個々人の中で自己による統御への執着がすでに熱を増していたことにある。息苦しい生きづらさを生む本質的な問題はすでに流行前から存在していた。それがこのたびの流行を機に加速している。本書はこうした観点を示しつつ、息苦しい生きづらさからほどかれて生きるための思想を考察してきた。

西田哲学が示したこと

本書で考察してきたことを改めてまとめよう。西田哲学が一貫して示してきたのは、我々の自己が他の存在者に働きかけることと、他の存在者が自己に働きかけることは、互いに異他的であり分かれつつも直接に一つのことをなしているということである。それは、我々の自己が自己自身によって自己の身体にそして他者に働きかけ、それらを統御しうるという態度それ自身が否定されることによってのみ実現する。このことは、我々の自己のいまここの生の一々が、かけがえのない自己と他者とによる個性的な創造の現場になるということである。西田はこのありようについて、自己と他者における過去から未来までのいっさいの事象が個性的に連関し、全体が全体としていまここならではのかけがえのない仕方で結びつくこととして明らかにした。言い換えれば、我々の自己が生きることは、創造的世界の自己形成の創造的要素として成り立つ。我々の自己の生は、他者と世界のいっさいについていまここの制作を焦点として個性的な仕方で表現し包含するのである[*1]。

以上について本書が繰り返し注目してきたのは、自己による統御への執着を否定しようとする努力それ自身が否定されるないしは挫折することが、自己のかけがえのない生を創造する現場であるということである。現代の生きづらさは、我々の自己が他者や社会に向けて統御を強いられるところにある。そしてその背景には自己による統御への執着がある。この執着を否定しない限り、自己の生きづらさは増すことはあってもそれがほどかれることはない。そのことが身に沁みる時、執着を否定しようと努力せざるをえないこともまた事実である。しかし自らでこのように努力することはまた一つの執着でしかない。自己はその矛盾と苦悩に苛まれる。これに関して西田哲学は、その苦悩煩悶の末についに執着が擦り切れて、それを手放さざるをえなくなることが起こりうることを示す。この転換は自己が行うことでありながらも、しかし自己や他者たちからの統御を超えた仕方で生じることである。西田はそれを宗教的経験とみなし、絶対者において実現すること、すなわち自己が絶対者において生きることとして示した。このことにおいて我々の自己と他者とは、互いに相容れない異他的な者として存在することとそれ自身を留保なしに無条件に肯定し実現しあう。そこでは、均質的な型に向けて自らを統御するよう強いられる生きづらさがほどけて、自己は異質な他者と互いの存在をかけがえのない個性を有する者として認めあい協働し連帯することができる。

このことは、我々の自己が、自己において異他的なる他者の参与を受け容れることで、かけがえのない自己として生きるということである。言い換えれば、自己と他者とは、互いに自らからは統御しがたい他者の個性を自らにおいて表現し包含しあうことである。そして自己と他者とのこうした関係を重点的に表現し担うのが自己の身体である。西田哲学は、我々の自己の身体とは、私が直接にそれでありつつ、かつ私がそれを道具として使用するものであることを明らかにした。自己の身体は、自己の制作的行為における不可欠な契機であり、かつその限りで存在する。しかも西田は、自己の身体を「生物的身体」的に捉えるのではなく、そうした身体をも自らの契機にしつつ成り立つものとして「歴史的身体」的に捉えた。そしてそのことで、社会における他者との共同的な制作・創造の形を重点的に表現しているのが、我々の自己の身体であることを明らかにした。ゆえに、統御の否定・挫折によって、自己に統御しがたい異質なるものの中でもとくに自己の統御を否定し挫折させる異他的なる他者を自らにおいて表現し包含するのが、自己の身体なのである。

したがって、我々が日々生きるとは、統御しえない異他的なるものを表現する身体を生きることである。しかしこのことは、我々の自己が統御への執着を助長させる限り見失われていく。本書では、音楽を共に聴く身体、友人の身体を共に支え持つ身体、包丁を研ぐ身体などを取り上げてきた。それらはみな日々の生活の一々の事実において生きられる、異他的なるものを表現する身体であり、活き活きと創造的な身体である。それらは統御への執着が何らかの仕方で否定されることで現実化するものの、他方、傲慢さを生み執着を助長するところを持っていることはすでに見た。自己による統御への執着が十分に否定されないままに生活を送る限り、執着は助長し、やがて創造的な身体が現実化することも難しくなる。西田が「死することによって生きる」という言い方で示したのは、自己による統御への執着が徹底的に否定され、統御しえないものを含有せずに完結するよう強いる縛りから身体がほどかれることで、自らにおいて異他的なる他者を表現し包含する身体のありようが活き活きと現実化することである。身体のこの転換が生きられる中でこそ、日々の一々の事実において異他的なるものを表現する身体が徹底的に現実化しうる。

すでに述べてきたように、現代の社会における生きづらさは、社会や他者から画一的・因習的な秩序に従って統御するように強いられることによるが、自己の身体の生きづらさはそれを集約するものである。自己は自己の生を統御したいという執着があるために、社会からの強迫に応えて、統御を否定する異他的なるものを絶えず自己から排除する。そして自らの身体をすみずみまで統御し監視し、身体を緊張でがちがちにこわばらせる。ここで西田哲学を基にして見れば、社会や他者が画一的な秩序に沿うように統御・管理・監視を強いる際には、そもそも統御しがたいものを自らにおいて重点的に表現し包含する身体こそ、とりわけ統御と監視の対象となると言える。現代社会の生きづらさがとくに身体の生きづらさとして現れるのはここに理由がある。また同じ理由から、我々の自己が他者や社会との関係を統御しようとする際に、自己の身体をいかに統御するかが中心的な関心になることも明らかである。しかし逆に言えば、自己と他者の身体が、統御と監視の縛りからほどかれて、統御しえない異他的なるものを表現し包含しあう身体へと転換する時、それは我々の自己の生きづらさをほどき、苦悩を伴いつつも他者と共に活き活きと喜びをもって生きることの力となるであろう。

こうしてみれば、統御によって緊張でこわばった身体がほどけるという転換が具現化しなければ、我々の自己の統御への執着からの転換も現実化しないと言える。そして身体が転換することは、自己のそして社会における他者との関係それ自身の転換が集約されて起こることである。本書は、過剰に統御されてこわばる身体がほどけることが、現代の生きづらさをほどくための力になるという仮説を掲げてきた。いま見てきたような西田の思想に基づくことで、いまや本書の仮説は真実のものと評価できる。

それではこうした転換において現れる、こわばりがほどけて活き活きとする身体とはどのようなものであろうか。それを生きることで、他者や社会との交わりは現代の生きづらさからどのようにほどかれ、どのようなありかたになるであろうか。

生きづらさの二つの相と生きづらい身体の転換

生きづらさとは、社会から要求される自己統御を行い、絶えず身体を型にはめ緊張させこわばらせるその息苦しさから生じる。とりわけ現代社会においては、そうした自己統御が失敗し社会から脱落しないかという不安や恐れから、際限ない自己監視を強いられることで、息苦しさはつのる一方である。我々には、社会の要求に持ち応え切れなくても何ら不思議はない無理な自己統御を強いられているという実感がある。しかし他方で、我々は社会からの強迫に従って自らを統御することを通して、この息苦しい事態の中でも何とかなると少しは期待しているからこそ、自己統御を続けているのだということをすでに見た。そうしてその失敗や挫折に恐れを抱き、生きづらさを感じているのである。実際に本書では、西田と共に生きづらさの背景に自己による統御への執着が存すると指摘してきた。実は生きづらさは、一方で自己による統御の挫折が不可避であると認めつつも、他方でそれと裏腹になおそれを避けるよう何とか統御できるとも見なしているという、極めて矛盾し倒錯した態度によっていると言えよう。

自分の人生を自分の意志によって統御することが否定され挫折することとは、苦しいことであり避けたいことに感じられる。そうである限り、自己による統御を否定される人生は生きづらいであろう。ただ、その生きづらさを避けようとして、自己による統御を、実はそれは無理のある不可能な試みであると知りながら、社会の要求に応えつつ何とか実現しようとすると、さらに息苦しさを生じさせる。それこそは、統御への執着を否定されることの苦しみや痛みという意味での生きづらさとはもはや質を異にする、いわば出口のない生きづらさである。つまり現代社会の出口のない息苦しさという意味での生きづらさは、自分の執着が否定され挫折することによる生きづらさを避けそこから逸れようとするからこそ生じるのである。

ここで、出口のない生きづらさを自己によって解消したり克服したりする能力が自己にないことを引き受けるなら、それは、自己が統御への執着の否定と挫折を避けようとしてしまうことを、そして実際にはそれは不可能であることを引き受けることである。たしかにそこには、自己による統御が否定される苦悩や痛みが伴う。しかし西田が示したのは、そうした否定によってこそ、我々の自己は社会に要求される均質的な生ではなく、いまここの自己ならではの生を異他的な他者と協働しつつ創造できるということである。

野口の整体法の思想から見ることができたように、身体に生じる風邪や病気の症状とそれに伴う発熱や下痢などの反応を経過することは、統御への執着が否定されてほどけることが実地に生きられることの一例と考えられる。自己による統御を否定する仕方で生じる風邪や病気の経過を全うすることは、心身が統御による緊張からほどかれ、そのこわばりもゆるんで楽になることである。それは社会秩序に沿って規格化・均質化された身体のこわばりがゆるみほどけるという身体の転換に他ならない。同時に心身の全体の連動が活かされ呼び起こされることである。そうして我々の自己は自己なりの生命（いのち）を自覚し、死によって限られる生命を潑剌と生き切ることで、その都度のいまここにおいて他者と共に互いの唯一無二の生を日々新たに創造するのである。

さらに野口によれば、身体のこうした転換において、我々の自己は生きることと息することとそれ自身を喜びとして実感しうる。苦難を含みつつも、生きているというただそのこと自身が無条件に、統御による過度の緊張や不安そして息苦しさからほどかれて、ほっとゆったりと息をつける現場となるのである。「苦しきも楽しきも新鮮なる」ことであり、すなわち苦しむこと悲しむことを楽しんで息するのである。このことは、身体の転換によって執着の否定が実現する生を明らかにする一例となろう。すなわち、出口のない息苦しさからほどけて、執着が否定される苦しみも西田の言う「平常心」をもって引き受けて充実や喜びと共に生きられることについて、一つの実践例を示すであろう。

なるほど、苦悩もこうして「平常心」において生きられることは、西田自身が述べるように、統御への執着に基づく自己が徹底的に「死することによって生きる」という「生命の革新」によると言うべきものである。この転換は、自己によって執着を否定し転換を遂げようとする努力それ自身も挫折することによって実現する。西田はこのことはただ絶対者において可能となるとした。それに対して野口の整体法の思想では絶対者に関わる宗教的な経験は問題にされない。ただし西田の思想からすれば、絶対者において我々の自己が生きることは、執着を否定しようとする我々の自己の努力が、絶対者において然らしめられた努力として生きられることである。言い換えれば、自己が「自ら然らしめるもの」「自己を包むもの」において生きることである。それは、自己統御への執着の否定が、息苦しさからほどかれてただ平常心をもって、むしろ充実や喜びと共に生き抜かれることを意味する。したがって、苦しみ悲しむことの中でそれを楽しんで息する身体は、西田が「死することによって生きる」と呼んだありようを実現し表現する身体の一実例であるとみなせるであろう。

苦しみ悲しむことが避けられ恐れられることなしに、それを楽しんで息する時、生きづらさはほどけている。自己による統御への否定による苦しみや悲しみを避けようとするところに出口のない息苦しい生きづらさが生じる。この出口のない生きづらさを避けようとせず余裕や新鮮さをもって楽しんで息するなら、出口のない生きづらさはもはやほどかれている。そこでは統御に執着しまたその失敗を恐れる緊張や不安はほどかれているからである。

こうして出口のない生きづらさを解消しようとせず、それを受け容れ包むことないしそれと共に生きることは、逆説的にも出口のない生きづらさからほどかれて生きることである。それはほどかれた苦悩として統御への執着の否定を生きることである。出口のない息苦しさの生きづらさがほどけることで、生きづらさと見なされていた執着への否定は生きづらさとならずに生きられるのである。

生きづらさをほどいて生きる

第1章では、現代の身体の生きづらいありようを見てきた。しかし苦しみ悲しむことを楽しんで息する身体を生きるようになるなら、そこには現代では見失われることの多い、安心して身を寄せられ、全身でほっと息をつくことができる身体が現実化するであろう。そうなれば、社会秩序が承認する既定の型や規格に沿うように自己の生を統御しようとし、それができなければそのことをひたすら隠そうとする、そうした態度から自由になる、少なくともそれに距離を持つ余裕を得るであろう。別の角度から言い直せば、身体をゆるみや遊びのない身体、緊張してすきまなくこわばる身体からほどいて、自己なりの個性を肯定し発揮して、自分ならではの塩梅や融通をきかせつつ社会において他者と生きていくことができるであろう。

それに対して、統御された身体の過度の緊張とこわばりは、自己の心身の可動性を小さくし視野を狭め受け身にさせる。そして社会や他者からの要求に従わなければ社会から脱落し排除されるだけであるとの思いをつのらせ息苦しさを増大させる。生きづらさをほどくことも、その強さのない弱い自分には難しいと思ってしまう。

しかし我々の中に自分で生きづらさを統御しほどく力を持つ者はどこにもいない。生きることにほっとできて、苦しいことを楽しんでゆったり息できる身体への転換は、その弱い等身大の自分のままで可能である。それはまた、気負うことなしに苦しみと共に生きることを可能にする。苦しみ悲しむことをゆったりと息できることで、力みや気負いがほどけて潑剌とし日々を新たに切り拓いていく力となる。このことは、社会の強迫に従属せずとも、等身大の自分ならではの自分を活かすことで息苦しい出口のない生きづらさをほどいて生きていける、それで大丈夫である、という十分な期待を生じさせよう。あるいは、どのような状況下でも、その状況を日々新たに創造し直し、自分なりの生命（いのち）を発揮し生き切ることが何よりの充実であり喜びであるという自覚を得させる。それは自己が生きる生命（いのち）への自信が育つことと言ってもよい。まさしく、生きること息すること自体が喜びになるのである。

このようにして、生きづらさと共に、かつ生きづらさをほどいて生きることは、西田が示したように、異他的な自己と他者とが、互いの生命（いのち）を唯一無二の仕方で生きること（そして死すること）を留保なしに肯定し実現しあうことと言ってもよい。苦しむこと悲しむことを楽しんで息するということは、統御できない異他的な他者に面してこの他者を何らかの目的や理念のもとでなしに無条件に自己のうちに受け容れることだからである。異他的な自己と他者とがいまここにかけがえのない仕方で共に生きることを実現し享受しあうことが、苦しみ悲しみを新鮮なることとなし互いに息をゆったりつく現場なのである。この意味において、自己の身体は異他的な他者を表現し包含している身体となる。それは苦しみ悲しむことをゆったり楽しみ、生きていること自身にほっと息をつける身体である。そもそも生きていること息していることが、自己の身体が他者の参与を自らにおいて表現し包含することなのである。

以上のことは、言うまでもなく一種の調和的な事態とは逆の事態であり、自己と他者とが自らによる統御への執着に対する否定に面しあい、一律の方向に染まることを拒みあうことの中で成り立つ事態である。たとえばいまの感染症流行下では人により、また置かれている状況により、生活様式、予防対策、衛生観などに相容れないほどの大きな開きがあることが自覚される。しかし実際にはこの機会にそれが浮き彫りになっただけで、もともと大きな開きがあったのである。そしてだからこそ、そのように相容れない者同士がそうであるままにいまここに共に生きることを肯定することなしに、生きづらさがほどけることはない。それゆえに、この状況下でも感染症との連関がないことを見極められる限りは、風邪や病気の経過を丁寧に全うする工夫がとりわけ大事になる。そして楽しんで息することに基づいて、互いに自らの見解や意志に基づいて自他を統御しようとする態度が否定されつつ相容れないままに共に生きることを粘り強く最大限努力してゆく必要がある（それは感染拡大を防ぐのに第一に必要な医療・経済支援体制の整備に眼を向けその実現を求める努力ともなるであろう）。また苦しみを含んで生きることをゆったり楽しんで息するからこそ、新鮮さと自由さとをもって粘り強く努力し続けることができるのである。それは、この努力（それ自身もまた統御である）の挫折の苦しみを、生きづらさがほどけてほっと息する現場となしうるからである。またこのようになしうる力は、我々の自己が生きること息することと自身にあることを実感し実践するからである。

おわりに

現代の出口のない生きづらさの本質を探していけば、我々の自己が自分の力で自分の身体を統御しようとする態度に行きあたる。自己による統御が否定されて苦しみや悲しみが生じるその出来事こそ、生きづらさがほどかれて自己ならではの個性を実現する現場であり、自己が異他的な他者と共にいまここにかけがえのない生を創造する現場なのである。このことは、我々の自己の身体に即して言えば、身体が身体であるとは、統御できない異他的なる他者の参与を、統御の挫折において受容れ包含し表現することに他ならない。ゆえに、統御の重しによってこわばる自己と他者の身体がそれぞれにほどけて、自らに異他的な他者を包含し表現するありようを活き活きと現実化しあう時、それは我々の自己の生きづらさをほどき、苦悩を伴いつつも他者と共に活き活きと喜びをもって生きることの力となるのである。このことについて本書では、自己と他者とが相容れず異他的であるままにいまここに共にあることを無条件に肯定し実現しあうこととして示した。またその一つの実例として、息すること自身を喜び、悲しみ苦しむことをも他者と共に楽しんで息する身体を示した。

しかしこの到達点は、生きづらさをほどいて生きるとはどのようなことかという問題に取り組むための出発点にようやく立とうとしているものに過ぎない。とはいえ、すべての課題を一挙に解決するわかりやすい万能薬はない。今後はさらにこうした身体を生きることにおいて様々な種類の社会共同体をどのように構成していくかという問題に粘り強く取り組まねばならない。

本書は、西田哲学を基にしつつ、生きること息することとそのこと自身が、生きづらさをほどいて人生を生きる力を持っていることを示した。本書が読者に何らかの刺激となり、どのような内容や方向であれ、一人一人のあなたなりの思考を少しでも促すことができれば幸いである。

＊1　なお論じ残したものとして、後期西田哲学の生命論である「歴史的生命」の思想がある。拙著『歴史的現実と西田哲学』でもその内容を跡づけたものの、そもそもこの思想は射程が広く、筆者もさらなる研鑽を積み、改めて後日論じたい。

参考文献

［西田幾多郎の著作］

『善の研究』、［二〇一二］岩波書店（岩波文庫）
『西田幾多郎哲学論集Ⅰ』、上田閑照編［一九八七］岩波書店（岩波文庫）
『西田幾多郎哲学論集Ⅱ』、上田閑照編［一九八八］岩波書店（岩波文庫）
『西田幾多郎哲学論集Ⅲ』、上田閑照編［一九八九］岩波書店（岩波文庫）
『西田幾多郎講演集』、田中裕編［二〇二〇］岩波書店（岩波文庫）
『西田幾多郎全集』全一九巻、［一九六五―一九六六］岩波書店
『西田幾多郎全集』全二五巻（新版）、［二〇〇二―二〇二〇］岩波書店

［その他］

秋富克哉［二〇〇八］「作るということ――「創造的」純粋経験からの展開――」、『理想』第六八一号、理想社
Davis, Bret W.［2013］"Ethical and Religious Alterity: Nishida after Levinas," in *Kitarō Nishida in der Philosophie des 20. Jahrhunderts : mit Texten Nishidas in deutscher Übersetzung*, herausgegeben von Rolf Elberfeld und Yōko Arisaka, Karl Alber Verlag
藤田正勝［二〇〇七］『西田幾多郎――生きることと哲学』、岩波書店
藤田正勝［二〇一二］「『善の研究』解説」、西田幾多郎、『善の研究』、岩波書店
藤田正勝［二〇二〇］『人間・西田幾多郎――未完の哲学』、岩波書店
後藤吉彦［二〇〇七］『身体の社会学のブレークスルー――差異の政治から普遍性の政治へ』、生活書院
長谷正當［二〇〇七］「場所的論理と浄土教」、『西田哲学会年報』第四号、西田哲学会
日野啓三［一九九七］「出会い、感謝、神の慈愛」、『読売新聞』一二月一七日付東京本社版夕刊文化面

鋳物美佳［二〇一八］『運動する身体の哲学――メーヌ・ド・ビランと西田幾多郎』、萌書房
石井砂母亜［二〇〇九］「私と汝――西田哲学における自由意志の問題を中心に」、『日本の神学』四八、日本基督教学会
石井砂母亜［二〇一九］「「永遠の今」と死の自覚――永遠の今の一点を離れぬ無限の足蹈」、『西田哲学会年報』第一六号、西田哲学会
板橋勇仁［二〇〇四］『西田哲学の論理と方法――徹底的批評主義とは何か』、法政大学出版局
板橋勇仁［二〇〇八］『歴史的現実と西田哲学――絶対的論理主義とは何か』、法政大学出版局
板橋勇仁［二〇一〇］「歴史的世界の個性的な自己創造と国家――西田哲学における「国家」と「民族」」、『西田哲学会年報』第七号、西田哲学会
板橋勇仁［二〇一六］『底無き意志の系譜――ショーペンハウアーと意志の否定の思想』、法政大学出版局
氣多雅子［二〇二〇］『西田幾多郎　生成する論理――生死をめぐる哲学』、慶応義塾大学出版会
小坂国継［二〇一一］『西田哲学の基層――宗教的自覚の論理』、岩波書店
Krummel, John W. M.［2015］*Nishida Kitarō's Chiasmatic Chorology: Place of Dialectic, Dialectic of Place*, Indiana University Press
草柳千早［二〇一五］『日常の最前線としての身体――社会を変える相互作用』、世界思想社
Loughnane, Adam［2019］*Merleau-Ponty and Nishida: Artistic Expression as Motor-Perceptual Faith*, SUNY Press
Maraldo, John C.［2017］*Japanese Philosophy in the Making 1: Crossing Paths with Nishida*, Chisokudō Publications
松田恵示［二〇〇一］『交叉する身体と遊び――あいまいさの文化社会学』、世界思想社
松丸壽雄［一九九八］「場所的身体」、藤田正勝、松丸壽雄編、『欲望・身体・生命――人間とは何か』、昭和堂
Merleau-Ponty, Maurice［1945］*Phénoménologie de la perception*, Éditions Gallimard. メルロー＝ポンティ、M.［一九七四］『知覚の現象学 2』、竹内芳郎、木田元、宮本忠雄訳、みすず書房

嶺秀樹［二〇一二］『西田哲学と田辺哲学の対決――場所の論理と弁証法』、ミネルヴァ書房
美濃部仁［二〇二〇］「西田における絶対無と個」、『西田哲学会年報』第一七号、西田哲学会
水野友晴［二〇一九］『「世界的自覚」と「東洋」――西田幾多郎と鈴木大拙』、こぶし書房
村井則夫［二〇一七］「超越論性の変容――西田とハイデガーにおける媒介と像」、『西田哲学会年報』第一四号、西田哲学会
名和達宣［二〇一五］「西田哲学と親鸞教学――「逆対応」の可能性」、『西田哲学会年報』第一二号、西田哲学会
新田義弘［一九九八］『現代の問いとしての西田哲学』、岩波書店
野家啓一［一九九四］「歴史の中の身体――西田哲学と現象学――」、上田閑照編、『西田哲学――没後五十年記念論文集』、創文社
野口晴哉［一九六二］『風邪の効用』、［二〇〇三］筑摩書房
野口晴哉［一九七六］『健康生活の原理　活元運動のすすめ』、全生社
野口晴哉［一九七七］『整体法の基礎』、全生社
野口晴哉［一九七七］『体運動の構造』第二巻、全生社
野口晴哉［一九八一］『碧巌ところどころ』、全生社
野口晴哉［一九八三―二〇〇二］『野口晴哉著作全集』全一一巻、全生社
野口晴哉［一九九五］『風声明語』、全生社
野口晴哉［二〇〇〇］『風声明語　2』、全生社
大橋良介［二〇〇八］「歴史と身体――西田哲学の歴史思惟（二）――」、『理想』第六八一号、理想社
大橋良介［二〇一三］『西田幾多郎――本当の日本はこれからと存じます』、ミネルヴァ書房
岡田勝明［二〇一七］『悲哀の底――西田幾多郎と共に歩む哲学』、晃洋書房
廖欽彬［二〇一一］「京都学派の宗教哲学の一考察――西田哲学と田辺哲学の「逆対応」をめぐって」、藤田正勝編、

『善の研究』の百年——世界へ／世界から』、京都大学学術出版会
至道無難［一六七六］『即心記』、公田連太郎編［一九六九］『至道無難禅師集』、春秋社
白井雅人［二〇〇七］「否定性と当為——後期西田哲学の展開に向けて」、『西田哲学会年報』第四号、西田哲学会
白井雅人［二〇一五］「赦す神と裁く神——後期西田哲学の宗教論」、『国際哲学研究』第四号、東洋大学国際哲学研究センター
杉本耕一［二〇一三］『西田哲学と歴史的世界——宗教の問いへ』、京都大学学術出版会
杉本耕一［二〇一六］「西田における歴史的身体と身体を越えたもの——盤山宝積の剣をめぐって」、『宗教哲学研究』第三三号、宗教哲学会
杉村靖彦［二〇一八］「〈自覚〉する身体——西田のメーヌ・ド・ビラン評価から見えてくるもの」、『西田哲学会年報』第一五号、西田哲学会
田口茂［二〇一七］「閉じた個という不合理——フッサールと西田における他性の謎」、『西田哲学会年報』第一四号、西田哲学会
高垣忠一郎［二〇一五］『生きづらい時代と自己肯定感——「自分が自分であって大丈夫」って？』、新日本出版社
竹内敏晴［一九九九］『教師のためのからだとことば考』、筑摩書房
田中久文［二〇〇二］『西田幾多郎』、作品社
上田閑照［一九九一］『西田幾多郎を読む』、岩波書店
上田閑照［二〇〇二］「経験と自覚——西田哲学における」、『上田閑照集』第二巻、岩波書店
鷲田清一［一九九七］『メルロ＝ポンティ——可逆性』、講談社
鷲田清一［一九九八］『悲鳴をあげる身体』、ＰＨＰ研究所
遊佐道子［一九九八］「伝記　西田幾多郎」、上田閑照監修、大橋良介、野家啓一編『西田哲学選集』別巻一、燈影舎

読書案内

西田哲学を読む。そして身体論と現代へ

板橋勇仁

西田幾多郎の著作・講演・日記・書簡などは、岩波書店発行の『**西田幾多郎全集**』に収められている。新版（現在全二五巻）とそれ以前の版（全一九巻）とがある。前者は最新の校訂に基づき、資料についても最新の状況が反映されている。ただし主要な著作や講演については両者にほぼ差違がない。また一九巻版の方が古書での入手が容易である。そのため、本書では、前者における最新の状況も考慮しつつ、後者を底本とした。

西田幾多郎の哲学的な著書・論文で岩波文庫におさめられているものは、より容易に入手できる。『**善の研究**』、それ以外の生涯にわたる主要な論文を集めた『**西田幾多郎哲学論集 Ⅰ・Ⅱ・Ⅲ**』がある。他にも小論集（『**思索と体験**』シリーズ）や随筆集、歌集、書簡集、講演集などが同文庫から刊行されており、いずれも西田幾多郎の思想に近づく良い手引きとなる。

本書が取り上げた西田哲学の身体論について実際に西田の言葉に触れるには、『善の研究』のほか、講演「**歴史的身体**」（『**西田幾多郎講演集**』所収）や、論文「**論理と生命**」（『**西田幾多郎哲学論集 Ⅱ**』所収）などから読むのがよいであろう。特に講演は比較的平易な内容である。ただし後の二つはいずれも『善の研究』以降の西田哲学の生成発展を背景にしているので、それについてもあわせて学んでいかないと十分な理解には達しないであろう。

西田の書いたものには、読者をはっとさせるような輝きを持った言葉が見出される。それは読む者にとっての喜びとなる。しかし同時に西田哲学は難解であるとよく言われる。本文でも述べたように、ありのままの経験の現場から出発する、一元的でも多元的でもない思考は、ほとんど不可能と思われるぐらいのラディカルな道行きを要求する。しかも『善の研究』は別として、それ以外

の著作・論文は、従前よりも一歩でも二歩でも思索を進めようとすることに集中されており、初学者はおろか哲学に心得があっても西田哲学に不案内な者に対して顧慮する気配がない。したがって入門書や解説書なしに読み進めることには困難を覚えることも多いであろう。

ここでは上田閑照（敬称略。以下同様）の見解を紹介しておきたい。それは筆者が実際に直接聞いたものであるが、西田哲学は、人生において、あるいは学問において、自分なりの問題をある程度定め自覚する者が読むとよい、という主旨の見解である。どのような者でも気軽に西田哲学を読んでよいことは言うまでもないが、読解に困難を感じる人にとって、この見解は一つのヒントになるであろう。もちろん問題が定まっていなくても、すぐに西田哲学の入門書なり西田の著作なりを読み始めるのでかまわない。西田の著作を読み学びながら、自分の問題を自覚する機縁を得ることもありうる。いずれにしても、自分にとっての問題を自覚しそれへの西田からの回答を読み取ることを常に意識するのは、西田の著作の読解を続けていくことの助けになるであろう。

西田哲学の入門書についてであるが、**藤田正勝『西田幾多郎』**（書誌情報は参考文献表に記載。以下同様）があらゆる面でバランスが取れている。**上田閑照「経験と自覚」**は、入門者にも研究者にも読み応えがある稀有のものであり、西田哲学研究の金字塔に思える。

概説書は多数あるが、現在の最先端の研究成果をもとに書かれたごく最近のものでは、**田中久文『西田幾多郎』**、**氣多雅子『西田幾多郎　生成する論理』**があり、手に取ってみていただきたい。欧米圏で出版されたものとしては、英語で書かれている *John W. M. Krummel, Nishida Kitarō's Chiasmatic Chorology* は、西田哲学を概説的に扱ったものでありかつ水準の高い研究書であるが、同時に入門者にも配慮が為されている好著である。英語で書かれていることが、西田哲学の独特の用語をかみ砕いて理解することの助けともなる。

西田幾多郎の人生を追いながら、西田の思想の中身を浮き彫りにしたものとしては、**遊佐道子「伝記　西田幾多郎」**、**上田閑照『西田幾多郎とは誰か』**、**大橋良介『西田幾多郎』**、**藤田正勝『人間・西田幾多郎』**、などをお薦めしたい。

なお西田哲学の身体論に限って言えば、近年ようやく本格的な研究が始まったばかりであると言えよう。この身体論の持つ可能性や意義と射程については、本書も含め今後の研究と議論および対話の進展によって明らかにしていくべきものである。

哲学全般における身体論に関わっては、特に現代の身体の状況との関係を視野に入れれば、**鷲田清一**による『**メルロ＝ポンティ**』や『**悲鳴をあげる身体**』など身体をめぐる一連の著書をお薦めしたい。また哲学と社会学を共に扱った**後藤吉彦**『**身体の社会学のブレークスルー**』も現代の身体の状況を哲学から捉えるための良い手がかりとなる。

現代の生きづらさについて考えるとき、高垣忠一郎の著作に触れることは大きな意味を持つ。また野口晴哉による整体法の思想なしに、こわばりがほどける身体について筆者が考察を進めることはできなかった。本書の内容に興味を持たれたら、**高垣忠一郎**『**生きづらい時代と自己肯定感**』、**野口晴哉**『**風邪の効用**』『**風声明語**』『**同2**』をお薦めしたい。

あとがき

あとがきでは、本書の成立刊行に関わることを述べたい。

本書の準備は編集者の中西豪士氏から「いま読む！名著」シリーズの本として『善の研究』を読み直す内容について書いて欲しい、テーマは好きに提案して欲しいというお誘いをいただいたことによって始まった。その後、相談のうえで身体をテーマとすることに決めて執筆を進めた。いままでに発表した著書や論文の内容をところどころ生かしてはいるが、新たに書き下ろして世に問うものである。

執筆着手後、予想できなかった、人生でもめったにない出来事が公私それぞれに出来し、さらには感染症の世界的な流行という事態にも見舞われ、結局、執筆に相当な年月を要することになってしまった。そのような中でもこうして刊行することができたのは、ひとえに先生方からの学恩と、日頃からお世話になっているみなさまのご理解とお力添えあってのことである。心より御礼を申し上げたい。

とくに美濃部仁氏（明治大学教授）には、本書の最初の草稿全体に目を通していただき、構成や細かい論旨に至るまで、懇切丁寧にして非常に鋭いアドバイスを頂戴した。その一つ一つに深く教えられ、筆者の能力でできうる限りではあるが、反映させていただいた。筆者が学部生の時に哲学研究者を志した時からいまに至るまで、出版した拙著三冊に関しても含めて、美濃部氏にはたくさんのご教示をいただいてきた。心より抱く感謝の気持ちを記したい。

また本書の原稿の最終段階で、盟友・高橋陽一郎氏（日本大学教授）にも読んでいただいた。高橋氏には、筆者が大学院に進学し哲学研究者の道を歩み始めてからずっと親しくさせていただいているが、ショーペンハウアー哲学と美学とを専門にされており、西田哲学に関わる分野についてはいつも慎ましく処されるので、原稿の最終段階でのやりとりという形になった。にもかかわらず、大変貴重なコメントを頂戴することができ、最終原稿に反映させていただいた。本書の刊行を心待ちにし、心より喜んでくれる高橋氏の想いに触れ、大変ありがたく思う。報いるため一層の精進を期しており、身が引き締まる。

筆者の西田哲学研究に関しては、立正大学を会場として開催している西田哲学研究会で共に学び議論している研究者と大学院生各位に多くを負う。このことに感謝の言葉がつきない。

筆者が勤務する立正大学文学部・大学院文学研究科の関係各位、とくに文学部哲学科・文学研究科哲学専攻の同僚たちには、日頃から大変お世話になっている。そして日々いただいているご教示と激励とがとてもありがたい。本当に感謝申し上げたい。

上田閑照先生、門脇佳吉先生には、今まで出版した単著すべてのあとがきにおいて、御礼の言葉を献じてきた。これらのときとは違い、いまやこの世ではお話しすることができないことを想いつつ、変わらない感謝の気持ちと精進を目指す決意を胸に抱いている。

金森修氏とももはやこの世でお話しすることは叶わない。病室での面談で金森氏はご自身に迫る死をはっきりと受け止めながら、私に大いなる励ましの言葉をかけてくださった。その内容はいまもありありとよみがえる。これが最後の面談になると私におっしゃった言葉にただうなずき精一杯の御礼と今後の決意とを述べたことを忘れずにいる。心より感謝申し上げたい。

このたび筆者に声をかけてくださった中西氏は本シリーズの本をすべて担当し世に生み出しており、その力量に本当に驚嘆する。今回、本の執筆開始以前から、したがってテーマ設定や文体と内容の難易度の設定、論じるトピックの選び方など、中西氏といろいろと相談して本を作っていった。編集者とのこうした作業は、私にとって初めての経験である。本を共同で作りあげる幸せを存分に味わうことができた。中西氏に心より御礼を申し上げたい。

本書が世に出た後、世はどのようになっていくのだろうか。多くの方と哲学をめぐってさらにたくさんの対話ができることを切に願っている。

二〇二一年春　東京世田谷にて

著　者

板橋勇仁（いたばし・ゆうじん）
立正大学文学部（哲学科）教授。
専門は近現代日本思想、近代ドイツ哲学。
著書に『西田哲学の論理と方法——徹底的批評主義とは何か』、『歴史的現実と西田哲学——絶対的論理主義とは何か』、『底無き意志の系譜——ショーペンハウアーと意志の否定の思想』（いずれも法政大学出版局）、共編著に『ショーペンハウアー読本』（法政大学出版局）、『知の軌跡』（北樹出版）、『存在の意味への探求』（秋山書店）、『哲学 はじめの一歩』（春風社）など。

いま読む！名著
こわばる身体《しんたい》がほどけるとき
西田幾多郎『善の研究』を読み直す

2021年7月20日　第1版第1刷発行

著者　板橋勇仁
編集　中西豪士
発行者　菊地泰博
発行所　株式会社現代書館
〒102-0072 東京都千代田区飯田橋3-2-5
電話 03-3221-1321　FAX 03-3262-5906　振替 00120-3-83725
http://www.gendaishokan.co.jp/
印刷所　平河工業社（本文）　東光印刷所（カバー・表紙・帯・別丁扉）
製本所　積信堂
ブックデザイン・組版　伊藤滋章
校正協力：高梨恵一

Printed in Japan　ISBN978-4-7684-1021-9
定価はカバーに表示してあります。乱丁・落丁本はおとりかえいたします。

「いま読む！名著」シリーズ　好評発売中！

遠藤薫　廃墟で歌う天使　ベンヤミン『複製技術時代の芸術作品』を読み直す

小玉重夫　難民と市民の間で　ハンナ・アレント『人間の条件』を読み直す

岩田重則　日本人のわすれもの　宮本常一『忘れられた日本人』を読み直す

福間聡　「格差の時代」の労働論　ジョン・ロールズ『正義論』を読み直す

美馬達哉　生を治める術としての近代医療　フーコー『監獄の誕生』を読み直す

林道郎　死者とともに生きる　ボードリヤール『象徴交換と死』を読み直す

出口顯　国際養子たちの彷徨うアイデンティティ　レヴィ＝ストロース『野生の思考』を読み直す

伊藤宣広　投機は経済を安定させるのか？　ケインズ『雇用・利子および貨幣の一般理論』を読み直す

田中和生　震災後の日本で戦争を引きうける　吉本隆明『共同幻想論』を読み直す

妙木浩之　寄る辺なき自我の時代　フロイト『精神分析入門講義』を読み直す

井上義朗　「新しい働き方」の経済学　アダム・スミス『国富論』を読み直す

井上隆史　「もう一つの日本」を求めて　三島由紀夫『豊饒の海』を読み直す

坂倉裕治　〈期待という病〉はいかにして不幸を招くのか　ルソー『エミール』を読み直す

沖　公祐　「富」なき時代の資本主義　マルクス『資本論』を読み直す

番場　俊　〈顔の世紀〉の果てに　ドストエフスキー『白痴』を読み直す

寺田俊郎　どうすれば戦争はなくなるのか　カント『永遠平和のために』を読み直す

小林大州介　スマートフォンは誰を豊かにしたのか　シュンペーター『経済発展の理論』を読み直す

内田亮子　進化と暴走　ダーウィン『種の起源』を読み直す

森　一郎　核時代のテクノロジー論　ハイデガー『技術とは何だろうか』を読み直す

荒川敏彦　「働く喜び」の喪失　ヴェーバー『プロテスタンティズムの倫理と資本主義の精神』を読み直す

今後の予定……………夏目漱石『明暗』

各2200円＋税　定価は2021年7月1日現在のものです。

悪役令嬢の兄に転生しました 3

2021年12月1日　第1刷発行

著　者　内河弘児

発行者　本田武市

発行所　TOブックス
〒150-0002
東京都渋谷区渋谷三丁目1番1号　PMO渋谷Ⅱ　11階
TEL 0120-933-772（営業フリーダイヤル）
FAX 050-3156-0508

印刷・製本　中央精版印刷株式会社

ISBN978-4-86699-357-7

Printed in Japan

死罪デッドエンド回避
――!?
舞台化決定!
BIG TREE THEATERにて
日程
2022年2月16日(水)
～20日(日)
詳しくは公式HPへ
2021年12月10日発売!

任せてください!!
涼……！
著：久宝 忠
イラスト：めばる
水属性の魔法使い
第一部 中央諸国編Ⅳ

セーラ、
後は僕に
何者かの陰謀により
魔物の大群に襲われた王都。
仲間のエルフ達を守るため
孤軍奮闘するセーラに、
アークデビルが迫り……!?
第4巻
2022年春
発売予定
!!!
5巻も
制作決定
!!!

ついに父との対決へ――
兄弟《ふたり》なら無敵！
にぃに、おかえり！
白豚貴族ですが前世の記憶が生えたのでひよこな弟育てます
やしろ
illust. keepout
VI
2021年

悪役令嬢の兄に転生しました

Reincarnated as a Villainess's Brother

3

著
内河弘児
Hiroko Uchikawa

イラスト
キャナリーヌ
Canarinu

TOブックス

CONTENTS

目次

第二部 サイリユウム留学編 II

エルグランダーク家にまつわる逸事Ⅲ

イラスト ✾ キャナリーヌ
デザイン ✾ 諸橋藍

CHARACTERS

登場人物紹介

ディアーナ

エルグランダーク公爵家令嬢。カインの妹。
乙女ゲームでは、悪役令嬢として
数多の悲惨な破滅を迎える運命。
カインが大好き。

カイン

エルグランダーク公爵家長男。
本作の主人公。前世でプレイした
乙女ゲームの悪役令嬢の兄に転生した。
愛する妹のため破滅回避に激闘中。

イルヴァレーノ

カインの侍従。
『暗殺者ルート』の攻略対象。

アルンディラーノ

リムートブレイク国の第一王子。
『王太子ルート』の攻略対象。

ジュリアン

サイリユウム王国の第一王子。
『隣国の第二王子ルート』の攻略対象の兄。

ゲラント

近衛騎士団の副団長の息子。
クリスの兄。

クリス

近衛騎士団の副団長の息子。
『聖騎士ルート』の攻略対象。

パレパントル

エルグランダーク家の凄腕執事。
イルヴァレーノを教育中。

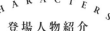

第二部

サイリユウム留学編Ⅱ

Reincarnated as
a Villainess's
Brother

隣国の第二王子を攻略する？

花祭り休暇の最終日、領地に帰っていた生徒たちが続々と学校へと戻ってきていた。親しい者同士が近況報告をし合ったり、お土産の交換をするために互いの部屋を行ったり来たりして静かだった寮内は一気に騒がしくなった。

「散々な休暇だった」

廊下から聞こえてくるざわめきに紛れるように、カインはそう愚痴をこぼした。寮の自室の勉強机に突っ伏し、ほっぺたを机にくっつけて横を向いた状態で、積み上げられたお菓子の山を何気なくつついて転がしている。

ジュリアンは第一王子という事もあって各地のお土産をどっさりと貰っており、同室のカインはそのおこぼれに与って大量のお菓子を手に入れたのだ。

「散々とはなんだ。充実した休暇をすごしたであろう？」

ジュリアンが自分の学習机に座って適当に手にとったお菓子の箱を開けている。

先程から、机の上に山のように積まれた菓子を手にとって箱を開けては脇によけるということを繰り返している。食べきれない程に大量にあるので、中身を確認して日持ちのしそうなものと足の早そうなものをざっくりと分けているのだ。時々、そのまま口に放り込んでいたりする。

「充実した休日ですか……。シルリィレーア様のお屋敷でのアルバイトは充実していましたね。お給金もよかったですし」

ディアーナを溺愛しすぎたために隣国であるサイリユウムへと留学させられてしまったカインは、実家に戻る為のお金を持たされていなかった。片道七日の距離ではあるが、馬車でなく脚の速い馬の乗り継ぎをすれば短縮できる。花祭り休暇は二週間あったので、お金さえあればリムートブレイクの自宅滞在が一日だけにはなるが帰省ができたはずなのだ。花祭り休暇のような中長期の休暇に帰省するために、カインは留学先のこの国でアルバイトをしているのだ。

花祭り期間中は、貴族が庭園を開放し庶民へと軽食を振る舞うという伝統がある。カインは、シルリィレーアの実家であるミティキュリアン公爵邸の庭園開放で給仕のバイトをやっていたのだ。ディアーナを思い出して小さい子の相手をしていたら、アルバイト後半の日程では子ども係のようになっていた。

そのことを思い出してフニャッと笑ったカインのだらしない表情を見て、ジュリアンは眉をひそめた。

「花祭り最終日の私のアルバイトも実入りは良かったであろう」

「すり減った精神の分を考えれば、安かったんじゃないかと今では思ってますよ」

シルリィレーアに対抗するように、自分のアルバイトも良かったと主張するジュリアンが、豆菓子を一つカインに向けて放り投げた。カインのおでこにあたって目の前に転がった豆菓子を、カインはつまんでそのまま口に入れた。カリカリに乾燥された小さな豆に砂糖の衣がまぶされているお菓子で、とても甘かった。

花祭り最終日は、親しい人と街を歩いて楽しむ日だ。それなのに、ジュリアンは婚約者であるシルリィレーアを怒らせてしまい、最終日を一緒に過ごす約束ができていなかった。天《あま》の邪鬼《じゃく》なジュリアンはシルリィレーアに謝ることができず、カインに女装させて連れ歩くという奇策を実行したのだった。カインは破格のアルバイト代を提示されて受けてしまったが、今になってじわじわと後悔の念が湧き上がってきていた。

「カリンはとても美しく、おっぱいも大きくて素晴らしい女性であった」

「褒められても嬉しくありませんよ」

カリンというのは女装した際のカインの名前である。カインが机に頭を乗せたままですねた顔をしているのを見て、ジュリアンは声をあげて笑った。

「その後の遷都《せんと》予定地の視察も、良いアルバイトであったろう？　飛竜にも乗せてやったのだ、良い経験になったであろう」

「……魔法を思い切り使えたのは楽しかったです」

花祭り休暇は前半一週間が花祭りで、後半一週間はただの休暇となっていた。カインは留学期間を半分にするため、飛び級での進級を計画している。それを実現するために後半一週間の休暇は勉強をして過ごそうと思っていた。それなのに、ジュリアンが遷都予定地という何もない森の中の空き地へとカインを連れ出したのだ。そこでカインは、魔獣を相手に魔力切れを起こして意識を失うまで魔法を使い続けたのだった。

「ははは。気絶するまで魔法を使っていたな。ジャンルーカがびっくりして心配しておったわ」

「魔法を使いすぎると気を失うというのを、実際にお見せしたまでです。ジャンルーカ様ご自身も、たくさん魔法を使うと眠くなるというのを体験されましたしね」

「予定地から戻ったあとも、ジャンルーカはカインの事ばかり話しておったぞ。また、機会があれば魔法をおしえてやってくれぬか」

「それは、もちろん。よろこんで」

遷都予定地への視察には、ジュリアンの弟のジャンルーカも同行していた。第二王子であるジャンルーカは、乙女ゲーム『アンリミテッド魔法学園～愛に限界はありません！～』の攻略対象者の一人である。視察で一緒に行動したジャンルーカはとても礼儀正しく、控えめでおとなしい少年だった。基本的には魔力を持たない人たちが暮らすサイリユウムという国に、魔力を持って生まれてしまったジャンルーカ。普段は魔封じのブレスレットを身につけているらしく、心の闇はそのあたりに起因するのではないかとカインは予想していた。

十二歳になって、いよいよ乙女ゲーム『アンリミテッド魔法学園～愛に限界はありません！～』の舞台へと乗り込むのだと気合を入れていたカイン。ゲーム開始まではまだ三年あるが、『先生ルート』を先に潰しておくつもりでいた。子爵家の三男で、いずれ家を出れば平民になってしまうということへの恐怖と王宮魔導士団への入団試験に落ちたという劣等感から卑屈になっているという設定の『先生ルートの攻略対象者』をなんとかしようとカインは思っていたのだが、留学させられてしまったために計画が狂ってしまった。

「でも、それならそれで『隣国の第二王子ルート』を先に攻略しちゃえばいいってことだしね」

独り言をつぶやいて、カインは机から身を起こした。

「リムートブレイク語だな？　何を言ったのだ？」

カインの言葉を聞きとがめて、ジュリアンが首をかしげている。

「変わったものがたくさんありますね。見たことのないお菓子もあります」

目の前に山と積まれているお菓子を手に取り、それを持ち上げながらジュリアンに向き合った。

「そうであろう？　我が国は領地と領地が隣接していない場所が多くてな、それぞれで独自の文化が育っているところが多いのだ。見ていて面白いだろう？」

ジュリアンがしっかりごまかされてくれたことに安堵《あんど》しつつ、そこからしばらくはジュリアンによるサイリユウム銘菓の解説を長々と聞かされることになったカインである。


花祭り休暇も終わり、学校が始まった。

各地からのお土産のお菓子は、ジュリアンとカインの二人では食べきれない量だったが、あまり日持ちのするものでもなかったので実家のディアーナとイルヴァレーノに送ってやるわけにもいかなかった。お菓子の消費を促進するために、放課後に級友たちと食堂でお茶の時間を過ごす日々がしばらく続いた。

級友たちとの親交を深めていると、段々とこの国の気質や国民性などが見えてくる。現在は戦争もなく、天候も安定しているようで学校の生徒たちはみな優しく穏やかな人が多い。仲の良い友人も出来て、カインはサイリユウムの貴族学校にだいぶ馴染んできた。

それでも、カインは早く自国に帰りたい。ディアーナを悪役令嬢にしないために、良い子に育つ様に見守るという使命があるのだ。

父親はだいぶディアーナに甘い。仕事が忙しいのとカインがディアーナにべったりで父親に譲らなかったせいで、たまにディアーナと遊べるとなるとベタベタに甘やかす。それを受けてディアーナがわがままで傲慢な女の子にならないように見守らなければならないのだ。

ディアーナは、世を忍ぶ仮の姿として淑女として過ごす様になってからは、奔放に行動しなくなった分ストレスが溜まりやすくなっていた。ストレス、という言葉はこの世界にはまだないが、ちょっとしたことで落ち込みやすくなったりイライラしやすくなったりしている様子があったのだ。カインは大人の目をうまく躱して息抜きをさせたり、自室で騎士ごっこをして遊んだり、ゆっくりとディアーナの話を聞いたりしてストレスの解消をさせていた。カイン不在時のストレス解消はイルヴァレーノに託してあるが、イルヴァレーノはアラサーの前世の記憶を持っているカインと違って普通に十二歳だ。イルヴァレーノは出自がちょっぴり特殊なために大人びてはいるが、大人相手にうまく立ち回るというのはなかなか難しいとカインは思っている。

そのイルヴァレーノについては、執事のパレパントルに託したが、パレパントルは父に雇われているので最終的には父の味方に付くはずである。

そういった諸々の心配事があるので、とにかく早く自国に帰りたかった。

最速でスキップを繰り返しても卒業までは三年ある。

夏季の休暇と年越し休暇は長めの休みなので実家に帰ることはできるが、片道七日もかかるので実家に居られる期間は少ない。

ただ、カインもディアーナを思って嘆くばかりではない。

せっかく隣国であるサイリユウムまで留学したのだ。攻略対象側に対してアクションを起こすことは出来る。

ここには、ド魔学の攻略対象の一人であるジャンルーカがいる。幸運なことに、先日の遷都予定地の視察でカインはジャンルーカと知り合うことが出来ている。ゲームでは、国交を強化するのに第二王子とディアーナの婚約の話が出るが、ゲーム主人公に好意を持っていた第二王子はディアーナを兄王子の側妃に推薦してしまうというシナリオになっている。

それだけなら、まぁさほど不幸でもない。

貴族の令嬢ならば政略結婚になってしまうことは良くある話だし、良くある事だからこそ婚約・結婚してからお互いを知り、愛を育てていくという夫婦も多い。

しかし、ゲーム内では隣国の第一王子は女好きですでに正妃も側妃もいる状態だというのが問題だった。

ディアーナが、見たこともない男相手に愛のない結婚を強いられる、というのが問題だった。

この、ディアーナが不幸になるフラグを潰す。

望んではいなかったものの、せっかくこの国に乗り込んでくる事が出来たのだからやれることはやっておこうと思ったのだ。

「でもなぁ。確かにジュリアンは事あるごとに女の子を連れ込もうとするけど、明らかにシルリィレーアの事が好きなんだよな……」

ジュリアンは、自分から女の子をナンパすることはなかった。

女の子から声を掛けられた時に、無碍《むげ》にしないだけだ。女の子を寮の部屋に連れ込もうとするのも、シルリィレーアの目に入るところで女の子とイチャイチャすると、シルリィレーアに悪いからという遠慮からの行動なのだそうだ。

気を使う場所を間違えている。

「ジャンルーカも、素直でいい子なんだよなぁ」

とても、好意を寄せてきた女の子を別の男（兄）に押し付けるということをするようには思えない。頑張っているが大人に翻弄されてしまっている兄への、後押しのつもりでディアーナを譲ったのではないかという予想をカインはしているぐらいだ。

この状況で、何をどうすればディアーナは隣国へ嫁がなくて済むか。

カインは頭を悩ませている。

ジュリアンもジャンルーカも、知り合ってみれば悪いやつではない。

おっぱいの大きい娘に弱かったり婚約者のシルリィレーアに素直になれなかったりするジュリアンだが、十二歳の男の子だと思えば……思春期の入り口にいる男子だと思えば大きく歪んだ人間であるとはとても言えない。

カインの考える限りでは、

ジュリアンにさっさと三人の側妃を決めさせて、枠を埋めてしまうという案、

シルリィレーアに対して素直になるように仕向けて、側妃を不要と思わせる案、

ジュリアンの国内での立ち位置を確固としたものにして、ジャンルーカに気を使わせないようにする案、

ジュリアンを懐が深い男にして、正妃含めて四人の妻を満遍なく愛し大切にできる男にする案、

ぐらいしか思いつかなかった。

しかも、シルリィレーアを溺愛させて側妃を不要と思わせる案については思いついた直後に実行不可能であることが判明している。

側妃を取るのは義務なのだ。三人の側妃を持てる。ではなく、持たなければならない。なのだ。

サイリユウムの歴史の授業は近代から始まってさかのぼっていくという授業方式だった。

歴史の授業によれば、やはり王家の跡継ぎ争いは時々発生していて、不幸な事になっている王妃や側妃が度々発生している。更に歴史の授業で時代をさかのぼっていけばもっと多くの事例が出てくるかもしれない。

とてもじゃないがそんな国にディアーナをお嫁にはやれない。

なぜ、そんな火種になる法律をわざわざ施行しているのかカインは不思議だった。

子どもに恵まれなかった時に、はじめて側妃などについて考えればいい話だし、その場合は側妃も持てるという法律で良いはずだ。

王位継承順位のルールを厳密にしておけば、国王が子に恵まれなくても、王弟や王姉の子などに国を継がせたって良いはずだ。

カインの疑問は、放課後に級友たちと勉強会をしている時に判明することになる。


花祭り休暇の余韻も薄くなった頃、放課後に学校の食堂の一角を陣取ってカインと級友達が勉強会を行っていた。

寮の食堂は、放課後になると早めに食事をとる者もいるので勉強会などの食事以外の用途で使っていると邪魔になるので使えない。

貴族学校では人脈づくりも勉学と並んで重要な要素であるということで、学校の食堂は放課後になるとカフェとして開放されている。学校施設なので飲食をせずに利用することも可能である。

ちなみに、飲料は無料だがデザートは有料である。

算術や自然科学、語学、経済は得意なカイン。留学したので歴史や政治、法律、地理がほぼイチからの習得になっている。

カインが得意な科目はカインから級友たちへ、カインの苦手な科目は級友たちからカインへ教え合っている。もちろん、級友から級友への教え合いもやっている。

カインは今日、歴史について級友に細かいところを質問していたのだが。

「え。上位貴族は複数夫人を迎えられるのってそんなに古くない法律なの？」

「そうだよ。ウチのヒイヒイ爺さんの時は奥さん一人しか居なかったって聞いてるよ」

級友のアルゥアラットが干し芋をかじりながらうなずいている。

アルゥアラットは花祭り期間中は領地帰省組だったので、領地の名産である干し芋をお土産として持ち帰っていた。

「アルゥの家のヒイヒイお祖父様は、すごい大恋愛だったんですよ」

「そうそう。カイン様、本屋さんで『ディヴァン伯爵の初恋』って本見たことありません？」

アルゥアラットの話をうけて、ディンディラナとジェラトーニが身を乗り出して話題に乗ってきた。

カインも、たしかに本屋で『ディヴァン伯爵の初恋』というタイトルの本は見かけたことがあった。

というか、何処に行っても平積みで展開されていた。

「もしかして、『ディヴァン伯爵の初恋』が、アルゥアラットのご先祖様の話なの？」

「そうそう。名前も爵位も変えてあるけどね。身分差とか色んな障害を乗り越えて大恋愛のすえ結ばれるっていうあらすじは、だいたい本当にあったことがそのまんま書かれてるよ」

初版は『ディヴァン侯爵の初恋』だったが、その後法律で侯爵は第三夫人まで娶《めと》る事が決められた為にタイトルが『ディヴァン伯爵の初恋』に変更されたという経緯があるとアルゥアラットが説明している。

「だから、侯爵以上が一夫多妻になったのはヒイヒイ爺さんの結婚より後のハズなんだよ」

「そんなに古くないよね。二百年とか三百年とかそんなもんじゃない？」

アルゥアラットとジェラトーニが引き続きそんな話をしているのを聞きながら、カインは歴史の教科書をパラパラとめくっていく。

二百年から三百年前というのはだいぶざっくりしすぎていて、教科書のどの辺に当たるのか目星をつけるのも難しかった。というか三百年はないだろう。アルゥアラットのヒイヒイ爺さんはどんだけ長生きしたんだって話になってしまう。

「カイン様？」

「わざわざ法律を変えるような、何かがその時にあったってことだよな」

「あー。そういえばそうだね」

カインが二年生の歴史の教科書を最後まで見て、三年生の教科書を手に取ってまたパラパラとめくっていく。

その脇で、ディンディラナがかばんを開けて中を覗き込んでいた。

「カイン様。法律制定時期を先に確認すると良いかも」

そう言いながら、法律全書と法律の教科書を机の上に置いた。

「サンキュー」

「さん？　ブレイク語ですか？」

「遠い国の古い言葉で、ありがとうって意味だよ」

ディンディラナの法律全書をパラパラとめくり、婚姻関係の法律が記載されているあたりでめくる手をとめて、上から順に項目を目で追っていく。

婚姻に関する法律だけでもだいぶいっぱいあってなかなか目的の法律が見つからない。

「そもそも、一夫多妻でお家騒動とか増えなかったのかね」

法律全書をめくりながら、カインが何気なくつぶやくとジェラトーニも頷いている。ふと思いついて、向かいに座っている二人にジェラトーニは声を掛けた。

「ウチは伯爵なんで関係ないですけどね。アルゥとディンは奥さん三人貰う予定なの？」

三つ目の干し芋を口に入れようとしていたアルゥアラットは、スティック状の芋を指先でクルクルと回しながら「うーん」と斜め上に目線を泳がせた。

「父さんと一緒で、第二夫人と第三夫人は仕事仲間として家に入ってもらう感じかなぁ」

「使用人ってこと？」

「どっちかっていうと、共同経営者かな」

会話の内容が興味深い話になってきたので、カインは法律全書から顔を上げて会話に参加した。

「第二夫人と第三夫人は子爵家と男爵家から来てくれたんだけど、すげー優秀な人たちなんだよね。母さまは王都の邸にいるんだけど、第二夫人と第三夫人はずっと領地で頑張ってくれているよ」

「それで、問題ないものなのか？」

学校が始まって二ヶ月ほど。カインは級友たちとはかなり砕けた口調で会話していた。

「なんかねぇ。『結婚、出産だけが女の幸せじゃないわ！』っていう、お仕事したい貴族令嬢たちには憧れみたいだよ。そういう考えで第二夫人以降を娶る侯爵様と公爵様は」

ディンディラナもテーブルの上に広げられている干し芋を一本つまんでかじりながら会話に参加してきた。

「ウチの父さんは、愛情深いタイプでさ。第二夫人も第三夫人も奥さんとして扱ってるよ。なんか、冬には弟か妹が出来るみたい」

「ディンの家、何人目？」

「五人目。まぁ、三人の母さんたちみんな優しいし仲良くやってるから、ウチはうまく行っている方なんじゃない？」

最初からそういうものだと育てられている令嬢なら、もしかして一夫多妻だとしてもそんなものなのかな？　とカインは首をひねった。

母親が三人いるのが当たり前の家庭で育てば、おとなになった時にそういうものだしと思って受け入れるのかもしれない。

「でもまぁ、泥沼になっている家も結構あるよな」

「あー。ね。俺もうまくとりなす自信ないし、仕事仲間としての奥さん貰うほうがいいかなーって思ってるんだよね。四年生になったら領地科目取ってる女の子とかに声掛けてみようかなとか思ってる」

侯爵家の長男であるアルゥアラットとディンディラナは、二人目以降の奥さんをどうするかで盛り上がっている。

伯爵家で一夫多妻が関係ないジェラトーニは「へー」とか「ホー」とか知らない世界の面白話とし

てそれを聞いているようだった。

一夫多妻といっても多種多様。雇用枠として利用している貴族もいるのかとカインは感心しながら、干し芋をかじった。

祖父の祖父ぐらいになるともはや歴史上の人物

食堂の丸テーブルを占拠して、男子四人で干し芋をかじりながら勉強していたカインたちに涼やかな声が掛けられた。

「カイン様、皆様。お勉強ですか？」

見上げれば、シルリィレーアとその友人がケーキセットを乗せた盆を持って立っていた。

「シルリィレーア様。ユールフィリス嬢。ごきげんよう。勉強をしていたんですが、別の話題で盛り上がっていました」

アルゥアラットがニッコリ笑ってそう言いながら立ち上がる。

アルゥアラットが立ち上がるのを見て、残りの三人も立ち上がった。

「せっかくだからご一緒しましょう。そちらの机をくっつけますから」

「僕らの分の飲み物追加で貰ってくるね」

アルゥアラットとディンディラナとカインの三人で隣の丸テーブルを持ち上げて運んでくる。

ジェラトーニが注文カウンターへ飲み物をもらいに早足で歩いていく。貴族なので走ったりしない。

机を二つくっつけて並べたところで椅子も持ってきたアルゥアラットとディンディラナが令嬢二人を椅子に座らせた。

流石に侯爵家の息子二人なので自然と椅子を引いて優雅にエスコートをする姿が様になっている。

そうこうしているうちに、ジェラトーニがカップを四つ乗せた盆を持って戻ってきた。

「勉強をお休みして、何のお話をしていらしたの？」

シルリィレーアがケーキを小さく切りながら話しかけてきた。ユールフィリス嬢もお茶の入ったカップを持ち上げて口に付けているが、耳がこちらを向いているのがわかる。

「アルゥのヒイヒイお爺さんの話ですよ」

「あぁ、ディヴァン伯爵の初恋の……」

シルリィレーアの口から恋愛小説のタイトルが出てきたことで、本当に有名な話なのだなぁとカインは感心していた。

ユールフィリスもカップをテーブルに戻しながら、うんうんと頷いている。

「国王陛下から勧められた国を安定させるための婚姻を強い意志で拒否し、平民の花屋の娘と大恋愛の末結婚するのよね。浪漫だわ」

「まぁ、本当は花屋の娘じゃなくて領地の豪農の娘なんだけどね。花畑の管理と新種の花の開発にすごい力を入れていた女性らしいんで、大きくは外れてないのかもしれないけど」

「夢がないわね」

「大恋愛は大恋愛だったらしいから、いいじゃない」

ユールフィリスは読了済のようだった。そして、その夢をアルゥアラットが壊していっている。

「それで、侯爵以上の貴族に対する一夫多妻制導入の時期と、お家騒動にならないのかなって話をしていたんですよ」

カインが、話の方向を修正する。

万が一億が一、ディアーナがジュリアンの側妃になる様なことがないように。せっかくの情報収集の機会である。

「あぁ、ディンディラナには冬に弟か妹が出来るのでしたっけ？　何人目？」

ついさっきのジェラトーニと同じことをユールフィリスが聞いてくる。

「五人目。アリ母さま……えっと、第三夫人の子だね。ウチは家督を継ぐのは正妻の子って事だけは厳密に決めてあるし、母さま達はみんな仲が良いんでお家騒動は多分ないんじゃない」

「ディンのお父様は愛情深い方なのね」

シルリィレーアが少し寂しそうな顔をしたが、一瞬のことだったので瞬きをした次の瞬間には澄ました微笑みを浮かべていた。

「アルゥの家が、えーと。共同経営者？　だっけ？」

カインがアルゥアラットに水を向ける。

アルゥアラットはかじった干し芋を口の中でゆっくり咀嚼し、飲み込んでからパチクリと瞬きをした。

「今、貴族女性の職場っていうと、生家より爵位が上の家にメイドや侍女で入るか、王妃様の仕事をサポートする女性文官とかぐらいじゃない。それも、何処かに嫁入りが決まれば退職しちゃうし。何処までいっても誰かのサポート仕事ばっかりなんだよね。だから、自分の手で経済を回したい！　土地開発や農業改革をして領地を豊かにしたい！　みたいな『自分の能力を活かしたい』っていう優秀な女性の行き場がないわけ。そこんところに目をつけたのがうちの父さんね」

「あら、興味深いおはなしですわね」

シルリィレーアが目を見張ってアルゥアラットの横顔を見つめた。アルゥアラットはそれに気がついているようだったが照れているのかシルリィレーアの方を振り向かず、カインの顔をみたまま話し続けた。

「領地管理官とか、土地代官に任命しようとしても、反対されたり任命したところで下の者たちが女だからって言うことを聞かないとかあるらしいんだけどさ。領主の妻って肩書で現場に出ていけば誰も無碍にはできないじゃん？　リリィもメリィも元気いっぱいに領地運営やってるよ。一応、母として俺と弟の事も可愛がってくれてるしね」

「アルゥのところって、侯爵夫人は社交界ですごい顔が広いよね」

「そこはもう、きっちり役割分担なんだってさ。……この干し芋美味しいだろ？　リリィがスティック状にしたら保存食や兵糧としてじゃなく、おやつとして出せるんじゃないか？　って試しに作ったんだよ」

そう言ってアルゥアラットは新しく干し芋をつまむと、クルクルと指先で回したあと、がぶりとかじった。確かに食べやすい、と皆で手をのばしているうちに、テーブルの上の干し芋はいつの間にかなくなってしまった。ねっとり甘くて美味しかった。

「すこし、歯にくっつくけどな。美味しかった。アルゥごちそうさま」

カインが笑ってアルゥアラットにお礼を言えば、頬を赤らめながら「どういたしまして」と返事が返ってきた。

「ジュリアン様はさぁ、今ん所そのどっちの感じでもないんだよねぇ。仕事を支えてくれる人を取るとか、ちゃんと愛情を持てる人を取るとか。……貴族のパワーバランスとか王家への忠誠とかそういうのもあんまり考えてなさそうで」

ジェラトーニが申し訳なさそうな顔でシルリィレーアをちらりと見て言った。

シルリィレーアもその視線に対してすこし寂しそうな笑顔で返し、ため息をついた。

「ジュリアン様も、ちゃんと女性を選ぶ指針みたいなものはございますのよね……国家の役に立つかどうかの指針にはまったくならないものですが」

シルリィレーアがそういうのをうけて、ユールフィリスも男子四人も深く頷いた。

「お胸の大きな……」

「「「「おっぱい大きい子」」」」

ユールフィリスが静かに立ち上がり、男子四人の頭に順番に拳骨を落としていった。

シルリィレーアがケーキを食べ終わるのを機に、勉強会はお開きになった。テスト前でも無いので、もともと雑談半分勉強半分の集まりだったのだ。

カインはふと思い立ってシルリィレーアに質問をした。

「サイリユウムで王族と上位貴族に限った一夫多妻制度が始まったのはいつかご存じですか？」

食器の返却カウンターまで、並んで歩く。カインら男子はカップしか返す物がなかったのだが、そこは貴族男子。令嬢のケーキ皿やカップも一緒に盆に乗せて運んでいる。

手ぶらでカインたちの一歩後を歩いていたシルリィレーアは、パチクリと大きくまばたきをした後に質問に答えた。

「イーコイショウ一夫多妻。ですから、一五一四年ですわね」

なんと語呂合わせである。

深窓《しんそう》の令嬢オブ深窓の令嬢なシルリィレーアも暗記するときは語呂合わせで覚えているのだとおもうと感慨深い物があった。

「一五一四年……。百年ちょっとしか経ってないじゃないか。なにが二百から三百年前だよ」

「小説の題材にもなっているヒイヒイ爺さんなんて、もはや伝説レベルで歴史人物だよ。二百年ぐらい経ってるって思うじゃん」

「いい加減だな」

寮に帰ったら一五一四年前後の歴史を調べてみよう、とカインは心にメモをとる。

食器をカウンターに返すと、六人で雑談をしながら寮に戻った。寮の食堂前で廊下が男子寮と女子寮に分かれる。

「そうだ、カイン様。今週末はお暇でしょうか？　文具屋さんに、初夏向けの絵柄の便箋《びんせん》が入荷したそうなので、よろしければご一緒しませんか」

シルリィレーアがニコリと微笑みながらカインに週末の予定を聞いてきた。

カインは考えるまでもなく週末の予定なんか何もなかったが、一応見栄《みえ》を張ってうーんと予定を確認するふりをした。

「大丈夫です。是非ご一緒させてください。気にしていただいて嬉しいです」

「では、お時間などはまた後ほど相談いたしましょう」

カインはシルリィレーアと約束を交わして別れると、男子寮へと向かう。廊下を途中までアルゥアラットやディンディラナ、ジェラトーニとどうでもいい話をしながら歩き、自室へと戻った。

部屋にはジュリアンがもう戻っていたが、ベッドの上に寝っ転がっていた。

掛け布団を掛けずにただ転がっているだけなので、休憩しているだけなのだろう。

「ジュリアン様、週末の休日はどの様にお過ごしになる予定ですか？」

カインは自分の机の上にかばんを置き、制服を脱いでクローゼットに掛けながら声だけを掛けた。

ジュリアンからは返事はなかった。

寝ているのだったら、起こしたら申し訳ないと思ってカインは自分の机まで足音を消して戻ってきた。なるべく音を立てないようにかばんから教科書を出し、夕食まで予習をしようと思って椅子に腰を下ろした。

「一度返事がなかっただけで諦めるでない。根性が足りぬのではないか」

背中からジュリアンが声を掛けてきた。起きていたらしい。

「寝ているのだと思ったんですよ。で、週末のご予定はございますか？」

「予定はない。どうしてもというのであれば、付き合ってやらぬこともないぞ」

背中から、衣擦れの音がする。ベッドの上で身を起こしているんだろう。カインは会話をするために振り向いて片眉を引き上げた。

「不機嫌そうなお顔をしていらっしゃる」

「不機嫌だからな」

ベッドの上で身を起こしたジュリアンは、もぞもぞと端まで移動すると足を降ろしてベッド端に座った。頭をガシガシとかきむしってあーとかうーとか唸っている。

「不機嫌な人と一緒に食事をしたくないので、夕飯までには機嫌を直してくださいね」

「……。私は、カインのそういう私の機嫌を取ろうとしない所がなかなか気に入っておるよ」

「それは、ありがとうございます」

不機嫌な人を気遣うと引きずられる事を前世の記憶で知っているカインは、よほどの事がなければ機嫌を取らない。

カインがご機嫌を窺うのはディアーナだけである。

不機嫌な人は、放っておけば時間が経つことで持ち直す事が多いのだ。もちろん、自分の機嫌を自分で取るために話を聞いてくれと言われれば、それを無下にするほどカインも冷たくはない。

「私は、頼りないだろうか」

「いきなりですね。誰に頼られたいのですか」

「……国民」

「大きくでましたね……」

遷都関係だろう。今日は放課後、呼び出されたと言ってジュリアンは王宮に出向いていた。

まっさらな平地への遷都を諦めて、すでにある古都への遷都にせよとでも言われたのだろうか。

「カインも、あの地への六年後の遷都は無謀だと思うか？」

「思います」

ジュリアンの問いに、カインは即答した。規模にもよるが、重機もないこの世界で国の首都というべき都市を六年で造ろうというのはどうしたって無理としか思えない。

「……もう少し、考える振りぐらいしたらどうなのだ」

ベッドの端に座り、足の上に肘《ひじ》を置いて前のめりになっているジュリアンが不貞腐れた顔でカインを見上げてくる。

絵に描いたようなへの字口をしているジュリアンに、カインは思わず笑ってしまった。

「もったいぶっても仕方がないでしょう。魔獣が多いとか、謎の魔法陣とか。そういった問題が無かったとしても、あの何もない僻地に街を造ろうとすれば、六年ではとても無理です」

「……はっきり言うではないか」

カインを睨みつけていた目も伏せて、膝の上で頭を抱えてしまったジュリアン。いつも尊大な態度を取っているジュリアンが小さく見えた。

カインは小さく笑うと椅子から立ち上がり、ジュリアンの隣に座った。

膝の上に落としてだいぶ下の位置にあるジュリアンの頭に手を乗せると、ワシャワシャと髪の毛をかき混ぜた。

「無理だから、諦めますか？」

「……無理なのだから、諦めるしかなかろう」

か細い声がする。

王宮でだいぶ凹まされて来たようだ。第一王子だというのに、ちやほやされていないんだろうか。

カインはジュリアンに合わせて腰を折って頭を下げると、その耳元に口を寄せた。

「無理なのは、六年後の遷都ですよ。ジュリアン様が本当にやりたいのはなんですか？」

カインの言葉に、ジュリアンは頭を上げた。

横を向けば、優しく微笑んでいるカインの美しい顔がすぐ近くにあった。

カインの前世は平凡なアラサーサラリーマンである。

女性にはあまりモテなかった。いや、職場のパートタイマーのおばちゃん達には大層モテたのだが、それは会社で一番若かったからというだけだった。モテたと言うよりは、可愛がられていたという感じだ。

その前世の平凡な自分を覚えているので、カインは今の自分の顔が大変美しい事を自覚している。その効果も。

伏せていた頭を上げたらすぐとなりにカインの顔があってジュリアンはうろたえた。

優しく微笑むカインと目があって、顔が熱くなっていくのがわかった。ジュリアンはガバッと上体を起こすと背筋をピンと伸ばして座り直した。

「ほ、本当にやりたいことが、せ、遷都なのだ」

まっすぐ、部屋の反対側にあるカインの学習机を見てそう言うジュリアンはカインの顔が見られない。緊張してセリフを噛んだ。

ジュリアンが背筋を伸ばして座っているので、カインも体を起こして背筋を伸ばした。

「遷都をしたいのは、もともとの遷都の意義が『国を発展させるため』だったからですよね」

「そうだ」

飛竜の背中で、あの場所で。ジュリアンは百年毎に遷都をする本来の意味をカインに語った。国王の御わす場所、王都は人が集まり、物が集まり、故に発展する。

国土は広いものの未開発の地が多かった建国当初の政策で、王都として発展した街を残し、新たな街を発展させる為に遷都する。それが遷都の意義だとジュリアンは言っていた。

それがいつしか形骸化し、すでにある都市を行ったり来たりするだけの行事になっているのだと。

「今ある都市はどこも、すでに各貴族の邸宅がある。それぞれが別荘扱いだったり持っている商会の事務所として使っていたり、分家の住まいとして利用していたりと様々ではある。が、王都が移動すれば各主要貴族たちも本家がそちらの屋敷に移る。どの都市も防衛のために城郭都市として造られているから、新興貴族や分家として立った若い貴族の入る隙間がないのだ」

まっすぐと学習机を見たまま、ジュリアンが語る。

長い歴史の中で、没落した貴族が居なかったわけではないだろうが、屋敷が一軒二軒空いたところで勢力図が大きく変わるということもないだろう。

「マディを知っておるか?」

不意に、ジュリアンがカインを振り返ってそう聞いてきた。突然、知り合いの名前を聞いてカインも驚いて目を丸くした。

「三年生のですか？　えぇ、知っています。アルバイト仲間ですよ」

「そういえば、花祭りで一緒に踊っていたな」

「それは忘れてください」

花祭りの事を思い出したのか、ジュリアンは緊張がほぐれたようで肩から力を抜いてすこし猫背気味になった。いたずら気味な笑顔でカインの脇腹を肘でつつき、ピシャリと平手で叩き落された。

「マディは貴族の家を継がずに、町娘と結婚して料理屋を開きたいらしい。だが、今の王都には新たに店を開けるような場所は殆どないそうだ。誰も通らないような裏通りの倉庫とか、老人が孤独死をして発見が遅れて異臭騒ぎがおきてから借り手のつかない元薬屋跡地とか。そんなのしかないそうだ」

「それも、老舗《しにせ》の商会や商店がいい場所を押さえてしまっているから、とかなんですか？」

「そうだ。王都の周りにもう一回り大きな城壁を造ってその間を第二都市としてもいいが、第一都市から第二都市に出るためには現在の外門を通らなければならず、その外門は四つしかない。結局人の行き来が活発にならなくて儲からない可能性が高い」

まぁ、そうだろうなとカインも思った。城郭都市の王都の外側にぐるりと囲むようにもう一つの街を造っても、結局外側にはあぶれた平民ばかりになるだろう。平民街と貴族街に分かれてしまう可能性は十分にある。

せっかく、花祭りという催しで平民と貴族の距離感が少し近づいているこの国で、それはあまり得策といえる方法ではないだろう。

「全くの新しい街を一から造る事ができれば、新しい貴族たちも若い貴族たちも……新しいことをやろうという若い平民にだってチャンスができるだろう」

ジュリアンは、グッと拳を握りしめた。

「私がやりたいのは、それだ。幸いというか不幸にもというか、我が国にはまだまだ未開の土地が沢山ある。それに比例して魔獣の出現も多いのだがな」

「それならそれで、魔獣討伐隊や警邏部隊などの平民の兵士部隊を組織すれば雇用が生まれますね」

「そうだな！　騎士では手の回らないところをフォローしてもらえる組織があるのは良いかもしれぬ。家業を継げぬ者の受け皿にもなりうるな」

カインが部屋に戻ってきた時には、ふて寝していたジュリアン。不機嫌を隠そうともしないで憮然とした顔をしていたが、新しい街をつくったらこうしよう、ああしようと語りだしたら目に輝きが戻ってきた。

楽しい未来を想像して、顔には笑顔が返ってきた。

「ジュリアン様。ジュリアン様がやりたいのは、遷都じゃなくて土地の開拓と開発ですね」

「……そうかもしれない」

「だったら」

カインは、片膝をベッドに乗せて体の向きを変えた。ジュリアンに向かって真っ直ぐに向いたかたちで、ジュリアンの手を取って両手で包むように握り込んだ。

「だったら、諦める必要はないんじゃないですか」

「何をだ……」

「造りましょうよ、新しい街を」

「でも、遷都には間に合わないのだぞ」

「間に合いますよ」

ジュリアンも、片膝をベッドにのせてカインに向き合った。あまりにも自信満々に言うカインに、何か秘策でもあるのかと思っての事だった。

「百年後の遷都のために、今から街を造ればいいじゃないですか」

カインはさも簡単な事だと言うような軽い口調でそう言い放ったのだった。

「百年後の遷都……」

ジュリアンがカインの言葉を反芻している。

ジュリアンの手をニギニギしていたカインは、その手の体温が上がってきたのを感じるとパッと手を離した。

小さくバンザイするように肘先を上げると、顔の脇で開いた手をひらひらと振って見せた。

「そうですよ、次回の遷都です」

カインは立ち上がると、学習机の椅子を引き出して背もたれをまたぐように座った。

背もたれの上で腕を組んでその上に顎を乗せる。

「六年で遷都に必要な最低限の施設を用意したとして。一般の住民や政治に関わる者たちの家族などは後追いで来るとして。国を回す人たちだけが居て、国民の居ない街なんて本当に王都といえるのでしょうか」

カインは、ゆるい笑顔を顔にうかべて問いかける。

「後から後から、五月雨式に増えていく家や商店や公共施設の配置は雑然としてしまうでしょうし、後から必要だと気がついた施設は、王城から遠い場所に配置されてしまうかもしれません。突貫工事で『とりあえず』造った都市は、『とりあえず』のまま発展してしまいます。とても、使い勝手の悪い街になるんじゃないでしょうか」

腕の上に乗せていた頭をコテンと倒してジュリアンの顔を見つめ続ける。

「百年後の遷都を目標にすれば、準備期間が十分取れます。僕たちはまだ一年生で十二歳です。ジュリアン様が王位を継承されるまでにもまだまだ時間がありますよね。王子という立場も十分忙しいとは思いますが、国王陛下に比べれば自由になる時間は多いでしょう？」

「学業を優先せよと言われておる。己の為の人脈をつくれとも」

「良いですね。つくりましょうよ、人脈」

カインは椅子に座ったまま上半身をねじると、机の上のかばんから教科書を取り出した。政治学の教科書をパラパラとめくると、最初の方のページを広げて目を落とす。

「えーと。街を造るのに有効なのはどの部署ですかね。……ユウムには土木省はないんですね。この、建築部というのがそれなのかな。建築部の重鎮の息子とか学校にいませんか？　育英部の大臣の息子とか、流通通商部の息子とか。えーと、後は？　あの魔女の村に一番近い領地の子息や令嬢は学校にいませんか？　国内各所に支店を持っているような商会を持っている貴族の子息とか、林業に精通している貴族の子息とかはいませんか？」

「ちょ、ちょっと待て。待たぬか、カイン」

「はい」

教科書から目をはなし、ジュリアンへ顔を向けるカインの顔は楽しそうだ。

「国の政治に関する役職は世襲ではないのだ。現在城で働いている者達の息子といえど、将来その地位に就くとは限らないぞ」

「そうなんですね、そこはリムートブレイクと一緒ですね。では、将来そういった役職を目指している！　という若者を探して友人になるのが良いですかね」

「そんな、打算的というか……利用できるから友人になるというのは、どうなのだ。なんか、嫌ではないか？」

「百年かけて取り組む一大事業ですよ。信用して信頼して一緒に歩いていける人と一緒じゃないとダメでしょう？　一緒に街造ろうぜ！　って話し合える仲になるなら、やっぱりその関係は友人なのだと思いますよ」

上司と部下、王と臣下、それと友人。兼任できないわけじゃない。それに今は学生なのだ。学生のうちにつくる人間関係はやはり友人なのだとカインは思う。

「別に、遷都の役に立たない人とは友人になってはいけないなんて言っているわけじゃありませんよ」

「わかっておる」

「友人になるきっかけが、同じクラスになったからとか、食堂で隣に座ったら話が合ったからとか、体育で組体操のパートナーになったからとか、そういったきっかけの他に、一緒に遷都について考えてくれそうな人だからって理由が追加されるだけですよ」

ジュリアンが、自分の指先同士を合わせるように手を組み、そこに額を乗せてうなりだした。

カインの言ったことを、一生懸命考えているようで、ぶつぶつと何事かをつぶやいている。

今日の放課後、おそらくジュリアンは王宮に呼ばれて「そろそろ遷都について決めろ」とか言われたのだろう。その上「候補の都市から引越し先を選べ。それ以外の選択肢はない」みたいなことでも言われたんだろう。

遷都は無理とカインに言われてショックを受けたように落ち込んでいたから、はっきりと新規の土地への遷都は諦めろと言われたのかもしれない。

サイリユウムの貴族学校に入学してしばらく経つが、どうもジュリアンには将来側近になる予定の貴族などが決まっていないようだった。

ジュリアンの乳兄弟が同学年にいるらしいのだが、カインは見たことが無かった。ちなみに、学校の食堂で一緒にいたユールフィリスはシルリィレーアの乳兄弟らしい。ユールフィリスの母がシルリィレーアの乳母だったそうだ。シルリィレーアが王子妃、ゆくゆくは王妃となった時には侍女として侍りたいのだそうだ。

そのためにも勉強を頑張っているそうで、彼女の入れるお茶は絶品らしい。

ほぼ、ジュリアンが次代の王である事は間違いなさそうなのだが、ジュリアンは今のところ『王太子』ではないらしい。貴族たちは息子をどの様に立ち回らせるかは保留にしているのかもしれない。

「ジュリアン様」

ぶつぶつと言いながら、段々と頭が下がっていってまもなく額が膝に付きそうになっているジュリアンにカインが声をかけた。

自分の世界に入り込んでいたジュリアンが顔を上げたので、その目を見つめてカインは感情を込めて訴えた。

「とりあえず食堂に行きませんか。私、お腹が空きました」

窓の外を見れば、もう空は真っ赤にそまっており、上の方は藍色へとグラデーションがかかっていた。

寮の食堂に行くと、席は六割程度が埋まっている状態だった。

学校で部活動に入って活動している生徒はもっと遅い時間にやってくるし、当番などで明日の朝が早い者はとっくに食べ終わっている時間帯だ。つまり、特に予定もなくダラダラと居座る者が多くて一番混雑する時間なのである。

「ジュリアン様〜。カイン様〜。ココ空いてますよー」

厨房のカウンターで今日の夕飯を受け取って席を探そうとしていたところで声を掛けられた。

見れば、アルゥアラットが大きく手を振っていた。

アルゥアラットの両隣にはジェラトーニとディンディラナが座っている。

よく一緒につるんでいる三馬鹿である。

一旦無視して食堂を見渡せば、シルリィレーアも食事をしているのを見つけたが、その他に女生徒が四人ほど一緒に居たので交ざるのは難しそうだった。

「仕方がないから、アルゥアラットと一緒に食べましょう。ジュリアン様」

「カインは、もうちょっと友人を大切にしたほうが良いと思うぞ」

ジュリアンと連れ立ってテーブルとテーブルの間を縫うように歩き、時には料理の乗った盆を頭上に上げながら通り抜けてようやくアルゥアラットたちの向かいの席にたどり着いた。

アルゥアラットはすでに食べ終わり、ジェラトーニとディンディラナはまだ半分ほどの食事が残っていた。

「アルゥアラットは早食い王なの」

「何その称号。席について食べ始めたのが早かっただけだよ。ジェラトーニとディンが食堂に来るのが遅かっただけ」

カインとジュリアンが座れば、ジェラトーニがテーブルの真ん中に置いてある水さしからお茶を注いでくれた。

男子寮と女子寮の共同施設であり、一年生から六年生まで全員が使う食堂はとても広く、テーブルは長い。

いちいちお茶を取りに行かなくて済むように、テーブルの上に適宜お茶の入ったでかい水さしが置いてあるのだ。

「ありがとう、ジェラトーニ」

「どういたしまして」

ジェラトーニはついでに自分のカップにもお茶を注いでから水さしをテーブルの真ん中に置いた。

カインとジュリアンは、目の前のチキンのソテーにナイフを入れて食事を始めた。添え物は、蒸したいんげん豆とさつまいも、そして甘く煮付けた人参だった。

カインは人参を先にパクパクと口に放り込むと、一口サイズにちぎったパンを口に入れて咀嚼したふりをしてお茶をのんで流し込んだ。

「アルゥアラットで思い出した。ジュリアン様、三人の側妃は奥さんとしてじゃなくて有能な仕事仲間としての人材を採るっていうのはどうなんでしょう?」

「は?　何の話だ?」

「どういうこと?」

カインの突然の発言に、ジュリアンとアルゥアラットが同時に反応する。

カインはそれに答えず悠悠とナイフで切り分けたチキンを口に入れると、ゆっくりと味わって飲み込んだ。

「今日の夕方、みんなで一夫多妻のあり方について話し合ったんですよ。そこで、アルゥアラットの家は正妻の他、第二夫人と第三夫人は、夫人というより領地の共同経営者だって話をしたんです」

「あぁ。してたね」

カインは、夕方の勉強会の話をジュリアンに簡単に説明し、アルゥアラットがそれを肯定する。

「その後白室で、ジュリアン様の夢を叶えるには同世代の仲間。次代の国政を担う仲間が必要だよねって話をしていたんだよ」

次に、カインは寮に戻ってからのジュリアンとの会話を簡単にアルゥアラットたち三人に説明する。

アルゥアラットはすぐに言いたいことが分かったらしい。

「あぁ。それでジュリアン様も、真の奥さんはシルリィレーア様だけにして、側妃三人は仕事仲間として娶れば良いんじゃないの？　って話になるわけね」

「本当はシルリィレーア様が好きなのに、無理やり後三人好きな人をつくる必要なくなりますもんね」

「な、な、何を言うのだアルゥ！　その、あの、あれだ！　シルリィレーアは同じ歳で家格も釣り合い……」

「はいはい。ソウデスネー」

「ジュリアン様、天の邪鬼も度を越すと取り返しがつかなくなりますよ」

「何が不満なんですか、あんな美人で優しくて穏やかで優秀な人を蔑《ないがし》ろにするとか逆に不敬ですよ」

慌てるジュリアンに、アルゥアラット、ジェラトーニ、ディンディラナが畳み掛ける。

そしてカイン。

「大体、あんなニセチチどもの何処が良いんですか。本当におっぱい好きなんですか？」

カインのこの言葉には、ジュリアンだけでなく同級生三人も目を剥いた。

「ニセチチ!?　殿下がことごとく引っかかった令嬢たちがニセチチ？」

「どういうことだ？　ニセチチとはどういうことだ？　偽の……偽物のおっぱいだとでもいうのか？」

「ありえない……腕に押し付けてくる感触はとても柔らかかったのだぞ？」

「判別が付くの？　偽と本物ってどうやって見分けるの？」

カイン以外の男子四人が食いついてくる。

カインは周りを見渡して人差し指を一本立てて口元に立てると「しー」と静かに言った。

「食堂は男女共有の場所だよ。もっと声を抑えて。おっぱいって言ったがために拳骨を貰ったのを忘れたのか？」

男子三人がサッと両手を頭のてっぺんに乗せた。放課後の食堂で、ユールフィリスに拳骨を貰ったのを思い出したようだ。

「アルゥアラットとディンディラナは領地組だよね。ジェラトーニは花祭りの時何処に居た？」

「家に居たよ。ガーデンパーティーを開いて平民や仲の良い貴族たちと交流していたね」

「最終日は？」

「早い時間は屋台の食べ歩きとかしたけど、ガーデンパーティーの手伝いで疲れてたし午後は寝ちゃってたかな」

ジェラトーニの返事に、カインは満足したようにゆっくりと頷いた。

「そうか」

花祭りの最終日、カインの女装した姿である『カリン嬢』を目撃されていたのかどうかを確認したのだ。なるべく知り合いには女装したことは知られたくない。目撃されていたのなら、カインはカリンを知らないていで話をしようと思っていた。幸いにも、ジェラトーニはカリンの事を見ていなかったようだった。

カインはジュリアンに向き合った。

「カリン嬢の胸は、全部詰め物でしたよ。当然ですけど」

カインのその一言で、ジュリアンが真顔になった。

領地組の二人と、疲れて寝ていたために城前広場のダンスを見ていないジェラトーニには分からない話だ。

「……まさか……女子のおっぱいは……作れるというのか」

真顔の上、若干青白くなっているジュリアンの顔色にただ事ならぬ空気を感じた男子三人もつられて真顔になった。

「大体、考えてもみてください。僕たちはまだ十二歳ですよ。当然、ジュリアン様にいい寄ってくる女子たちも同じ年の十二歳か十三歳ですよ。三年生以上の生徒は流石に分別あるみたいですし。保健体育の教科書読みましたか？　二次性徴の平均速度みたいなの載ってますよ」

カインの前世の職場は事務系の職員はほとんどがパートタイマーのおばちゃんだった。

おばちゃんは、アラサー男子の存在を気にしない。存在を気にせずに娘がブラジャーデビューしたみたいな話をしだす。

おばちゃん同士の情報交換の場に居合わせると、そういった情報がバンバン耳に入ってくるのだ。

あと、ゲーム実況動画にも「このキャラクターでこの乳のデカさはありえないと思いませんか」みたいなコメント投げてくるヤツもいる。乳揺れが見どころの格ゲーやってるとチョイチョイあった。

お前の性癖なんぞ知るかと思いながらも、平均よりは大きいかもしれませんねー。でもゲームの演出的には……みたいな無難なコメントで逃げていた。

それらの情報をかき集め、さらに自分が中学一年、二年だった頃の同級生女子の事を思い出せば自ずと見えてくる。

ジュリアンに迫っていた女子達のおっぱいは大きすぎるのだ。年齢に対して。そして体格に対して。

「そりゃ、遺伝とか体質とか、食事のとり方とかに依ってはありえないとは言いませんけど。毎日毎日とっかえひっかえ出来る人数の女子がみんなおっぱい大きいとかありえないでしょう」

食事を一通り食べ終わり、水さしからお茶を注ぎ足して一息つくカインである。

ジュリアンはまだチキンが半分残ってしまっている。

「そんな……。あれらはみな……嘘だったというのか」

放心しているジュリアン。

「いや、自分には関係ない対岸の火事だと思ってみていたけど……正直羨《うらや》ましいとは思っていたんだけど……偽物……」

「いやでも、制服があの体型用に立体縫製だったじゃんか……まさか？」

「僕は、別に……。マジか」

それぞれ、思い思いに過去に思考を飛ばしてしまっている。

「ジュリアン様。では、確認してみましょう。私はちょっと仕込みをしてきますので、その間に食事を済ませてしまってくださいね」

カインはジュリアンの肩をポンと叩くと席を立ち、食べ終わった食器を持って食器返却カウンターへと歩いていった。

食器を戻した帰り道に、シルリィレーアの元へと歩いていくと、シルリィレーアとユールフィリスに何やら耳打ちした。その後カインは、女子が固まった席がある度に立ち止まっては何事か声を掛けつつ、ジュリアンとアルゥアラット達が待つ席まで戻ってきた。

「明日から、ジュリアン様にお茶のお誘いやお勉強会のお声がけをしてくる女子達のおっぱいは飾らない素直な状態だと思いますよ」

テーブルの上で指を組んで微笑むカインを、その他の男子四人が胡散臭《うさんくさ》げな顔で見つめた。

「何をしたのだ」

ジュリアンがそう問えば。

「簡単なことです。『ジュリアン様は、実は大きさよりもかたち重視なのですよ。ささやかな大きさで、きれいなかたちの方が好きなのです』と伝えてきました」

とカインが答えた。何がとは言っていない。

ジュリアンは泣きそうな顔で、カインの晴れやかな笑顔を睨みつけた。

翌日以降、ジュリアンに言い寄って来る女子生徒の平均胸囲は明らかに小さくなった。

準備が間に合わなかったのか、緩めの胸元を隠すようにニットベストを着て登校する女子が何人かいた。

「僕は、『大きさよりもかたちを重視してますよ』としか言ってませんよ。おっぱいがとは一言も言っていません」

とはカインの言である。

ジュリアンに言い寄る女子の胸が萎《しぼ》んだ事については、ジュリアンだけではなく同級生男子一同に衝撃が走ったのであった。

「女の子のおっぱいってしぼむんだ？」

「ばっか、もともとないのをマシマシにしてたんだって」

と言った会話がそこかしこでかわされていた。

もともと、体育の授業で体操服を着ている時などはマシマシにはしていなかったハズなので、普段から特定の女子に注目していれば分かったはずの事ではあるのだが。

結局、誰も彼もがジュリアンに言い寄ってくるおっぱいの大きい子ちょっと良いよねぐらいにしか思っていなかったのだ。どいつもこいつも。

「というわけで、分かってもらえたかと思うんですが。入学したばかりのこの時期にジュリアン様に声を掛けてくるような女子は、ジュリアン様自身ではなくて、第一王子という地位に心惹かれただけの女なんですよ。嘘をついて気を引こうとしていたんですから、そこに真実の愛なんてないんです」

「カイン様、追い打ちをかけるのはやめて差し上げろ！　ジュリアン様はそこに愛はあるかどうかを確認していらしたのだ」

学校の食堂で昼食中の男子五人。

カイン、アルゥアラット、ディンディラナ、ジェラトーニとジュリアンで一つの丸テーブルを占拠して食事をしていた。本来四人用のテーブルに隣のテーブルから椅子をひとつ借りてきて座っている。

今日の昼食は鶏肉のつみれ団子の甘辛ソースがけと温野菜である。

「ジュリアン様は、もっとシルリィレーア様と向き合ったほうがよろしいのではないでしょうか」

「そうですよ、正妃をまず大切にしないとそれこそお家騒動になりかねませんよ」

「アルゥの家みたいに、側妃は仕事仲間って割り切っちゃえば良いんじゃないですか？」

「シルリィレーア様は素敵な女性じゃないですか、何が不満なんですか」

「い、いっぺんに喋るでない」

四人につめよられ、若干体を引くジュリアン。キョロキョロと辺りを見渡すと改めて前のめりになる。

「シルリィレーアに不満などない。だが、シルリィレーアの気持ちがわからぬではないか……。最近の彼女はカインばかりを遊びに誘っておるだろう。子どもの頃に決められた婚約であるからな、本当は嫌なのではないかと……」

ジュリアンがこっそりとそんな事を言う。身を乗り出して小さな声でどんな内緒話をされるのかと思っていたのに、出てきたのがそんな言葉だったのでカインは呆れてしまった。

他の三人も、ジュリアン様何言ってるんですかと表情が物語っている。

「はぁ。ジュリアン様バカですか」

わざとらしくため息を吐いてカインがそういうと、ジュリアンはムッとした顔でカインを睨みつけてきた。

「何がバカだというのだ」

「シルリィレーア様が私をお誘いくださるのは、私を誘えば私がジュリアン様を誘うって分かってるからですよ」

カインはそう言うと、つみれ団子にフォークを突き立てて皿にグリグリと押し付けてソースを絡めた。行儀が悪い食べ方だが、ココでそれを咎める人は居ない。

「本来、女性から男性をお誘いするのはあまり褒められた行動ではないじゃないですか。でも、カイン様は留学生なので公爵家令嬢であるシルリィレーア様が気を使ってお声がけするのはギリ有りですし」

「カイン様って紳士だから、婚約者のいるシルリィレーア様からのお誘いには絶対婚約者であるジュリアン様を誘うでしょ」

「ジュリアン様からシルリィレーア様を誘えばいいじゃないですか」

カインがつみれ団子を口に入れてモグモグしているので、アルゥアラット達が続きを話していく。

モグモグしながら、やっぱりみんなから見てもあからさまだったんじゃないかとカインは思った。

ごくんとつみれを飲み込むと、お茶を飲んで一息つく。

「シルリィレーア様が本当に一緒にでかけたいのはジュリアン様ですよ。嫌いだったら『愛してるって百回言え』なんて言うわけないでしょ」

「そ、そうであろうか？」

カイン以外の三人もうんうんと大きく頷いている。

「大体、ジュリアン様がやらかした時に『愛してるって百回言え』をやってますけど、ジュリアン様が自主的にシルリィレーア様に『愛してる』って言ったことあるんですか？」

ジェラトーニに問われる。

ジュリアンは眉毛をハの字にして顔を横に振る。

「恥ずかしいではないか。あ、あ、愛してるとかそんな」

「誘ってくれないって嘆く前に、ジュリアン様からシルリィレーア様を誘ったことあるんですか？」

ディンディラナに問われる。

ジュリアンは頬を赤くして顔を横に振る。

「何処に誘っていいかわからぬし、誘って断られたら……」

「断られたら慰めて差し上げますよ！」

アルゥアラットがグッと拳を握って励ました。

ジュリアンは目尻に涙を浮かべて「やはり断られるのか……」とつぶやいている。

「甘えてほしければ甘やかせって言いましたよね」

カインがジュリアンの目をみて静かに言った。

「ジュリアン様、今からシルリィレーア様をお誘いしてきてください。放課後に図書館で一緒に勉強しようってお誘いで良いですよ。それなら抵抗がすくないでしょう」

「お主らも一緒に図書館に……」

「俺たちはついていきませんよ。二人きりです。図書館なので完全な二人きりにはなりませんが、婚前なので丁度いいでしょう」

「ふ、ふたりきり」

「そして、放課後の図書館でちゃんと好きだって言うんですよ」

「！！！」

「図書館から帰る時、寮までは手をつないで帰ってくることにしましょーよ」

同席している同級生から次々とミッションを課されて行くジュリアンはどんどんと退路を断たれていく。

食事がもう終わっていたアルゥアラットが立ち上がると、ジュリアンの椅子をジュリアンごと引き、テーブルから引き離す。

「さぁ、シルリィレーア様はあちらのテーブルでお食事中です。行ってください」

「ユールフィリスや他の女子も一緒に食べてるではないか！」

「だからなんですか」

「え……。いや、恥ずかし……」

「さぁ、行ってらっしゃい！　僕たちはココで待っていますから」

さぁさぁさぁと皆から視線でせかされ、ジュリアンはとぼとぼとシルリィレーアのいるテーブルへと歩いて行った。


一日の授業が全て終わり、学校を後にして寮に戻ってきたカイン。

部屋に入って扉を閉め、自分の机にかばんを置くと大きくため息を吐いた。

ため息の後に一拍置いてガッツポーズを取る。

「よっしゃ！」

グッグッと拳を握り、肘を引く。

食堂でカイン達にテーブルから追い出されたジュリアンは、シルリィレーアのいるテーブルまで行って放課後図書館デートの約束を取り付けてきた。

真っ赤になって右手と右足を同時に前にだしながら歩いて戻ってきたジュリアンに、カインとアルウアラットは肩を叩いてねぎらい、ジェラトーニとディンディラナは親指を立てて褒め称えた。

今頃は、ジュリアンとシルリィレーアは二人で図書館にいるはずである。

図書館では静かにしなければならないので、さほど会話がはかどらなくても場所柄そういうものだと言うことに出来る。

おそらく、ユールフィリスやアルゥアラット達が視界に入るぎりぎりの距離にある机で本を読むふりをして様子を窺っているだろう。

ユールフィリスはシルリィレーアがないがしろにされないかを見張るために。アルゥアラット達はジュリアンの勇姿を見守るために。

カインとしては、ジュリアンとシルリィレーアがきちんと相思相愛《そうしそうあい》となって深く結ばれてくれればそれで良かった。

ジュリアンが女好きで誰にでも甘い顔をし、好色であるがゆえに第三側妃まで取るという下半身ゆるゆる男にならないでくれればそれで良かった。

ディアーナをそんなヤツの嫁になんかやれるかという話である。

アルゥアラットの父の第二夫人と第三夫人の様に、ジュリアンがシルリィレーア以外の側妃を仕事仲間の人材として娶る気になるならそれでも良い。

そうであれば、隣国であるリムートブレイクから嫁を取るよりも有用な人材を国内から取る方が良いからだ。

ジュリアンのやりたいことは、新しい街の開拓だ。

それには、隣国の公爵令嬢より国内の有力貴族令嬢の方が都合がいいはずなのである。もしジャンルーカがリムートブレイクに留学して「公爵令嬢は兄上の嫁に」なんて言い出しても、断ってくれるかもしれない。

それよりも、ジャンルーカが留学するよりも先にジュリアンの婚約者枠を全部埋めてしまっても良い。

どちらにしても、シルリィレーアと仲良く両思いになって、ラブラブイチャイチャしてくれれば都合がいいのには変わりない。

「何にせよ、シルリィレーア様もジュリアン様もお互いを気にしてるのに一歩踏み出せていなかったしね」

カインは制服を脱いでクローゼットに掛けると、運動着に着替えて部屋を出た。今日は寮の風呂掃除のアルバイトである。

「準備中」という札の下がった大浴場の入り口を開けて中にはいると、すでにバイト仲間の生徒が来ていた。

「やったぜ！　今日はカイン様が一緒じゃん！」

「カイン様、浴室の方でいいかい？　僕らで脱衣所やるんで」

「了解です！　脱衣所よろしくおねがいします」

学校が斡旋《あっせん》してくれるアルバイトは、不公平がないように当番制になっている。

図書館司書の手伝い、各種教員の手伝い、校内清掃、寮内清掃、寮食堂手伝い、寮の風呂掃除、などなどなど。

大体、まんべんなく順番に巡ってくるが、マディは食堂手伝いが多いなどの一部例外もある。

アルバイト仲間の間では、浴場清掃にあたった時にカインと一緒になるとラッキーだとされていた。

理由は簡単で、広い浴槽の清掃を水魔法でちゃちゃーっと終わらせてくれるからだ。

カインは用具入れからデッキブラシを持ち出すと、特に汚れのひどそうな所をこすって回った。

桶と椅子を壁の一角に積み上げて洗い場から障害物を取り除くと、脱衣所への入り口ギリギリに立って魔法を使ってザバーっと水を流していく。

洗い場がきれいになると、今度はデッキブラシを担いで浴槽内に入り、浴槽のフチなどの水垢をこすっていく。

ここも毎日掃除しているところなので目立つ所を重点的にこすって、後はザラーっと軽くこするだけで終わりだ。

よいしょと浴槽から出て、また魔法で大量の水を出してこすって落とした汚れを流していく。

脱衣所の掃除を終わらせた他の生徒が浴場に入ってきて、カインが積み上げた椅子と桶を元通りの配置に並べていく。

カインも、汚れを流した水がすべて排水溝に流れきるのを待って栓をし、風呂桶に魔法で水を張る。

ココまでやれば、あとは学校が雇っている職人が薪《たきぎ》を燃やして風呂を沸かすだけである。

「脱衣所の方ももう終わったぜ。あとはゴミ捨てだけだし、カイン様含めて一年は上がっていいぞ」

「ありがとうございます！」

「ありがとうございます。よろしくおねがいします」

アルバイトを斡旋してもらっている生徒たちは、貴族ではあるが効率重視な考え方をする者が多い。学年が上だったり、家格が上だったりしても自分の部屋のほうが焼却炉に近いと思えばごみ捨てを請け負うなど当たり前にする。

生徒たちがアルバイトをしている理由はさまざまで、決して実家が貧乏だからというだけではなかったりする。マディもその一人で、実家は裕福な家だと聞いているが、卒業後にその家を出るつもりでアルバイトをしているのだ。

家から甘いもの禁止令を出され、デザートを食べないようにお小遣いを減らされているのが理由でアルバイトをしている生徒もいる。その生徒はプクプクと太っている。

アルバイトが終わり、腕まくりしていた運動着の袖を戻しながら廊下を歩いていたら、窓の外にジュリアンとシルリィレーアが歩いているのが見えた。

昼休みに言われたとおりに、手をつないで歩いているようだった。手をつないでいるというより、ジュリアンがシルリィレーアの手首を掴んで連行しているようにも見えた。

そのジュリアンの顔は真っ赤で、シルリィレーアは俯いているので顔色はわからなかった。

普通に手をつなぐのが恥ずかしいので、手首を掴んで引いているのかもしれない。そして、恥ずかしいから早足になってしまっているんだろう。

微笑ましいなと思って見ていたら、その少し後ろで茂みに隠れながら中腰で歩く三人の男子生徒が居た。

その三人は、風呂場へ続く渡り廊下の窓から見ているカインに気がついたようで、三人して歯を見せてニカっと笑うと、カインに向けて親指を突き立てたのだった。

サイリユウム貴族学校の授業風景

サイリユウム貴族学校には、単発の変な授業がたまにある。

毎週何曜日の何時間目、の様に決まっているわけでもないのだが、何年生のいつ頃といった大雑把な時期だけは決まっているらしい。

入学直後には『りぼん結びの授業』というのがあった。どうしても縦結びになってしまう生徒は居残りまでさせられていた。カインもリボン結びといえど結び方に種類が有ることをはじめて知った授業であった。ディアーナにあった時に是非髪に結んでやろうとその後もこっそり練習している。

そんな変な授業の一つである『アイロンの授業』というのが今日行われていた。

教師曰く、借りたハンカチを返すのに自分で洗濯をして自分でアイロンをかければ想いはきっと伝わるでしょうということだった。なんだそりゃ。

アイロンのかたちは、現代日本に有るものとさほど変わらなかった。先が尖っていて後ろは四角くなっている船の様なかたちをした鉄板に重りになるようにこんもりと金属が乗せられ、握るためのハンドルが付いている。

リムートブレイクのアイロンは熱の魔法がかかっている魔石をセットすると鉄板部分が熱くなる仕組みになっていた。

サイリユウムは魔法が殆どない国なので、魔石アイロンではない。

小型の七輪の中に炭を入れ、その上にアイロンを乗せて鉄板を熱するのだ。そのままだと熱が高すぎてハンカチなどのアイロン対象が焦げてしまうので、七輪の横には水を十分に含んだタオルが置かれており、一度そこに押し付けて温度を調整してアイロンがけをするのだ。

「やけどに気をつけて、ハンカチにアイロンをかけてくださいねぇ」

教師がそう言って手本をみせてくれる。

ポケットに入れたまま洗濯してしまい、干す時になって発見されたみたいにぐっしゃぐしゃのハンカチが用意されている。

アイロンの効果をわかりやすく見せるためとは言え、よくぞココまでグシャグシャのハンカチを用意できたものだとカインは感心すらしてしまうシワシワっぷりである。

教師はまず、手でハンカチの両端をつかんでパンパンと音を立てるようにハンカチを振って広げた。その後に平らなアイロン台の上に広げて置くと、アイロンのハンドルを掴んで濡れタオルの上に軽く乗せて温度を下げる。

その際に、ジュワッという水が蒸発する音が出て教室から「おぉ」という声が漏れた。

布の真ん中から端へ、真ん中から端へとアイロンをかけていく。シワシワだったハンカチはあっという間にシワひとつ無い綺麗な一枚の布になった。

「これが基本ですねぇ」

そういってハンカチの端っこ二点を指でつまむと高く持ち上げて教室中の生徒たちに見せる。

その後、もう一度アイロン台にハンカチを戻すと今度は二つ折りにして折り目にアイロンをかけていく。四つ折り状態でアイロンがかかったものをまた頭上に掲げてみんなに見せた。

「畳んだ状態でアイロンをかければ、この様に折り目の美しいハンカチになります。これを応用します」

教師は、その後扇形にアイロンをかけて、

「ポケットチーフとして胸に挿す時にアイロンをかけておくと崩れにくいです」

真ん中でねじる様に折ってからアイロンをかけて、

「コレで腰のポケットに入れておくと猫が顔を出しているように見えます」

などと、アイロンがけでハンカチを飾り折りしてみせた。

そして、さぁどうぞと生徒たちに実践を促したのだった。

カインの目の前にも、見事なほどにしわくちゃなハンカチが置かれている。

実は、学内斡旋アルバイト達が数日前に『しわくちゃハンカチを作る』というバイトをやっていたのだ。カインも参加した。

二年生以上のアルバイト生徒達は「そんな季節かぁ」みたいな顔をしていたが、何に使うかは特に言っていなかった。

「今日はアイロンをやります」と教師が言ってハンカチが配られたことで「コレだったのか」とはじめて知ったのだった。

意味不明なアルバイトだと思っていたが、教材づくりだったとは。

カインは、前世ではもちろんアイロンを使っていた。前世のカインはワイシャツも自分で洗濯する派だったので、アイロンも自分でかけていた。もちろんコンセントを挿して電気で熱くなるやつだ。リムートブレイクでも、イルヴァレーノが魔石アイロンを使っていたと思うが、公爵家令息のカインは使ったことはなかった。

ミニ七輪の上に乗っているアイロンを手に取ると、濡れタオルの上に乗せる。ジュワッという音がしてアイロンの隙間から蒸気が上ってくる。ジュワッという音が教室のあちこちからも聞こえてきた。

ハンカチを焦がしたくないので濡れタオルの上に置きすぎたら温度が下がりすぎたのかシワは伸びたもののあまりパリッとしなかった。カインは音ゲーでパーフェクトを逃した音ゲーマーの様に首をかしげると、もう一度七輪に乗せてアイロンを熱した。

何回か繰り返すうちに、だいたいの最適温度の様な物が分かってきて、ついにカインのハンカチはパリッときれいな布になった。

「カイン君は器用ですね。もう出来るようになりましたか」

教室を巡回して様子を見て回っていた教師がカインの手元を覗き込んで褒めてくれた。

「低い温度から試してだんだん上げていくというのは賢いやりかたですね」

そう言ってチラリと横を見た教師につられて視線を動かすと、真っ黒になったハンカチをみて半笑いしているディンディラナが居た。

温度を下げ切らないままアイロンがけをして焦がしてしまったようだ。そのまま周りを見渡せば、アルゥアラットとジェラトーニは焦がすことなくアイロンをかけているようだった。

アルゥアラットのハンカチはきれいに端が揃った四つ折りになっていたが、ジェラトーニのハンカチは折る時にズレてしまった様で下に重なっている部分がはみ出してしまっていた。

ジュリアンはシルリィレーアに色々と声をかけられながら真剣な顔をしてアイロンがけをしている最中だった。

「カイン君。次は飾り折りに挑戦してみてくださいね」

「はい」

教師は声をかけて次の生徒の様子を見に歩いていってしまった。

カインはしばらく真四角にのばされたハンカチを眺めていたが「ふむ」と一つ頷くとアイロンを手にハンカチを折り始めた。

「お、飛竜ではないか。器用だな」

カインの手元を覗き込んだジュリアンが、飾り折りされたハンカチを見てそう言った。

カインの手元には、いわゆる『折り紙のツル』が乗せられている。

確かに、細くて長い首や丸っこい胴体、先が細くなっているしっぽなどは飛竜っぽい。むしろ、ツルより飛竜の方が形は近いといえる。

そういえば、ツルって別にしっぽ長くないよな？　とカインは一瞬だけ過去に思いをはせた。

その後、一部生徒の間で飛竜ハンカチが流行った。

しかし、飛竜を壊せない。手を拭いたら崩れちゃう！　可哀想！　などという理由から手をブンブン振って水を切ったり制服のズボンで手をこすって拭くなど、貴族にあるまじき行儀の悪さを見せる生徒が出てしまい学校で禁止されてしまったのだった。

その後、ちょうど飛竜の羽部分に模様が出るように刺繍をしてプレゼントする、というのが流行るのだがそれはまた別のお話である。


アイロンの授業から数日たったある日。教室で座っているカインたちの手元に、封筒と棒状の封蝋《ふうろう》とろうそく、スプーン、印璽《いんじ》が配られた。カインが、木製の持ち手がついた重たい印璽をひっくり返してみれば、そこには動物の肉球の形が彫られていた。

「肉球……」

印璽を持ったまま、周りを見渡せばカインと同じように印璽の印面を見ながら「うさぎだ」「かめだ」と同級生たちがつぶやいていた。

パンパンっと教卓の方から乾いた音がして、生徒たちの視線がそちらへと集まった。教卓の前には、手を合わせたポーズの教師が立っている。注目を集めるために手を叩いたようだった。

「みなさんは大人になれば、お手紙のやり取りをすることが多くなります。近況報告のお手紙の他、重要な書類のやり取り、お茶会や晩餐会の招待状など、その内容は様々です」

教師は、そこまでいうと一旦口を閉じて教室をぐるりと見渡した。全員の机の上に必要な道具があるのを確認して、ゆっくり頷いて説明を続ける。

「お手紙の内容が何であれ、必ず施すのが封蝋による封印です。貴族たるもの、これが美しくなくては話になりません。本日は、封蝋による封印の練習をいたしましょう」

そう言って、教師は自分のろうそくに火を付けるとやり方の見本を見せてくれた。棒状の封蝋をろうそくで炙《あぶ》り、とけかけのアイスクリームのようになってきたら素早く封筒の上に移動させて下向きに傾けた。火に当てられていた部分がどろりと流れ落ち、封筒の上にぼとりと落ちた。蝋の上から印璽を真っ直ぐにおろし、しばらくそのままでいたかと思うと、おもむろに印璽を持ち上げた。

「さ、こんな感じです」

教師は、印璽を脇におくと封筒を持ち上げて生徒たちに見せた。きれいに丸く広がった蝋には、鳥の羽根の模様が浮き出ていた。

「初心者の皆さんは封蝋を温めるのにスプーンを使っても構いません。ナイフは各自自分のものを持っていますね？　では早速やってみましょう」

そう言うと、教師は燭台を持って教室をまわり、生徒たちのろうそくに火をつけて回った。

棒状の封蝋を直接温めて落とすというやり方をカインは初めて見た。いつもディアーナに送る手紙には封蝋用のスプーンを使って溶かした物を使っていたので、道具を使わずにさっとやってみせた教師の手際はとてもプロっぽくてかっこいいと思ってしまった。机の上には蝋を溶かす為のスプーンも用意されていたが、どうしても真似したくなった。

教室を見渡せば、カインと同じように感じたらしい男子たちが棒状の封蝋をろうそくで直接温めている姿がある。

「蝋を薄く広げすぎると、印璽の溝に蝋が入らずに印章がはっきりと出ません。蝋を垂らすときにもうすこし盛り上がるようにしてみてください」

早速やってみた生徒が、教師からアドバイスをもらっていた。他の人へのアドバイスを片耳でききつつも、カインも封蝋を直接温める方法でやってみることにした。棒状の封蝋の半分ほどの表面がトロトロになってきたのを見て封筒の上に持っていき、下向きに傾けてぼとりと落とす。封蝋を脇に置いて印璽に持ち替え、なるべく真っ直ぐになるようにぐっと押さえつけた。

印璽を持ち上げてみれば、肉球がきれいに浮き上がっていたが、周りの土手になっている部分がいやに盛り上がってしまっていた。

「カイン様は、蝋の量が多かったですね。こんなに盛り上がってしまっては、配達中に封蝋が割れてしまいかねません。そうなっては、手紙の機密がまもられていたかどうかがわからなくなってしまいますね」

「はい、先生。スプーンでやっている時は一回分の量がわかるんですけど、直接溶かすのは量がわかりにくいですね」

通りかかった教師が、カインの押したスタンプをみて指導してくれる。カインは棒状の封蝋の端っこを持ちすぎて温める範囲が大きくなっていたようだった。

「こればかりはたくさんやってみて、感覚を掴むしかありません。スプーンならきっちり一回分の量だけ溶かせるのでこういった失敗は少なくなりますね」

教師が、机の上に置きっぱなしのスプーンを指先でコツコツと突きながらそう言った。

「いつもはスプーンを使ってやっていて、上手にできているんです。でも、先生のやっているのがとてもかっこよかったので、やってみたくなったんです……けど、むずかしいですね」

カインも、いつもは封蝋をナイフで削ってスプーンで溶かす方法でやっている。三日と置かずにディアーナへ手紙を書いているので、印璽を押すのには自信があった。

「そのために授業の時間をとってあるのです。封筒と封蝋はまだ用意してありますから、どんどん練習してください」

教師はにこりと笑ってそういうと、次の生徒の様子を見るために行ってしまった。

カインは新しい封筒を取り出して、もう一度封蝋を直接ろうそくで温めだした。かっこよくできるようになって、自国に戻ったらディアーナに見せてやろうと気合を入れた。

「お兄様すごーい！」

とディアーナに褒めてもらえるところを想像してにやけていたら、蝋がとけすぎて手の方へとたれてきてしまい、親指を小さくやけどしてしまった。

授業が終わる頃には、カインは直接蝋を温める方法で二回に一回はきれいに封印できるようになっていた。ジュリアンやシルリィレーアは危険をおかさずスプーンで蝋を溶かす方法できれいな円の封印を作っていた。三馬鹿はカインと同じように手をやけどしていたり、封筒を焦がしたりして大騒ぎをしてにぎやかだった。

その三日後、カインは『封筒から封蝋を剥がし、溶かして型に流し込んで棒状の封蝋を作る』という学内斡旋アルバイトを請け負うことになるのだった。

ディアーナの茶番

カインが花祭り休暇に入る前頃に時間はさかのぼり、場所はエルグランダーク邸へと移る。カインが留学してから二月ほど経ち、ディアーナはようやくカインのいない生活に慣れ始めたところだった。

「あれ？　サッシャは？」

ディアーナの部屋、お茶の時間である。

今日は父も母も不在のため、ティールームは使わずに部屋でお茶の時間を過ごす事に決めていたディアーナ。カインからの贈り物のお茶も、ティールームの使用人ではなくイルヴァレーノに淹《い》れてもらいたいと思っていた。

「先程呼んできたのですが、もうちょっと、もうちょっとという返事が返るばかりでした」

「本を読んでいるんだね、きっと。お兄様も夢中になって本を読んでいると返事するだけ人《じん》になっていたよ」

イルヴァレーノは頷いた。カインは刺繍でも編み物でも夢中になっていると空返事をすることがよくあった。

良くも悪くも集中力が高いカインは自分の世界に入ると周りが見えなくなる所があって、イルヴァレーノはそんな時ひっぱたいて現実に戻していた。もちろん、人前でそんな事は出来ないがカインも人前では周りに気を配ることが出来ていたので人前でカインをひっぱたく事はなかった。

「先に準備をしてしまいましょう。おやつはどうしますか？」

「さっき、バイオリンの帰りにティールームに寄って貰ってきたよ」

そういって、ディアーナはスカートのポケットから布巾に包まれたクッキーを取り出した。

「またそういう……。サッシャに怒られますよ」

「サッシャに見つからないうちにサッと出すから大丈夫だよ」

「そもそも、ポケットに入れたらクッキーがボロボロになってしまいますよ」

「あれぇ……ほんとうだ……」

ディアーナがスカートから出した布巾をローテーブルの上で広げると、お花の形をしたクッキーの花びらがだいぶ折れてしまっていた。

イルヴァレーノはティーセットが仕舞われている棚から小皿を出すと、クッキーを布巾の上から皿の上に移動させた。

布巾に残った小さなかけらたちは、もう一度布巾に包んでベランダまで行くとパラパラとベランダにばらまいた。パンパンと布巾を勢いよく払って小さなカスもふるい落とすと、小さく畳んでテーブルの隅にそっと置いた。

いつもの事なので、ベランダには早速小鳥たちがやってきてクッキーのかけらをつまんでいる。

「そろそろ、手からパンくずとかお菓子とか食べてくれるようにならないかなぁ」

「ディアーナ様がジッと動かないでいられるようにならないと難しいですね」

ソファーに座ったままディアーナはベランダの外を見つめていた。

カインが作った庭の餌台には、今でも朝食後にパンくずを乗せに行っている。小鳥たちはディアーナが餌台から離れるまで近寄ってこないが、ディアーナはいつか手に乗ってパンくずを食べてくれるようにならないかなぁと夢をみている。

一度、一羽の小鳥が手に乗ろうとした事はあったのだが、ディアーナがその小鳥を捕まえようとして柏手を打つように勢いよく手を閉じてしまったのだ。それ以来、小鳥はディアーナに近寄ってこない。

ディアーナがクッキーくずをつつく小鳥を眺めていたら、良い香りが鼻をくすぐってきた。ベランダから部屋の中へと視線を戻すと、イルヴァレーノがティーカップにお茶を入れてテーブルまで運んで来ていた。

「いい香りだね」

「カイン様の贈ってくださったお茶ですよ。花のような、香ばしいような。不思議な香りですね」

イルヴァレーノはディアーナと自分の前にカップを置くと、自分も向かい側のソファーに腰を下ろした。

「サッシャが来る前にはじめてしまいましょう。このままでは、お茶の時間にするまえにクッキーをつまみ食いしたと思われますよ」

ポケットに入れてきたせいで欠けているクッキーに目をやりながらイルヴァレーノがそう言うと、ディアーナはうへぇとお嬢様らしからぬ声を出して口をへの字に曲げた。

「じゃあ、食べちゃおうか」

「はい。いただきましょう」

お茶の時間を部屋で過ごす時は、イルヴァレーノもサッシャもディアーナと一緒に席についてお茶を飲む。

一年前にサッシャがディアーナの専属侍女となったばかりの時に、カインがそういう習慣にしたのだ。

「部屋で過ごすときはイルヴァレーノも一緒にお茶を飲むようにしてるんだ。後ろに立たれていては落ち着かないし、話し相手が居たほうがお茶の時間は楽しいと思わない？　サッシャが立って待機していると、イルヴァレーノだけがサボっているみたいにみえて外聞が悪いよね。だから、サッシャも一緒にお茶を飲んでくれると嬉しいんだけどな」

そういってカインはサッシャを座らせたのだ。カインの部屋のソファーは一個壊れていて三人しか座れないので、サッシャが来てからはディアーナの部屋でお茶を楽しむようになっていた。

サイリユウムのお茶は、香りが良くて渋みのある濃いめの赤茶色のお茶だった。リムートブレイクのお茶とはだいぶ違っていて、飲んでいて不思議な感じがした。

「このお茶だったら、もっと甘いお菓子でも良さそうだね」

「そうですね。砂糖菓子などを用意してもらいましょう。お茶はもう少しありますから」

ディアーナとイルヴァレーノがクッキーをかじっていると、ノックをしてサッシャが入ってきた。

サッシャはディアーナの部屋と続いている使用人部屋に住んでいるので、隠し扉を使えばすぐに入ってこられるのだが、真面目に一旦廊下に出てからドアをノックして入ってくる。

「遅くなりました。失礼いたします」

サッシャはティーセット用の棚で自分の分のお茶を用意すると、ソファーまでゆっくり歩いて来て自分のいつも座る席に腰をおろした。

「とても香りの強いお茶ですね。外国のお茶！　という感じがします」

「そうね。我が国のお茶はもう少し香りは少ないし渋みも無いものね」

そういってディアーナは身を乗り出してクッキーをつまむと、ポイと口の中に放り込んだ。

それを見たサッシャがクワッと目を見開いてキッと眉毛を吊り上げた。

「ディアーナ様。クッキーを一口で食べるなどはしたないですよ。それに、大きな口をあけて放り投げるように口に入れるなどいけません」

クッキーの食べ方について叱られてしまった。口に物を入れた状態で返事をすればまた怒られる事はわかっているので、ディアーナは一生懸命もぐもぐと口を動かしてごくんと飲み込むと、お茶を一口含んで口の中をさっぱりさせた。

「はぁい」

「間の延びた返事をしてはいけません。はい。と短くはっきりとお返事なさいませ」

「……はい」

サッシャは厳しい。

完璧な侍女に為るためには、主となる令嬢も完璧でなければならないと思っているのかもしれない。

だいぶ打ち解けて来ているし、こうしてお茶の時間も一緒に過ごしてくれてはいるが、味方に引き込むにはもう一歩仲良くなりたいとディアーナは思っていた。

「絵本は読めましたの？」

お嬢様らしく、読書の進捗を聞いてみた。サッシャはつり上がっていた眉毛を下げて、真顔に戻って頷いた。

サッシャはディアーナの令嬢らしくないところを見つけるときつく叱るが、その怒りというか盛り上がった感情というか、そういったものは長続きしない。

反省して、お嬢様らしくやり直せばすぐにフラットな態度に戻る。その気持ちの切り替えの早さはディアーナも気に入っていた。

母エリゼに付いている侍女のウチ一人に、一度怒り出すとずーっと怒っている女性がいる。そして、別のことで怒った時に過去の失敗まで思い出してそう言えばあの時も、と過去についてまで怒り出すのだ。

エリゼが彼女をディアーナ付きにしようとした時にはディアーナとカインとイルヴァレーノが三人がかりで遠慮という名の拒否をした。

それに比べればサッシャは世を忍ぶ仮の姿を演じていれば優しいし、多少のわがままは聞いてくれる。読書好きというディアーナとの共通の趣味があることも調査で分かった。

ここから、サッシャ取り込み作戦に切り込んでいくという作戦をイルヴァレーノと話し合ってある。

「はい。楽しく読むことが出来ました。ブレイク語の本と読み比べたいので、もう少しお借りしていてもよろしいですか？」

「構いませんわ。読み終えたら、ユウム語で読み聞かせしてくださる？」

「字は読めますが、発音の方は自信がございませんのでご容赦ください」

「あら、残念ね」

「お嬢様とサッシャで、一緒に発音の練習をされたらいかがですか。一緒に勉強する人がいるとくじけにくいと聞いたことがあります」

「それはいい考えね。サッシャどうかしら。すぐは無理かもだけど、発音を教えてくれる人をお父様に探していただきましょう」

「ディアーナ様。『無理かもだけど』はいけません。『すぐには無理かもしれませんけれど』『時間がかかるかもしれませんけれど』と言う方がよろしいでしょう」

「……はい」

サッシャに言葉遣いを直されてしまった。せっかく絵本の話題から一緒に言語の練習をしようと誘う話題に繋げられたのにと、ディアーナはちょっとしょんぼりとしてしまった。

イルヴァレーノは少し身を屈めてディアーナの顔を覗き込むと、優しく微笑んだ。

「先程注意された、間延びした返事をしてはいけないというのがもう守れていますね。ディアーナ様は注意されたことはちゃんと出来て偉いですね」

イルヴァレーノがカインのマネをしてディアーナを褒めているのがわかった。ディアーナは少しうつむいて、サッシャから見えない角度でヘニャリと弱った笑顔を見せた。


午前中のイアニス先生の授業が終わり、昼食を済ませて午後。今日は芸術系の授業が無いのでお茶の時間までディアーナは自由時間である。

サッシャがディアーナの侍女になる前は、ディアーナは空き時間には聖剣アリアードで素振りをしていた。カインと空き時間が合えば、物差しを構えたカインとニーナごっこをしながら体捌きなどを身につけていた。

今は、サッシャに読ませるための世直し物語を一生懸命に書いている。

カインから口頭で伝えられた物語を、ちゃんとした物語として成り立つようにイルヴァレーノと一緒に試行錯誤した。勉強用のプリントの裏や刺繍の会で提出し終わった図案の裏などに書いてはお互いに見せあってダメ出しをしたり、セリフだけ採用したりといったことを繰り返した。

そうして、ようやくコレだ！　という物語が出来たのでいよいよ写本用の白本に書き写し始めているところだった。

「間違えるわけにはいかないから、慎重に書かないとね」

サッシャにはサイリユウム語の辞書を買いに行ってもらっている。遅くともお茶の時間には帰ってくるはずなので使える時間は二時間ほど。

カインから聞いた世直し話は三つで、最初は三つとも本にしてサッシャに読ませようと思っていたディアーナだったが、イルヴァレーノに「サッシャも同時に三冊は読めないから、出来上がった物から随時読ませたほうが良い」と言われて考え直した。

今は、ディアーナとイルヴァレーノで手分けして一つずつ書いているところだ。

ディアーナの字だとわからないように、子どもっぽい字にならないように、母エリゼが王妃様から頂いたお茶会の招待状や刺繍の図案の注意文などをお手本にして丁寧にゆっくりと書いている。

そのため、本文はまだ半分ほどしか書かれておらず、完成はまだ先になりそうだった。

見開きで二ページ分書いたところで、ディアーナはつめていた息をふぅと吐き出して椅子の上で伸びをした。

ちょうどその時にドアがノックされたので、どうぞーと椅子から動かずに声だけかけた。

入ってきたのはイルヴァレーノだった。

「ノックしたのが誰なのか確認もせずに『どうぞー』なんて返事をしてはサッシャに怒られますよ」

「ノックの仕方がイル君だったもん」

イルヴァレーノは小言を言いながら部屋に入ってくると後ろ手でドアを閉めた。腕に何かを抱えたまま机の脇までくると、勉強机に並べてあるそで机の上に抱えていた荷物を置いた。

それは一冊の本だった。

「これはなぁに？」

椅子の上でくるりと反転すると、ディアーナは膝の上に手をのせて身を乗り出して覗き込んだ。そこには、一冊の本が置かれていた。

「本？」

「ウェインズさんが、ディアーナ様にって」

「パレパントルが？」

執事のパレパントルが、ディアーナに本をくれたことは無い。褒めたり遊んだりしてくれることはあるが、物をパレパントルから貰ったことはなかった。

そで机の上から本を手にとると、パラパラと中身をめくってみる。字が細かくてぎっしり詰まった本だった。

ディアーナは目を細めて本を近づけたり遠ざけたりしながら眺め、本を閉じて表紙を見た。

「優雅なる貴婦人のゆうべ」

表紙に書いてあるタイトルを読む。ディアーナはあんまり自分好みの本じゃないなぁと顔をしかめた。まだ九歳のディアーナは字が大きくて難しい言い回しのされていない本を読んでいる。

文学の授業でイアニス先生からことわざや慣用句も習っているが、そういった言葉をよく使っている本は政治の本だったり大人の恋愛が書かれていたりして、あまり好みではなかった。

ディアーナが好きなのは冒険活劇や女の子が元気に活躍する話や動物が出てくる話なので、自然と子ども向けの本を読むことが多かったというのもある。

「少し大人向けのタイトルに見えますが、学園の高学年や卒業したばかりぐらいの若い女性によく読まれているお話らしいですよ」

イルヴァレーノがパレパントルから言われた通りの紹介をする。若干棒読みになっている。イルヴァレーノもこの本に興味が無い様子を隠しもしない。

「ちょうどサッシャが読むような本ってことかなぁ」

「そうですね。そういえば、サッシャも本を読むのが好きということでしたしね」

ディアーナは本をそで机の上に置くと、腕を組んでうぅんと唸る。サッシャと仲良くなり、最終的には世を忍ぶ仮の姿と真の姿の両方を知ってもらって味方になってもらいたい。

カインも手紙でお互いを知ることが大事と言っていた。

「ご本を書くのに手一杯だから、あんまり本を読んでいる時間は無いんだけどなぁ……」

インクを乾かしている最中の写本と、閉じて置かれている「優雅なる貴婦人のゆうべ」を見比べている。パレパントルが意味のないことをするとも思えない。ディアーナはよく分かっていないが、パレパントルはなんか優しくて怖い人だと思っていた。

「イルくぅん」

「え。嫌ですよ？」

ディアーナが必殺角度で脇に立つイルヴァレーノを見上げる。サッシャがそばに居ないのでイルヴァレーノは遠慮なく眉をひそめて全力で嫌な顔をする。

ディアーナは逆向きに首をコテンと倒してさらに見つめてくる。

「イルくぅぅん」

「……いやですよ」

イルヴァレーノには効かない。カインであれば上半身を三回転させる勢いでねじりながらもちろんだとも！　と叫んで了承したに違いない威力があるが、イルヴァレーノには効かなかった。可愛さで何でもゴリ押し出来ると思うような子に育ってはいけない。イルヴァレーノはカインが出来ないことをしようと思って時々ディアーナに冷たくしている。

「イル君の方が、ご本を書くの進んでるじゃんかー」

「そうですけど、それとコレとは話が別ですよ」

「別じゃないよー」

単純に、イルヴァレーノはサッシャと別行動出来る時間がディアーナより多いというだけではあるが、たしかにイルヴァレーノが担当している本の方が進んでいる。

「イル君、お願い。一生のお願い。ね？　お勉強もがんばるし、人参を笑って食べられるようにがんばるから、ね？」

ディアーナがイルヴァレーノの手を握ってぷらぷらと振りながら顔を覗き込んでくる。

一生のお願い、と言い出したディアーナは聞き入れるまで手を離さない。強く握られているわけではないから無理に払いのけることも出来るしそうすれば諦めもするのだが、その後にすごいしょんぼりした顔をするのだ。

「一生のお願い何回目ですか。……わかりました。その本を読んで内容をお伝えします」

カインが甘い分、自分は厳しくしないとと思うイルヴァレーノだが、結局は甘いのだ。カインが居ない分、ますます甘くなっているのだが、イルヴァレーノは自分は厳しいと思っている。

「優雅なる貴婦人のゆうべ」という本は、架空の王国のお転婆王女とその侍女のお話だった。

お転婆な王女様が主役で、その破天荒さで色々な問題をおこしてしまうのだが、機転の利く侍女のおかげで事なきを得るというお話だった。

一冊で大きな一話のお話になっているわけではなく、毎話ごとに王女様が問題を起こし、それを侍女がフォローして解決するというお話を繰り返して行くという一話完結のお話が沢山繋がっているというものだった。

侍女が上手いことフォローすることで、周りの人間が王女の言動を良い方に捉えていき、すごい出来る王女だと勘違いして崇拝していくのを面白がるお話なのだとイルヴァレーノは解釈した。

毎話のラストに、王女が部屋で優雅にお茶を飲みながら侍女に「今日も貴婦人たる振る舞いができたかしら?」「もちろんです、今日も王女は優雅な貴婦人でしたわ」というセリフで締められている。

タイトル回収である。

このあらすじだけなら、意外とディアーナ好みの話と言えなくもない。

しかし読者層が違うせいか、いつもディアーナが読んでいる様な絵本や童話とは違う表現が多数あってイルヴァレーノは頭痛を抑えながら読んでいった。

登場人物の女性や男性の表現が過剰なほどに多いのだ。

「きらめく太陽の様に光り輝く金色の髪は、最高級の絹糸の様に細く艶めいており、サラサラと肩から流れていく様はまるで春の若芽をすり抜ける木洩れ日のようで目が離せなかった」

「その黒髪は新月の夜の空のように深くこの目をひきつけ、日に当たる場所では艶やかにきらめきまるで星空のようである。まさに夜の女王と呼ばれるに相応しき美しさであった」

「紫水晶の様に深く吸い込まれるような瞳には沢山の星が瞬いていた。すこし潤んでいるその宝石は太陽の光だけではなく、噴水のきらめく光る水も、花びらに残る水滴の瞬きすらも映してひかり、これまで見たことのあるどんな価値ある宝石よりも美しい、まさに神秘の塊のようであった」

「長くカールするまつげが光を受け輝き、その長さゆえに瞳や頬にまで影を落としている。すこしうつむき憂いたその顔はまさに春の精霊が過ぎゆく季節に別れを惜しんでいるかの如き儚さと美しさを備えていた」

「背が高く、ガッチリとした肩幅のその男性の髪は秋風に揺れる稲穂のごとき力強さで風になびき、深い森の木々のごとく濃い緑色の瞳には、その色にふさわしき深く静かな情愛の気持ちが浮かんでいた。あぁ、なんて懐の深い心優しき人なのだろうか。まるですべてを受け入れすべてを許した建国の英雄の再来である」

イルヴァレーノは、カインの私室の隣りにある使用人部屋で世直し本を書きつつ、インクが乾くのを待つ間に少しずつ本を読んでいた。

一気に読もうとしても、頭が疲れて内容が入ってこないのだ。字が細かくて読みにくいのもあるが、太陽だの森だの宝石だのというたとえ話が多すぎて、結局登場人物の髪の毛が何色なのか瞳の色が何色なのかさっぱり分からない。

宝石に詳しいであろう、年頃の貴族令嬢が読めばもしかしたらしっくり来るのかもしれないが、平民で男であるイルヴァレーノには全く興味のない分野だし、ディアーナもまだ自分で宝石が欲しいとかアクセサリーが欲しいとか言い出していないので興味は無いのだろう。

今後は出るかもしれないが、今のディアーナが読んでもたぶん同じ感想を抱くのではないかと思った。

イルヴァレーノの弟分で、アクセサリー職人の下に住み込みで奉公に出ているセレノスタなら宝石に詳しいかもしれないが、わざわざ行って「この名前の石ってどんな色？」と聞くものでもないなとイルヴァレーノは思った。

読みにくいなりに何話か読んだところで、何故パレパントルがこの本を読めと言ったのかが分かった。

おそらくサッシャはこの本を読んでいる。そして、影響を受けている。

サッシャは読書と観劇が好きで、令嬢と騎士だか王女と騎士だかの恋愛劇が好きだという情報を得ている。サッシャの学生時代の友人で、観劇にも何回か一緒に行ったという令嬢によれば、男装の麗人である女優を『様』付けで呼んでいたらしい。そして、きっと自分も騎士と恋をして結婚をするのだと観劇後に熱く語っていたのだそうだ。その『女優様』の様な恋をするのだと。

観に行く度に、熱く語られていたらしい。情報源の友人はイルヴァレーノに話すために思い出して、すこしうんざりしていた。

そして、王宮にメイドとして就職し、希望通りに騎士棟に配属されたが『女優様』の演じる様な美しく華麗な騎士は居なかったと絶望し、それなら結婚せずに完璧侍女を目指すと言ってエルグランダーク家の侍女面接を受けたという事だった。

おそらく、その「完璧侍女」の元ネタがこの「優雅なる貴婦人のゆうべ」なのだろうとイルヴァレーノは確信した。

騎士は市民に対して優しく礼儀正しいが、職場自体は男所帯なのだから私生活まで演劇のように優美なわけがないなんてことは、少し考えれば気がついたはずだ。

イルヴァレーノが知っている騎士はエルグランダーク家の警護をしている領地から来た騎士たちと近衛騎士団副団長のファビアンぐらいだ。警護の騎士は誰も居ないだろうと思えば門扉の脇に立ったまま屁をこいているときだってあるし、まだカインとイルヴァレーノにはわからないだろうと思っていたのか門の前をいく女性たちをみながら乳派か尻派かなんて話をしていたこともある。

近衛騎士のファビアンだって面白がってイルヴァレーノを追いかけては小脇に抱えて笑っていたし、神渡りで出会ってカインと会話していたゲラントとクリスは父の足がくさいと言っていた。

騎士の巣窟に飛び込むまでもなく、日々まちなかを行く騎士たちや自分の身内の男性、父でも兄でも叔父でも構わないが、そういったあたりを観察していれば大人の男性に花のように美しい男装の麗人の演じるような騎士など居ないとわかりそうなものだ。

おそらく、サッシャは物語に対して感情移入が激しくて影響を受けやすいのだろうと推測できる。

「優雅なる貴婦人のゆうべ」に出てくる侍女は完璧である。

わがままな王女様がわがままを言う前に、どんなワガママを言うかを予測して先回りして叶えておくことでわがままな王女様だと周りに思わせないのだ。

お転婆な王女様がお転婆な事をしてしまったら、それが「身を挺して国民を守った」「令嬢らしくない振る舞いをすることで注目を集め、他の令嬢の恥を隠してあげた」といった状況に持ち込み、美談として仕立てあげお転婆なのは演じているのだと周りに思わせるのだ。

もちろん、その完璧侍女も普段からわがままやお転婆を許しているわけではなく、なんてこと無い場所では王女を注意し、淑女たる事の大切さを伝えてしつけようとしている。

注意を受ければ素直に直そうとする王女と、それでもわがままやお転婆がこぼれてしまう王女を完璧にフォローする侍女は話が進むと段々と信頼関係を築いていき、やがて王女は立派な女王になる……らしい。

イルヴァレーノはまだ本を半分しか読んでいないが、本の最後のページにあらすじが載っていてそう書いてあった。

半分読んで話のパターンは大体分かったし、もういいかなとイルヴァレーノは本を閉じた。

そして、腕を組んで考える。

ディアーナの考えた、世直し物語を通じて『世を忍ぶ仮の姿』について理解してもらうという作戦は意外とイケるのではないか。

「優雅なる貴婦人のゆうべ」に出てくる王女は決して完璧な令嬢ではない。なので、ディアーナをフォローできる機会があれば多少のわがままやお転婆は見逃してくれそうな気がする。

今のところ、サッシャに令嬢らしくないところを注意されればディアーナは素直にその場で直している。その点は物語と一緒なのでサッシャも完璧侍女を目指すという目標を降ろさずにいられているのだろうし、降りられずにいるともいえるのだろう。先回りした気遣いは若干ズレているが大ハズしてもいない。

でも、「優雅なる貴婦人のゆうべ」の王女はただのお転婆でわがままなだけだが、ディアーナは騎士になりたいのだ。淑女の顔と騎士の顔、二つの顔をもつ謎の女を目指しているのだ。それならば、サッシャは「優雅なる貴婦人のゆうべ」の完璧侍女では足りないのだ。

「ディアーナ様をわがまま王女に当てはめるんじゃない。サッシャをカクさんに当てはめさせるんだ」

イルヴァレーノは勉強用の紙束と、写本の練習用に貰っていた裏紙のあまりを引き出しから取り出し、ペンを執って文字を綴《つづ》りだした。


「えぇー。書き直すの？」

ディアーナはイルヴァレーノの提案に思いっきり嫌そうな顔をした。

机の端に手をつき、押し出して椅子をシーソーのようにギコギコと揺らしている。

一度それで後ろに倒れて頭を打っているはずなのに懲りてない。仕方がないのでイルヴァレーノはそっと背もたれに手を添えて角度が倒れすぎないように押さえている。

「サッシャは思ったよりも本や演劇の影響を受けやすいみたいなので、もうそのまんまなお話にした方が良いんじゃないかと思ったんですよ」

「そのまんまって～？　公爵令嬢が実は騎士で悪人を倒す旅にでるとか～？」

イルヴァレーノの説明に、ティルノーアがちゃちゃをいれる。

今は、魔法の授業中である。

イルヴァレーノはいくつかの勉強をディアーナと一緒にさせてもらっている。カインの嘆願による公爵家の好意で始まった事だが、結果的にディアーナの成績向上に繋がっているので今でも続けられている。

魔法の授業では時々瞑想をする。体内の魔力を練って密度を上げる訓練をするためだ。静かに座って目をつぶり、意識を体内に向けている最中に……書きかけの本がティルノーアに見つかってバレた。

面白そうなことしてるじゃ～んとティルノーアはノリノリで話に交ざってきて、ティルノーア自身も今『落ちこぼれ魔導士は世を忍ぶ仮の姿、その実体はドラゴンの幼生だった！』という話を書いているらしい。

雨降りなどで実技練習ができない日などはこうして家庭教師の仕事を放棄して子どもの悪巧みに参加している。

一応授業中なので、サッシャは自由時間と言うことにしている。使用人休憩室で休憩してるか、図書室で侍女としての勉強をしていると言っていた。

「領地の悪代官とか悪辺境伯を懲らしめるのに、ただの令嬢だと言うこと聞いてもらえないんじゃないかなぁ？　引退した元宰相とかだからははー！　ってなるんでしょう？」

「正義の味方の少女魔導士がさぁ～、悪人をバッタバッタと倒していく話にしたら～？」

「それでは、少女騎士ニーナと同じでは？」

「騎士と魔導士は全然違うよぉ」

ティルノーアは、パラパラと書きかけのショコクマンユウ物語を眺めている。

「ここまで書いてあってさぁ。無かったことにするのももったいないよねぇ。これはこれで完成させれば良いんじゃなぁい？」

書かれている最後のページとまだ白紙のページをペラペラとめくったり戻したりしながら、ティルノーアは話を続けた。

「人気作ってさぁ。フォロワー作品がいっぱい出てくるんだよねぇ。まずおじさんが世直しするお話書いてさぁ、それをまねて書いた感じの女の子が主役のお話をまた新しく書けば良くない〜？」

ティルノーアの提案にイルヴァレーノは渋い顔をして、ディアーナは明るい顔をした。

「別のお話も書くの？」

「似たお話がいっぱいあると、人気の作品なんだなぁって思っちゃうし、こんなに話題になるなら、世の中にはそう言うこともあるのかなって勘違いしちゃう人も出てくるんだよねぇ」

だから、類似の物語がいくつかあった方が良いとティルノーアは言う。

「でも、世を忍ぶ仮の姿と正義のために戦う真の姿があるって話にしなくてはいけないんですよ。女の子が単に男の子みたいに活躍するだけではだめなんです」

だから、サッシャに少女騎士ニーナを勧めるだけではダメなのだ。

仮の姿で世の中をごまかし、真の姿があるのはかっこいいのだと思ってもらわなければならない。

「逆はどうかなぁ？　普段はお淑やかな……ぷぷっ。お淑やかな令嬢なんだけど、王都の平和を守るときは変装して仮面着けて正体隠すとかさぁ」

ディアーナの顔を見ながら、お淑やかな令嬢という言葉で噴き出したティルノーア。

イルヴァレーノが軽く咳払いをして難しい顔をした。笑いをこらえてるのを表に出さないように努力しているのが透けて見える。

ディアーナはプゥとほっぺたを膨らませて抗議した。

「お父様やお母様の前ではしっかり淑女してるもん！　おしとやかだもん！」

バシバシと椅子の背もたれを支えているイルヴァレーノの背中を叩き、ゲシゲシと向かいに座るティルノーアの椅子の脚を蹴った。

「あっはっはっはぁ。ディアーナ様はやはり元気な方がよろしいねぇ～！」

ティルノーアは身を乗り出してふくれっ面のディアーナの頭を軽くなでると、勢いを付けて椅子の背もたれに背を預けた。その勢いのまま、ティルノーアまで椅子の前脚二本を浮かせてシーソーのように揺らしだした。

「真の姿を知るのが一部の人だけなら、真の姿を隠して人前にでるのも一緒だよねぇ～。楽しそうだし、ボクが正体不明の正義の魔導士少女のお話を書いてあげよう～！」

「ホント⁉」

「でも、魔導士なんですね……」

ティルノーアは椅子から立ち上がると、部屋の真ん中でくるりと回転した。花びらのようにギザギザになっている魔法使いのローブがふわりと広がった。

「マントをひらめかせて剣を振るうのもかっこいいけどさぁ～？　ローブをなびかせて魔法を使うのもかっこいいとおもわなぁい？」

「かっこいい！　ディ、白が良い！」

「白かぁ～」

椅子から立ってティルノーアの隣に行き、一緒になってくるくる回っているディアーナは楽しそうだ。

「あわよくば、ディアーナ様の将来の選択肢に騎士の他に魔法使いも入るんじゃないかなーって下心があるからねぇ。イルビーノ君はそうにらみなさんなよ～」

つーかまーえた。と言いながら、ティルノーアはローブを広げて隣で回っていたディアーナを包み込んだ。

「ほら、ディアーナ様にも藍色が似合うよぉ。カイン様とおそろいだもの」

ティルノーアの言葉にハッとするディアーナ。少女騎士ニーナが白い騎士服に白いマントだったのでローブも白！　と言ったのだが、カインとお揃いと言われて悩みだした。

「濃い青と白……どっちが良いもんっぽいかな……」

ティルノーアのローブを頭からかぶったままで、ディアーナが悩み始めた。

真剣な顔で悩むディアーナを笑いながら眺めて、ローブの上からまた頭をなでた。

「カイン様は全然頼ってくれなかったからねぇ……」

ディアーナの頭を撫でながら、ティルノーアはイルヴァレーノの顔を見た。

「君たちの悪巧みに、参加させてもらって本当に嬉しいんだよ。ボクを仲間に入れてくれてありがとうね、イルヴァレーノ君」

ティルノーアからの礼の言葉に、イルヴァレーノは何て返して良いかわからなかったのでとりあえず小さく会釈した。


参上！　正義の味方、美少女仮面魔法使いディアンナ！

ハアハアと息を切らし、街角を走る一人の少女の姿があった。

少女は月明かりを反射して輝く銀色の長い髪を、静かな湖の風に揺れる水面のようになびかせている。随分と長く走っているのか、額からは汗が流れ輝く宝石のようにきらきらと光りながら落ちていく。

「あぁ、いきどまりだわ！」

走る少女の行き着いた先は行き止まりだった。引き返し、別の道を行こうと反転したその時！　後ろから下品な男の声が聞こえた。

「ふっふっふ。追いつめたぜお嬢さん。おとなしく一緒に来てもらおうか」

「いや！　やめて！」

男が近寄り、いよいよ少女の細く百日紅の枝のようなすべらかな腕をつかもうとしたその時！

壁の上から冬の風鳴りのような凛とした美しい声がその行為を止めた。

「やめないか！　下品な男が美しい少女に触れることは、罪ですらあるぞ！」

男が声につられて壁の上を見上げたら、そこにはなんとローブをはためかせたひとりの魔法使いが立っていた。

夜であるというのに、まるでそこに太陽が昇ったかのような明るい金色の髪をなびかせ、仮面の下からこちらを睨みつけている瞳は夏の空のように深く青い。いや、その瞳の煌《きら》めき具合は夏の日差しを反射する湖と表すほうが適切であった。

「美しき少女を拐かそうとする悪漢《あっかん》め！　この正義の味方、美少女仮面魔法使いのディアンナが来たからには逃がさぬゾ！　覚悟するがよい！」

美少女仮面魔法使いのディアンナはそういうと、悪漢に向けてズビシと指を突き出した。

「ちょっと待ってください」

「なんだぁい？　イルビーノ君。まだ読み始めたばかりじゃないかぁ」

魔法の授業中である。早速書いてきたといってティルノーアが紙の束を持ってきたので、読ませてもらっていたイルヴァレーノは、一ページ目を読み終わる前に一度紙の束をテーブルに置いた。

「正体を隠すために仮面までしているのに、名乗ってどうするんですか⁉」

「あぁ～。それは偽名だよ、偽名～。名無し仮面！　とかじゃあかっこわるいじゃんねぇ」

「金色の髪に青い瞳でディアンナだなんて、偽名の意味ないですよね？」

「そうかなぁ～？」

「隠す気ないですよね？」

「ディアンナが来たからには逃さぬぞ！　覚悟するが良い！」

イルヴァレーノがティルノーアに詰め寄っていると、後ろからディアーナの声が割り込んできた。

声のした方をイルヴァレーノが振り返れば、学習机の上にシーツをかぶったディアーナが立っていた。

「仮面の美少女魔法使い、参上！」

机の上のディアーナが、ズビシとイルヴァレーノに向けて指を突きつけてきた。

イルヴァレーノは目をクワッと見開くと、ソファーから立ち上がって叫んだ。

「ディアーナ様は影響を受け過ぎです！　騎士はどうしたんですか騎士は！」

叫びながらも学習机に大股で歩いていくと、ディアーナの腰を掴んで抱き上げた。

「シーツが長過ぎます。足で踏んづけて転んだらどうするんですか。そんな格好で机の上に乗っては危ないですよ」

「はぁい」

「普通の格好なら机の上に乗ってもいいのぉ〜?」

「普段の格好なら、こんなところから落ちてもディアーナ様なら怪我しません」

「照れるよぉ。イル君」

「褒めてませんよ」

ディアーナを抱き上げたままソファーに戻るとそっと降ろして座らせて、自分も隣に並んで座る。

ディアーナはティルノーアの書いてきた物語を手にとってもう一度頭から読みはじめた。

「先生、これ魔法騎士とかじゃダメかな」

ペラリと紙をめくりながら、ディアーナがボソリとそういった。

「ディね、騎士にもなりたいし魔法使いにもなりたいなって思うのだけど。どっちにもなれたらかっこいいよね」

「魔法騎士ね〜。なるほどぉ。確かにそれは最強だよねぇ」

ティルノーアは、ソファーの背もたれにダルンと寄りかかって、ずりずりと尻が前にずり落ちてきている。もはや首だけが背もたれにもたれ、背中で座面に乗っている状態になっている。

「ボクは剣はからっきしだからなぁ〜。カイン様は剣も魔法も使えるから、カイン様におねだりするといいんじゃないかなぁ〜」

ティルノーアはカインに丸投げした。

ディアーナは、青い瞳をキラキラと光らせて「そうだね！　お兄様ならきっと魔法騎士にしてくれるね！」と楽しそうに答えていた。

お兄様にお手紙書かなくちゃ！　と学習机に戻って引き出しから便箋を出して吟味《ぎんみ》しはじめたディアーナ。そちらをちらりと見てからティルノーアに視線を戻したイルヴァレーノはため息を吐いた。

「あまりカイン様に無茶振りしないでください」

「そう？　カイン様なら、もしかしたら実現してくれちゃうかもよぉ～？」

ディアーナ様のお願いだしね。といいながらティルノーアはひじ置きを掴んで自分の体を持ち上げると、ソファーにきちんと座り直した。

「じゃあボクは、『参上！　正義の味方、仮面の美少女魔法騎士ディアンナ！』を書き直して来ようかな～。次回の魔法の授業までには書いてくるからねぇ～」

「……王宮の仕事は良いんですか」

「王宮の仕事はつまんないんだもの～」

おもしろ物語を書くのは、ティルノーアの現実逃避の一つらしい。

一応、時間の後半は魔術書を読んでわかりにくいところを解説するという家庭教師らしい仕事をした後、ローブの背中をシワシワにしたまま帰っていった。

遠い隣国の空の下で、カインがクチュンと小さなくしゃみをひとつした。

「優雅なる貴婦人のゆうべ」を読んだ後、イルヴァレーノは庭の餌台まで行き、抜けたばかりの小鳥の羽を一枚拾った。

腰のベルトから小さな隠しナイフを取り出すと、羽枝の部分を削いでいく。

パラパラと色の付いた羽が落ちていき、イルヴァレーノの手の中には白くて細い軸だけが残った。

それを日にかざしてクルクルと回しては、削り残しの部分を削っていく。

最後には、軸はきれいにツルツルになった。そのできに満足そうに頷くと、イルヴァレーノは手の中でころころともてあそびながら邸の中へと戻っていった。

ディアーナの部屋へ戻ると、部屋の主は手紙を書くところだった。

留学中の兄、カインに向けた手紙である。

「親しき仲にも礼儀あり。身内に向けた手紙であろうとも、手順を守って書きましょう」

そう言って、しつけ担当の家庭教師であるサイラスに見守られながら書いている。

「サイラス先生。お兄様はきっと、早くわたくしの近況を知りたいと思ってお手紙を読みますわ。こうやって時候の挨拶を長々と書いていたら、じれてしまわないかしら？　相手に不快な思いをさせてしまう挨拶なんて、おかしくないかしら？」

ディアーナがお澄まし顔でサイラスに質問をしている。

もっともらしく質問しているが、単に決まり事の多い時候の挨拶を書くのが面倒なだけだろうと思いながらイルヴァレーノは聞いていた。

「カイン様はディアーナ様の書かれた文字をご覧になっただけでお喜びになるでしょう。文字数が多い方がより喜びは多くなります。無駄に長い挨拶文は文字数稼ぎに最適なのですから、面倒がらずにお書きなさい」

「そっか」

ディアーナが納得して『手紙の挨拶集』の本を見ながら手紙を書く作業に戻った。

ディアーナは納得したが、イルヴァレーノはサイラスの説明に対して心の中でぇぇー。と思うところが何カ所もあった。

ドアの脇に控えていたイルヴァレーノに向かってサイラスが視線を投げた。

「何か質問があれば受け付けます」

「よろしいのですか？」

いくつかディアーナと一緒に受けさせてもらっている授業はあるが、しつけの授業はそうではない。生徒でもないイルヴァレーノの疑問に答えてくれるという。

「使用人の中でも主の近くで働く者は、手紙の代筆をすることもあります。手紙の書き方は覚えておいて損はありません。せっかく『マナーのなっていない無礼な手紙でも怒らない』相手に手紙が書けるチャンスなのです。よろしければ君も手紙を書くと良い」

そう言ってサイラスは手元から白い便せんを二枚取るとローテーブルの上に置いた。そして、ソファーへ手を向けてイルヴァレーノに座るように促した。

「先生は無駄に長い挨拶文とか、文字数稼ぎとか仰いましたが……」

「ええ。手紙の時候の挨拶は無駄に長い字数稼ぎです。長ければ長いほど貴族らしいと褒められます」

「それはどうしてなんでしょうか」

イルヴァレーノは座って目の前の便箋二枚を手に取りながらサイラスの顔を見る。

サイラスは顎に手を添えながら、ふむとかるく頷いた。

「まず、便箋一枚で手紙を終わらせてしまうのが失礼ということになっています。要件を一枚で済ませて白紙一枚を余分に入れておくという手もあるのですが、それは最終手段であり、スマートではないと言われてしまいます」

「一枚で済ませるのが失礼……」

「貴族はプライドが高いので、紙一枚しか送ってこないケチだと思われたく無いのです」

「そんな理由なんですか」

「そんな理由なんですよ」

サイラスはディアーナの後ろに立って、挨拶文集をめくる様子を見た。真剣に選んでいるディアーナに一つ頷き、またイルヴァレーノの方を見た。

「挨拶など、朝はおはようございます。昼はこんにちは。夜はこんばんは、おやすみなさい。で良いんですよ、本来は。でも、それでは『語彙が少なくて挨拶ができないのでは？』『教養が足りないのでは？』『挨拶する価値がないと下に見たと思われるのでは？』と相手に侮《あなど》られるので、言葉で飾りたてて挨拶をします」

「挨拶が簡単だと侮られてしまうのですか？」

「実際にはそんな風に感じる人はほとんどいないはずです。ですので『思われるかもしれない』という、挨拶する側の問題です」

「言葉を尽くして挨拶をしておいた方が安心だからそうすると言うことですか？」

「その通りです。君は理解が早いですね」

サイラスがまたディアーナに視線を戻す。つられてイルヴァレーノもディアーナをみた。

凄い集中力を発揮して、真剣に挨拶文集を読んでいる。よく見ると、内容を読んでいるのではなく、文字数を数えている様だった。

うつむいて本をみているディアーナの目許《めもと》には、まつげの影が落ちていた。

それを見て、イルヴァレーノは自分のやろうとしていたことを思い出した。

イルヴァレーノは音もなく立ち上がると、気配を消してディアーナのそばまで歩いていった。

手にしていた羽の軸を指に摘まむと、そっとディアーナのまつげの上に乗せた。

「乗った……」

「んっふぅっ……ごほん」

イルヴァレーノが思わずつぶやいた後、後ろから噴き出した声が聞こえた。振り返ると、イルヴァレーノ越しにディアーナをのぞき込んでいたサイラスが握り拳を口元に当てて片眉を上げていた。

声に気がついて顔を上げたディアーナのまつげから、羽の軸がコロンと落ちて机の上を転がっていく。

「何をやっているの？　二人して」

怪訝そうな顔をして軽く睨んでくるディアーナ。イルヴァレーノは転がる羽の軸をつまみ上げるとニコリと笑ってディアーナの瞳を覗き込んだ。

「ディアーナ様は、貴婦人の資格がありますね」

「きふじん……なぁに？」

「んふふっふぅ」

後ろでサイラスが笑うのをこらえている。

いつも真顔で表情を崩すことのない厳しいサイラスが、口元に手を添えて肩を震わせている。

普段あまり笑わないイルヴァレーノとサイラスが笑っているのを見て、ディアーナがプゥとほっぺたをふくらませる。

「もう！　なぁに⁉　ふたりして笑ってずるい！　ずーるーい！　ディにもおしえてよー！」

イルヴァレーノがディアーナに言われて読んだ「優雅なる貴婦人のゆうべ」の中で、完璧侍女が王女のまつげを整えるというシーンがある。

そこで、王女のまつげは瞳に影が落ちるほどに長く、さほど手を入れなくても自然にカールして瞳を彩っているという記述があるのだが、そこで「羽を乗せてもマカロニを乗せても負けない力強いまつげは貴婦人の証」と書いてあるのだ。

「妻と娘が、『優雅なる貴婦人のゆうべ』を読んでおりまして。君も読んだんですね」

「はい。途中までですけど、読みました。形容詞というか装飾語というか……そういうのが多くてずっと読んでいると疲れてしまうんです」

サイラスは、イルヴァレーノの言葉に優しく頷いた後にディアーナに向き直って真面目な顔をした。

「ディアーナ様は本を読むのがお好きでしたね。『優雅なる貴婦人のゆうべ』を半分でいいので……いえ、最初の三話で良いので読んでみてください。実に貴族らしい無駄な字数稼ぎが沢山盛り込まれています。我慢して一冊読み終わる頃には、無駄な字数稼ぎになれて手紙を書くのに役立つかもしれません」

「イル君も先生も面白いって言ってるから、読んでみます。イル君、あとで貸して」

「はい、お部屋にお持ちします」

ディアーナに一礼しながら、イルヴァレーノは「やっぱり無駄な字数稼ぎなのか」と読みにくかった本の内容に妙に納得したのだった。

サイラスはディアーナとイルヴァレーノをソファーに座らせると、自分は向かいのソファーに座って向き合った。

「丁度いいので、無駄なお話をしましょう」

背筋を伸ばしたまま、サイラスがそう言ってディアーナとイルヴァレーノの顔を順に見た。二人の子どもが背筋を伸ばして座り直すのを見て、一つ頷くと講義を始めた。

「貴族にとって、無駄というのは余裕です。先程も言いましたが、挨拶は『おはようございます』『こんにちは』『こんばんは』『おやすみなさい』で用事は足りるのです。でも、貴族同士の場合は『おはようございます。こんな気持の良い朝に、あなたに会えたことを嬉しく思います』『こんにちは。とても良いお天気ですね、あなたの髪の毛も太陽の光をうけて輝いていてとても美しいですね』『こんばんは。こんな月の美しい夜にお会いできるなんて運命を感じますね』『おやすみなさい。どうぞ、良い夢をみられますように祈っております』といった感じで一言そえます。気障《きざ》な人はさらに相手の容姿を褒め、髪型を褒め、服装を褒めます」

サイラスの説明を聞いて、ディアーナが手をあげた。

「ディアーナ様、どうぞ」

「お父様やお母様、お兄様やイル君やサッシャには『おはようございます』『こんにちは』『こんばんは』『おやすみなさい』と挨拶をしています。私ももっと言葉を尽くす必要がありますか」

ディアーナの質問に、サイラスは良い質問ですと表情を変えずに頷いた。

「洋服の話をしましょう。体の、羞恥を感じるところを隠すだけならば下着だけで用事は足りますね。寒さをしのいだり、転んだ時に怪我をしない為ならば平民が着ているような体の形に合わせて作られた綿の服一枚着ているだけで用事は足ります。二枚も三枚も重ねて着たり、スカートにボリュームを出すための下着を着たり、レースやフリルを二重にも三重にも重ねたりする必要はないのです。それでも、貴族はそういった服を着ます」

「それも、無駄ですか？」

「そうですね。ディアーナ様、夜寝るときはどんな服装で寝ていますか？」

「頭からかぶるながそでのシャツと、足を通すつつだけのズボンです。あ、胸にちいさなおリボンついてます！」

「家族への挨拶、夜寝るだけの服。そういったプライベートな所では貴族も無駄は省きます。必要無いからです。小さなおリボンは、着る人の心を楽しませるものなので無駄とはちょっとちがいますね」

サイラスは、自分のレースの付いた襟を指先でピッと引いて伸ばした。

「無駄な言葉を費やすことで、無駄に豪華な服を着ることで、無駄に手の込んだ髪型にすることで、相手に自分は余裕があるということを見せます。そうすることで、自分の自尊心を守り、権利を守り、そして相手を守ります」

「……ちょっと、むずかしいです」

ディアーナが眉毛を下げて困った顔をしている。イルヴァレーノも分かったようなわからないような微妙な顔をしていた。

「そうですね……。大好きな人に会うときにはオシャレをして、きれいな格好をして会いたいと思いませんか？」

「はい！　お兄様にディアーナ可愛いって言ってもらえる服を着ます！」

「では逆に、カイン様がディアーナ様に会うためにお洒落をしていたらどう思いますか？」

「お兄様がディィに会うの楽しみにしてたんだなって嬉しく思います！」

「ディアーナ様、自分を呼ぶときは『私』です。お気をつけなさい」

「……はい」

カインの話になってテンションが上がったディアーナは、ついしつけ担当のサイラスの前で自分をディと呼んでしまった。一応注意したものの、サイラスは深追いして叱らない。

「私はこんなに豪華な服を着ることが出来る、私はこんなに言葉を尽くすことができる。そうやって、相手に対して気を使っていますよという気持ちを表すことができるということです。転じて、適当な服を着て、要件だけの言葉を伝えることは相手を軽んじているのだと受け取られかねないのです」

「嫌われないために、お洒落するの？」

「端的に言えば、そうです。他にも理由はありますがそれはもう少し複雑なのでまた今度にしましょう。お手紙の話に戻ります」

サイラスは立ち上がるとディアーナの学習机まで行き、挨拶文集の本を手に取ってソファーに戻ってきた。

適当にパラパラとめくりながら、挨拶文を一通り眺める。

「ココに載っている挨拶文は、過去の著名人の書いた手紙から抜粋されています。ですので、お手紙を書く時にどの挨拶文を使うかは慎重にならなければいけません」

「季節や相手と自分の立場があっていれば良いのですよね！」

ディアーナがまた手をあげて発言をする。季節にあった挨拶を書きましょうというのは前回のお手紙の書き方で習っていたからだ。覚えていることをアピールする。

サイラスはかすかに口角をあげると、ゆっくりと頷いて「よろしい」とディアーナを褒めた。

「さらに一歩踏み込みましょう。この挨拶文を使うときは、参考にされた著名人が何者だったかも気にすべきです。音楽やダンスの話題であれば、音楽家やダンスの名手として有名だった人の挨拶文を使う事で、相手も挨拶を読んでいる段階でお手紙の話題を予測することが出来ます。逆に、有名な建築家や貿易で財を成した人の挨拶文を利用しているのに、本文はダンスパーティーのお誘いでした、なんてことになるとちぐはぐな手紙になってしまいます。教養を疑われかねないので注意が必要です」

「……むずかしいです。どの挨拶文がどの人の書いたものかはわかるのですか？」

ディアーナの質問は想定していたようで、サイラスは挨拶文集を開いたまま二人に見せるようにテーブルの上に置き、一つの挨拶文の最後に描かれた単語を指差した。

「ここに書かれているのが、この挨拶文の手紙を書いた人物の名前です。どの挨拶文にも最後に書いた人の名前が書いてあります」

「その人が何者なのかまでは、書いてないのですね」

イルヴァレーノが目を細めて本を眺めている。目が悪いわけではないが、きらびやかな言葉が羅列されているのであまり目に入れたくないのだった。

「それについては、次回までの宿題にしておきましょう。挨拶文集に載っている人物が何者なのかを調べておいてください」

「はぁい」

「挨拶文は、洋服におけるレースやフリルやリボン、刺繍衿みたいなものです。あなたに心を砕いていますという意思表示になります。また、先程説明したように適切な挨拶文を選んで書くには教養が必要です。完全にオリジナルの挨拶文を書くことも出来ますが、それにはやはり語彙やセンスが必要になってくるので教養が必要です。もちろん、文字数の多い挨拶文を書くには時間も必要です。これだけあなたに時間を掛けていますよという相手への思いの大きさを表しますし、これだけの文字数を書ける時間的余裕が私にはありますよと自分を大きく見せる事もできます」

「……転じて、挨拶文が無いと侮られたと怒る人がいるかも知れない…ですか？」

「そうですね。文化として根付いてしまったものは、由来や意味など関係なく『そういうものだ』と受け入れる人もいます。そういった人は『そうではなかった』時に理由や意味を考えること無く憤りを感じる事が多いのですよ」

イルヴァレーノとサイラスが問答をしている間に、ディアーナは、挨拶文集をずるずると自分の方に引き寄せて覗き込んでいる。

「あと、もう一つ。それぞれの挨拶文が何の手紙の挨拶だったかも、知っていないとまずいことになる場合があります」

「……まずいこと？」

「その気もないのに、結婚する羽目になります」

イルヴァレーノとディアーナは、何処かで聞いた話だと思った。

「あの、もしかして。『挨拶文ことば』みたいなのがあるとかですか」

「挨拶文言葉？　そのようなものは無いけれど、近いかもしれませんね」

イルヴァレーノの質問に、サイラスはすこし首をかしげつつ答えた。

「その挨拶文が何の手紙で使われていたか、が重要になります。挨拶文だけなら普通の時候の挨拶ですが、それが恋文に使われた挨拶となると、意味が違ってきます」

ディアーナとイルヴァレーノは揃ってやっぱりねという顔をした。二人の頭の上には今、イアニスの顔が浮かんでいた。

「つまり、誰が書いたかだけではなくてどの手紙に書かれていたかまで勉強する必要があるってことですか」

「そういう事になりますね」

イルヴァレーノの言葉と、それに対するサイラスの答えにディアーナとイルヴァレーノはうへぇという顔を隠せなかった。

二人揃って眉を寄せてへの字口の顔を作った様子に、サイラスがふふっと小さく笑うとかばんからもう一冊本を取り出してテーブルに置いた。

「恋文に使われていた挨拶文集です。初心者向けに、ちゃんと元の手紙の種類別の挨拶文集があるんです。公爵家の図書室であれば、一揃いあると思います」

「よかったあ」

ディアーナがほっとして胸をなでおろしていると、サイラスがパンっと手を叩いた。

「さぁ、カイン様宛の手紙を書きましょう。今日はこちらの一般的な手紙向けの挨拶文集から挨拶を選んで書いてください。中身はチェックしませんが、挨拶文と締めの文は私が見ますから、そのつもりで書いてください」

「はい」

「はい」

サイラスが見守るなかで、ディアーナとイルヴァレーノはカイン宛の手紙を書いた。

朝のランニング中、ディアーナとイルヴァレーノで最後の打ち合わせをしている。

「サッシャは、渡した本は読みましたかね」

「面白かったですって感想を教えてくれたから、読んだと思うよ」

「面白かったんですか……」

門番騎士の前を通り過ぎつつ、ハイタッチをする。

今の早朝の門番は、先日領地から帰ってきた父と一緒にやってきたばかりの若い騎士だ。ランニング中に門の前を通り過ぎる度に片手を差し出すディアーナとイルヴァレーノに最初は戸惑っていたが、「手をぱっちんとするのよ!」とディアーナに言われてから、彼もすれ違う度にハイタッチをしてくれるようになった。

「イル君の暴れん坊な王様も、ディの書いた元宰相の世直し旅も読んでくれたから、いよいよ作戦を決行しよう」

「……やるんですね」

「やるよ!」

イルヴァレーノはあまり乗り気では無い様だったが、もう前から決めていたことだったのでやると言われればやるしかなかった。

「では、今日は芸術の授業がないのでお茶の時間の前に決行ということで」

「うん。準備よろしくね、イル君」

「はい」

そのまま、細かい打ち合わせを走りながら行い、朝食に間に合うように二人は解散した。

「サッシャ。お茶の時間まで少し時間があるから、お庭に花を見に行きましょう」

ディアーナは、おしとやかに微笑んで侍女のサッシャに声をかけた。

「承知いたしました。本日は日差しが強そうですので、日傘をご用意いたしましょう」

「ええ、お願いね」

サッシャが出かける用意を整えると、ディアーナはサッシャを連れ立って庭にでる。前庭をゆっくりと一周回って、一通り季節の花をみて回ったところでディアーナは振り向いてサッシャに微笑んだ。

「ねぇ、サッシャ。お兄様にお花を送りたいの。届いた頃にちょうど花が咲くようにしたいのだけど、どうしたら良いかしら」

「そうですね。……裏庭や温室には、植え替え準備中の花が咲く前の花が植わっているそうです。行ってみますか？」

「ええ、そうね。行ってみましょう」

ディアーナとサッシャは、裏庭へと移動するために邸の塀沿いに歩いていく。

大きな木が塀に沿って並んで植えられている場所に差し掛かった。春には小さな白い花が沢山咲いてきれいな木だが、今は濃い緑の葉がわさわさと茂っており木陰が濃く落ちてすこし薄暗くなっている。

サッシャは、ディアーナが歩く先に穴掘り用のスコップが落ちているのに気がついた。

この屋敷に勤めている庭師の老人はきっちりと仕事をする人物だ。こんな風に仕事道具を置き忘れる様な人ではないと思っていたので不思議に思った。

木陰の下に入り、日差しも遮られたので日傘を畳んだサッシャは、ディアーナが転ばないように先をいってスコップをどけようと考えた。

歩く速度を速めてディアーナを追い越そうとしたその時、ディアーナが右手を横に突き出してサッシャの行く道を塞いだ。

「サッシャ、止まって」

「ディアーナ様?」

ディアーナとサッシャの二人が立ち止まり、ディアーナが木の上を見上げたその時。

バサリと音がして木の上から黒尽くめの男が降ってきた。

「……公爵家令嬢、ディアーナ・エルグランダークだな」

「そうですわ」

黒尽くめの男に名前を呼ばれ、ディアーナがそれを肯定した。

それを聞いて、男は背中からナイフを取り出すと両手に逆手で持って構えた。

「お命頂戴する!」

黒尽くめの男がディアーナに向かって駆け出してきた。サッシャはとっさに動けなかったが、ディアーナは大きく前に踏み出した。

ディアーナはスコップの先を思い切り踏みつけると、テコの原理で持ち手が飛び上がる。

浮き上がったスコップの持ち手を掴むと、ブンっと振って体の正面に持ってくると両手で構えた。

黒尽くめの男が体をねじりながら思い切りナイフを振り抜いてくる。ディアーナはスコップの先、金属部分でそれを弾き、弾いた衝撃を流すようにスコップをくるりと回転させて二撃目をスコップの背で弾く。

両手のナイフ二本、二連撃を弾かれた黒尽くめは、一旦距離を取るために後方へバク転していく。

「何者かは知らないけれど、命をあげるわけにはいかないの」

ディアーナはそういってニヤリと笑う。

二歩ほど横に歩くと、サッシャの前に立ってスコップを構えた。

「ディアーナ様、いけません」

サッシャがディアーナの肩に手を置こうとしたところで、黒尽くめがまた駆け出してきた。ディアーナは今度は自分からも向かっていった。

スコップを黒尽くめに向かって思い切り振り抜く。黒尽くめはべたりと地面につく様に姿勢を低くしてそれをやり過ごすと、下からナイフで切り上げた。

スコップの遠心力に逆らわない様に体ごとぐるりと回転したディアーナは、後ろ回し蹴りの要領で黒尽くめのナイフを踵《かかと》で弾き飛ばした。

ナイフを弾かれた黒尽くめは蹴られた方向に逆らわないように体を流して側転し、地面を蹴って壁に向かって跳び上がると、壁を蹴ってディアーナに向かって跳ぶ。

空中から跳び蹴りを入れようとする黒尽くめに向かってスコップの柄を両手で構えるディアーナ。

足先を柄で受けるとそのまま万歳をするように持ち上げて力を上方に流してしまう。足を絡め取られてバランスを崩した黒尽くめは、そのまま空中で回転するとかろうじて着地し、後転して距離をとった。

「そろそろ引いたらどうですか、長引けば警備の騎士がやってきますよ」

ディアーナがそう言うと、黒尽くめは「チッ」と舌打ちすると最後に投げナイフを投げつけた。

ディアーナはそれをスコップの軸を目の前に突き出して受けた。木で出来ている軸にナイフが深々と刺さっている。

黒尽くめは、ナイフを投げたと同時に木の枝の中に消えていた。

「サッシャ、大丈夫？　驚いたわね。一度部屋に戻りましょう」

何事もなかったかのように微笑んで振り返ったディアーナが声をかけると、サッシャは真っ白い顔でコクコクと頷いた。

部屋に戻るとディアーナはソファーに座り、サッシャにも向かい席に座るように促した。

二人揃ってふぅーとため息をつくと、背もたれに体重を預けて少しゆるく座った。普段なら姿勢が悪いと叱るサッシャだが、今日は自分自身も疲れてしまったのか注意をしないし、サッシャ本人も背もたれにもたれて座っていた。

部屋のドアがノックされ、イルヴァレーノが入ってきた。

「イルヴァレーノ。お茶を淹れてくださる？　三人分」

「かしこまりました」

入ってきたイルヴァレーノにディアーナがお茶を淹れるように言うと、うやうやしく受けてティーポットのある棚へ歩いていく。

ボコボコとお湯が沸く音がしてきた頃、サッシャが声を出した。

「ディアーナ様はお強いのですね」

キタ！　と思ったが、淑女らしく澄ました顔で感情を出さない様にディアーナは抑えた。柔らかく微笑み、サッシャに向かってゆっくりと頷いた。

「淑女は剣が強くてはいけないので、内緒にしていてくださいね。お父様とお母様に知られたら怒られてしまいますの」

「そうなのですね」

カップを三つ持ってきたイルヴァレーノが、それぞれの前に置いて行く。

そしてサッシャの隣の一人用のソファーに座って、自分のカップを手にとってフゥフゥと息を吹きかけている。

「あのね、サッシャ。公爵家の長女、淑女のディアーナは世を忍ぶ仮の姿なの」

「……世を忍ぶ仮の姿」

「あなただから秘密を明かすのよ、サッシャ」

ディアーナは胸の前で手を組むと、顎を引いて上目遣いでサッシャをみつめる。

サッシャはディアーナをジッと見つめているので、隣の椅子でお茶を冷ましているイルヴァレーノの目が泳いでいることには気がついていなかった。

サッシャはスッと立ち上がった。

「お嬢様、少々お時間を頂いてよろしいでしょうか」

「え……。うん」

これから、サッシャを巻き込んで行く為の大演説をするつもりだったディアーナはサッシャの行動に出鼻をくじかれてしまった。

ディアーナがポカンとした顔で見上げているのを尻目に、サッシャは続き間にある自分の部屋に入っていく。そして、すぐに出てきた。

ソファーまで戻ってくると、カップをよけてローテーブルの上に二冊の本を置いた。

それは、元宰相の世直し旅行記の本と、暴れん坊な王様の本だった。

イルヴァレーノとディアーナがちらりと本の表紙を見て、何事も無い様にカップのお茶を口に運ぶ。

内心はバクバクである。

サッシャは、自分の席に静かに座ると本の表紙の上に手をそっと置いた。

「世を忍ぶ仮の姿。その言葉がこちらの本にも出てきます。つい最近、ディアーナお嬢様からお借りして読んだばかりなので間違いございません」

サッシャは静かに語る。

「ディアーナ様は、お兄様と一緒に近衛騎士団の訓練に交ざろうとした事があると噂で聞いたことがございます。もしかして事実なのですか？」

本から顔をあげたサッシャが、静かにディアーナの顔を見つめる。

ディアーナは引きつりそうになるのを我慢して、澄まし顔で微笑み、サッシャを見つめ返した。

「本当ですわ。でも、反対されてしまったので剣術の訓練は結局出来なかったのよ」

「剣術訓練を諦めていない。実はとても強い。令嬢としてあるまじき行動を取ってしまう。それが『真の姿』だというのですか？」

サッシャの瞳がキラリと光る。

ディアーナの喉がゴクリと鳴る。サッシャの問いかけに答えようと口を開こうとしたが、サッシャが手のひらでそれをとめた。

「お嬢様が、私の居ない時にイルヴァレーノと砕けた口調で会話をしているのは知っていました。内緒話をしているのも知っています。少し寂しい気はしましたが、お嬢様はまだ社交界にも出ておらず、学校にも通っておりません。公私を分ける場が無いのですから、私といる時を公、私が居ない時を私として気持ちを切替えて礼儀作法をきっちりしていただきたかったのですが」

「サッシャ……」

「私を、公私の私の方に入れてくださるというのですか？」

サッシャが、小さく首をかしげて聞いてきた。

ディアーナは、小さく速くコクコクと首を上下に振って肯定する。

「うん。うん。サッシャはディの一番近くの侍女だから、味方になってほしかったの」

「ディアーナお嬢様の真の姿は、あんなにお強かったのですね。不審者に対してあの様に立ち向かえるなんて」

「うん。ディ、強かったでしょ？　あの姿を見られちゃったから、もうサッシャに隠し事出来ないなって……」

「ええ、とてもお強かったです。守ってくださってありがとうございました」

「えへへ……。かっこよかった？」

「ええ、とてもかっこよかったですよ。投げナイフを華麗に受け止めるなんて神業といえるでしょう」

「えへへへ」

「さぞ練習なさったのでしょうね」

「それはもう、沢山ね！」

そう答えた次の瞬間、ディアーナは　あ。という顔をする。

イルヴァレーノは片手で顔を覆って俯いてしまう。

サッシャは口の端を少しだけ上げた。

「ディアーナ様。素直なことは美徳ですが、貴族社会で生きていくにはもう少し腹芸というものを覚えなさいませ」

「ごめんなさい」

ディアーナは眉毛を下げて俯いてしまう。

サッシャはため息を一つ吐いてから、上半身を伸ばしてディアーナの頭をそっと撫でた。

「ディアーナお嬢様の公私の公は、邸の使用人たちですか？」

「パレパントルとか、デリナとか、おウチにいるみんなと、お父様とお母様」

九歳の女の子が、両親の前でも淑女として振る舞っているという。

「旦那さまと奥様も、公の場なのですか？」

食堂や、ティールーム、来客時のサロンなど。両親の前でも淑女であろうとしていたディアーナをサッシャは見ていた。しかし、サッシャの居ないところ。使用人を下げて母と二人で刺繍をしている時や、父と街へ遊びに出る際の馬車の中など。

両親に甘える時間というものは私なのだとサッシャは思っていたのだが。

「私の前を公、居ないときを私として礼儀作法を切替えていただこうと思ってやって参りました。しかし、そういうことでしたら。私もディアーナ様の『世を忍ぶ仮の姿』ではなく、『真の姿』にお仕えしましょう」

「サッシャ！」

両親にも素を見せないというディアーナ。何故そうなっているのかは、サッシャには分からない。イルヴァレーノなら知っているのだろうが、それを聞くのはなんだか悔しかった。

「これから、ディアーナお嬢様について色々と教えてくださいませ。『世を忍ぶ仮の姿』の秘密を守るために、茶番にも付き合いましょう」

「ありがとう！　サッシャ！」

元気よくお礼を言うディアーナに向かって、サッシャはキリっとした顔を向けた。

「ですが、素の状態。プライベートと言えども貴族の令嬢として崩してはならない一線というものはございます。そこは、きっちり注意させていただきますからね」

「……はぁい」

シオシオと肩を下げるが、ディアーナの顔は笑っていた。

良かった良かったと、安心するように息をはいていたイルヴァレーノに向かってサッシャは声をかける。

「あなたには、また後でお話があります。練習したからといってやって良いことと悪いことがあります」

「…………」

誘導に引っかかったせいだぞ、という恨みがましい目で、イルヴァレーノはディアーナをちらりと見た。

ディアーナはフイッと視線を外して窓の外を見た。

「お嬢様の『世を忍ぶ仮の姿』にお付き合いするのですから、お嬢様も私に付き合ってくださいませ」

「サッシャも何かあるの？」

「ええ、以前からお嬢様にして差し上げたかった事がございます」

「なにかな？」

「それは……」

翌朝から、サッシャはディアーナの朝の身支度の時に髪を巻く時間というのを作った。

ディアーナの髪の毛は艶のあるサラサラの髪の毛だ。

サッシャがディアーナを寝間着から普段着に着せ替えた後、寝間着を片付けている間にイルヴァレーノがディアーナの髪の毛をセットしてしまっていた。

イルヴァレーノはブラシできれいに梳《と》かして、ハーフアップにして髪飾りを付けたりしていたのだ。

だが、その日からはサッシャが丁寧に丁寧に毛先を巻いていき、金色の巻き髪を作るようになった。

『優雅なる貴婦人のゆうべ』の作中で、完璧侍女が王女の髪を巻いているのだ。

髪を巻いている間に、今日の予定を確認したり、他愛のないおしゃべりをしたりするのだ。

「さあ、今日も髪を巻いていきますね」

「おねがいします！」

「ディアーナ様。ディアーナ様は果物では何がお好きですか？」

「りんごが好きだよ。お兄様がね、うさぎさんに皮を剥いてくれるのが好きなの」

「うさぎさん……ですか？」

「イル君もできるよ」

「……私も出来るように練習いたします」

他愛のないおしゃべりは続く。

まだ、ディアーナとイルヴァレーノがサッシャに言っていない事は沢山ある。

それを、少しずつ少しずつ、髪を巻いてもらいながら聞いてもらう。

公爵令嬢だけど、剣術訓練を諦めていないどころではなく、イルヴァレーノ相手に剣術の練習を続けているという『真の姿』について語れるのは、もう少し先。

もうすぐ夏休み

窓を開け放った教室で、生徒たちは汗をかきながら授業をしていた。

制服は夏服にかわっており、男子生徒は白い開襟シャツに黒いズボン姿になっている。

「ジュリアン様ぁ。遷都は北国にしましょう。一番北にある旧王都のセイレストにしましょう。きっと涼しい」

「セイレストは、夏は涼しいが冬になったら雪で閉じ込められるぞ。神渡りの休暇で領地に帰れなくなるじゃないか」

「とにかく、あと一週間もしたら夏休みだ。俺の領地はココよりは涼しいからな。最終日の授業が終わったら即行帰ってやるんだ」

授業の合間の休み時間に、机にぐったりと倒れ込んでいる友人たちが口々にそんな事を言っている。

女生徒達は扇子で自分を煽いで涼を取っているが、男子達は手で顔を煽いだりノートで開襟シャツの中を煽いだりしていた。

女生徒達の扇子も、本来は笑ったりする時に口元を隠すためのもので風を起こすものでは無いのだが、この暑さで『本来の本来』の使い方で扇子を使っている。ややこしい。

「女子のものだからとか遠慮せずに、男子も扇子を使ったら良いんじゃないですかね」

カインはそういって提案してみるが、貴族男子のプライドなのかどれほど暑くても扇子を持とうという男子は出てこなかった。

現代知識チートで大儲けチャンスじゃないかと、うちわでも作ってみようかと思ったカインだが、そもそも紙がさほど安いものでもない世界なので、下手すると毛皮の扇子よりも高価なものになる可能性があるのでやめておいた。

「っていうか、カイン様。何かおかしいですよね」

みんながぐったりしている中、カインだけが涼しい顔をして姿勢正しく座っている。余裕の顔をして次の授業の教科書を出すなどの準備をしている。

机に突っ伏しながら、ディンディラナがジト目でカインを見上げてくる。

「僕らは貴族令息ですよ。暑かろうが寒かろうが平気な顔をしていないといけないでしょう？　平常心、ポーカーフェースですよ」

カインがそんなもっともらしいことを得意顔で言ってみせるが、後ろから迫ってきていたジュリアンがカインの首を掴んだ。

「あ！　カインの体が冷たい！　なんか体の周り薄皮一枚ぐらいのところに冷気を感じるぞ！」

ジュリアンは王族らしい鷹揚な言葉遣いも忘れてそう叫んだ。

アルゥアラット、ジェラトーニ、ディンディラナの三人はガバリと体を起こすとカインの体にまとわりついた。

「本当だ！　カイン様涼しい！」

「あぁ、冷たい。生き返る〜」

「やめろ！　くっつくな！　暑苦しい！！！」

「あ！　カイン様の机の中に氷がある！　氷の塊が！」

カインは氷魔法で机の中に氷の塊を作り出し、風魔法でその冷気をぐるりと体にまとわりつかせていたのである。

そのために今日の授業の教科書は机に入れずに毎回かばんから出し入れしていた。

汗をかくような暑さの教室内で、男子五人がおしくらまんじゅうの様にひっつきあっているのを見た級友たちは、ついに暑さで頭がおかしくなってしまったのかと可哀想な物を見る目で彼らを見つめているのだった。

「そう言えば、カイン様は夏休みには国に帰るんですよね」

「うん。一月半も休みがあるからね。アルバイトのおかげで速度の出る馬車に乗れそうだし」

「カイン様、国に婚約者がいるんでしょう？」

「は？」

ジェラトーニの言葉に、カインがジト目で聞き返す。こいつ何いってんの顔で見つめ返す。

「だって、カイン様宛にしょっちゅう手紙来るし、カイン様もしょっちゅう手紙だしてるじゃん。しかも、毎度毎度可愛い便箋と封筒で」

「そうそう、それにさ。寮監から手紙渡された時の顔な、すごい顔してるもん。あれ絶対婚約者だってみんな言ってるよ」

公爵家の嫡男であるカインに、十二歳で婚約者がいるのはおかしいことではない。が、カインに婚約者などいない。

見合いで令嬢をフリまくって同年代の女子に嫌われていたり、三歳下に王太子殿下がいるために王太子殿下狙いの令嬢は王太子の婚約者が決まらないと高位貴族の令息に振り向かない、などが主な原因ではあるが。

「手紙は家族宛てですよ。母が可愛いもの好きなので、母宛には可愛い便箋を使うようにしているんですよ。あと、たまにアルンディラーノ王太子殿下からも頂いています。アルンディラーノ王太子殿下は御母上に分けていただいた便箋を使うことがあるので可愛らしく見えるのではないですか？」

家族宛の手紙という言葉に嘘はないし、婚約者など居ないという言葉にも嘘は無い。

友人たちは疑いの目で見てくるが、嘘を言っているわけではないので堂々と胸を張る。顎を上げて見下ろすように視線をやって「フフン」と笑ってやった。

「あー。カイン様が国に帰らないなら、領地にお誘いしたかったのに」

アルゥアラットがそういって名残おしそうな顔をした。

「何か、楽しいことでもあるの？　アルゥアラットの領地には」

興味を持って、カインがそうたずねたところ、アルゥアラットはいい笑顔で返答した。

「畑の水撒き手伝ってもらおうと思ってさ」

カインはすこぶる渋い顔をしたが、じゃあウチもウチもと農業が売りの領地出身者たちが次々と手を上げたのだった。

「さて、今日の授業はこれで終わりです。明日から一月半の夏期休暇に入りますが、羽目を外しすぎないように。寮の私室はやむを得ない場合に寮監が立ち入る場合があるので見られて困る物は持ち帰るように」

教師の言葉が終わると同時に教室を飛び出していく生徒が数名。

夏休みを一日でも無駄にしないために、今日のうちに領地に向けて出発すると言っていた生徒たちだ。

領地の近い者や、そもそも実家が王都にある者は教室に残って夏休みの予定を打ち合わせたりしていた。

カインも一日も早く家に帰りたかったが、道中で宿泊が必要になるので効率的に行く為に明日の早朝に出かける予定にしていた。

荷造りもほとんど終わっているので、王都に実家のあるジェラトーニとジュリアンと一緒にゆったりと教室を出た。

学校と寮の間の広場に、沢山の馬車が止まっていた。家に依っては領地や家から迎えの馬車が来ているようで、それぞれ使用人や家族が目的の人がやって来ないかと馬車の近くで待っていたりする。

寮の近くにある井戸から桶に水を汲んで馬に水を飲ませている馬丁などが行き来していた。

十数台の馬車が並んでいる中に、他の馬車に比べて屋根が高い馬車が一台あった。馬も、他の馬車が二頭引きなのに対してその馬車だけ四頭引きになって馬が二頭飛び出してしまっている。

「なんか、でかい馬車がある」

「ジュリアン様の迎えでは？」

「私は明日になってから城に戻る予定となっておる」

「じゃあ、誰のだろう」

馬車の前をゆっくりと歩いていく。馬車に掲げられている紋章などから、あれは何処の家の馬車で、それはあの家の馬車だな。なんてジェラトーニとジュリアンの解説を聞きながら歩いていくと、やがてその大きな馬車の近くまでやってきた。

四頭の馬の脇から、ひょこっと赤毛の少年が顔を出した。

「イルヴァレーノ……」

カインのつぶやきが聞こえたわけでは無いだろうが、馬の陰から出てきた赤毛の少年はカインが歩いてきたのに気がつくと一礼してから小さく手を振ったのだった。

カインはジュリアンとジェラトーニに一声かけて駆け出し、イルヴァレーノの前に立つ。半年で五センチほど身長が伸びていたカインだが、イルヴァレーノも同じぐらい背が伸びているようで、目線はまっすぐ同じ高さにあった。

「お久しぶりです、カイン様。お迎えに上がりました」

「イルヴァレーノ。なんで？」

「帰省できる程、お金を持たされなかったそうじゃないですか。一月半の長期休みも帰ってくるなというほど旦那様も冷たくはないということですよ」

「そうか。それはそうと……」

カインはキョロキョロと周りに視線を泳がせ、馬車のキャビンの中を背伸びして覗き込もうとする。

イルヴァレーノは手でその視線を遮るように腕を振り、どうどうとカインの肩を叩いた。

「一刻も早くお会いしたいでしょうけれど、今日はお連れしてきておりませんよ。……見せびらかしたくないかと思いまして」

カインは、自分は一人っ子であると級友たちに言っている。ここにディアーナが来ていたらその努力は水の泡になる。その上、「王子様より王子様」という評判は地に落ちるどころか地中深くに埋まってしまうことだろう。

「いいぞ、イルヴァレーノ！　さすが僕の腹心だ！」

ここでジュリアンとディアーナが出会い、見初められても困るのだ。ようやくシルリィレーアと向き合い始めたジュリアンにはよそ見をしてほしくなかった。

なんせ、ディアーナはこの世の誰よりも可愛らしくて愛らしくて魅力的な女の子だから、ちょろいジュリアンなんかひと目見ただけで恋に落ちるに違いない、とカインは思っていた。

「この大きい馬車はカイン様の家のだったの？」

「国境を越えての長旅ならば、大きいのも頷けるな」

ジュリアンとジェラトーニが追いついてきた。

イルヴァレーノが一歩さがって頭を下げた。

「良い。頭をあげよ。カイン、おぬしの付き添いであるか？」

ジュリアンが片手を上げてイルヴァレーノの頭を上げさせた。声を掛けられたのでイルヴァレーノは頭を上げるが、視線をすこしうつむかせていた。

貴族学校に通っているのだから貴族だろうと思って頭を下げたイルヴァレーノだが、頭を上げさせるその言葉遣いで、相手がかなり高貴な人間であると察したからだった。

パレパントルの教育の賜である。

「私の侍従、エルグランダーク家の未来の執事です。イルヴァレーノといいます」

「イルヴァレーノと申します。ご拝顔たまわり恐悦至極に存じます」

カインに紹介されたのを受けて、イルヴァレーノが自己紹介をした。よそ行きの顔を作ってふわりと笑ってみせた。

「……カイン様といい、リムートブレイクって美形ばっかりの国だったりする？」

「イルヴァレーノ、かっこいいだろ？　あげないよ」

「いや、ほしいとは言ってないよ」

「イルヴァレーノ、こちらがこの国の第一王子殿下であらせられる、ジュリアン様。こっちが、同じクラスのジェラトーニ・ドレヴィディ伯爵令息だよ」

「第一王子殿下、ドレヴィディ様。カイン様がお世話になっております。隣国におります旦那様に代わり、お礼申し上げます」

「いや、むしろ僕らの方がお世話になってるけどね」

冗談めかして言われたジェラトーニのセリフに、イルヴァレーノは曖昧な笑みを浮かべて小さく会釈をした。

イルヴァレーノはチラリとカインに視線を飛ばす、

「情けは人の為ならず、ですか？」

とカインにだけ聞こえるようにリムートブレイク語でつぶやいた。

「そんなんじゃないよ。……いや、そうなのかな？」

とカインもリムートブレイク語で返した。ジュリアンとシルリィレーアに対するお節介は、確かに自分のためにやっているんだと考えれば、イルヴァレーノに言われたとおりなのかもしれないと思い直した。

「懐かしいのはわかるがな。できればこちらの国の言葉ではなすようにせよ」

「荷物を取りに寮へはもどるんだよね？　外は暑いし早く行こうよ」

ジュリアンとジェラトーニが振り向いててまねきをしている。カインはイルヴァレーノの肩をポンポンと叩くと二人の元へと駆け寄った。

カインの荷物を一緒に運ぶために、イルヴァレーノもカイン達の後ろをついて歩く。寮に着くと、カインは寮監部屋に荷物を運ぶために侍従を中に入れる事を声かけた。物珍しそうに廊下の装飾などを眺めながらイルヴァレーノが付いてくる。

半年も経っていないぐらいなのに、カインはイルヴァレーノがそばに居ることがとても懐かしいことのように感じられた。

六歳の時に庭で拾って、留学する十二歳直前までずっと一緒に居たのだ。カインにとってはディアーナの次に一緒に居る時間の長い相棒だ。

廊下を歩くカインは、ふと思い立って振り向いた。

すぐ後ろを歩いていたイルヴァレーノは、カインと目が合うと眉間にシワを寄せて声を出さずに「前を向いて歩け」と口をパクパクさせた。

そのぞんざいに扱う様子に懐かしさを覚えて、カインはふにゃりと笑ったのだった。

寮のカインの部屋から荷物を運び出すと、馬車に詰め込んで馬車に乗り込んだ。

御者は、アルノルディアとヴィヴィラディアだった。護衛を兼ねているという。

カインとイルヴァレーノが馬車に乗り込むと、四頭立ての立派な馬車はゆっくりと前進し、寮と学校の間の広場をゆっくりと一周して校門から出た。

馬車はバックが出来ないので、馬車停まりに並んで止まっている馬車はぐるりと広場を一周しないと敷地から出られないのだ。

「それにしても広いな。こんなでっかい馬車ウチには無かっただろ。いつ買ったの？」

「ディアーナ様の誕生日プレゼントに、と先月の末に旦那様が購入なさったんだよ」

イルヴァレーノの言葉にカインが目を丸くする。

普通の馬車だって安くはない。こんなに立派で大きな馬車ならかなり高い。それに……。

「税金が高いだろう？」

個人所有の馬車には税金がかかる。馬車の車輪の数や繋げられる馬の数によっても値段は変わるが、キャビンの中に何人乗れるかで金額がだいぶ違う。

下位の貴族には、舞踏会などに出席する時に見栄を張る用に一台だけなんとか持っているなんていう家もあるぐらいだ。

エルグランダーク家にはすでに二台の馬車があった。

父が毎日馬車に乗って王城まで仕事に行き、母が刺繍の会に出向いたり奥様友達のお茶会に出向いたりするのに馬車を使うと、それで馬車がすべて出払ってしまう。

そのため、カインは何度か騎士と相乗りで馬にのって孤児院に向かうこともあったわけだ。

エルグランダーク家の三台目の馬車。

四頭立てでキャビンも大きく、真っ白い立派な馬車は、九歳の娘への誕生日プレゼントだという。

「馬車一台の支払いと維持ぐらいでぐらつくエルグランダーク家ではございませんよ」

「わぁ。言い方がパレパントルっぽい」

綿が詰められて、ビロードの布が張られているベンチシートはフカフカで座り心地がいいが、夏の今だと尻にあせもができそうだった。

ござ座布団とか開発したら売れるんじゃね？　などとカインは考えるが、葦やい草が何処で手に入るのかわからなくて頭の中の保留案件棚に仕舞われた。

「この馬車の名前は『カイン号』……と、ディアーナ様がつけようとして旦那様と奥様に止められていました」

「そりゃそうだよね。ディアーナの誕生日プレゼントなんだから『プリティディアーナ号』とかじゃないと」

「はぁ……。相変わらずですね」

馬車の名前はセレーネ号というらしい。

ディアーナとおそろいの月の女神の名前だな、とカインは思ってから首をかしげた。

ディアーナはローマ神話で、セレーネはギリシャ神話だ。

こちらの世界にはローマもギリシャも無い。ただの偶然なのだろうか。乙女ゲームの世界だからそこんとこ気にするなって事でいいんだろうか。

そういえば、こちらの世界の神話って何かあるんだろうか？　リムートブレイクには神殿は有るものの、あまり宗教活動は盛んではない。

神話に関する本でも探してみようか。そこまで考えていたカインだが。

「あ！」

急に大きな声を出すと、馬車の御者窓をコンコンと叩いてアルノルディアを呼び出した。

「どっか街の中で馬車が停められそうな場所があったら停めて！」

「カイン坊っちゃん？　何か忘れ物でもしましたかい？」

馬車がでかいので、そこいらへんの何処にでも停められるものでもない。

大通りをゆっくりと進みながら、ヴィヴィラディアとアルノルディアが馬車停めを探していた。

「ディアーナのお土産買わないと！　せっかくこんなでかい馬車で帰れるんだから沢山買って帰らないと！」

「お土産って……あの帰省かばんの中身はほとんどがディアーナ様へのお土産だったじゃないですか」

馬車への荷物の積み込みを手伝ったイルヴァレーノはかばんの中身を知っている。実家に帰るからとはいえ、カインの私物は三日分の下着ぐらいしか入っていなかった。

「七日かかる旅程なのに、三日分の下着しか入ってないって明らかにおかしいでしょ」

とイルヴァレーノは着替えを詰めろとカインにせまったが、

「宿屋で洗濯させてもらえば問題ない。夏だから一晩で乾くよ」

とカインは荷物の詰替えを拒否したのだった。

公爵家の嫡男とはとても思えない発言だった。イルヴァレーノはこの留学は失敗だったんじゃないかと密かに顔をしかめたのだった。

「というか、荷造りしていたってことは帰省する気あったんですよね。迎えに来ると分かっていましたか？」

「まぁ、夏季休暇まで帰ってくるなとか言うほど父様も母様も冷たいとは思ってないよ。事前に小包かなんかで旅費が届くか馬車が手配されるかするかなぁとは思ってた。もし本当に援助も迎えも無かったとしても帰れる様にアルバイトはしていたけどね」

カインの言葉に、イルヴァレーノは困ったような顔で笑ってみせた。

「やっぱりね。そんなことだろうと思ったよ。行き違いにならないように最終授業の日に来ておいてよかった」

「うん。イルヴァレーノが迎えに来てくれたから、帰省費用が浮いたし沢山お土産を買って帰れるな！」

馬車がゴトンとたてに一度揺れて、止まった。

御者台からヴィヴィラディアが降りて車輪に車輪止めを噛ませるのを待って、カインとイルヴァレーノは馬車から降りた。

「ディアーナのためにお土産を買ってくる！　アルノルディアとヴィヴィラディアは馬車で待ってて。イルヴァレーノ、行こう。まずは本屋だ」

「なんで最初に重いものから買うんだよ……」

ぶつくさ言いながらも、イルヴァレーノはカインの後ろをついて歩いていく。

ここ半年程は、同じ様な長い金髪の後ろを歩いていたが、背の高さが全然違う。

自信満々に腕を大きく振って歩くその後ろ姿はそっくりだったが、

「やっぱり、こっちの方がしっくりくるな」

つむじを見下ろすこともない、ゆるく編んだ三編みが揺れる背中を眩しそうに見つめてイルヴァレーノはそっとつぶやいたのだった。


馬車の貨物室にも馬車の中にも沢山のお土産を積み込んで、ようやくセレーネ号はサイリユウムの王都サディスを出発した。

国境までは三日、国境を越えてから家まで四日。

「一月半しか無いのに、ディアーナに会えるまで七日も掛かるのマジしんどい。四頭立てだし一日ぐらい短縮できないかな」

「四頭立てですが、箱がでかくて重いので無理です。そもそも、お土産をこんなに詰め込んでおいてスピードが出せるわけないでしょう」

馬車の中は、お土産でいっぱいだ。

座席にも床にもめいっぱい積まれているので、カインとイルヴァレーノは二人で並んで座っている。

御者席への連絡窓がある関係で、二人並んで進行方向とは逆向きに座っている。主人と侍従の座り方ではない。

「それに、ディアーナ様とお会いできるのは七日後ではなく、三日後です」

「へ？」

カインが目を丸くしてイルヴァレーノの顔を見た。イルヴァレーノはカインの視線をほっぺたにたっぷりと感じてから、もったいぶってゆっくりとカインの方を向き、目を合わせてニヤリと笑った。

「ディアーナ様は国境近くにあるネルグランディ領でお待ちです。『四日分の距離をこちらからつめておけばいいのよ』とおっしゃって、カイン様の夏休み開始日に合わせて邸を出発したんですよ」

「もしかして、この馬車って」

「そうですよ。カイン様をお迎えにあがるためにねだられたんですよ」

なんということか。なんということであろうか。

ディアーナに会いたいという気持ちはカインの一方通行ではなく、ディアーナもまたカインに会いたいと思っていてくれたのだ。一日でも早く。そのためには国境近くまで自ら出向くという大冒険をしてまで。

「おお、神よ……」

両手で顔を覆い、自分の膝の上に額をつけるようにうずくまって肩を震わせるカイン。それをみて、呆れた顔をしたイルヴァレーノは背中をポンポンと軽く叩いてやった。

「俯いていると馬車酔いをしますよ」

「うん。僕は今ディアーナの愛に酔っているよ」

「……そうですか」

カインが土産物を買い込んで出発時間が遅くなったせいで、その日の宿についたのはだいぶ夜が更けてからになってしまった。

夕食を取り、布団に入ったのも遅かったと言うのに慣れ親しんだ言葉で話せる嬉しさから、カインはずっと喋り続けた。最後には「うるさいもう寝ろ！」とイルヴァレーノに頭から毛布をかけられてしまった。仕方なく目をつぶったカインだが、馬車での移動は思ったよりも疲れていたようで、目をつぶってしまえば気絶するように寝てしまったのだった。

そこから三日、カインは御者台に座ってアルノルディアと懐かしい話をしたり馬車の操作を教わってみたり、ヴィヴィラディアから領地の最近の状況を聞いたり、イルヴァレーノのユウム語の挨拶について話したりしながら馬車の旅を進めて行った。

エルグランダーク家が所有しているネルグランディ領はリムートブレイクの東の端にある領地で、サイリユウムの国境と隣接している。

そのため、アルノルディアとヴィヴィラディア。そしてここには居ないがサラスィニアもユウム語ができるそうだ。

イルヴァレーノも、ディアーナと一緒にイアニス先生からサイリユウム語を習っていたがまださほど流暢《りゅうちょう》ではないらしい。

「イルヴァレーノと申します。ご拝顔たまわり恐悦至極に存じます」

「カイン様がお世話になっております。隣国におります旦那様に代わり、お礼申し上げます」

「これにて御前を失礼いたします。お時間頂きありがとうございました」

この三語を徹底的に丸暗記させられたらしい。

カイン様をお迎えに上がるのであれば、おそらくやんごとなき人と挨拶する機会があるから、とパレパントルに仕込まれたそうだ。

何か想定外のことを質問されたりしたらまずかったとホッとした顔で夕飯の川魚を食べていた。

そうして、国境を越えて川沿いをしばらく行き、なだらかな丘と整備された林のあるのどかな道を進むと城が見えてきた。

ネルグランディ領主の城、つまりカインの父の城である。

今はディスマイヤの弟であるエルグランダーク子爵が代官として領地を治めているので、城にも子爵一家が住んでいる。

それでも、主寝室やカインとディアーナの部屋はきちんと用意されており、客間で過ごすということはないので気が楽なのだ。

薔薇《ばら》の蔦《つた》を這《は》わせたアーチ状の門をくぐって城の敷地に入ると、広い庭には生け垣で迷路が作られている。

迷路の脇を馬車でゆっくりと進み、城の玄関前まで来て止まる。

御者台からアルノルディアが降りて馬車の扉を開けようとする前に、カインは自分でドアを開けて飛び出した。

「おかえりなさいませ、お兄様！」

玄関前のポーチにディアーナは立って待っていた。

二の腕あたりからスリットが入ってふわりと広がっているドレスの袖からちょこんと白い指先が出ていて、スカートの裾を小さく摘んでいる。

足が見えないように工夫されつつ、絽と紗を絶妙に使い分けて重ねられたふんわりとしたスカートも涼やかだ。

日除けのつばを広くし、両サイドに大きなリボンが結ばれたデザインのボンネット帽をかぶっている。ディアーナが笑って首を振る度にそのリボンが揺れる。

「ディアーナが可愛すぎて目が潰れそう」

眩しそうに目を細めながら、足腰の弱った老人のように歩いてディアーナに近寄っていくカイン。ディアーナの前まで進むとひざまずき、そっとその手を取って自分の額を乗せた。

「萌《も》え袖マジ尊い。ディアーナのおてて小さい白い可愛い」

「お兄様の手は少し大きくなりましたね」

カインは立ち上がってディアーナのほっぺたに手を添えると、その顔をまじまじと覗き込んだ。パチパチと瞬きをするディアーナの目を見ると、カインはヘニャリと相好をくずしてディアーナのおでこに自分のオデコをくっつけた。

「ちゃんとディアーナが存在している奇跡。ほっぺた少しシュッとしたね」

そう言いながら、カインはディアーナのほっぺた、まぶた、オデコにふれるだけのキスをしていき、最後にぎゅうと抱きしめた。

帽子をかぶっているせいで頭のてっぺんの匂いはかげなかった。

「お兄様。私がちゃんと世を忍ぶ仮の姿を保っているというのに、お兄様がこんなでは意味がありませんのよ！」

そういってディアーナがぐいとカインの胸を押して引き離した。

感動に酔っていたカインは目を大きく開いて少し悲しそうな顔をしたあと、一歩さがって紳士の礼を執った。

「ただいま戻りました、ディアーナ嬢。お久しぶりにお会いできたこと幸甚の極みでございます」

「おかえりなさいませ、お兄様。一日千秋の思いでこの日を楽しみにしておりましたわ」

お互いに礼のポーズを取り、にっこりと穏やかな笑顔で遣り取りをする。

そして、

「きゃー！　おにいさま！　ディはおっきくなったのよ！」

「ディアーナァー！！！　あああぁぁぁん可愛いよぉおお」

ディアーナはカインに飛びついて抱きつき、カインはその勢いを殺さないままぐるぐると逆ジャイアントスイングをしてぐるんぐるんとディアーナを回したあと、遠心力に負けてディアーナを抱っこしたまま地面に倒れてしまった。

カインは地面に寝転がったままディアーナをぎゅうぎゅうと抱きしめ、ディアーナはカインの上でバタバタと足をばたつかせて喜んでいた。

お土産が多すぎる

ネルグランディ領の領主城、カインの部屋。

大きく開け放たれた窓からはレースのカーテンを揺らして心地よい風が吹き込んできている。

カインは夏用に用意されている籐椅子に座って、馬車から降ろした荷物を部屋に運び込んでいる使用人たちを眺めていた。

そのほとんどはディアーナへのお土産なので、イルヴァレーノが「それはディアーナ様の部屋へ」

「それもディアーナ様の部屋へ」と城の使用人へ指示を出している。

出入りする使用人を縫うように、少年と少女が部屋に入ってきた。

「よう、カイン。すげぇ荷物だな。……ちゃんとウチ用の土産もあるんだろうな？」

「ないよ。全部ディアーナの為の土産だよ」

一旦入ってきてはすぐに出ていく使用人を見ながら、少年がカインに声をかけるがカインの返答はすげなかった。

「ブレないわぁ。安心のカイン様だわぁ」

一緒に入ってきた少女の方はそう言いながらカインを小突いた。呆れたような口調で言っているが、その表情は明るく、カインとの再会を喜んでいるのがわかる、嬉しそうな笑顔だった。

カインはにやりと笑って手を上げると、少年と手のひらを打ち合わせてパンと音を立てた。

「キールズ、コーディリア。久しぶり。嘘だよ。ちゃんとお土産あるから」

「無理しなくて良いぞ。ディアーナの土産を分けてくれなくて良い。王都に帰る予定でこっちにくる予定じゃなかったんだろ」

「無理してないよ。言われなくてもディアーナの土産を人に分けたりしないよ」

「ディは、分けてあげてもいいよ？」

「ディアーナは優しいね。なんて良い子なんだろう。こんなに心優しい女の子はいないよ。天使かな？　本当は天使なんでしょ？　神様に連れ戻されないように隠しておかなくちゃ！」

カインは膝の上に座らせていたディアーナに覆いかぶさるようにがばりと抱きつきながらぐりぐりと自分の頬をディアーナの頭に押し付けた。

ディアーナはあつーいおもーいと言いながら笑っている。

キールズは、エルグランダーク子爵の息子でカインの従兄弟に当たる。コーディリアはキールズの妹である。

一応、ネルグランディ領の領主はカインの父、ディスマイヤである。しかし、王都で法務省の事務次官という仕事をし、筆頭公爵家当主として元老院に所属している関係でなかなか王都を離れるわけにはいかない立場にある。そのために、弟であるエルグランダーク子爵が代官として実質統治をしている。

領地の人々は、キールズを坊っちゃん、コーディリアを嬢ちゃんと呼び、カインやディアーナのことはカイン様、ディアーナ様と名前で呼ぶ。

ちなみに、今の流れには全く関係無いがディスマイヤは公爵の他に侯爵の爵位も持っている。カインが成人後、家を継ぐまではカインに侯爵を譲ることになっている。ディスマイヤ曰く「爵位なんて持ってても税金ばっかりかかり持ってかれて何も嬉しくない」だそうだ。

「サイリユウムのサディスの街を出てから領地に寄るって聞いたから、お土産はサディスじゃなくて途中の宿場町で用意したんだけどね。おじ様とおば様は？」

「父さんは騎士団、母さんは領地の奥様たちと合同でみんなのご飯作りに行ってる」

「私も後でお母さんのところに行ってくるよ。夕飯にはみんな揃うんじゃないかしら」

「そっか」

キールズとコーディリアは自分で籐椅子をよっこいしょと運んでくると、カインと並んで座った。

一緒に出入りする使用人たちを眺めながら、とりとめの無い話をしあう。

「サイリユウムどうよ。可愛い女の子いる？」

「ディアーナより可愛い女の子はいないな」

「お前に聞いた俺が馬鹿だったよ」

椅子から乗り出していたキールズはカインの返答を聞いてどさりと背もたれに体を投げた。ため息をつくキールズの代わりにコーディリアが横を向いてカインをみる。

「サイリユウムの貴族学校ってどうなの？　ここからだと、王都の魔法学園よりユウムの貴族学校の方が近いじゃん？　どっちに通っても良いんだけど、どっちが良いかなと思って」

「あれ、コーディリアは学校に通うの」

キールズは王都のアンリミテッド魔法学園には通っていない。領内にある騎士や郷士の子息令嬢向けの学校に通っているのだ。

キールズはまだ十五歳だがすでに父であるエルグランダーク子爵の手伝いをして領地運営に関わっている。領地の有力者たちと友人関係にあったほうが将来的にも優位であるのは間違いない。

ディスマイヤも、領地の管理は引き続き子爵家の方でやってもらうつもりだと言っていた。カインに弟でもできれば話は変わってくるかもしれないが、王都にいながら領地の面倒もみるというのは領民に対して不誠実だと考えているようだった。

「兄さんが領地を管理するんだったらね、私は外に人脈つくって、流通とか、えーと外貨？　うんと？　そういうの？　よくわかんないけど、領地と外をつなぐ役ができたら良いなって思ってんだよね」

そういってコーディリアがエヘへと笑いながら頬をかいた。

カインはディアーナの髪を手ですきながら、コーディリアの顔をまじまじと見た。コーディリアはカインの一歳年下でディアーナの二歳年上だ。

「コーディもお兄様大好きなんだね」

「別に好きじゃない」

ディアーナがカインの膝上から身を乗り出してコーディリアの顔を下から覗き込んでニコニコ笑うが、コーディリアはプイとそっぽを向いてしまった。

「コーディもってことは、ディアーナもお兄様のことが好きなんだね？」

「ディはお兄様大好きだよ！　知らなかったの？」

「知ってたー！！！」

カインとディアーナがアホな話をしているのを、並んで座っているキールズとコーディリアが呆れた顔をして眺めている。

カインは膝の上のディアーナを持ち上げたり降ろしたりしながら、時々ぎゅうと抱きしめては脳天の匂いをかいでいる。

「色々土産話も聞きたいのに、ちっとも話が進まないじゃないか」

キールズは籐椅子の上で足を組んで腕組みをし、背もたれの上に頭を乗せて天井を見た。コーディリアが「いつものことよね」と肘置きに腕を乗せて頬杖をついた。

従兄弟のキールズは、ゲームの攻略対象者ではないが無関係でもない人物である。

『アンリミテッド魔法学園～愛に限界はありません！～』というゲームの、年上の先輩ルートはカインが攻略対象である。

ゲーム主人公がカインと両思いになると、カインは公爵家の後継という立場を捨てて平民になる。そして、ヒロインとその両親と一緒に暮らして『真の家族愛』というものを手に入れて幸せになる。

……というシナリオになっている。

実際のカインは、ディアーナを守る力である『公爵家の権力』を手放す気はない。少なくとも、ディアーナの幸せが確実になるまでは。

さて、後継ぎがいなくなったエルグランダーク家はディアーナに婿を取ることになるのだが、その時に白羽の矢が立つのがエルグランダーク子爵家嫡男であるキールズなのだ。

ディアーナが女公爵になって婿を取るのではなく、入ってきた婿が公爵となるため無関係の血筋を入れたくなかったというのが主な理由ではないかとカインは推測しているが、ゲームでは語られていない部分なので詳細は分からない。

問題は、ディアーナと結婚して公爵家に婿入りが決まったキールズには恋人が居たということだ。まだ婚約などの公式的な約束をしていなかったので婿入りを断ることができなかったのだ。

恋人と引裂かれ、住み慣れた領地から王都へと移動させられたキールズは、当然ディアーナの事など愛せなかった。

キールズは王都での最低限の仕事をこなすと領地へ行き、恋人と過ごす。王都での仕事があればその時だけ王都に滞在し、ディアーナとは形だけの夫婦として過ごすのだ。

「そんな事、させるわけないだろっての」

「なんだ？　なんか言ったか？」

カインの独り言に、キールズが反応したがカインは何でも無いと首を振った。

「キールズは恋人とかいないの？」

カインの直球すぎる唐突な質問に、キールズはずるりと椅子からずり落ちた。椅子との摩擦で上着がめくれて背中と腹が出てしまう。腹を出したまま肩だけで椅子に乗っかっている姿勢のまま、キールズはみるみるうちに真っ赤になっていく。その出しっぱなしの腹を隣に座っていたコーディリアがペチリと叩いた。

「いるんだね」

「いないよ。好きな人がいるだけでまだ恋人じゃないんだよ」

キールズの代わりにコーディリアが答えた。コーディリアはペチペチとキールズの腹を叩き続けていたが、ディアーナが真似して叩こうとしたところでガバリとキールズが立ち上がった。

「俺、用事があったから行くわ！　カイン、ディアーナ、また夕飯でな!!」

「その慌てぶり、もしかして好きな人ってディアーナじゃないだろうな」

「冗談じゃないぞ！　カインが兄になるとか死んでもごめんだからな！　じゃあな！」

言い捨ててキールズは部屋を出ていってしまった。

「逃げられたな」

「兄さんはオクテだからねー」

コーディリアがケラケラと笑ってキールズの出ていったドアに向かって手を振っている。もうキールズの姿はなかった。

カインは公爵家を捨てて平民になる気はないし、そもそもヒロインと恋仲になる気もない。ディアーナの幸せのために力は持てるだけ持っておきたい。

それでも、万が一のためにも可能性は潰しておきたかった。好きな人がいるのであれば仲を取り持ってさっさと婚約させてしまいたい。一応十二年間息子として過ごした両親について、甥っ子の婚約を破棄させてまで婿入りさせる程に非道な人間だとは思っていなかった。

「キールズの好きな人って誰だろ？　全然可能性ない感じなの？」

「キー君の好きな人はねぇ、スティリッツだよ。ねー？」

カインの腕の中から身を乗り出したディアーナがそう言いながらコーディリアに同意を求めた。

「ねー」と言いながら首をかしげてニーっと笑うディアーナは小悪魔といった風情で非常に可愛かった。

「カイン様、お顔が弛緩《しかん》してますよ」

「おっと」

荷物の運び込みが終わり、イルヴァレーノがカインのそばに戻ってきた。イルヴァレーノがポケットからハンカチを取り出してカインの口元を拭った。

「え。うそ。今よだれ垂れてた？　さすがにそれはなくない？」

「たれそうでしたよ。留学して色々あちこちゆるくなられたのではないですか？」

「タレてなかったよ。イル君うそつき！」

カインの腕の中からディアーナがイルヴァレーノを指差し、その指をそっと手のひらで下に降ろしながらイルヴァレーノはニヤリと笑いつつ片側の眉をクイッと上げてみせた。

「ディアーナ達は仲がいいねぇ。カインが来たらディアーナはカインに取られちゃったしつまんない」

「そうだ、ココからサディスまでの往復六日の間、ディアーナはココにいたんだよね。コーディリアに遊んでもらってたの？」

「うん！　キー君とコーディと遊んでた！　おじ様とおば様も遊んでくれたのよ！　騎士団の人もね、遊んでくれた！　騎士ごっこしたよ！」

ディアーナがニッコニコと超ご機嫌で話し出す。領地に来てからの数日がよっぽど楽しかったのだろう。ニコニコしているディアーナを見ているだけでカインは幸せである。

「ところで、カイン様。そろそろディアーナ様を解放しませんと、汗疹《あせも》ができてしまいますよ」

そういってイルヴァレーノがカインの前に跪《ひざまず》いて、カインに抱っこされっぱなしのディアーナを心配そうに覗き込んだ。その、イルヴァレーノの心配そうな顔をキョトンとした顔でみかえし、ディアーナが首を傾げた。

「お兄様涼しいよ？」

ディアーナのその不思議そうにしている顔をみて、そのまま視線を首筋や手首に移動させて、たしかに汗を掻いていないことを確認すると、イルヴァレーノは立ち上がってカインの後ろに回り込む。そのままカインの肩に両手を置いて、その後背中から抱きついた。

「涼しい……」

「涼しいね！」

「え、涼しいの？」

コーディリアも脇から乗り出してカインの腕に抱きついた。

「涼しい！」

窓を全開にした風通しの良い部屋とはいえ、夏なので暑い物は暑い。そんな中でディアーナを膝の上に乗せっぱなしのカインと腕の中にすっぽり収まりっぱなしのディアーナを見て暑そうと思っていたが、カインに抱きついてみると涼しい。

コーディリアは従兄弟とはいえ異性であることを忘れ、イルヴァレーノはコーディリアや他の使用人の目がある事と自分とカインが主従関係であることを忘れ、子ども四人でひっついて涼しい涼しいと言っていた。

カインは、魔法で自分の周りに冷たい風を巡らせていたのだった。もちろん、ディアーナのために。

「何をなさっておいでですか、カイン様」

カインの巡らせている冷風よりも冷たい視線と共に、氷の様な声が部屋の入り口から聞こえてきた。

カインがディアーナの可愛らしくて愛らしいつむじから目を上げてそちらを見ると、涼やかな藍色のワンピースを着たサッシャが立っていた。

「サッシャ……いたの」

「おりましたとも。ディアーナ様の侍女でございますから、ディアーナ様のおいでになるところには、私も当然おりますとも。今まで、次から次から次から次へと届くカイン様からの贈り物を仕分けしておりました」

こころなしか、サッシャのこめかみに青筋が浮かんでいるように見える。

カインは、子ども三人をひっつけたまま眉尻をへにゃっと下げてサッシャに頭を下げた。

「なんか、ごめんね」

サッシャは大げさに大きくため息をついて、自分の眉間のシワを親指で伸ばすように揉んだのだった。

サッシャの苦労人っぽさのにじみ出ている仕草に苦笑しつつ、カインはパンと音をたてて手のひらを叩いた。

「ディアーナのお土産をみんなで見に行こうよ」

そう言うと、カインはイルヴァレーノとコーディリアの頭を掴んでベリベリと剥がすと、ディアーナを持ち上げて床に降ろした。

椅子から立ち上がって手を差し出すと、当たり前のようにディアーナがその手を握る。カインは部屋を出るときにサッシャとすれ違いざま、

「お土産の仕分けありがとう。サッシャへのお土産もあるから、一緒にディアーナの部屋に行こう」

と声をかけた。

サッシャは一瞬だけ目を丸くしたが、すぐに澄ました顔になって小さく会釈した。

「私はディアーナ様の侍女ですので。ディアーナ様がお部屋に向かわれるのでしたら当然私も向かいますわ」

「可愛くないの！」

サッシャの物言いに、カインは面白そうに笑ってツッコミを入れた。

アラサーサラリーマンの前世があるカインから見ると、サッシャは短大卒業直後の新卒採用社員みたいなものだ。年齢的にもちょうどそのくらい。

ド魔学を卒業し、王城に勤め、その後公爵家令嬢の侍女になる。なかなかの出世コースだ。

残念ながらカインとは年齢差が有るので「見初められて公爵夫人に」というのは希望薄ではある。カインの理想の結婚相手が「ディアーナを愛してくれて、カインがディアーナを優先しても嫉妬しない人」なのでチャンスが無いわけではないだろうけれど。自分がエリートであるという認識があるサッシャは、ディアーナの侍女という仕事で失敗しないためにも、カインを牽制したいのだろう。カイ

ンは、舐められるものかと虚勢をはる姿は微笑ましいとさえ思っていた。

領地の城では、ディアーナの部屋はカインの隣だ。

手をつないで短い距離を歩く二人の揺れる髪の毛をイルヴァレーノとサッシャが後ろから見ている。夏で暑いので、ディアーナも髪を上げて二つに分けて三編みにしている。三本の三編みがゆらゆらと同じ方向にゆれている。

「ふたりとも、歩き方そっくり」

「基本の動きが美しいのは良いことです」

ディアーナは、領地に来てから「仮の姿」の仮面がボロボロに剥がれてしまっている。ひとえに叔父であるエルグランダーク子爵の性格によるものであるが。

キールズやコーディリアと一緒だと廊下も走るし口を開けて笑う。しかし、何もなく歩けば姿勢は良いし足の運び方や体重移動のスムーズさなど、歩く姿は美しい。基本がしっかりできているからだ。その点については、サッシャはちゃんと理解していたし評価していた。

だからこそ、打ち明けられた後は『真の姿』を見ても場を弁《わきま》えてさえいれば何も言わなかったし、周りにバレないように協力もしている。


ディアーナの部屋はカインからのお土産で一杯になっていた。

おもちゃや文房具などの雑貨類、絵本や参考書などの本類、お菓子やお花などのすぐに開けたほうが良いものに仕分けられていた。

カインはそのうちの本の山へ歩いていくと、背表紙を指でなぞりながら順に見ていき、やがてひとつの本を見つけると手に取った。

「はい、コレはサッシャへのお土産だよ」

手にとった本をそのままサッシャへと差し出した。サッシャはおずおずと両手を出して受け取ると、タイトルを読もうとして眉をひそめた。

「ユウム語ですね」

「うん。サッシャはユウム語できるって聞いて」

「できると言うほどではありません。勉強中ですわ」

「うん。それね、ディヴァン伯爵の初恋って小説なんだけど、ユウムでは定番で大人気の恋愛小説なんだって」

カインは、ディアーナからもらう手紙でサッシャが読書や観劇が好きだという情報を得ていた。騎士と姫の悲恋ものなどが好きだということも。

「存じております」

「あれ、読んだことあった？　それなら申し訳なかったけど」

「……いいえ。タイトルは知っておりましたが、リムートブレイクの本屋にはありませんでしたので」

「そう？　それなら良かった」

サッシャはまじまじと本の表紙を眺め、そっと右手で箔押しになっているタイトルをなでている。

「それね、実話がもとになっているらしいんだけどさ。ユウムの貴族学校の同級生の高祖父のお話らしいよ」

「！」

「それ読んで、話が面白かったら聞いてきた裏話とかも教えてあげられるよ」

「あ、ありがとうございます」

サッシャのぎこちない一礼に、カインはニコリと笑ってみせた。

サッシャはディアーナの味方になってくれたとディアーナからの手紙で知っていたが、カインに対してはどうにもまだ警戒が解けていないようだった。

まぁ、カインが見合いをした令嬢の姉やら母やらが、サッシャの友人や王城時代の同僚に居たとすれば印象は良くはないだろう。そもそも、カインがディアーナの世話を焼き過ぎるのもあってディアーナ専属侍女が募集されたという噂もある。それであれば、父ディスマイヤからカインに関してなにか言われている可能性もある。

カインは、サッシャからの悪印象をなるべく払拭したかった。ディアーナを大切にするもの同士、ディアーナの幸せのためには敵対するのではなく協力体制をとった方が良いだろうと考えている。

「コーディリアとキールズ宛のお土産は、それぞれ部屋に届いていると思うよ。そうでしょ？　イルヴァレーノ」

「はい。その様にお願いしました」

馬車の荷物をカインの部屋に運び込む際に、何処に運び込むかをこの家の使用人に指示していたのはイルヴァレーノである。カインに問われて、しっかりと頷いた。

「カイン、あたしお土産見てくるね！　夕飯のときにまた！」

自分たちにも土産があると聞いて、居ても立っても居られなくなったコーディリアは廊下を駆けて自分の部屋へと向かっていった。

カインは軽く手をふって見送ると、くるりと振り向いてディアーナを持ち上げた。

「さぁディアーナ！　リボンやブローチも買ってきたよ！　色々身につけて見せてくれるよね！」

その場で、ディアーナの土産を次々と開けてはミニファッションショーが行われた。

ディアーナが一番喜んだのは、サディスの街のおもちゃ屋で買ってきた布製の聖剣アリアードだった。

イルヴァレーノとサッシャはそれを見て、喜ぶ方も喜ぶ方だけど買ってくる方も買ってくる方だな。と揃ってため息を吐いた。


カインの土産の中には、まるでコスプレではないかという可愛さに極フリされ過ぎていて普段使いにはちょっと……という洋服も紛れていた。そういう服を着せる度にカインはのけぞり、うずくまり、体をねじって悶えていた。

そんな様子にイルヴァレーノは呆れていたが、意外とサッシャは怒ったり嫌悪したりということはないようだった。カインの事は視界に入らないようにしていたようだが、それは嫌悪感からというよりは悶えるカインをみて笑ってしまうからのようだった。

イルヴァレーノは見た。カインから目をそらしたサッシャは、凛として姿勢を伸ばし、澄ました顔でディアーナを一心に見つめていたが、小鼻が膨らんで口の端がピクピクと動いていた。笑うのを必死に堪えている顔だった。

サッシャは、コスプレ紛いの洋服についても拒否感はないらしく、むしろノリノリで服に合わせた髪型を作ったりディアーナにポーズを取らせたりしていた。

世を忍ぶ仮の姿と、極親しい人にだけみせる真の姿。どちらのディアーナに対しても厳しく接する事の多いサッシャではあるが、ディアーナの事は可愛いと思っているし真の姿がばれない為の工作等にも協力的だった。

特に、カイン一押しの真っ白い騎士服風の上下セットを箱から取り出したときには目玉がこぼれ落ちるかと思うほどに目をかっぴらき、着せたときにはディアーナの頭の先から足の先まで穴があくほどにガン見し、布製の聖剣アリアードを構えたときには目頭を押さえて涙を堪えていた。

なんだカインの同類か。とイルヴァレーノはぬるい視線でそんなサッシャを見上げていた。

「なんかね、サイリユウムの建国祭では騎士たちのパレードがあるらしいんだけどさ、その時に子ども騎士パレードってのもあるんだって。それ用に子どもサイズの騎士風の服も色々売ってたんだよ」

近衛の白、王都警邏の紺、その他各領地カラーの騎士の隊服。

少女騎士ニーナの絵本ではニーナは白い騎士服を着ていたので、カインは迷わず白を買った。

「イルヴァレーノの分も買ってきたけど」

「無駄な買い物をしましたね」

イルヴァレーノは無表情でかぶせ気味に拒否した。カインは苦笑いで頷くとディアーナに向き合った。

「あとでそれを着てニーナごっこして遊ぼう」

「悪党カイン！」

「フゥーハハハハハ！　我は悪党カイン！　女の子のスカートもめくるし上手に結んだリボンだってほどく大悪党！　……ディアーナ、後でね、後で」

ディアーナに悪党カインと指をさされてノリノリで悪党役のポーズを取ったカインだが、さすがにサッシャの冷めた目線で我に返った。

「間もなく夕飯のお時間ですので、そろそろ片付けて移動いたしましょう」

そう言ってサッシャが騎士服に合わせて上げていたディアーナの髪をほどく。

カインの大量の土産を開けていたら、いつの間にかそんな時間になっていた。


食堂に向かうべく廊下を歩き、玄関ホールを抜けようとしたところでカインは声をかけられた。

「カイーン！　久しぶりだな！　元気だったか！」

「カイン！　お帰りなさい！　長旅お疲れ様だったわね！」

ちょうど帰宅したところらしい、カインの叔父と叔母。つまりエルグランダーク子爵夫妻が玄関ホールに立っていた。

子爵夫人が大きく手を広げてニコニコ笑っている。

「叔父様！　叔母様！」

カインは駆け出して子爵夫人の腕に飛び込んでハグをする。叔母である子爵夫人は、貴族としては珍しくふくよかな体型をしている。ふくふくとした夫人とハグをするたびに、カインの脳内ではドーラと抱き合うシータがよぎる。

背中を優しくポンポンと叩かれて、カインは夫人と離れると次は子爵に抱きついた。

子爵は背も高くがっしりとした体格で、今はプレートメイルも着込んでいるので抱きつくとゴツゴツして痛い。

「大きくなったな！　留学するときに寄ってくれなかったから一年半ぶりか？」

「留学が急に決まった事だったので時間が取れませんでした。僕もお会いしたかったです」

子爵はバンバンと大きな手でカインの背中を叩くと「つもる話は夕飯で」と言って自室へと引っ込んでいった。夫人もそれについて行った。

ネルグランディ領は、領独自の騎士団を持っており、エルグランダーク子爵はその団長である。

ネルグランディは国境に接している領地であるため、国防のための騎士団である。しかし、過去に遡ってもリムートブレイクとサイリユウムが戦争をした歴史は無く、魔獣退治や盗賊退治、災害が起こったときの復旧作業等が主な仕事になっている。

ディスマイヤと違い、子どもの頃から領地で育ったという叔父は大変に朗らかで豪快で、まったく貴族らしくない。

ディスマイヤと子爵は体格が全然違うのだが、なんというかスポーツジムや筋トレ道具のビフォアアフター広告のようなのだ。

ディスマイヤがビフォアで、子爵がアフターである。その程度に顔や雰囲気はちゃんと似ている。

子爵夫妻はディアーナと思いっきり遊んでくれる大人なので、カインはこの叔父と叔母の事が大好きだった。

食堂に現れたエルグランダーク子爵はゆったりとしたシャツにダボッとしたズボンという大変くつろいだ格好でやってきた。

主人が席に着いた事で、食事が始まった。

「そういえばカイン。部屋に土産が届いていたよ。ありがとう、後であけてみるな」

「直前まで乗り合い馬車で帰るつもりでしたので、急に用立ててしまったんです。気に入っていただければ良いんですが」

子爵夫妻にはサイリユウムの茶葉と菓子、それに酒の肴として売られている長期保存の利く食べ物を買ってきた。

大きな体に大きな声、おおらかでいちいち動きが大きい子爵だが酒があまり好きではない。見た目から酒豪だろうとよく言われるそうだが本人はお茶の方が好きだとカインは聞いていた。

お茶に関しては、サイリユウムの物の方が香りが高くて飲みやすい。カインが気に入っていたのでお土産にと買ってきた。

保存の利く食べ物は、本来は酒の肴として売られているものだが、騎士団の長である叔父には携行食の参考になればと思って買ってきたものだ。

「どうせ、最初は鞄いっぱいにディアーナのお土産ばかり詰めてたんでしょう？」

「それがね、お母さま。カインったら自分の荷物は下着三枚しか入ってないっていうのよ！」

からかうような夫人の言葉に、コーディリアがカインに代わって返事をした。

「あらあら。それでどうやってここまで来たの？　ユウムの王都からだって三日は掛かるでしょう？」

「なぁに、今の時期なら夜のうちに洗濯をして干しておけば朝には乾く。カインは男なんだし移動は馬車だし、昼は裸でいたって構わんしなぁ？　カイン」

「行軍中の騎士団と一緒にするなよ父さん」

「そうよ！　カインは公爵子息なのよ！　子爵当主なのにお風呂上がりに下着でウロウロするお父さまと一緒にしちゃだめよ！」

カインが返事をする前に家族内でどんどん会話が進んで行く。とてもにぎやかだ。

実際のところ、カインは旅程の初日は宿に入るなり着ている服を洗濯して室内の窓辺に干していた。そして、イルヴァレーノと二人きりであるのを良いことに宿屋の室内ではパンイチで過ごした。

頭を抱えたイルヴァレーノが自分の服をカインに着せる事で二日目と三日目をやり過ごした。やたらと立派な馬車に使用人服を着た少年が二人乗っているという、傍からみたら何が何やらわけがわからない状況になっていた。

一夜明けて馬車で出発を待っていたアルノルディアは、使用人の格好をした少年が二人で宿から出てくるのを見て爆笑していた。

「夏は洗濯物の乾きが早くて助かりました」

カインがそう言って苦笑いの表情を作ると、子爵はほら見たことかと笑い、夫人とコーディリアは目を丸くし、キールズは目頭をつまんで頭を振った。

「だったら、明日は街へお洋服を買いに行ったらどうかしら？」

「あ、じゃあ私も！　私も一緒に行って見てあげるわ」

夫人が胸の前で手を合わせて買い物を提案した。良いアイディアだわ！　というのが顔に書いてある。コーディリアがそれに乗っかって手をあげてついていこうとしている。カインはニコニコと笑いながら返事を保留にしている。

「服なら俺のお下がりをやるよ。折角の休みなんだから買い物とかめんどくさい事で一日潰さないで遊ぼうぜ」

「お買い物だって楽しいじゃない！　街に行くのだって楽しいし、お洋服を買う他にも美味しいもの食べたりアクセサリー見たりするのも楽しいわよ？」

「こっから街に行くのにも時間かかるじゃないか。カインが来たし明日は釣りに行こうと思ってたんだよ。最近魔魚がでるようになったから大物ねらえるぞ」

「釣りなんてつまんない！　ね、カイン、街に行こう？　一緒にお買い物しようよー」

キールズとコーディリアの間で言い合いになってしまっていた。釣りか買い物か。カインはニコニコと二人のやり取りを眺めていたが、隣で味わい深い顔をして豆のスープを食べていたディアーナに向き合った。

「ディアーナは明日、何がしたい？」

カインにそう聞かれて、一生懸命『苦手な物を食べてるわけでは有りません』という顔をしていたディアーナはゴクンと豆を飲み込んでカインの顔を見上げた。ちょっと小首をかしげてからテーブルの向かいに座るキールズとコーディリアの顔をみて、ニッコリ笑った。

「ディは明日釣りが良いな。あのね、キー君が言っていたんだけど、ディと同じぐらいおっきいお魚が釣れるんだって！　お兄様はおっきいお魚釣れるでしょ？」

「そうなんだ？　すごいね、おっきいお魚見てみたいよね」

明日の予定は釣りに決まった。

カインを動かしたかったら、ディアーナに根回しをする必要があるんだって事をコーディリアは思い出して遠い目をした。

カインが初めて領地に来たのは九歳の時だった。

毎年春先になると領地の視察に行っている父に、そろそろ自分の継ぐ土地を見ておきなさいと連れて行かれたのだ。

本当は八歳の時に連れて行かれそうになったのだが、ディアーナと一緒じゃなきゃ嫌だとダダをこねて、こねて、こねまくって、ディアーナも馬車旅に連れて行っても大丈夫だろうとなった九歳と六歳になってからセットで連れてこられたのだ。

叔父と叔母であるエルグランダーク子爵夫妻とは、王都で会ったことがあった。国家行事などで王都に来ることがあれば公爵家の邸を宿として行動していたので、その時には挨拶して時間があれば遊んでもらっていた。

しかし、キールズとコーディリアに会うのはカインが領地に来た時がはじめてだった。

初めて会う従兄弟に、カインとディアーナはサイラス先生仕込の綺麗な礼をとったのだった。

「はじめまして、キールズ兄様。コーディリア嬢。ディスマイヤ・エルグランダークの長男、カイン・エルグランダークです。いつも叔父様叔母様からお話を伺うたびに、お会いしてみたいと思っておりました。本日、願いかなってお会いすることができて、感無量です。どうぞ、仲良くしてください」

玄関を入ってすぐのエントランスホールには高い位置に窓が作られており、中天にある太陽の光が差し込んでいる。カインの金色の髪の毛が太陽の光を透かしてキラキラとひかり、柔らかく微笑むその顔はまるで教会に飾られている聖母像のようであった。

とにかくデカくて大雑把で風呂上がりにパンイチでうろつく様な父や、虫やカエルを捕まえては見せつけてくるガサツな兄、より高く木に登ることを自慢してくる近所の友人たちといった男に囲まれていたコーディリアは、カインの様な洗練された美しい男の子を見るのははじめてだった。

丁寧に挨拶してくれたその声は甘く耳にするりと入り込み、微笑む笑顔は何処までも優しく慈愛に満ちていた。

コーディリアは心臓を掴まれたかのように息苦しくなり、顔が火を吹くように熱くなっていくのを感じた。

挨拶をして姿勢を戻すカインの、遅れてついてくる流れる髪や、胸に当てていた白い指が体の脇に優雅に戻っていく様などを瞬きも忘れてじっと見つめていた。

これがコーディリアの初恋だった。

しかし、カインの挨拶に心を掴まれ、その容姿に見惚れ、自分の感情に一杯一杯になってしまった事で、コーディリアはカインに続いて挨拶をしていたディアーナの事を見ていなかった。

ディアーナが挨拶しているのを無視してカインに注目してしまった時点で、コーディリアの初恋は破れてしまっていたのだ。

年の差と男女差のせいで、領地にいるうちはどうしてもキールズとカイン、コーディリアとディアーナで遊ぶことが多かった。

カインと喋りたいしカインと遊びたいコーディリアは、みんなで一緒に過ごすお茶の時間や昼食の時間になんとかカインの隣に座ろうと画策するが、カインはディアーナが席を決めてからその隣に座ろうとするのでなかなかうまく行かなかった。

ようやくコーディリアがカインの隣の席に座れたと思えば、その時は膝の上にディアーナが居るのだ。そうなってしまうと、カインは膝の上のディアーナの面倒を見るのに一生懸命になってしまうので中々親密になるための会話はできなかった。

カインの付き人として付き従っている幼い侍従が、時折「カイン様狙いならディアーナ様と仲良くした方が良いですよ」と忠告してくるが、その時のコーディリアにとってはとにかくディアーナが邪魔で仕方がなかったのだ。

カインと一緒に遊びたいが、カインとキールズが遊んでいるところに交ざろうとするとどうしても男の子遊びになってしまう。それでは、カインにガサツで男勝りな女性だと思われそうで嫌だった。なので、ディアーナをダシに、カインを女の子遊びの方に誘おうとすると、ディアーナが男の子に交じりたい！　と言ってカインの元へ行ってしまうのだ。そうして、子ども四人で遊ぶことになればカインと一緒に遊ぶという目標は達成出来るのだが、カインに可愛い女の子だと思われたいコーディリアはいまいち本気では遊びに交ざることができずに、つまらない思いもしたのだった。

それでも、カインはずっと優しかった。ずっと微笑んでいた。ディアーナと手をつないで庭園を散歩していれば、ありがとうと言って頭もなでてくれた。ディアーナの次に。

カインはずっと優しかった。翌年も、その翌年も、来る度にかっこよくなっていくカインは、ずっとコーディリアに優しかった。よく褒めてくれたし、頭もなでてくれた。

カインは良くキールズに「好きな子は居ないのか」「恋人はできたか」と聞いていた。毎年来る度に聞いていた。だから、恋バナが好きなのかと思ってカインにも同じ質問をするが、いつも優しくはぐらかされた。

コーディリアも鈍くはない。カインの心を掴むのは無理だと言うことはもう分かっていたが、カインがずっと優しいので、コーディリアはカインを諦めることができないままでいた。

そうして今年、留学してしまったせいで春先の公爵の視察にカインがついてこなかった事にがっかりしていたコーディリアだが、夏休みの帰省で領地に来ると聞いて飛び跳ねた。

それが、王都に帰るよりも早くディアーナと合流するためだとしても、会えるのが嬉しかった。

カインにもらったお土産は、サイリユウム独特の染め方で光差す水底のような模様が染められているリボンや、総レースで作られているオペラ手袋、やはりサイリユウムの染め方で色が付けられた日傘等だった。

日傘は、日が透けると地面に水紋の様な綺麗な模様が浮き上がるようになっていた。

どれもコレもコーディリアの心をときめかせるお土産で、常々「貴族令嬢らしくありたい」と頑張っているコーディリアにはピッタリのものだった。

ウキウキと、カインにお礼を言おうとしてカインの部屋に行くと、にぎやかな声がカインの部屋の隣のディアーナの部屋から聞こえてきた。

きっとディアーナのお土産を開けているんだろうと思ってそちらに足を向け、開けっ放しのドアからひょいと顔をのぞかせたときだった。

「君を害する物全てから君を守ろう。君を脅かすものはすべて私が排除しよう。君こそが私のすべて」

そういってキリッとした顔で決めポーズをするディアーナがいた。

白い騎士服を着て、立派な剣を持ち、きっちりと髪を結って凛々しく立つその姿は。

窓から入り込む西日がきっちり結ばれた金色の髪に反射してキラキラとひかり、凛々しくキリッと眉を吊り上げた顔はまるで騎士物語の騎士のようだった。

君こそすべてと熱く語るディアーナに、三年前にひと目で恋に落ちてしまったカインの姿が重なった。

コーディリアは、ディアーナのその騎士姿に肺を潰されたように息苦しくなり、顔がカンカンに熱くなっていくのを感じていた。

凛々しいディアーナから目が離せなくなり、何故か瞳からは涙がこぼれ落ちた。

コーディリアはきゅうきゅうと切なく痛む胸のあたりの服をギュッと握りしめ、来た道を戻って自室に駆け込んだ。

小さな世界

リムートブレイク王国の東側、サイリユウム王国との国境は大きな川である。

国の東側がずっと川沿いに国境線が引かれているわけではないが、ネルグランディ領が接している部分は、国境イコール川だった。

とは言え、今日カイン達が釣りをするのはその国境の川ではない。子どもたちが釣りをするには、国境の川は大きすぎるのだ。ネルグランディ城も国境からは離れて建てられているので、そもそも国境の川は遠いのだ。

今日、釣りをする川は城からさほど離れていない森の中を流れる川だ。深いところでも大人の腰ぐらいまでの深さで流れはそれほど速くはない。

川に到着すると、カインとキールズとイルヴァレーノの三人で川原の石をひっくり返しはじめた。

「お兄様たちは何をしているの？」

「川虫を探しているのよ。釣りの餌にするのに必要なのよ」

日陰で並んで立っているコーディリアを見上げて、ディアーナが男の子たちの行動について質問する。コーディリアはディアーナの方を振り向かず、男の子たちをみたまま答えた。

コーディリアは、涼しげな水色のワンピースにカインからお土産としてもらったレースのオペラ手袋と日傘をさしている。格好からして、釣りに参加する気は無いようだった。

「お嬢様がた。ご用意ができましたのでこちらへどうぞ」

サッシャの声にディアーナとコーディリアが振り向くと、川から少し離れた大きな木の下に敷物が敷かれ、軽食の入ったバスケットとお茶セットがセッティングされていた。

川の方をみればまだ男の子たちは石をひっくり返している。ディアーナには石をひっくり返すのがとても楽しそうな遊びに見えた。

「サッシャ……」

ディアーナがサッシャを斜めしたから上目遣いで見上げて名前を呼ぶ。困ったように眉をさげて、すこし首をかしげながら、うるませた瞳で上目遣いをしてくる。

「……本日は、最初から川遊びをするということで参りましたので構いません。カイン様とキールズ様が人通りのない場所を選んでくださいましたから、ご随意に遊んでいらっしゃいませ」

「ありがとう！　サッシャ大好き！」

ディアーナは、ティーセットの用意された敷物にはよらずにまっすぐカインたちのいる川べりへ走っていく。

ディアーナは今日はキュロットスカートに飾りの少ない若草色のシャツというスッキリした動きやすい格好をしていた。

「コーディリア様、お茶をお淹れいたしますか？」

「まだ良いわ。……ディアーナは元気ね」

駆け出したディアーナを見送っていたコーディリアに、サッシャは声をかけた。ワンピースに手袋に日傘という格好で来たコーディリアは川遊びをする気がないのだろうと思ったので、休憩を提案したサッシャ。コーディリアも頷いて、木陰にある敷物まで歩きだした。その時。

「ひぎにゃあああああ」

「あはははははははは」

ディアーナの叫び声と、カインの笑い声が後ろから聞こえてきたのだった。

振り返れば、泣きそうになりながら駆け戻ってくるディアーナと目が合った。

その後をカインがゆっくりと歩いてきていた。

「今日はコーディリアと遊ぶ！」

そう言って、ディアーナがコーディリアの腰に抱きついてきた。色々と驚きすぎて目を丸くしているコーディリアだが、胸にグリグリと頭を押し付けてくるディアーナの頭をとりあえずなでてやった。

「ディアーナも、流石にバケツ一杯の川虫はダメだったみたいでさ。しばらく一緒に遊んであげてくれる？　コーディリア」

「いいけど。そんなに川虫集めたの？」

「結構ね。コーディリアも見る？」

「見ないわよ！　あっちに行こう、ディアーナ」

どうやら、バケツ一杯に集められた川虫がウゴウゴ動いている様子をみて悲鳴をあげたようだ。ディアーナはカエルやヤモリを手づかみしたり、甲虫も捕まえるし花を植えていて出てきたミミズも平気だったのにと、コーディリアは少し不思議に思いながらもディアーナの肩を抱いて前を向かせた。

コーディリアに押し付けていた顔を離したディアーナに、カインはニッコリと笑いかけた。

「沢山の虫が密集してるのは苦手なんだね、ディアーナ。釣り竿に餌を付けて投げるだけまで準備できたら呼んであげるから、それまでコーディリアと遊んでて」

カインの言葉に頷くと、ディアーナはコーディリアの手を引いて敷物まで歩いていった。

コーディリアは、なるほど密集した川虫はたしかに気持ちが悪いかも知れないなと納得していた。それにしても、川虫を気持ち悪がって叫ぶディアーナに対して、カインが謝るでも慰めるでもなく笑っていたのは気になっていた。

「カインもひどいね。笑わなくても良いのに」

「お兄様は、結構こういうところあるんだよ。ディがびっくりしただけだって分かってるから、笑ってるの。……慰めてくれたほうが嬉しいのにね」

コーディリアが文句を言えば、ディアーナもウンウンと頷いて答える。ほっぺたが膨らんですねた顔をしていた。

敷物の上に並んで座ってみたものの、朝食を食べてすぐに出てきたのでまだお腹も空いていないしお茶にしようと言う気分でもない。

なにかおしゃべりでもしようかと、コーディリアが頭の中で話題探しをしていたら、ディアーナがクイクイとコーディリアの袖を引っ張ってきた。

「ねぇねぇ、コーディリア。ゴロンてしてて。ゴロンて」

そういって、ディアーナはコーディリアの隣に寝転がった。横にサッシャが控えて居るのが気になったが、ちらりと見たらサッシャはそっと視線を外して川面の方を眺めていた。お嬢様達のゆったりとした休憩を咎める気はありませんよという意思表示だろう。

それを見て、コーディリアはディアーナの横に寝転がった。並んで座っていたので尻の位置が一緒だったが、背の高さが違うので寝転がるとディアーナとコーディリアの頭の位置がズレた。寝たまま横を向いてそれに気がついたディアーナは、ずりずりと背中をくねらせながらコーディリアの頭のある位置まで自分の頭をあげてきた。

横からサッシャの深いため息が聞こえてきたのは気のせいじゃ無いと思う。

「コーディリア、日傘貸してね」

そういってディアーナは肩から上だけをねじると、敷物の隅に畳んで置いておいた日傘を手にとった。それを広げると、自分とコーディリアの頭の上にかぶせるように立て掛けた。

コーディリアの日傘は、サイリユウム独特の染色方法で青く染められている。一見するとひどい色ムラのある欠陥品のような染め方だが、カインが言うにはわざとそのように染めてあるのだそうだ。濃いところと、薄いところ、ワザと色ムラが出るように染めてあるその日傘に、木洩れ日が降り注ぐ。風が吹く度にゆらゆらと光の位置が変わるが、その光が色ムラの濃いところや薄いところを行ったり来たりする様子は綺麗だと思った。

「コーディリア。まるで水底から空を見てるみたいで綺麗だね」

ぼんやりと日傘の内側を眺めていたコーディリアは、そのディアーナの言葉を聞いてたしかにそう見えるなぁと感心した。

「そうだね。ディアーナは素敵な物の見方をするね」

「コーディリアは、泳ぐの好き？」

傘で二人の頭が覆われているので、外の様子が気にならなくなっていた。二人きりの世界で、内緒話をするようにコソコソとディアーナが話しかけてくる。

「泳ぐのは好きだよ。でも、一応子爵家の令嬢だし、日焼けしないようにあんまり泳がないようにしてるの」

「そうなんだ。コーディリアと一緒に水遊びしたかったな」

カインにふさわしくなりたかったコーディリアは、田舎貴族で皆が貴族らしくなく自由奔放に生きるなかで、貴族らしくしようと頑張っていた。でも、カインが一年にほんの数週間しか居ないのに、一年中そうしているのは案外つまらなかった。兄のキールズが外で思い切り遊んでいるのを羨ましくも思っていた。

でも、考えてみたら公爵家の令嬢であるはずのディアーナがこんなに自由気ままに遊んでるんだから、しかもそれでカインの溺愛を独り占めしているのだ。ディアーナと二人で傘の裏側の水面を眺めていたら、なんとなくバカバカしい気持ちになってきた。

「ディアーナ、明日は一緒に遊ぼうか。川にはいって、明日こそ本物の水面越しの空を一緒に見よう」

「本当に⁉　約束だからね！」

狭い日傘のなかで、至近距離で嬉しそうに笑うディアーナは眩しすぎたが。コーディリアは目を細めて笑いながら「約束だよ」とゆっくり頷いたのだった。

キールズとカインとイルヴァレーノで川の端に石を積み、簡易的な生け簀を作って準備完了だ。

カインはディアーナを呼びに行ったが、ディアーナとコーディリアは揃って昼寝をしていた。敷物の上に並んで横になり、頭に日傘を立て掛けていた。頭だけのテントというのが前世のアウトドア用品にあったなぁと思い出しながら、その場はサッシャに任せて川へと戻る。

「ディアーナとコーディリアはなんか寝ちゃってた。僕らで釣りはじめとこう」

バケツの中から適当に一匹摘んで針先につけると、ポイッと軽く川に向かって糸を放り投げた。三人ならんで川べりに座り、魚が掛かるのをまつばかりだ。

「魔魚が出るっていうのはこのあたりなの？」

「いやぁ。このへんは浅いし、出たって話はきかないな。そんなのが出る場所には流石に父さんも行って良いとはいわねぇよ」

「魔獣って美味しいよね……。魔魚も美味しいんだろうか」

「カインは魔獣を食ったことあるのかよ。おっと、ヒット」

糸を垂らして、最初に魚を釣ったのはキールズだった。竿をあげて魚を手元に寄せると、器用に魚を外して石で囲って作った生け簀に放り込んだ。

「それでさ、スティリッツさんていうのはどんな人なの」

「……。カイン、糸が引いてるんじゃないか？」

「引いてないよ。スティリッツさんていうのはどこの人なの」

キールズは、黙ったままバケツに手を突っ込むと新しい餌をつかんで針につけていく。イルヴァレーノは会話が聞こえないフリをして川にしずんでいる糸を凝視している。

「スティリッツの名前をなんで知ってるんだよ」

「昨日、キールズが逃げた後にコーディリアとディアーナが教えてくれたんだよ」

「チッ。コーディめ。後で締める」

「女の子には優しくしないとダメだよ」

「それだよ、それ！　カインのそれがコーディを勘違いさせてんだよ。お前どうするつもりだよ」

釣り竿を握ったまま、キールズが顔だけをカインに向けて睨んできた。カインは「しまった」という顔をして顔をそらしたら、イルヴァレーノと目があった。イルヴァレーノが「それな」という顔をしていて、カインはちょっと裏切られた気持ちになったのだった。

万が一も億が一もありえない話ではあるが、物語がカインルートに行ってしまった場合にディアーナと結婚することになるのがキールズなのだ。恋人が居るキールズに、親同士の都合でディアーナとの結婚が決まってしまうことで、ディアーナは愛されない結婚生活をすることになるのだ。

なので、カインは今のうちにキールズと恋人を婚約者まで関係を進めさせられないかと考えていたのだが、やぶ蛇でカインの八方美人な性格について言及されてしまった。

「どうするもなにも。告白もされていないのに振るわけにも行かないだろう。そんなの、どんだけ自意識過剰野郎だって話じゃないか」

「コーディに惚れられてるって認識はしてるんだな」

「わからないわけないだろ。僕はそこまで鈍くないよ」

「だったら、もうちょっとなんとかしろよ。コーディが可哀想だろ」

キールズが半眼でカインを睨んでくる。カインは肩をすくめて眉毛を下げただけで、答えられなくかった。

「ヒットしました」

イルヴァレーノが声をあげて竿を上げる。腹の部分が薄緑色に光る中々の大きさの魚が糸の先に付いていた。

「おお、大物だ！　すごいね、イルヴァレーノ」

「キールズ様。カイン様は誰に対してもあんな感じの態度なんです。ディアーナ様以外には、まんべんなく優しい」

「イルヴァレーノ……」

イルヴァレーノに救われたと思って話題を変えようとしたのに、イルヴァレーノに会話を戻されてしまった。カインはへにゃっとした顔でイルヴァレーノが針から魚を取る様子を眺める。孤児院で日々の糧として近くの川で魚釣りもしていたイルヴァレーノは手早く魚を外してしまう。

「コーディリアは従姉妹だし、妹みたいに思っているんだよ。普通に可愛いと思っているし、邪険《じゃけん》になんて出来るわけないじゃないか」

「邪険にしろって言ってるわけじゃなくてさぁ。うーん」

「カイン様、竿が二本とも引いてますよ」

イルヴァレーノに言われて目を川にむければ、カインが持っていた竿が二本とも糸が引いていた。ディアーナの為に用意した竿を使ってカインは二刀流で釣りをしていたのだ。

イルヴァレーノが自分の竿を横において、カインの右手の竿を何も言わずに受け取って引き上げ始める。イルヴァレーノに一本渡して自分の竿だけになったカインは、腰を浮かせて竿をあげる。

イルヴァレーノが釣ったのと同じ魚が糸の先にぶら下がっていた。ピチピチと手元で跳ねる魚を掴みながら、口を押さえて無理やり開けさせて針を抜く。立ち上がって生け簀に魚を投げ込むと、腰に手を当てて体をねじって背をのばした。ずっと座りっぱなしで体が固まってしまったのだ。

「僕もディアーナが可愛いし、妹を思う気持ちはわかるよキールズ。僕もディアーナが誰かに好意を寄せているのにすげなくされていたら……相手を殺すかも知れない」

「俺はそこまでじゃない」

キールズに真顔で否定されてしまった。同じ妹を持つ兄同士、キールズとはもっと理解し合えるはずだとカインは思っている。カインは、自分の顔が整っているということを理解しているし利用しているところもある。ディアーナの年の近い女の子の友達としてコーディリアには優しく接しているが、カインとしては親戚への親愛の範囲を出ない態度のつもりだったのだが。

「だいたいな、カインは顔が良すぎるんだよ。なんとかしろ」

「そんなの、どうしようもないじゃないか」

キールズに意地悪そうな顔で見上げられ、カインは眉尻を下げて困った顔を作ってキールズを見下ろした。顔をなんとかしろと言われても、カインは困る。この顔は生まれつきだ。

カインから受け取った竿の魚を外して生け簀へ投げたイルヴァレーノがキールズとカインの後ろに立って首をかしげてみせる。

「カイン様の顔をなんとかすれば良いんですか?」

カインを見つめていたキールズが、イルヴァレーノに視線を移す。イルヴァレーノは静かな表情で、キールズの顔を見つめ返した。

「カイン様のお顔を崩せばいいんですね？」

そう言うとイルヴァレーノは木の根元、敷物の上で寝ているディアーナの方へ視線を向けたのだった。

「昨日のファッションショー中にコーディリア様がおられれば手っ取り早かったのですが」

「イルヴァ、カインのデレ顔ならコーディもそこそこ見てる」

「イルヴァレーノ、僕だって人前で取り繕う事は出来ている」

二人から同時に反論されても、イルヴァレーノは肩をすくめただけだった。

「昨日は久々にまずいと思いましたよ？　ディアーナ様の……ドラゴン？　飛竜？　ですか？　アレの着ぐるみをディアーナ様が着たときのカイン様」

「ぐぁあ！」

イルヴァレーノが「飛竜」と言った瞬間にカインは両手の平で顔を押さえ、首の骨が折れんばかりの勢いで天を仰いだ。

バタバタと座ったままで足をバタつかせ「尊い。エモい。可愛い愛らしい可愛い」と鳴き声を口から漏らしている。

「思いだして悶えてますね」

「絶対可愛いと思ってた！　ちょっと高いなって思ってたけど帰省費用浮いたから買える！　って思ったら買ってた！　やっぱり可愛かった！」

椅子代わりに座っていた石から転げ落ち、河原の砂利の上をゴロゴロと転がりながら「あぁん。可愛いよぉ」と悶えているカインを見て、キールズはどん引きしている。

「ディアーナといる時によくだらしない顔するなぁとは思ってたけど……。えぇー」

「昨日、初めてディアーナ様が着ぐるみを着用なさった時は顔中の穴という穴から汁が垂れるという状態でした。お疑いでしたらサッシャにも確認していただいて結構ですよ」

イルヴァレーノが真面目な顔でキールズを見つめてくる。その向こうで「はぁぁあぁん」とか言いながらのけぞってブリッジしているカインが目に入ってしまい、キールズは変な汗が背中を伝っていくのを感じた。

「いや、その。穏便にコーディを諦めさせたいだけなんだ。がっかりさせたり幻滅させたりしたいわけじゃないんだ」

「そうですか」

キールズが目を泳がせながらそういうのに対し、イルヴァレーノは素直に頷いて理解を示した。

「なぁ、今日は午後から飛竜ごっこしないか」

「わぁ」

いつの間にかカインが戻ってきてイルヴァレーノの肩におっかかっていた。内緒話をするように、キールズとイルヴァレーノの間に入ってコソコソと話している。

「飛竜ごっこってなんだよ」

「人間の愚かさに怒り暴れる飛竜と、為すすべもなく飛竜にやられる人間のなりきり遊びだよ。飛竜の着ぐるみを着たディアーナに、床をのたうち回る僕たちが」

「やらねぇよ」

「遠慮します」

ちぇっと言いながら、カインは自分の場所に戻って竿を手に持って糸を川に投げた。もう気持ちは落ち着いたようだ。

その後しばらくは、男子三人で男子ならではの会話をしながら大人しく釣りをしていた。

「カイン、そろそろ火を熾してくれよ。魚焼いて食おうぜ」

「分かった。イルヴァレーノ、薪になりそうな枝拾ってきて」

「かしこまりました」

川の端に石を積んで作った生け簀の中にはそこそこの数の魚が入れられていた。

キールズは釣り道具を入れてあるかばんから太い串をだし、生け簀の中の魚を掴むと口から串を二本つっこみ、グリグリと回して内臓を抜いた。内臓を抜いた魚をザバザバと川にいれて余分な血を洗い流すと、新しい串をだして魚が波打つように串打ちして地面に刺した。

カインは川から離れた所の砂利を足で寄せて風よけ程度に山を作り、出てきた土部分を踵で叩いて浅い穴を掘っている。イルヴァレーノが薪第一弾として持ってきた枝の皮をナイフで削って火口を作り、ザクザクと積み上げた薪の下に入れて火魔法で火を付けた。

焚き火が安定してきた頃、キールズも釣った魚の下処理と串刺しがほぼ終わっていたので、手分けして串刺しの魚を運んで焚き火の周りに立てていった。

「そろそろ、お姫様たちを起こして来ようか」

「……カイン、そういうところだぞ」

イルヴァレーノが火の番をしているというので、カインとキールズで昼寝中のディアーナたちを起こしに行った。のだが、サッシャが目の前に立ちはだかった。

「淑女の寝起きの顔は、何人たりともご覧いただくことはできません」

「サッシャ……」

昼寝をしている淑女の兄達なのだが。そう言おうとした所を手のひらを差し出されて遮られた。そして、バスケットから小さな蓋付きのツボを取り出すと、そっとカインに手渡した。

「塩です。焼き魚には、塩をふるとより美味しくいただけるようになります」

「あ。うん。そうだね」

「お魚を美味しく焼いていただいている間に、お嬢様方を起こしておきます」

「あ、はい」

カインとキールズは塩のツボをもって、とぼとぼと焚き火まで歩いて戻ってきたのだった。

魚の皮がこんがりと焦げはじめた頃、ディアーナとコーディリアとサッシャが焚き火のそばへやってきた。

座るのに手頃な石の上に、サッシャが先回りしてクッションを置いて行く。中々の侍女ぶりだ。

「今日の糧《かて》を神に感謝いたします」

「今日の糧を神に感謝いたします」

いただきますを言って、みんなで魚にかぶりつく。内臓は取ってあるので苦い事はないが小骨が歯に挟まる。サッシャは軽食用に持ってきていた小皿に魚を乗せて、フォークで身を崩しながら食べていた。さすが子爵家のご令嬢である。イルヴァレーノはふぅふぅと魚に息を吹きかけている。

「ディアーナ。お魚さんがほっぺたについてるよ」

そういってディアーナの頬についた魚の身をつまむと、ポイと自分の口に入れるカイン。そんなカインを見てニコーっと笑って礼を言うディアーナ。風が吹いて木が揺れることで、木洩れ日の光が当たる位置が変わる度にキラキラと光るカインとディアーナの金色の髪。

魚にかぶりつきつつ、コーディリアは複雑な気持ちで兄妹の二人を見ていた。

自分は、カインが好きだと思っていた。はじめてあったときには王子様だと思った。兄や地元の男の子たちと違って軽口も悪口も言わないし優しいし、コーディリアを丁寧に扱ってくれるのは自分が特別だからじゃないかと思ってドキドキした。

しかし、昨日ディアーナが騎士服を着てポーズを決めているところを見てときめいたのも本当で。ディアーナは明るくて元気でいつも楽しそうで、その楽しいことをいつでもコーディリアに分けてくれようとする。

カインと二人きりになりたくて、意地悪までは行かないけれどちょっと邪険にしてしまったことだってあるのに、姉のように友のようにいつも慕ってくれていた。

今は、カインとディアーナが仲良くしている姿を見るとドキドキする。よく似た綺麗な顔が寄り添って優しい顔で笑い合っているのを見て、胸がきゅーんと締め付けられる。

「カインとディアーナ、二人を見てるとなんか変な気分」

コーディリアのつぶやきを拾ったサッシャが、ソソソと近づいてきてコーディリアに耳打ちをした。

「コーディリア様。悩む必要はございません。そういうのを表す言葉がございます」

ぼんやりと兄妹を見ているところに囁かれて、コーディリアはビクッと肩を揺らして振り向いた。

サッシャが、慈愛に満ちた、全てを受け入れる慈母のような顔で微笑んでいた。

「そういうのを、箱推《はこお》しというのでございます。コーディリア様」

サッシャは観劇が趣味である。男装の麗人が騎士役をやる悲恋ものなどが大好きである。特段好きな役者がいるわけではなく、騎士と姫のセットが好きなのだ。美しい顔が並んでいるのはご褒美なのである。

サッシャの優しい微笑みは、ハマると抜け出せない泥沼へと誘う歓迎の笑顔だ。

「……違うとおもうけどな」

誰にも聞こえないように、イルヴァレーノがぼそりとつぶやいた。

選ぶ権利と選ばれる権利

午前中の釣果をすっかり胃袋に収め、持ってきていた軽食とお茶もぺろりと平らげると皆で撤収作業をする。

水魔法で焚き火を消すと足で砂利を蹴って焚き火の跡を埋める。川のふちに作った生け簀も積んだ石を崩して川の流れにもどした。

釣り場は、城からは少し離れているが馬車を出すほどの距離でもない。しかも川が林の中を流れているので近くまで馬車で行くことはできないため、馬車に乗っていられる距離がほとんど無いのだ。

そのため、サッシャと子どもたちは散歩をかねて歩いて釣りに来ていた。

「結局、ディアーナは釣りをしなかったねぇ」

「コーディと日傘テントで水の中ゴッコしてたら寝ちゃった」

「水の中か。明日は泳ぎに行くか？　もうちょっと行ったところに小さな滝になっているところがあるぜ。流れが一旦とまっていて適度に深くなっていて水遊びにちょうどいい場所があるんだ」

キールズとカインが竿を三本ずつ肩にかけ、イルヴァレーノがバケツを持って歩いている。

カインとディアーナは、毎年春に視察に来るディスマイヤに付いて来ていたが、夏に領地に来るのは初めてだった。

夏の遊びは話を聞くだけで楽しそうで、ディアーナはワクワクとした期待に満ちた顔でキールズの話をウンウンと聞いている。

「カイン様」

後ろを歩いていたはずのイルヴァレーノが、硬い声を出してカインとキールズの前に出た。

立ち止まって、厳しい顔で前方をにらみつけている。

カインはイルヴァレーノの視線の先を見た。目を凝らすとようやく判る程度の距離に、何人かの人間が歩いているのが見えた。目を細めてよく見ようとするが、あまり身なりのよろしくない男性だということだけしか判らなかった。

「……あいつら」

「知り合い？」

こちらは立ち止まっているが、向こうはこっちに向かって歩いてきている。だんだんと姿が大きくなってきて顔がわかるようになってきたところで、キールズが苦々しい顔でにらみつけている。

「領主直轄地の農地の管理を任せてる家のバカ息子だ。最近やたらとコーディに声をかけてきやがる」

「ふぅん」

カインは鈍くない。コーディから従兄弟の兄ちゃんに対する以上の愛情を向けられている事には気がついている。その上で、自分が綺麗な顔をしていることも自覚している。

向こうからやたらと高圧的に上体をそらし、ガニまたで歩いてくる男をまじまじとみて、

「コーディリアの好みじゃなくない？」

と言った。

「好みじゃねぇから、調ってねぇんだよ」

キールズが吐き捨てるように返事をした。カインの三歳年上で十五歳のキールズは、カインとディアーナとコーディリアに対してはいつも頼れる兄貴分であろうとしている。普段から口が良いとは言えないがいつもはもっとからかう様な楽しそうな口調でしゃべる。

キールズの態度や口調、「バカ息子」発言からも彼がコーディリアの好みのタイプではないだけではなくキールズからも嫌われている事がわかる。

おそらく、ろくでもない人間なんだろうなとカインは表情には出さずに評価した。

「おぅ。エルグランダーク子爵令息じゃないですかぁ。釣りですか？　釣れましたかい？」

「おかげさまで」

声の届くところまで来て、バカ息子が声をかけてきた。

年齢は二十歳は超えていそうだ。十一歳のコーディリアとは歳の差がありすぎる気がする。

「キールズの坊ちゃん。おれはコーディに用があるんですが、お声がけしてもよろしいですかね？」

「やだ」

「やだってさ」

「そう言わず」

カインがちらりと後ろをみれば、サッシャがディアーナとコーディリアの後ろに立って二人の肩を抱いていた。

前には男子三人が立っている。伏兵がいないとも限らないのでサッシャが二人の後ろに立つのは正しい。さすが完璧侍女を目指すだけのことはあるね、とカインは目線を前方に戻しつつサッシャを心の中で褒めた。後で実際に褒めておこう。

「明日、公爵家子息と令嬢の歓迎会があるじゃないですか。コーディには俺のパートナーとして出席してほしいんですよぉ。未来の婚約者として？」

そう言いながら、バカ息子は上体をずらしてキールズとカインの間から後ろにいるコーディリアを覗き込もうとする。

コーディリアを視線から隠すように、キールズが半歩ほどカインとの距離をつめる様に移動する。

「コーディリアは、愛称で呼ぶことをあなたに許していない。歓迎会には俺のエスコートで参加するからあなたは必要ない」

きっぱりとキールズが断るが、バカ息子はヘラヘラと笑っているばかりだ。

「歓迎会？　明日は歓迎会があるの？」

「ああ。いつも春には公爵の歓迎会として夜会をやっているだろ。今回は子息と令嬢の歓迎会だから昼にやるんだ」

「そうなんだ」

カインは歓迎会の事を聞いていなかった。というか、下着三枚しか持ってきてないのに歓迎会の服どうしようという疑問が思い浮かび、イルヴァレーノの顔を見ようとした。

イルヴァレーノは緊張した顔でバカ息子を見ていた。正確には、バカ息子の後ろに立っている数人の男達のことを警戒しているようだった。

「愛称は、こないだ『ウン』って言ってくれましたもん。コーディと直接話させてくださいよぉ。コーディはきっと俺と一緒に歓迎会に出てくれるって言ってくれますよ」

嘘だな、とカインは思った。

十一歳の女の子に、十歳も年上の男から「ウンと言え」と言われてきっぱりと拒否しろと言って出来るわけがない。どうせ、身長差に物を言わせて壁際にでも追い詰めて逃げられないようにして言わせただけだろう。コーディリアは元気いっぱいで溌剌とした少女だが、だからといって大人の男に迫られて強気で反抗できるものではない。

カインがちらりと後ろを見れば、コーディリアは肩を抱くサッシャの手に自分の手を重ねて不安そうな顔をしている。ディアーナは「少女騎士の出番か⁉」というやる気に満ちた顔をしていた。

「バ……あなたは、少女趣味なんですか？　同世代の女性には興味が持てないとか？」

カインが、問いかける。まずはそこが疑問だろう。十歳近く年の離れた少女に迫るとかちょっとどうかと思う。明らかにコーディリアは怯えているし、嫌悪している。なんてことない相手であれば「他に好きな人いるし～」と言いながらも、悪い気はしないもんだろう。コーディリアは、明らかに嫌悪している。

カインの問いに、バカ息子はふんっと鼻を鳴らしてバカにしたような顔をした。カインは、顔を真っ赤にして怒るかと思っていたのでちょっと意外だなという顔をした。

「うちはね、領主様の直轄地の農地を管理しているんですよ。領主様は騎士団をまとめるのにお忙しいですから、代わりにうちが管理して差し上げている。コレはね、これからの領地のための話なんですよ。政略のはなしです。キールズ坊っちゃんが領主様を継いで騎士団のまとめ役となり、俺がコーディと結婚して領地の運営管理をする。今は領主とその代理人といういびつな関係が、これですっかりまとまるわけですよ」

ん？　とカインは首を捻った。隣に立つキールズを見上げれば、キールズも苦虫を噛み潰したような顔をしている。

「つまり、コーディリアの事が好きだからじゃなくて、領地の為にコーディリアと政略結婚するってことですか」

「物分りがいいお子様だな。そのとおりだ」

なんとまぁ。

「でも、そういう話だったらコーディリアは僕と結婚するのが一番良い気がしますけど」

「は？」

カインは、腕組みをして首をコテンと倒して悩むポーズを取ってみせた。大人から見たらバカにされているように見えるだろう。実際、カインはバカ息子の事をバカにしている。

「だって、そうでしょう？　『領主の子と、領主代理の子が結婚すれば直接運営と同じ事になって運営がスムーズになる』というのを狙っているのでしょう？」

「そう言っているだろ。だから、俺とコーディが……」

バカ息子が言い募るのを聞き流しながら、カインはキールズの顔を見る。キールズは、困った顔をしてカインの顔を見下ろして、そして肩をすくめてみせた。

「このネルグランディ領の領主はエルグランダーク公爵だよ。そして、領地運営の代理人として指名されているのがエルグランダーク子爵なんだから。バ……あなたの言う、政略結婚が有効なのだとすれば、次期公爵である僕と、領主代理である子爵の娘のコーディリアが結婚するのが有効だってことになるでしょう」

真の領主であるディスマイヤが、年に一度しか領地に来ないから仕方が無いのかもしれない。実際に畑を耕している末端の農家の人たちは領主＝子爵という認識でいたって問題ないとカインは思う。実際に領地を切り盛りしているのは子爵だからだ。

でも、曲がりなりにも領主直轄地の運営を任されている家の者がそれを知らないのはまずいだろう。

「ワケのわからないことを言いやがって！　顔がいいからって全部女持ってけると思うなよ！」

今度こそ顔を真っ赤にしたバカ息子が、カインに掴みかかろうと大股で近寄ってきた。

最後の一歩、これを踏み出せばカインに手が届くというところで、それは叶わなかった。

足を前に出し、一歩分の距離のところに足を降ろそうとしたところで内側からくるぶしの位置を思いきり蹴られたのだ。地面につくはずだった足が外側に大きくながれ、バカ息子はバランスを崩して大股開きで転んでしまった。

「カイン様にさわるな」

転んだバカ息子を、表情のない顔をしたイルヴァレーノが見下ろしていた。

自分に何が起こったのか一瞬わからなかったのか、バカ息子氏はぽかんとした顔でカイン、キールズ、イルヴァレーノの順で顔を見上げてきた。

自分が地面に尻もちをついている事に気がついたのか、慌てて立ち上がるとズボンの土埃をパンパンと手ではらってゴホンと空咳をしてごまかした。

「ちょっとカッとしてしまったよ。驚かせて悪かったね」

意外とキレない。見た目も発言も小物感が溢れていたので、カインはバカ息子氏はもっと怒鳴り散らして怒ったりするのかと思っていた。バカ息子氏という名前で呼ぶのは申し訳ないのかも知れない。

一旦落ち着いたバカ息子の姿を見て、イルヴァレーノは一歩さがった。顔は表情が無いままだ。

イルヴァレーノとは留学直前まで組み手などの相手をしたりしていたが、実際のそういう場面で繰り出されるのを見るのは初めてだった。移動したのは見えていたが、蹴った足は見えなかった。こわ。

イルヴァレーノを怒らせるのは止めておこうとカインは思った。

「じゃあ、こうしよう。コーディに決めてもらおうじゃないか。君と俺、どちらが良いかコーディに選んでもらうんだよ！」

パンと音を出して手をたたき、良いアイデアだとでも言うようにカインとキールズに向かっていい顔を向けてきた。キールズは眉間を寄せて不機嫌を隠さないし、コーディリアはサッシャに抱きついている。ディアーナはサッシャに肩を押さえられながら、いい顔でシャドーボクシングをしている。

「何を言っているんですか。あなたは馬鹿ですか」

「は？　バカとはなんだバカとは！」

カインが、わざとらしいため息を漏らしながら吐き出すように馬鹿と言った。大人の態度を崩さぬよう振る舞っていたバカ息子氏だが、流石にカチンと来たようで声が荒れている。

「なんで、コーディリアの選択肢が僕とあなたの二択しかないんですか？　コーディリアの未来の可能性は無限に広がっているんですよ。コーディリアの輝かしい未来の選択肢に、僕とあなたの二択し

かないなんてありえないでしょう？　そんな事もわからない？」

「は……っ？」

「コーディリアは、来年にはアンリミテッド魔法学園か、サイリユウム貴族学校に入学する予定ですよ。そこには、侯爵子息も伯爵子息もいます。サイリユウムの貴族学校なら一個上に王族だっています。コーディリアぐらい可愛くて明るくて社交的なら結婚相手なんてよりどりみどりですよ。政略というのであれば、ネルグランディに隣接する領地の関係者と縁を結ぶのだって構わないではないですか。南隣のサイネンディの領主にはキールズと同じ年齢の子息がいたはずですし、北隣りのアクエンディには二つ下の子息がいたと記憶しています。おそらくどちらもド魔学に入学すれば友人になれるでしょう。領地にはもどらず、魔法を極めて魔導士団に入団して国に尽くすという道だってあります。魔導士団に入った上で、護国の為にネルグランディ騎士団の支援魔法使いとして領地に帰ってくるのだって良いですし。叔父上の気性なら、お願いすれば女性騎士となるのだって有りでしょう。女性貴族の護衛が男性だといざという時に初動が遅れます。強くなれば王妃殿下の騎士となることだって夢では有りません。コーディリアならきっと強い騎士になることでしょう。コーディリアの未来には、無限の可能性があるんです」

カインは、まくしたてるように一気に喋った。バカ息子氏が何か言おうとしたのに被せて、淡々と、しかし朗々《ろうろう》とコーディリアの未来について大いに語った。

バカ息子氏は目を丸くしてカインを見つめている。

カインの後ろで、キールズは苦笑しており、イルヴァレーノは思考を放棄した顔をしている。

「ここネルグランディの領主は僕の父、ディスマイヤ・エルグランダーク公爵です。キールズとコーディリアの父であるエクスマクス・エルグランダーク子爵は公爵から領地の管理を依頼されている領主代理です。父と叔父は兄弟ですから、僕とコーディリアの婚姻で縁を結ぶまでもなく、強固な繋がりがあります。それは、次世代になった時に従兄弟同士の僕とキールズについても変わりません」

カインは大人になったら、王都にとどまって法律関係の仕事をしたいと思っている。なので、未来では子爵を継いだキールズに領地を任せたいと思っている。初めて会ってから三年ぐらいしか経っていないが、キールズは裏表の無い良いやつだ。真っすぐで、裏表が無いからこそ、恋人を捨てられず、政略で結婚させられたディアーナとうまく行かないのだろう。ゲームのド魔学におけるカインルートはほぼ無いとは思っているが……。

「領主代理の子爵家に、農地の管理を任されているだけのあなたは、領主代行でも何でもない。ただの小作人です」

コーディリアの怖がり方をみれば。

『コーディ』と愛称で呼ぶ許可を取るのにどれだけ怖い思いをさせたというのか。婚約や結婚というのは家同士の契約にあたるので、いくらコーディリアを脅して『ウン』と言わせたとしても効果はない。だが、パーティーにエスコートさせることで既成事実をつくることはできるだろう。

今回のように、パートナーになるよう脅すようなことを過去にも何度かされたのではないだろうか。

優しい声で、優しい態度で接していたとしても。成長しきった体格の大人の男に追い詰められて、怖がらない女の子がいるだろうか。いや、いない。

「紳士的に接していればつけあがりやがって！　長々とワケのわからんことを言って煙にまこうとしやがって、バカにしてんのか！」

ついに、バカ息子氏がキレた。

それに呼応して後ろに控えていた人相のあまり良くないお友達がゆっくり近づいてきた。

キールズは釣り竿を地面に投げると腰に手をやって舌打ちした。今日は散歩をかねて釣りに来ただけなので剣など持ってきていないのだ。

イルヴァレーノがすっと右手でベルトの腰の部分に触るのが目の端に入った。カインはツツツとイルヴァレーノに近づくと、

「ディアーナを見てて。飛び出さないように上手いことなだめておいて」

と耳打ちした。

イルヴァレーノは非常に渋い顔をして「一番難しい注文を……」と言いながらスッと後ろにさがった。

バカ息子氏とそのお友達たちも、剣やナイフを持ち出そうという気はないらしい。そりゃそうだろう、十五歳と十二歳の少年に向かっていい年した大人が寄ってたかって剣を抜きましたなんて事になったら恥ずかしくて仕方がない。

「キールズ、ふっとばしていい？」

「あんまり怪我させないでやってくれ。あれでもご両親には世話になってるんだ」

「ふっふっふー」

「あと、火はやめろ。ここは管理林で秋になると高級なきのこが生えてくる」

「委細承知《いさいしょうち》」

カインが、男のくせに髪を伸ばして結んでいるその意味を知らない愚か者は、得物を持たない少年を良いカモだと思って無防備に襲いかかってきた。

カインが大きく右手を横に薙ぐように振れば、そこから強風が発生してバカ息子氏とそのお友達がバランスを崩した。かろうじて転びそうになるのを耐えた彼らは、台風の日に外出してローカルニュースに映されてしまった人たちのように前傾姿勢で強風をやり過ごしている。

自分の横で魔法をふるったカインをキールズが凝視している。信じられない物をみる様な目だ。

キールズからの視線には気づきつつ、カインは振り返ることなく楽しそうにバカ息子氏たちの方を見ている。

「ネルグランディ地方、領主城近辺は昼頃に突風が吹き荒れ、……ところにより雨が降るでしょう!!」

そう叫びながら腕を下から上に振り上げる。振り上げた腕の先、手は軽く握り人さし指が一本立てられている。

バカ息子氏たちも、キールズも、後ろにいた女の子達も、サタデーナイトフィーバーのポーズを取ったカインにあっけにとられ、カインの指先がさす方向……つまり、空を見上げた。

木々の向こうに、大きな水の塊が見えた。夏の日差しを湾曲して虹色ににじませているのが木の葉の合間から見える。

「み、水?」

お友達がつぶやいたその瞬間に、ザバーと音を立てて大量の水が落ちてきた。木の上から木の枝を、木の葉を揺さぶりながらザバザバと水が落ちてくる。

強い向かい風に耐えるように前傾姿勢を取っていたバカ息子氏とそのお友達は勢いよく大量に落ちてくる水に押されてその場に手をついてしまった。

髪も服もびしょ濡れになり、ボーゼンとしている。

空中に現れた水がすべて落ちきり、ぽたりぽたりと濡れた木の枝からしずくが落ちていく。

空は青いのに林の地面はじっとりと濡れて、所々に水たまりができていて、木洩れ日を反射してキラキラと光っている。

バシャと水音を立てて、カインがバカ息子氏の前に立った。腰に手をあてて首をかしげ、ニコリとわらってバカ息子氏を見下ろした。

「頭、冷えました？」

ぽかんとしているバカ息子氏が、膝をついて手も地面について、四つん這いになっている状態からカインを見上げている。

カインは、三編みの先を摘んで持ち上げるとその場にしゃがみこんだ。バカ息子氏の顔を覗き込み、真面目な顔をして目を合わせた。

「お話し合いを、しましょう。落ち着いて、きちんと、冷静に、お話し合いを、しましょう」

カインは、言葉をくぎってゆっくりとそう言った。

口角は上がっているが、目は笑っていないそのカインの顔をみて、バカ息子氏はゆっくりと頷くとしかできなかった。

カインは立ち上がると、摘んでいた三編みをポイと背中に放り投げ、くるりと反転すると軽い駆け足でみんなの元へと戻ってきた。

一応、自分でも魔法を撃ち出して対抗しようとしていたキールズが腕を構えた体勢のままで立っていた。コーディリアはサッシャにしがみつき、ディアーナはイルヴァレーノに手首を掴まれてバンザイの格好をしている。

「悪者、やっつけないの？」

バンザイポーズのまま、ディアーナが不思議そうな顔をしてカインを見上げて聞いてくる。

カインは両手がふさがっているディアーナのほっぺたをツンツンつつきながら、最高に楽しそうな笑顔でディアーナに頷いてみせた。

「やっつけないよぉ。ココではね。リムートブレイク王国は一応法治国家なんだから」

「ほーちこっか」

「やって良い事と、悪いことを法律で決めている国の事だよ。そして、悪いことした人に勝手に罰を与えることは、法律では悪いことになっているんだよ」

カインは右の眉を下げて左の眉を上げるという味わい深い顔をしてイルヴァレーノを見た。イルヴァレーノは困った顔をしてカインを見つめ返す。

イルヴァレーノが、ディアーナの腕を離して側を離れた。ディアーナは自由になった手をそのまま前にだしてカインに抱きついて、頭をグリグリとカインの胸におしつけた。

「いじめっ子を退治するニーナは、ほーちこっかでは悪い子？」

「……そこかぁ。ディアーナはそこが気になるかぁ」

カインはポンポンとディアーナの肩を叩いて歩くように促した。

サッシャは手放していたバスケットと敷物を拾い、イルヴァレーノもバケツと釣り竿を手に持った。

城に向かって歩きながら、カインはディアーナに向けてなんて言おうか考えていた。

「うーん。現行犯逮捕なら有り？　こっちに現行犯逮捕って法律あんのかな……。ちがうか。そうだなぁ」

「お兄さま？」

「そうだなぁ。ねぇディアーナ。法律もね、完璧ではないんだ。法律と法律の隙間をついて悪いことをしようとする人ってのがいてね。そういうのは、誰がどう見たって悪いことなのに、法律としては悪いことって言えない。そんな事もあるんだよ」

「悪いことなのに、悪くないの？」

「例えばね、『エルグランダーク公爵家の廊下を走ってはいけません』という法律はないんだ。だから、ディアーナがウチの廊下を走っても警邏隊や騎士に捕まって牢屋に入れられたりはしない。法律では悪いことじゃないから」

「でも、お母様やパレパントルやサイラス先生には怒られちゃうよ」

「うん。廊下を走ると危ないからね。ディアーナが転んで怪我をする事もあるし、曲がり角で別の人にぶつかって相手を怪我させてしまうかもしれない。だから、お母様やパレパントルに怒られちゃう。廊下を走ると人を怪我させてしまうかも知れないから、悪いことだ」

　カインはキリっとした顔を作って、ディアーナに向き合った。

「法で裁けぬこの世の悪を、退治してくれよう桃太郎！」

色々と混ざっているが、気にしない。些細なことにツッコミを入れる人はこの場にいないのだ。

「法律が助けてくれない人を、助けてあげるのが少女騎士ニーナなのかもしれないね」

「かっこいいね！」

ディアーナの肩を抱いて歩きながら、カインはニコニコとしたままキールズの方を振り向いた。

「キールズ、今日の午後に庭でお茶でも飲もうって勝手に決めちゃったんだけど大丈夫かな」

「あいつらと？　茶を？」

「お話し合いだよ。バ……あの人は、色々勘違い？　思い違い？　をしているようだし。城の庭なら給仕係も側に呼んでおけるし、そうそう無茶はできないでしょ。ご招待できるのはバ……あの人だけだから、お友達も連れて来られないしね」

キールズはだいぶ渋い顔をしたが、カインがすでに約束してしまっている事なので最終的には頷いた。カインが振り向けば、サッシャが大きく頷いて「手配いたします」と端的に答えた。頼もしいことである。

「さ、そしたら城にかえって昼食を食べよう。無策でお茶会をしようとは思ってないからね。作戦会議を始めよう」

カインはディアーナの肩に乗せているのとは反対側の手を大きく振って、バンと音を立ててキールズの背中を叩いた。

キールズ君がんばってー（棒読み）

ネルグランディ城には食堂が四箇所ほどある。

ほど、というのは「食堂かな？　食堂としても使えそうだけどホールかもしれないな？」という部屋も幾つかあるという事らしい。

城の本体は歴史ある建物らしいが、その時その時の城主の気分で改装や増設が施されているということで一部造りが複雑になっているのだ。

カイン達は、複数ある食堂のうち庭に面した大きな窓の有る明るい食堂で昼食を食べていた。

「今日の午後にお茶会を設定しちゃったから時間がない。ツメツメで行こう。結局あのバカ息子氏は誰なの？」

「誰だかもわからずに小作人とか言ってバカにしたのか」

「話の流れからなんとなくは察してるよ。で、誰なの」

キールズは呆れた顔をして鶏肉のソテーを口に放り込んだ。コーディリアとディアーナも外遊び用の服から可愛いワンピースに着替えてパンをかじっている。

「ネルグランディ領主直轄地の土地管理官代理の息子だ。爺さんの代からやってもらってるって話だよ」

エルグランダーク公爵家が王家から賜っているネルグランディ領はやたらと広い。さらに、国境の領地だから国防のための騎士団も運営しているので、領主の仕事は多い。

なので、領地内をさらに幾つかの地域に分けてそれぞれに土地管理官を置いているのだ。領地が県で領主が県知事なら、各地方は市区町村で土地管理官は市長や町長と言ったところだろうか。

地区内をさらに分けて分地長を設定しているところもあるそうだが、そのあたりはそれぞれの裁量にまかされているらしい。

で、領主直轄地はその土地管理官も領主ということになるのだが、領主は騎士団の運営をしなくてはならない上に領地全体を見て回らねばならないために細々とした面倒までは見られない。なので、土地管理官代理を置いているのだ。

それが、バカ息子氏の両親ということになる。そういうことであれば、小作人はたしかに言い過ぎの悪口と言えるかも知れなかった。

「でも、コーディリアに前から言い寄っていたんだろ？　流石に雇い主と雇われ人という関係だし貴族と平民だしなんとかなったんじゃないのか」

「アイツも昔はあんなじゃなかったんだよ。よく遊んでくれる気のいい近所の兄ちゃんって感じだったんだ。おばちゃんとおじちゃんも、ふかし芋くれたり麦もちくれたりしたたし」

「兄さんは、イタズラした時に良く叱られていたよ。おばちゃんにおしりペンペンされてたんだけど、それで終わりにしてお父さんお母さんには言わずにいてくれたり、叱った後にはおやつくれたり」

思い出したのか、コーディリアがクスクスと笑っている。バカ息子氏の恐怖は薄らいだようだ。

しかし、思ったよりも家族ぐるみのお付き合いというか、小さい頃から知っている家族だからという気後れみたいなものはあるようだ。

まぁ、そりゃそうだ。体格差があるのを利用して迫ってくる男性とすれば怖いが、昔は一緒に遊んでもらった近所の兄ちゃんだと思えばそうそう貴族強権を使って排除するというのは出来るものではないだろう。

「それと、もう一つ理由があるんだよ。スティリッツはアーニーの妹なの」

「スティリッツっていうのは……昨日話題にでた、キールズの好きな人？」

「そう」

なんということでしょう。そりゃ、バカ息子氏あらためアーニーの両親を土地管理官代理から辞めさせるとかアーニーそのものの排除とかはやりにくい。

というか、だ。カインは首を捻った。

「だったら、話は簡単じゃないか。キールズがさっさとスティリッツに告白して婚約を成立しちゃえばいいんじゃないか？」

「はぁ？」

キールズが口に入れかけていたパンをボロリとこぼした。コーディリアが床に落ちる前にキャッチしてキールズの皿に戻している。

「だってそうだろ。土地管理官と土地管理官代行の子ども同士で縁を結んで実質的には土地管理官としてまとまろうってんなら、キールズとスティリッツでもいいじゃないか。キールズとスティリッツの婚約が調えば、少なくともこの理由をお題目として掲げてコーディリアに求婚はできなくなるだろ？」

その上、キールズの婚約者が決まることで、カインルートの「ディアーナの望まない結婚と不幸せな結婚生活」という結末は回避できるのだ。カイン的には一石二鳥である。

「こ、心の準備が!! それに、スティリッツの意思というものがあるだろ⁉ こここ、こ、断られたらどうするんだよ！ スティリッツの方が年上だし、俺なんか弟としてしか見られてない気がするし」

「コーディリア。スティリッツさんとやらは、キールズに対してどんな感じなの？」

慌てふためくキールズを無視して、コーディリアに感想を聞く。こういうのは第三者目線というのがだいじなのである。

コーディリアは少し考えてから、カインに向き合ってニコリと笑った。

「まんざらでもないと思うよ。こんな兄さんだけど、やっぱりこの辺の男の子達と比べると所作が綺麗だし女の子に優しいし。私が言うのもなんだけど、そこそこかっこいい顔してるしね。でも、いつかは何処かの貴族からお嫁さんもらうだろうしって遠慮してるぐらいなんじゃないかしら」

「へぇ。良かったじゃん、キールズ」

「そそそ、そんなことないだろ、スティリッツは美人だし、ねらってるやつは多いし、年上だし」

キールズが膝の上に置いていたナプキンをイジイジといじり始めてしまった。こんなキャラだったかなとカインは苦笑しつつ、皿に残った人参を鶏の皮でくるっと巻いて口に入れた。鶏皮の上から人参がはみ出さないようにそっと噛むと、お茶と一緒に飲み込んだ。

「まぁ、こっちはちゃんと正式な手順をふもうじゃないか。お茶会には間に合わないが、今夜のうちにキールズは叔父様叔母様にスティリッツとの婚約を打診だ。お茶会では、そうするつもりだと言ってアーニーを牽制しよう」

「まてまてまて。だから、スティリッツ自身の気持ちはどうする⁉　仮にも貴族からの婚約の申し出なんて嫌だったとしても断れないだろ？　俺は無理強いなんていやだ！」

「だったら、今から行って告白してきなよ。コーディリアのために！」

そして、ディアーナの未来の為に！　とカインは心の中で付け足した。

「兄さん、がんばって！」

「キー君、がんばって！」

「キールズ様、がんばってー」

どさくさに紛れて、壁際に待機していたイルヴァレーノも声をかけていた。うぐぐぐ、と顔を真っ赤にしてナプキンを引きちぎりそうに引っ張っているキールズ。

「万が一告白して振られたら、別の作戦立てなきゃいけないんだから早めに頼むよ、キールズ」

「カイン……おぼえてろ」

ガタリと音を立てて椅子から立ち上がり、キールズは握っていたナプキンを椅子に投げつけた。まぁ、マナーの悪いこと。

その時、会話の途中で部屋から居なくなっていたサッシャが花束を持って戻ってきた。

「キールズ様。僭越《せんえつ》ながらパーシャル様にお願いして花束を用立てていただきました。ぜひ、スティリッツ様にお持ちください」

そういって、キールズに花束を差し出した。さすが、完璧侍女を目指す女サッシャ。ちなみに、パーシャルというのはこの城の執事である。

「ああああああああもおおおおおおおおお！！！　覚えてろよお前ら！！！！」

サッシャからひったくるように花束を奪うと、キールズは叫びながら窓から外へと飛び出して行ったのだった。

ネルグランディ城の庭にテーブルとパラソルが用意され、お茶会の準備が滞りなく整った。

客人が来てから運び込まれる予定のティーワゴンにボウルを用意し、カインが魔法でゴロゴロと氷を作って入れていく。

「お茶を濃い目に出して、氷を一杯いれたグラスに注いでください。冷静なお話し合いをしたいので、冷たいお茶を出したほうがいいかなって」

「まぁまぁ。カイン様は風と水の複合まで修めてらっしゃるのですか」

厨房の軽食係のメイドに冷茶のお願いをして、ペコリと頭を下げて一度城に戻るカイン。

非公式でほぼ身内でのお茶会だが、アーニーにプレッシャーをかけるためにもカインは半礼装といえる服に着替えていた。自分の着替えは一着しか無いので、キールズのお下がりだが。

アーニーが来ましたよという声が掛かるまで、玄関ホールをプラプラ歩く。二階までの吹き抜けになっているホールの高い壁には、歴代のエルグランダーク公爵家当主の絵が掛かっている。一番新しいのは父であるディスマイヤの絵で、並んでいる絵のなかで飛び抜けて若い。

カインは曽祖父には一度だけ会ったことがあるが、祖父母はカインの生まれる前に儚《はかな》くなっているので会ったことがない。

祖父母は、父ディスマイヤと母エリゼの結婚と前後した時期に亡くなったと誰かから聞いた覚えがある。誰だったかは忘れたが、父や母から直接聞いたのではなかったと思う。

若くして公爵を継ぐことになって、父は苦労したのだとその時に合わせて聞かされた。

曽祖父はまだ生きていて、領地のどっかにいるらしい。叔父も「爺さんは何処にいるかわからんが、領民から生存報告が上がってくるからまぁ生きてるんだろ」と言っていた。たくましい爺さんだ。

壁に掛かっている曽祖父の絵は、父よりは叔父に似ていた。がっしりとした肉体派といえる体つきだ。

「いつか、カイン様もここに並ぶんですね」

「どうだろうね。平民と恋に落ちて駆け落ちするかも知れないよ？」

後ろについて歩いていたイルヴァレーノが一緒に絵画をみながら言うのに対して、カインは自分にしかわからない冗談を言ってみた。

ゲームのド魔学でのカインルートのエンディングである。

振り向いて、自虐的な笑顔をみせたカインにイルヴァレーノが眉をひそめた。

「お兄様！　準備ができました〜」

玄関ホールの階上の手すりから身を乗り出してディアーナが手を振っている。後ろから来たサッシャに注意されて、いったんさがってディアーナの姿が見えなくなった。その後、階段の上に現れたディアーナを見てカインは膝から崩れ落ちた。

お茶会用にフリルが多めのワンピースに着替えたディアーナは、外でのお茶会ということでワンピースとおそろいのフリルのリボンがついたつば広帽子をかぶっている。

いつもどおりに可愛いディアーナだが、カインがショックを受けたのは別のところにあった。

ディアーナの髪が巻かれているのだ。サラサラまっすぐストレートヘアで、毛先だけすこし巻いていたディアーナの髪の毛が、耳の上でむすばれたリボンのところからくるりくるりと巻かれているのだ。

（ゲームパッケージのディアーナだ!!　まだちょっと小さいし幼い顔だけど、アレはゲームパッケージのディアーナだ！！！）

階段をタンタンとリズミカルに下りてくるディアーナの、巻き髪がリズムに合わせてポンポンと跳ねて揺れる。

可愛く着飾ったのを、カインに褒めてもらおうと満面の笑みで駆け寄ってくる。両手を前にのばして、カインに手を取ってもらおうと寄ってくる。

よろよろと立ち上がり、駆け寄ってきたディアーナを受け止めるカイン。ディアーナの両手を取り、膝をついて目線を合わせて笑ってみせる。

「素敵だよディアーナ。まるでお姫様みたいだ」

「サッシャがね、髪の毛くるくるにしてくれたの。可愛い？」

カインはディアーナの手を持ち上げて軽く唇を当てると、髪の毛を一房とってそちらにも口を寄せる。

きっちり巻かれて癖がついている髪は、持ち上げて、そして落としたぐらいではびくともしなかった。

「可愛いよ。とっても可愛いね。歩くたびにポンポンと揺れるのも楽しそうで良いね」

「そうなの！　歩くとね、揺れるの！」

ディアーナが目の前でくるりと一回転してみせる。巻かれて塊になっている髪の毛は、サラサラの時とはまた違う動きで広がって体に付いていく。ニコーっと笑ってみせるディアーナに、カインはぎゅうと抱きついた。

「可愛い可愛い。ディアーナは可愛い良い子だね。大丈夫。とっても可愛いよ」

「お兄様もかっこいいよ！」

ボンネットをかぶっているので頭の天辺は撫でられない。後頭からなでて、手で髪を梳こうとして巻いているんだったと思いだして手を離した。

その時、玄関からお茶会の配膳をお願いしてたメイドが声を掛けてきた。

「アーニー様がいらっしゃいました」

「わかりました。ありがとう」

カインは立ち上がって、ディアーナの肩をポンポンと優しく叩くとニコリと笑ってみせた。

「さ、行こうか。世を忍ぶ仮の姿で行くんだよ。大丈夫？」

「まかせて！」

フンムー！　と鼻息荒くディアーナが請け負うのをみて、カインは苦笑した。

「カイン、私もいるの忘れないでほしいのだけど」

「もちろん、コーディリアも可愛いよ。そのレースたっぷりのワンピースドレスとっても似合ってる。サイドに流したヘアスタイルも良いね。お嬢様っぽさ百億倍だよ」

「いつもがお嬢様っぽくないみたいじゃないの、その言い方」

「あははは」

「ひどいお兄さんは置いていこ、ディアーナ」

「コーディ可愛いよ?」

「ありがとう、ディアーナも可愛いよ」

女の子二人が先行して玄関ドアへと向かって歩き出した。カインが小さくため息を吐いてその後を追いかけようとした。

「大丈夫か?」

カインの腕を掴んで、イルヴァレーノが声をかける。その顔は真剣だった。カインは「なにが?」とごまかそうとして笑ってみせたが、イルヴァレーノは誤魔化されなかった。

「見たことない髪型でディアーナ様が現れて、お前の態度があんなもんで済むわけがないだろ。初めて見る服を着てるディアーナ様を見たお前が、あんな程度の感動で済むわけがないだろ。体調が悪いんじゃないのか?」

さすが付き合いが長いだけのことはあるなと感心したカインだが、自分に対するこの評価はちょっとどうだろうかと苦笑するしかなかった。

お茶会で地雷を踏む

「改めまして、こんにちは。エルグランダーク公爵ディスマイヤの息子のカイン・エルグランダークです」

「ごきげんよう。エルグランダーク公爵ディスマイヤの娘のディアーナ・エルグランダークです」

「ごきげんよう。エルグランダーク子爵エクスマクスの娘のコーディリア・エルグランダークです」

次々と、順番に正式な礼をするカインとディアーナとコーディリア。キールズはまだ帰ってきていない。

きっちりと昼の集まりに相応しい半礼服と言える服装で並び、紳士淑女の礼を披露するエルグランダーク組。これだけで、アーニーはすでに腰が引けていた。

「ご、ご招待くださりありがとうございます……」

なんとか招待に対する礼を言い、頭を下げたがキョロキョロと視線が落ち着かない。

さすがに貴族に招待された茶会にお友達を連れてくるような考えなしではなかったようだ。

給仕係に椅子を引かれてそれぞれが着席すると、茶菓子とお茶がそれぞれの前に出される。カインがお願いしたとおり、氷が沢山入ったグラスに茶が満たされている。

パラソルで日陰が作られているとは言え、夏の午後の庭は暑い。グラスの中で解けてカロンと音を立てる氷が涼しげに響いた。

「アーニー。あなたの家はエクスマクス叔父様の代わりに土地管理官としての仕事をしてくださっていると聞きました。先程は大変失礼なことを言ってしまい申し訳ありませんでした」

まずは、カインが謝った。

「領民の皆さんが不都合なく仕事に集中できるように手配していただいている家に向けて、小作人は言ってはいけない言葉でした。領主の息子として領地について無知であった事を恥ずかしく思います」

「いえ。あの、私もカッとなって乱暴な言動をしてしまって申し訳ありませんでした。寛大《かんだい》なお心に感謝いたします」

カインは俯いたままニヤリと笑った。

子どもに謝られて「そうだろ、反省しろ」と言って尊大にふんぞりかえる様な人物でなかったことに心の中でぐっと拳を握る。

表情をすまし顔に戻して顔をあげ、どうぞとお茶を勧めて自分も口にする。アーニーも口にして、冷たい事に驚いていた。

リムートブレイクでは一般的に平民でも魔法は使うが、威力は貴族や王族には及ばない。氷魔法は水魔法と風魔法を極めた先にある魔法なので、夏に飲み物に氷を使うというのは貴族のうちでも魔法が得意な人間が居なければ出来ない贅沢である。

「で、ね。アーニー。本当は別にコーディリアの事は恋人として好きとか思っていないのでしょう？」

「何をおっしゃるのか。そもそも、貴族の君がそんな事を言うのですか？　縁をつなぎ確固たる立場を取る為にするのが貴族の結婚でしょう」

表向きはそうだろう。表向きと言うか、今の貴族社会はたしかにそうだ。特に、下級貴族の方がその傾向は強い。しかし、上位貴族ですでに確固たる立場を確保している家などは、結婚による縁つなぎにさほど熱心ではない。ディスマイヤとエリゼも恋愛結婚だとカインは聞いている。

「最近はそうでもないですよ。僕の父と母も恋愛結婚ですし」

「なんっだと!?」

大体、カインはディアーナを幸せにするためならば知らない女と結婚することも辞さない覚悟があるし、ディアーナが幸せになるのであればディアーナが未婚を貫いても世間の目や噂から守り抜く覚悟を決めている。

「お話の通り、エクスマクス叔父様は領主代理と兼業して騎士団長も兼ねていますから直轄地の管理に手が回っていない所が有るのかも知れません。でも叔母様が農地を巡っていると聞いていますよ。アーニーのご両親と叔母様でしっかり連携を取って管理しているそうですから、結婚による縁つなぎで絆を深めるとか連携を密にするとかに必要を感じないんです」

「……」

アーニーが一つ息を飲み込んだ後に、冷茶のグラスを取って口に含んだ。午前中に喧嘩を売ってきたときも思ったけれど、意外と短気をおこさない。

「本当に、コーディリアの事が大好きで大好きでしょうがなくて、夜も眠れないし会えたら思わずスキップしてしまったりするようだったら、僕だって応援しないことも無かったんですけどね。コーディリアは僕にとっても妹みたいなものですし」

「コーディリア様の事は好きですよ。ちゃんと好きです。幼い頃から一緒に遊んだり勉強を教えてやったりしましたし、ずっと身近で見守ってきたんです」

「それを、妹というのでは……」

カインの言葉に、アーニーがなおも何かを言おうとした時。庭の入り口から駆け込んでくる塊がいた。

「ちょっとまったぁ!!」

大きな声でそんな掛け声をかけて走り込んできたのはキールズだった。貴族らしさはかけらもない。その上、腕に何かを抱えている。三角巾を頭にまき、からし色のエプロンドレスを着用した……その、ふくよか？　ぽっちゃり？　とした女性をお姫様抱っこしている。

よいしょーっと言いながら落ちそうになる女性を抱え直し、キールズはお茶のテーブルの脇まで走ってきた。

「アーニー！　俺はスティリッツに告白した！　了承も貰った！　父さんへの申し出はまだだが今夜には話すつもりだ！」

ゼェハァ言いながら、キールズはスティリッツを抱いたままアーニーを見下ろしてそう宣言した。

キールズの腕の中のスティリッツは両手で顔を覆って恥ずかしそうにしている。手から漏れてみえる耳が真っ赤になっている。

「俺の家とお前の家の縁をつなぐというのなら、俺とスティリッツが結婚すればコト足りるだろう？無理にコーディリアに迫るのはやめろ！」

キールズはまっすぐだなぁとカインは顔に苦笑いを浮かべるしかなかった。

キールズをけしかけたのもカインだが、まさかお姫様抱っこで本人連れて帰ってくるとは思わなかった。

「スティリッツは……スティリッツはそれでいいのか？」

半分腰を浮かしたアーニーが自分の妹に問いかける。その顔は真剣で、家の為に身を犠牲にしていないかを心配しているのか、貴族であるキールズからの申し出を断れないだけではないのか、色々な事が頭をよぎっているのかも知れなかった。

「兄さん。兄さん。キールズ様はいい子よ。か、かっこいいし、強いし……」

「スティリッツ……。キールズと呼び捨てで呼んでくれて構わない」

「キールズ……。私の事もスティって呼んで」

「スティ」

「キールズ」

なんだよ。あんだけウジウジしておいて、結局両思いだったってことじゃないか。カインは複雑な顔をして椅子に座り直した。キールズが駆け込んできた時に座りが浅くなっていた。

目の前で二人の世界がつくられつつある。そこまでやれとは言ってない。

「そうだ。子爵は領主代理なんですよね。本当に領主なのは公爵なのですよね」

アーニーが、自分の視界からキールズとスティリッツを外しながらカインに向き直った。カインは、ゆっくり頷きながら「そうですね」と答えた。

「それこそ、領主と実業務をしているものの間が離れているのは領民の利益に反すると思いませんか。土地管理官代理と領主代理、その上に領主というのは間が開きすぎているとは思いませんか」

カインが眉を寄せて腰をあげようとしたのと、アーニーが勢いをつけて立ち上がったのは同時だった。

「ディアーナ様と私が婚姻によって縁を繋げば、領地により良い未来を導けると思いませんか」

「あぁ!?」

アーニーの言葉にかぶせるように、地を這うような低い声が吐き出された。

カインのゆるく編んだ三編みがふわりと浮き上がる。襟のフリルがさわさわと揺れ、棒タイの端が空を泳ぐ。

ゆるりとカインの体から風があふれでている。

急激に気温がさがったように、その場にいる皆が感じた。

「思わない」

カインが低い声で答えた。

ガタガタとパラソルが音を立てて揺れ始め、パラソルのフチに付けられていたフリンジが端からパキパキと凍り始めた。

イルヴァレーノがディアーナの背中から手を伸ばし、椅子ごと持ち上げて三歩さがった。

サッシャがオロオロと手を出したり引っ込めたり、ディアーナに近寄ろうとしてはカインの様子に気後れして下がってしまっていた。

「サッシャ、ディアーナ様に日傘をさして差し上げてください」

「あ。あぁ、そうですわね」

椅子の位置を下げたことで、ディアーナはパラソルの影から出てしまっている。イルヴァレーノに言われて、サッシャはハッとするとくるりと身を翻して日傘を取りに一歩さがっていたティーワゴンまで早足で向かっていった。

「イル君、やりすぎそうになったらとめてね」

「……それが出来るのはディアーナ様だけだと思います」

キールズが椅子の上で固まってしまっているコーディリアを椅子ごと引きずってディアーナの隣までさがってきた。コーディリアを下げるために地面に降ろされたスティリッツはキールズの後ろにいる。

お茶会のテーブルに取り残されたアーニーは目を限界まで見開いて、目の前のカインを凝視していた。

「りょ、領主はもっと領民の事を知るべきで……」

「あなたとディアーナが結婚することで領地がより良くなるとは、思わない！」

伏せていた顔を上げたカインの青い瞳の中が緑色に揺れている。特定の属性魔法を使うために魔力が練られている証である。緑は風、青は水だ。

カインの瞳は元々青いので、風と水の複合魔法である氷魔法を使うのに青い瞳に緑が滲んできているのだ。

「コーディリアがダメならディアーナで？　領民と領主の距離を縮めるために？　ふざけるなよ」

バンとカインがテーブルを叩く。叩かれた所からパキパキと音を立てて氷が広がっていき、テーブルの上のグラスもケーキタワーも皆凍りついてしまった。

「ひっ」と短い悲鳴を上げてアーニーがテーブルから手を離す。自分の手のひらで反対の手のひらを掴んでゴシゴシとこすっていた。少し指先が凍ったようだった。

「あなたではディアーナを幸せに出来ない。ディアーナを幸せに出来ないくせに欲しがるなんて……」

パキンと軽い音がして、カインの髪をまとめていた紐が割れた。ゆるく編んでいた髪がふわりと解けていき空中に広がっていく。

「死ねばいいと思うよ」

カインの言葉と同時にぶわりと風が吹き上がり、パキパキと音を立てて氷が広がっていく。

とっさに席を立とうとしたアーニーだが、足から椅子、尻、腰と氷が這い上がっていって体が動かなくなっていく。

「貴族に頼っていてはダメなんだ！　平民が独立して生きていける世の中にしなければ世界は終わるんだ！　貴族にそれをわからせ……」

アーニーが何事かを叫びながら氷から顔を守ろうと腕を上げ、その形のまま全身が凍りついてしまった。カインを中心に広がる氷はそれでも止まらず、庭の地面を這って広がっていく。

「チッ」

舌打ちをしながら、イルヴァレーノがディアーナごと椅子を持ち上げて更に距離を取る。サッシャがオロオロしながらもディアーナを影から出さないように日傘を差し出しながらついてきた。

コーディリアとキールズで、顔を真っ青にしたスティリッツを抱えて逃げてきている。

「まだ表面しか凍ってないよ。すぐに溶かせば大丈夫だよ、お姉さん」

そばに逃げてきたスティリッツの腕をそっとなでて、ディアーナが声を掛けた。泣きそうなスティリッツは、ウンウンとすがるように頭を上下させている。自分で自分にディアーナの言葉を飲み込ませようとしているのだろう。

「イル君」

ディアーナが椅子を持ち上げているイルヴァレーノを振り向いて声をかけると、イルヴァレーノは椅子を降ろした。ディアーナがスカートの裾を摘んで椅子から立ち上がり、カインを見て息を呑んだ。

カインが、椅子を持ち上げてアーニーに振りかぶっていたのだ。さすがに、粉々にされてはどうしようもない。ディアーナとイルヴァレーノがカインに向かって走り出した。

「砕け散れ!!」

ブンっと音が聞こえるような勢いで持ち上げた椅子を振り下ろそうとしたその時。カインの腕がガクンととまり、つんのめって転びそうになった所を大きな手が支えて持ち上げた。

「落ち着かんか、カイン。何があってこんな事になってるんだ？」

「離してください叔父様！」

カインを腹で持ち上げて脇に抱えたのはエルグランダーク子爵だった。カインの手から椅子を取り上げ、暴れるカインをヨイショと持ち上げて抱え直す。

「日除けをどけてアーニーを日に当ててやれ。解ければ凍傷ぐらいで済むやもしれん」

エクスマクスは遠巻きに見ていた給仕係に声をかけてパラソルをどけるように指示した。目のあった給仕メイドがカチカチに凍っていたパラソルを、エプロン越しに掴んで二人がかりでなんとか引っこ抜いて持っていった。

「離してください！　リムートブレイク貴族法の第十五条で、貴族が平民を殺しても罰金だけで済むと定められています！　大丈夫ですから！　離してください！」

「何が大丈夫なのかさっぱりわからんがな。まぁ、まず落ち着け。話を聞くから。本当にアーニーが殺されるほどの事をしていたのなら、俺が片を付けてやる。子どものくせに率先して手を汚そうとするな」

「絶対ですね、絶対ですよ！」

カインはフゥーフゥーと息を荒くして抱えられた腕の中から叔父であるエクスマクスを睨みつけた。

エクスマクスは苦笑いをして「わかったわかった」と請け負った。

そのエクスマクスの腕も表面に霜がまとわりついており、カインが興奮してまだ氷魔法を垂れ流してしまっている状態なのがわかる。

足元が凍ってしまって滑るので、イルヴァレーノに手を引かれてカインの側までディアーナが歩いてきた。

エクスマクスに荷物のように小脇に抱えられているカインの手を取ってギュッと握ると、反対の手でカインのほっぺたをツンツンとつついた。

「お兄様。お兄様。わたくしの為に怒ってくれてありがとうございます。でも、一度落ち着いてくださいませ。……お花がみんな凍って枯れてしまいます」

ほっぺたを突かれてディアーナの方に頭を向けたカインは、ディアーナの困った顔をみて目を見開いた。そしてへにょりと眉毛をさげると、がっくりと叔父の腕の中で脱力した。

「お兄様の手が冷え切っちゃったね。ディの体温を分けてあげるよ」

そう言ってほっぺたを突いていた手もカインの手に添えると、両手を使ってニギニギと握りだした。

冷え切っていた場の空気が段々と温かくなり、夏の庭といった感じが戻ってきた。

バキバキバキと氷の割れる大きな音がしたと思ったら、半分ほど氷が解けたアーニーが、薄く残っていた氷を自分で割って脱出したところだった。

「領民の上にたち利益ばかりを貪る貴族に、俺達の気持ちがわかってたまるか！」

そう叫び声を上げると、アーニーは門へと駆け出した。

「イルヴァレーノ、つけろ」

「わかった」

カインに命じられたイルヴァレーノは、アーニーの向かったのとは別の方向に駆け出した。生け垣に向かって走り、植えられている樹木の前でジャンプすると、樹木の幹を蹴り更に高度を稼ぐとくるりと一回転して生け垣の向こう側に消えた。

凍りついた恋心

——こわいこわいこわいこわいこわいこわい！

目の前で起こったことに今になって心が動き出した。寒さで震えていた体が、夏の日差しで温まってくるに従って今度は恐怖で震えだす。

コーディリアはキールズと協力してスティリッツを抱えて歩きながら身震いする。

初めて会った時に、絵本の王子様のようにキラキラと光りながら優しい笑顔で挨拶してくれた一つ上の従兄弟。木登りや魚釣りやかけっこや昆虫相撲で遊ぶガサツな男の子ばかりが身の周りにいたコーディリアには特別な男の子に見えた。

優しげに朗らかに微笑むところや、椅子を引いてくれたりドアを開けて待っていてくれたり、カインはコーディリアの王子様だった。常に、気遣われるのはディアーナの次だったことは気がついていたが、それでもカインはコーディリアの王子様だったのだ。毎年、公爵が視察に来る春が楽しみだったほどに。

しかし、今日のカインはただ恐ろしかった。

途中までは、穏やかに話を進めていたはずだった。ずっと、家族ぐるみで付き合っている優しい近所のお兄さんだったアーニーが急にコーディリアに言い寄るようになった気持ち悪さはあった。でも、それまで十年近くも優しいお兄さんとして遊んでくれていた記憶があるから無下には出来なかった。だから、公爵家の子息であるカインが無礼な事をされたにもかかわらず、穏便に済まそうとしてくれているのにはホッとしていた。

なのに。

コーディリアは、ちらりとカインの方を見る。

エクスマクスに荷物のように小脇に抱えられ、ジタバタと手足をばたつかせている姿はただのイタズラを見つかってコレから叱られる少年にしか見えない。

コーディリアは今、兎に角カインが怖かった。

何故かうまくいかない

一度凍り、解けたお茶会会場はびしょびしょになってしまった。

茶菓子は全て湿気てしまい、解けた水が入った冷茶は色がすっかり薄くなってしまっている。髪を結んでいた紐が凍って割れたカインの髪の毛はぼさぼさで、カインと同じ前世の記憶がある者がこの場にいれば「さだこ！」と指をさして笑っただろう。

髪をバサつかせたまま、エクスマクスに抱えられて城へと運ばれるカイン。

「庭はびしょびしょになってしまったな。サロンに移動するか。おぉい、誰かサロンの方へ茶の用意を頼む！」

庭を片付けはじめた使用人達に、歩きを停めずに声をかけるエクスマクス。使用人は一同頭を下げると、数人が早足で屋敷へと向かっていった。

「実は、アレの親からも相談されていることがある。スティリッツも来ているようだし、色々と答え合わせみたいなことをしようじゃないか、なぁ、カイン」

カインを抱えているのとは反対の手でカインの頭を大きく掴むと、そのままぐしゃぐしゃとかき混ぜるように撫で回した。

横を歩いていたディアーナも、エクスマクスの大きな手の隙間に手を添えて一緒になってグシャグシャと頭をかき回した。

「まぁ、アレだ。カインは一度髪を整えるか。グッチャグチャだぞ」

「叔父様がぐちゃぐちゃにしたのよ」

「わははは。そうだな、ディアーナも一緒にぐちゃぐちゃにしたな」

玄関から屋内に入ったところでようやくカインは床に降ろされた。ボサボサの髪を両手で掻き上げて後ろに流すと、ようやく顔が見えるようになった。

カインの顔が見えるようになって、その瞳がただ青いだけになっているのをみて、ディアーナはホッとした。カインのシャツの裾を掴んで引っ張ると、カインの顔を覗き込んだ。

「お兄様、だいじょうぶ？」

「ごめんね、怖い思いをさせたよね」

カインは弱々しく微笑むと、ディアーナの肩を優しくなでた。つば広帽子をかぶっているので頭は撫でられなかった。カインは無性にディアーナの頭のてっぺんの匂いがかぎたかった。

「ディアーナ様、室内でお茶の時間をやり直すということですので一度お着替えいたしましょう」

サッシャが畳んだ日傘を腕に掛けながら、ディアーナの側に寄ってきて言った。日に当たらないように薄手だけれども長袖のワンピースとつば広帽という格好は、たしかに室内でお茶を楽しむには過ぎた格好だった。

「サッシャごめん。よろしく」

「もちろんでございます。さぁ、ディアーナ様参りましょう」

ディアーナは、サッシャに背中を押されて階段を上っていった。カインは周りを見渡して、そう言えばイルヴァレーノはアーニーの尾行を命じたんだったと思い出した。

「叔父様僕も着替えてきます」

「大丈夫か？」

「落ち着きました。大丈夫です」

ペコリと頭を下げて、一人で自分に割り当てられた部屋へと戻る。

半礼装といったかしこまった服を脱ぎ、簡単なシャツとズボンに着替えて鏡台の前に座った。何時もと変わらないが、髪の毛がボサボサになったカインの姿が鏡にうつる。

まるで寝起きのようだとカインは自分の姿を見て笑った。

ゲームのカインルートで、公爵家を血縁者に継がせるためにディアーナの結婚相手として指名されるキールズ。そのキールズを焚き付けて片思いを成就させ、なおかつ恋人であると宣言させた。

今日の夜には叔父と叔母に申し出て婚約まで行く所だった。

キールズに婚約者がいるとなれば、ディアーナと結婚させようとはならないはずだった。そこまではうまくいっていた。

ディアーナの不幸な未来の一つを潰せるはずだった。

なのに、どうしてこうなった。

カインは両手で顔を覆うと、そのまま膝にオデコをつけるまで上体を倒してうずくまった。

カインの私室のドアが開いて、イルヴァレーノが入ってきた。

「カイン様。ただいまもどりましたああああああああ！！！」

ドアをきちんと閉めて、部屋の中のカインを見たイルヴァレーノは叫んだ。叫んで、鏡台の前にすわるカインに駆け寄った。

「髪の毛が!!　鳥の巣になってるじゃないか！」

「あ、おかえりイルヴァレーノ。思ったより早かったね」

「早かったねじゃない！」

鏡台の前に座っていたカインは、右手にブラシを持ってぼんやりしていた。下ろされた髪の毛の首の後ろあたりがもじゃもじゃの鳥の巣のようになっていた。

イルヴァレーノはカインからブラシを取り上げると、「あー、あー、あー」と言いながらカインの周りをぐるぐると回って髪の毛の様子を見て回る。

「そういえば、頭の上から梳かしちゃダメなんだった。シルリィレーア様から言われてたのに」

「誰ですかそれ。良いですか、これ以上いじらないでくださいよ」

そう言ってイルヴァレーノは一度退室して濡れタオルを持ってきた。ベッドサイドに置いてあった椅子を持ってきてカインの後ろに座ると、濡れタオルをあてて髪をしめらせ、少しずつ下からブラシで髪を梳かしはじめた。

「アーニー殿ですが、午前中に釣りに行った川より手前、林の中に入っていった場所にある集会所へと入っていきました」

「家に帰ったんじゃないんだね」

「土地管理官代理の家がどちらに有るのかは知りませんが、粗末な建屋でしたからおそらく違うでしょう。中に、午前中に一緒にいたゴロツキを含めて複数の人がおりました」

少し梳いては、濡れタオルを当てて湿らせて梳かし、また濡れタオルを当てる。そうやってイルヴァレーノはカインの鳥の巣のようになった髪を少しずつ梳いていく。

「話を聞くに、アーニーは良い兄ちゃんって感じだったぽいんだよねぇ。なんか、悪い人達と付き合うようになって何か吹き込まれたんだろうかねぇ」

「どうでしょうか。そこまではなんとも。居場所を確認してすぐに戻ってまいりましたので」

イルヴァレーノが髪を一房分けて取り、小さく少しずつ梳かしていく。鳥の巣状態が解消された房を肩の前に流すと、次の一房を取ってまた少しずつ梳かしていく。

「こんなんで、寮ぐらしちゃんと出来ているんですか」

「イルヴァレーノに教わった通り、風呂上がりにきちんと梳かしてからゆるく編んで寝てるから大丈夫だよ」

「じゃあ今日はなんでこんな事になってるんですか」

「油断したんだよ。イルヴァレーノが迎えに来てからこっち、ずっとやってくれるから忘れちゃったんだよ」

カインの髪が半分肩の前へと流されたところで、イルヴァレーノは椅子ごと一歩ずれて座り直し、残りの髪を反対側から梳かしはじめた。

「……ディアーナ、怖かったかな？」

「怖かったんじゃないですか？　いきなり椅子振り上げる人なんて普通おっかないですよ」

「……ディアーナ、僕のこと嫌いになっちゃったかな？」

「嫌いになったかも知れませんねぇ。急にキレる人なんて、普通は嫌いですよ」

イルヴァレーノの返事に、カインがグルンと振り向いた。

「どどど、どうしよう⁉　せめてディアーナの目の無いところまでちゃんと我慢すればよかったんだよね⁉」

涙目である。イルヴァレーノはブラシを持ったまま両手でカインの顔を挟むと、ぐいっと前に向かせた。

「前を向いていてください。鳥の巣駆除中なんですから」

「はぁい」

一房取って、少しずつ。濡れタオルを当てて、ちょっとずつ。

窓の外が夏の日差しで明るい分、部屋の中が暗くなる。

遠くでカエルのなく声が聞こえる。

カインに拾われた直後に、カエルの歌をずらしながら歌う遊びにつきあわされたことをイルヴァレーノは思い出す。

「カイン様は落ち着いて、どっしり構えていれば良いんですよ。ディアーナ様の前ではいつでも優しいお兄様でいれば良いんです。……僕を使えば良いんです。久々ですが、きっとうまくやれます」

「じゃあ、イルヴァレーノ。今日はポニーテールにしてくれ。首が暑い」

「……カイン様」

「ポニーテールってわかる？　高い位置で一本に結ぶんだけど。馬のしっぽみたいに見えるからポニーテールっていう」

「カイン様」

「僕の髪をいじるの久々だけど、うまくやってくれるんだろ？」

「カイン様！」

イルヴァレーノが最後の一房を肩の前に流しながら、声を荒げた。自分の髪が全部前に流されているのを見て、カインは首の後ろに自分の腕を入れると、そのまま持ち上げて髪を全部背中へ流した。

「イルヴァレーノは、俺の侍従だろ。イルヴァレーノの仕事は、俺の世話だ。俺の髪の毛をかっこよく決めたり、俺をかっこよい服に着替えさせたりするのが仕事だよ。時々、お使い頼んだりはするかも知れないけどさ」

カインの頭がかすかに右に揺れた。イルヴァレーノからは顔が見えないが、多分ウィンクしたんだということが分かった。

一時期、カインとディアーナと（巻き込まれた）イルヴァレーノの三人でウィンクの練習をしていた時期がある。カインは右目のウィンクは出来るが左目でしようとすると両目をつむってしまうのだ。

そして、右目でウィンクするときも、頭が一緒に右側に少し下がる癖がついている。

「カイン様はそれで良いんですか。……なぜ、僕を拾ったんですか」

足を洗わせてくれたのは、たしかにカインだ。

でも、カインは最初からイルヴァレーノを暗殺者だと知っていた。知っていて拾ったのであれば、自分専用の暗殺者がほしかったという理由ではないのかと、長い間イルヴァレーノは思っていた。

組織との縁が切れても、邸の騎士に稽古を付けてもらったりしていつでも役立てるように腕が錆びつかないようにしていた。

そうして心構えをしていたのに、カインがそういった事を指示することは今まで全くなかった。

「イルヴァレーノを幸せにするためだよ」

カインはなんてことないように言って、ほらほらと自分で髪の毛を掴んで頭頂部に持っていった。


サロンに入ってきたのはカインが最後だった。

カインがディアーナの隣に座ると、給仕がティーカップをカインの前に置いて壁際へと控えた。

「まずは、俺の話から聞いてもらおうか」

カインがお茶を一口飲むのを待って、エクスマクスが口を開いた。エクスマクスも胸当てなどの装備を外して軽いシャツとズボンに着替えていた。

「ここ最近……一年程か、家業を真面目に手伝わん息子についての相談が増えていたのだ」

そう言ってエクスマクスがスティリッツを見る。スティリッツは、コクリとひとつ頷いた。

「兄もそうです。それより前は、父や母と一緒に農家の皆さんの相談に乗ったり、種まきや収穫期の忙しい時期には手伝いに回っていたり、配分の決まった飼料の運搬を手伝ったり……土地管理官のお手伝いをきちんとやっていました。子爵様のおっしゃるとおり、一年ほど前から兄はあまり家の手伝いをしなくなりました……」

「ああ。かと言って、家業が嫌だとか、街へ出て商売をしたいとか、王都へ出て仕官したいとか言うわけでもない。ただ、このままではいけないとか、暮らしを豊かにするとか、なにやらでかい事ばかり言うのだという」

スティリッツの話を受けて、エクスマクスが引き継ぐように話を続けた。顔は呆れた様な表情で、最後に大きくため息を吐いた。

「兄も。兄も……家の手伝いをせずによく出かけるようになりましたが、他で働いているというわけでもなさそうでした。フラフラとしてばかり居て、と父に叱られてからはあまり家に寄り付かなくなってしまいました。家に帰ってこない間に、コーディリアちゃんに言い寄っていたなんて先程キールズ様から聞くまで知りませんでした」

そこまで言うと、スティリッツは向かいに座るコーディリアに深々と頭を下げた。おでこがテーブルに付きそうになっている。

「ごめんなさい、コーディリアちゃん。怖い思いをさせてしまったわ。ちゃんと、私達が兄を諫めて止めなければいけなかったわ」

「スティリッツ！　良いのよ！　良くないけど、良いのよ！　スティリッツが悪いんじゃないわ」

コーディリアが慌てて手を振ってスティリッツの頭を上げさせようとしている。ようやく顔を上げたスティリッツの目尻には涙が浮かんでいた。

それを見て、またエクスマクスが大きくため息をつく。

「コーディリアとキールズも。なぜ俺に相談しなかったんだ。婚約だの結婚だのの話になれば子ども同士で決められるものでは無いことぐらいわかるだろう？　一応はウチも子爵家なのだ。断るにしろ受けるにしろこちらの意見を通す事はできたのだぞ」

カインがサロンへ来るのが遅れていたうちに、庭の茶会のあらましはすでにエクスマクスに伝わっているようだった。

キールズとコーディリアが気まずそうに顔を見合わせ、コーディリアは俯いてしまい、キールズは父親の顔をじっと見た。

「家同士の話にしたくなかったんだよ。一応うちは子爵家で、アーニーの家は管理官代理とはいえ平民だろ。アーニーを処罰したり家から追い出したり……領地から追い出したりするようなことにしたくなかったんだよ。ここ一年ぐらいでなんかよそよそしくなったしガラが悪くなってきてたけど、アーニーは幼馴染だし友達だし。兄弟みたいに育ったところあるし。スティリッツやおじさんとおばさんを悲しませたくも無かったんだよ……」

「大事《おおごと》にしたくなかったの。アーニーの事はお兄ちゃんとして好きだったし、なんかの気の迷いとか、そういうのじゃないかなって思ったの。アーニーと兄さんは仲がよかったし、兄さんに相談して……。万が一、父さんに相談して、アーニーの言うような事に『そりゃいい』ってなって話が進んじゃってもやだなって思ったし」

キールズとコーディリアがそれぞれに、それぞれの想いを話す。

カインは大分大きくなってから、それも毎年春だけしか領地に来ていなかったから、アーニーとは面識が無かった。時々、キールズやコーディリアから「仲の良い近所の友人」の話が出ることはあったがそれだけの認識だった。

しかし、キールズとコーディリアは生まれた時からこの土地で過ごしていたのだ。生まれた時から側にいて一緒に遊んだりご飯を食べたりした友人の心変わりについて、さっさと切り捨てることが出来なかったのだろう。

「ウチは子爵家とは言うが、兄上から領地の運営を任されているってだけだからな。縁つなぎのために婚姻を利用するなど意味がない。国境防衛の為の騎士団を預かっている事で騎士爵も頂いておるし、子爵なぞいらんと兄上に言った事もある。子爵家であることを笠に着て、平民に何かを強いるようなことは性に合わんよ。それに、アーニーが何を言っていたのか知らんが、にわか仕込の提案を真に受けて『そりゃいい』なんて可愛い娘を嫁にやったりもせん。もっと父を信用してくれ」

エクスマクスはそう言ってニカっと笑うと、大きな手のひらでコーディリアの頭をゴシゴシとなでた。

「で、だ。直轄地近辺の領民からアニタとレッグスへ、それと騎士団での見回り時に俺に直接訴えがあったのが先程話した息子が家業をないがしろにしてワケのわからん理想を話すようになったって話だ」

コーディリアの頭から手をはなし、ティーカップを持って一口のんだ。ソーサーに戻したところで給仕がさっと寄ってきてお茶のおかわりを注いで去っていく。

「アニタとレッグスからはアーニーも同じように働かずにフラフラするようになったと相談を受けて

いる。キールズとコーディリア、そしてスティリッツの話を聞いたところそれは間違いないようだな」

「叔父様」

しばらくの間、家族の話だったので黙ってみていたカイン。話が戻ってきたので、小さく手をあげて叔父を呼んだ。

「逃げるアーニーをイルヴァレーノに付けさせました。アーニーは森にある建屋に行ったそうです。それで、そこにはアーニー以外にも複数人の人間がいたのだとか。もしかして、そこにいる人たちが『家業をないがしろにしている人たち』なんじゃないでしょうか？」

「そいつらは、そこで何をしているんだ？」

「さぁ……。勉強会とか、集会とかでしょうか。何か、貴族に不当に搾取されているという想いを強くする何かでしょうね」

アーニーの捨て台詞。「利益ばかりを貪る貴族」という言葉。

騎士団長として率先して領地を見回り、溝にハマった牛を引き上げたり害獣駆除をしては加工した肉を領民に配っているというエクスマクスを知っていれば出てくる言葉ではない。

カインもイノシシを担いで大変良い笑顔で城に帰ってきた叔父を見たことが有る。その時カインの隣に立っていたディスマイヤは大変に渋いお顔をしていたのを覚えている。

「一揆など起こされれば処罰しないわけにはいかんが、できればそうしたくない。そうなる前に、芽のうちに潰して性根を叩き直したいところだな。集会場所が明らかになったのはありがたいが、できれば一網打尽にしたい」

「ただ集まっている時じゃなく、勉強会や集会を開いている所に乗り込むのが一番ってことですね」

居場所の無い人がたむろしているだけの時じゃなく、明確に人が集まる時。まずはそれを探らなくてはいけない。

「これから夏野菜の収穫が最盛期になります。初冬から収穫になる根野菜の苗植えも考えなければなりませんから、農家はとにかく忙しい時期です。騎士団からも人をお借りしている状態ですし、早く兄を何とかしないと……」

「え？　騎士団が農業の手伝いをしてるんですか？」

スティリッツの言葉にカインが思わず聞き返す。

「ネルグランディの騎士の多くは農家の三男や四男だ。子どもの頃には家の手伝いもしていたし、いまでも休暇になると作物の世話を手伝うために家に帰る者は多い。ウチの騎士たちの農作業の手腕はどこに出しても恥ずかしくないレベルだぞ」

そう言ってエクスマクスは胸を張った。心なしか顔も得意げである。

なるほど、騎士団が農業の手伝いをしていると言うよりは、兄弟が放蕩し仕事をサボり始めたので騎士団に入った弟たちが実家に帰って家業を手伝っているという状況なのだとカインは理解した。

リムートブレイクとサイリユウムは今のところ一応の友好国で、戦争の気配は全くない。そもそも、両国とも国土の広さに対して人口がさほど多くなく、まだまだ自国内の開拓で手一杯の状態であるのだ。戦争をする意味がない。

両国とも、今のところ騎士団は治安維持と魔獣や野獣の退治、そして開拓や災害復興が主な仕事になっている。

ならば、農業支援も仕事の一環と言えなくもない……のか？　なんとか納得しようと頭をひねるカインである。

「農作業はとにかく人手がかかる。その集会とやらに集まる若者たちが何か事をなす前にかたをつけたいな……。粛清などということになって働き手を失いたくはない」

渋い顔をしてエクスマクスが腕を組みながらそうつぶやいた。

今はまだ、仕事をさぼって貴族に対する愚痴を言う会を開催しているだけとも言える。王都で徒党を組んで貴族の愚痴など言ったら即収監だろうが、この領地で言えば貴族と言えばエルグランダーク子爵くらいしかいない。

直轄地以外の土地管理官あたりは男爵位の者もいるが、領民と一緒になって畑を耕す半分農家みたいな貴族ばかりなので、子爵も含めたその貴族たちが「そんな事より働き手」というスタンスなら、若者の愚痴大会は「そんな事」になるのだろう。

領地密着型貴族のプライドは農作物の品質と出荷量である。

貴族に対する愚痴よりも、農作業をさぼっている方が許されないと思われている節もある。

「アーニーは、貴族の搾取とか平民の独立とか言ってましたよね。もしかしてなんですが、税金の使いみちを知らないのでは？」

カインの前世は身分制度の無い民主主義国家の市民であった。貴族はいなかったが、働けば働いた分だけ税金は取られるし、取られた税金は弱者と呼ばれる老人や子育て世代に持っていかれた。独身一人暮らしの人間が一番割を食う世の中ではあったが、知育玩具の営業として子どもたちと接触する機会が多かったので税金を納めることで子育てに参加出来ていると思えばそこはぐっと我慢ができた。

前世のカインが打倒政府！　という心持ちにならなかったのは、自分の納めた税金が待機児童解消のために使われたり、道路の穴ぼこを埋めて自転車が走りやすくなったり、子どもが渡るには危なかった交差点に横断歩道と信号機が新設されたりするのに使われているのを知っていたからだ。

この世界でも、革命を起こすか教育を充実させるかすれば身分制度の撤廃や民主主義国家の成立は可能かもしれない。

しかし、ソレには地道な努力が必要なのである。今、貴族を糾弾して追い落とし、愚痴集会の人たちが上に立ったとして領地を治められるのかは甚だ疑問である。

「一生懸命育てた野菜や穀物の一部を貴族に取り上げられて、貴族はそれを売って贅沢をしているとだけ思われてたら、反感を買うのかも知れない。税金として回収されたその野菜や穀物を売ったお金で領民のみんながどんな恩恵を受けているのかを、きちんと説明できれば愚痴大会も収まるんではないですか？　叔父様」

カインがエクスマクスをじっと見る。

領地運営の方針や年間計画や新規開墾計画なんかは、春の公爵視察の時にきっちり話し合いをしているはずではあるのだが、実運用が領民の近い位置で生活している子爵と、肩書では領主となっている公爵との間では価値観や感覚のズレが発生してしまうことも有るのかも知れない。

カインはそのやり取りにはまだ関わっていないのでどのような方針で領地運営をしているのかはよく分かっていない。それでも。

「働いて得た物の一部を貴族に納めるのは搾取ではない、ということを知ってもらう事が大事なのかも知れません」

カインは、ただ「田舎の平民の人たちはアホだなぁ」ぐらいに思っていたのだが、アーニーやスティリッツの話を聞き、叔父の話を聞き、集会に集まっている人たちの不満というものを聞いて自分の考えを述べるうちに少しずつ思考が固まってきた。

ぼんやりと違和感を感じてモヤモヤしていたものが、言葉に出すことで輪郭《りんかく》がはっきりしてきたのを感じている。

平民が貴族に対して不平言ってるよ～。前世でもやたら政府に噛み付く人いたしな～。ぐらいの他人事として貴族視点でぼんやり考えていたのだが。

「王都からネルグランディ領地までの馬車が通れる整備された道、開墾されたり好き勝手に取られたら枯れてしまう高級きのこの管理林、取り扱う作物の特性によって出る繁忙期の差を均すための人事配置、当人達では解決できない物事の裁定。飢饉への備え。なにより、魔獣や害獣駆除に対する武力の維持。それらを支えるお金が何処から出てきているのか。それらを知らないから、自分たちが一生懸命働いたお金を持っていって贅沢している無駄な人って思われるのかも知れません」

カインとしては、これは教育の敗北なのだと考えた。

前世の世界なら納税の義務については小学校で習う。それに付随して税金が暮らしにどのように使われているのかも学ぶはずだ。

それがないから、搾取だと言われるのだ。

「ふむ。まずはアーニーをひっ捕まえて、そのへんの事について問いただそう。そのうえで、アーニーにそんな中途半端に知恵を吹き込んだのが誰か聞き出すか。一年ほど前から急に家業を手伝わない若者が増えたのだから自然発生した思想ではなかろう」

腕をくんだまま椅子の背もたれに寄りかかったエクスマクス。椅子の支柱がギィギィと怪しい音をたてている。アーニーをひっ捕らえると言ったあたりでスティリッツをちらりと見た。

「兄が、コーディリアちゃんや…えっと、カイン様にした事を考えれば立場的にも許されない事なのは分かっています。でもせめて、なぜ兄があんなふうに考えるようになってしまったのかは知りたいと思います」

俯いて、静かにそう言うスティリッツ。机の下でキールズがそっと手を握ってやっているのがカインから見えた。


「まぁ、あとはアーニーをとっ捕まえてからだな。この話はいったん終わりだ」

エクスマクスは腕を組んだまま背もたれから体を起こすと、そのまま組んだ腕をテーブルに乗せた。

「明日は、カインとディアーナの歓迎会を昼にする予定になっているが。そこで発表ということでいいか？」

そう言いながら、一同の顔を順番に見ていくエクスマクス。カインとディアーナがそろって首をかしげ、キールズとスティリッツが顔を見合わせている。

「なんの発表？」

コーディリアが父親の顔を見上げながら聞けば、エクスマクスは呆れた顔をして鼻でため息をついた。

「何って。キールズとスティリッツの婚約だ。結婚の約束をしたんだろ？」

「えぇ!?」

話が早すぎる。キールズは先程「これから両親の承諾をもらう」といったことを言っていたんじゃなかったのか。カインはキールズの顔を見た。

キールズも、豆鉄砲を食らった鳩みたいな顔をしている。

「なんだ？　ちがうのか？　さっきはもうアニタとレッグスにも話をしてきたって言っていただろ」

「いつから話を聞いていたんだよ、父さん」

「お前がスティリッツを抱いて庭に駆け込んでいったから、何事かと思って庭を覗いたら大声で叫んでいたから聞こえたんだよ」

キールズとスティリッツの話に関してはほぼ最初からだった。というか、キールズは何処からスティリッツを抱いて走ってきていたのか。カインはふくよかで抱くにはちょっと重たそうなスティリッツと細く見えるキールズを交互に見た。

半袖シャツから見えるキールズの腕はよく見ると意外と筋肉質なので、着痩せする細マッチョタイプなのかもしれないとカインは思った。細く見えてもエクスマクスの息子なのだ。

「ていうか、叔父様。良いってことですか？　キールズとスティリッツさんが結婚するのは」

カインは前世でサラリーマンをやっていたので、何も無いのにいつの間にか許可されたことになっている、みたいな状況が少し気持ち悪かった。そわそわするというか、ムズムズするというか。

通りすがりに聞いた話をそのまま正式採用してしまうような、そういうふんわり感がどうしてもゾワゾワしてしまうのだ。

「今更だな。キールズとスティリッツがいつ言いに来るか待っていたぐらいだよ。なんだっけ？　両片思いって言うんだろ？　アルディがもういっそ二人を部屋に閉じ込めて既成事実つくらせましょうとか言ってんのを止めるの大変だったんだぞ」

アルディというのは、カインの叔母である。つまり、キールズとコーディリアの母でエクスマクスの妻である。

「叔母様……」

「お兄様、お兄様。きせいじじつってなんですか？」

ツンツンとカインの裾を小さく引っ張ってディアーナがこっそり聞いてきた。人さし指と親指で小さくつまんで引っ張る様の可愛いこと可愛いこと。

カインは体を斜めに倒しながらディアーナに頭をよせて、小さな声で耳打ちする。

「こうしますよって前もって言ったり、こうしても良いですか？　って許しを得たりするまえにやっちゃうことだよ」

「うーん？」

「お父さまとお母様に、騎士になっても良いですか？　って聞く前に騎士団に入団しちゃうとか、この人と結婚してもいいですか？　って聞く前にチュッチュしちゃうとか……」

「カイン様？」

サッシャから鋭い声で名前を呼ばれて、カインは肩をすくめて姿勢を戻した。

ディアーナは「きせいじじつで騎士団に入団……」と真剣な顔をして目の前のビスケットを眺めている。

「それでも、一応けじめだから！　父上、俺とスティリッツはお互いに愛し合っています。結婚の許可をおねがいします」

「子爵様。どうか、よろしくおねがいいたします」

キールズとスティリッツがそろって頭を下げた。テーブルに額が付きそうだ。

ソレを見て、エクスマクスが困ったような顔で笑ってみせると、ゴホンと咳払いをして姿勢を正した。

「キールズはまだ十五歳で学生だ。騎士としても見習いだしな。スティリッツには悪いがあと三年は婚約という形で頼む。結婚はもちろん構わない。我が家に嫁にきてくれるのだろう？　アルディも楽しみにしているよ」

そう言って、朗らかに笑った。

エクスマクスの言葉を聞いて頭を上げたキールズとスティリッツはお互いの顔を見て頬を赤らめて、手を合わせて喜んだ。

「おめでとう！　キールズ、スティリッツさん」

「おめでとう！　キー君、スティリッツさん」

「おめでとう！　兄さん、スティリッツ！」

それぞれで、お祝いの言葉をかけた。スティリッツはコレから大変だろう。いくらエルグランダーク子爵家が地元密着型貴族といえども、まったくの無作法でいいというわけにはいかないだろうから、色々と勉強しなければならないこともあるんだろう。

でも、嬉しそうにお互いを見つめ合いながら笑っているキールズとスティリッツを見てカインは自分も嬉しい気持ちになった。

キールズとスティリッツの交際が公になることで、カインに何かがあったとしても「キールズをディアーナと結婚させて公爵家を継がせる」という話にはもうならないだろう。

ゲーム中のカインルートでのディアーナの悲劇は、キールズに恋人がいることを周囲が知らなかった事が原因ともいえる。

恋人と引き離してまで公爵家を継がせようなんて言うほどディスマイヤも鬼ではないはずだし、そもそもエクスマクスがさせないはずだ。ゲームでは出てこなかった叔父の性格を知っている今のカインであれば、そう思えるのだ。

ディアーナの不幸フラグを一つへし折れた事ももちろん喜ばしいと思うカインだが、目の前で顔を赤くしながらも愛おしそうにスティリッツを見つめるキールズと、涙目になりながら嬉しそうに微笑んでいるスティリッツを見て、素直に良かったなぁと喜ぶ事ができていた。

幸せそうな二人を見て、カインはアーニーを殺さなくて良かったと心のなかで叔父に感謝した。

その後、カインはスティリッツに謝罪した。

結果無事だったのだからと許しを得たが、皆から一歩距離を取られているのを感じた。

夕飯時にはアルディも帰宅して、改めてキールズとスティリッツの話で盛り上がった。アルディは良く領民に交じって農作業の手伝いをしていたり領民の子守をしていたりするのでスティリッツとも仲が良い。

スティリッツがキールズの嫁に来るということで大変に喜んでいた。

なんとなく氷魔法を使ったカインについては話題が避けられていて、カインとしてはちょっと居心地が悪かったが、わざわざ話題をひっくり返して楽しい食事の時間を壊すのも本意ではないので黙って一緒に笑っておいた。

サロンを辞し、部屋に戻るとイルヴァレーノが腕まくりをしてカインに向き合った。

「風呂に入るぞ」

「あ、ああ。うん？」

イルヴァレーノの勢いにカインは押されて一歩ひいてしまった。部屋に備え付けてある浴室に行くと、イルヴァレーノが浴槽を指差した。

「お湯を張ってください」

「あ、それは俺がするのね」

カインが魔法で水を出し、熱をかけて浴槽に湯を満たす。

普通に風呂に入ろうとして、カインは服を脱ごうとするが、イルヴァレーノが浴室から出ていかない。

「……なに？」

カインは貴族の子だが、かなりのことが自分ひとりで出来る。イルヴァレーノが侍従になってからは特に身の回りの世話のうち、水回りは自分でやるようにしていた。恥ずかしいからね。

留学してしばらく離れていたが、その前からも風呂には自分で入っていた。風呂上がりの髪の手入れだけはイルヴァレーノにやってもらっていたが、服を脱ぐのも体を洗うのも自分でやっていた。

なのに、今日はイルヴァレーノが風呂場から出ていかない。

「カイン様、使用人には使用人の負けられない戦いというものがあるのです」

「え。何の話？」

カインがぼやっとしているうちに、イルヴァレーノに手早く服を脱がされ、足を引っ掛けられてドボンと湯船に落とされた。

アワアワと慌てているうちに、髪を丁寧に洗われ、髪用の保湿クリームを揉み込まれ、体も隅々まで洗われた。

「なんなの⁉　イルヴァレーノなんなのさ⁉」

「良いから、ほらそっちの手を出せ。爪も一緒にみがいちまうから」

「なんなのー⁉」

泡まみれにされ、爪の間までゴシゴシと磨かれ、カインは風呂から上がる頃にはぐったりとしていた。

何時も自分で入るときもカラスの行水とはいわない程度にはゆっくり入っている方だが、今日のイルヴァレーノに入れられた風呂は長かった。

風呂に入っては体を洗われ、冷めないようにもう一度湯船に浸けられてはふやけた体をもう一度こすられた。

風呂から上がってからは化粧水だのクリームだのを執拗に塗り込められた。おかげでお肌がぷるっぷるになってしまった。

「令嬢じゃないんだから……いつもこんな事しないじゃん」

「明日は、歓迎会があるんだろ。簡易的だがパーティーなんだろ」

半乾きになった髪をゆっくりとイルヴァレーノに梳かされながら、カインが文句を言えばイルヴァレーノが言い返す。

「公爵家の嫡男らしくしないといけないじゃないか。カイン様がどれだけ綺麗なのか見せつけてやらないと」

「イルヴァレーノは俺のこと綺麗だって思ってんのね」

「……。舐められないように、威厳あるようにしないといけない」

くせがつかない程度にゆるく編まれた髪をナイトキャップの中にしまって終わり。イルヴァレーノはカインの肩を軽く叩いた。

「今夜はあんまり寝返りを打たないでくれよ」

「そんな約束はできないけどさ」

カインが苦笑しながら椅子の上をくるりと振り返る。両手のひらを上にして差し出せば、怪訝な顔をしながらもイルヴァレーノがその上に自分の手を乗せた。

「イルヴァレーノは、今幸せかい？」

イルヴァレーノの手をニギニギしながら、カインがそう問いかけた。イルヴァレーノはうんざりしたような顔をして、ためいきをつきながらも答えた。

「お前は、前にも何度かそんな事を聞いてきたな。俺が幸せだと何かあるのか」

イルヴァレーノはゲームのド魔学の暗殺者ルートの攻略対象者だ。人殺しを仕事にして闇に沈んでいく心の中に、ヒロインとの接触という幼少期のたった一つの温かい思い出を抱え続けていた。その、闇に染まった心とその中の温かい思い出の齟齬から心を病み、ヒロイン以外皆殺しという行動に出てしまう。

カインは、イルヴァレーノの心に幸せな思い出が沢山あれば良いと思っている。イルヴァレーノの心が救われていれば、自分の行動は間違えていないのだと安心できるのだ。

だから、不安があるとイルヴァレーノに尋ねるのだ。

「イルヴァレーノは楽しい思い出沢山できてるかい？」

イルヴァレーノを裏仕事から引き離した。

アルンディラーノと両親の距離を少しだけ近づけた。

ジュリアンとシルリィレーアの仲を取り持ったり、第二第三夫人は国内から取ったほうが良いと提案した。

キールズに恋人が居ることを周囲に知らしめた。

カインはディアーナの不幸フラグをコツコツと潰すよう努力をしている。していると自分では思っている。

しかし、今日のディアーナはゲームパッケージと同じ髪型になって登場した。

ディアーナは今九歳。ゲームが始まるまでは後三年しかない。

カインはこのまま逃げ切れるのか不安で仕方がない。逃げても逃げても、ゲームが追いかけてくる気がしてならない。

「何が不安になっているのか知らないけど。カイン様に拾われてから僕が不幸だと思ったことはないよ。カイン様は意地悪だし悪趣味だし気持ち悪いぐらいディアーナ様ばっかりだけど、僕や孤児院のことを気にかけてくれているし。ウェインズさんも親切に仕事を教えてくださるし。刺繍をしたことも、三人で一緒に年越しの鐘を鳴らしたことも、ディアーナ様と一緒に本を書いた事も、茶番を演じた事も、その時はめんどくさいと思ったけど、今振り返れば楽しかったんじゃないかなって思えるよ」

イルヴァレーノはニギニギされていた自分の手に力を入れてギュッとカインの手を握り返した。

「なかなか、こういうのは恥ずかしいな……。でも、それでお前の不安がなくなるのなら何度だって言ってやる。僕はお前に拾われたことで幸せになった。というか、ソレまで自分が不幸だったことにすら気がついてなかったんだ。お前とディアーナ様に救われたんだよ。僕は今ちゃんと幸せだ。……

これで安心できるか？」

立っていたイルヴァレーノがいつの間にかしゃがんでカインの顔を見上げていた。椅子に座るカインはそのまま頭をさげて、握っていたイルヴァレーノの手の甲を額にくっつけた。

「ありがとう、イルヴァレーノ。お前が幸せで、俺は嬉しい」

顔は見えないが、震えているカインの声を聞いてイルヴァレーノは苦笑した。

「カイン様は泣き虫だな」

侍従の戦い

翌日朝。カインは早くから起こされた。

顔を洗われ、化粧水で肌を整えられ、丁寧に丁寧に髪を梳かれた。

そしてサイドの髪を三段に編み込まれ、細い三編みをさらに一本の大きな三編みに編み込まれた。組紐で結んだ後に、端に鳥の羽が縫い付けられているリボンを結んで飾られる。

「イルヴァレーノ。なんか気合入ってるね……」

「昨日も言いましたが、負けられない戦いがあるんですよ」

その後、キールズのお下がりのドレスシャツとズボンを着せられて身支度が完了した。

歓迎会は昼からだが、朝から身支度バッチリにされてしまったカイン。これから朝食である。

部屋から廊下に出たところで、ディアーナも部屋からちょうど出てきたところだった。

「お兄様！　おはようございます」

「おはよう、ディアーナ。今日もかわいいね」

ディアーナも朝から気合十分だった。

夏の空の色をした涼しげな薄手の布を不規則にレイヤードされたスカートにリボンとフリルたっぷりの袖と襟の夏用ドレスを着ていた。

髪もきっちり気合をいれてきっちりマキマキされていた。

ゲームパッケージと同じ髪型になったディアーナに、すこし胸が痛むカインだがそれはそれ。

「マキマキした髪の毛可愛いね、歩くとポンポン跳ねるのが楽しそうだよディアーナ」

「うん、楽しいよ！　みてみて！」

そういって、ディアーナがカインの周りをスキップして回る。ディアーナの体が跳ねる度に、クルクルに巻かれた髪の毛がポンポンと背中や肩の上で跳ねる。

ディアーナがくるくる回るのに合わせてカインもディアーナを視界にいれるようにその場でまわった。

「あ！　お兄様のおリボン、羽根がついてる！」

「可愛いだろー？　イルヴァレーノがやってくれたんだよー」

そう言って今度はカインがディアーナの周りをスキップしてみせた。三編みの先がスキップに合わせてポンポンと跳ねる。リボンの先についている羽根がふわふわと揺れた。

カインのスキップの後に付いて、ディアーナもまたスキップを再開して二人でスキップしてその場をぐるぐる回りだした。

「今日のディアーナ様の巻き髪は会心の出来です。巻きの密度、まとめ髪のボリューム、軽さ、完璧です」

「今日のカイン様の編み込みだって最高の出来だ。形の良い眉と澄んだ青い瞳をしっかり見せるようにサイドを編み込んで顔をスッキリ出している。髪だけじゃない、トータルでカイン様の美しさを引き立てている。完璧だ」

あはうふふとスキップする兄妹のわきで、火花をちらしている侍従だった。

朝食の席に着けば、エクスマクスとアルディがすでに着席して食事をはじめていた。

「騎士団の朝訓練に出てから、昼の歓迎会に戻ってくる予定だ。アニタとレッグスも来る予定だから、その時に紹介しよう。兄上の視察に付いてきてたが、会ったことはなかっただろう？」

騎士団の朝訓練が有るために先に食事を取っていたようだ。エクスマクスが言うように、毎年春の領地視察に付いてきてはいたが、城の周りでキールズやコーディリアと遊ぶばかりで視察にはついて行っていなかったので土地管理官代理の夫婦とカインは会ったことがなかった。

毎年の領主様歓迎会は夜にやっていたので子どものカインとディアーナが参加していないというのもある。

「カインとディアーナの歓迎会なのに、急遽キールズとスティリッツの婚約発表の場も兼ねちゃって悪いわね、カイン」

と、アルディが軽い感じで謝ってきたが、カインは顔を横にふった。

「夏休みの帰省の途中に寄っただけですし、僕はまだ領主の息子としての何かをしているわけでもないので歓迎会をしてもらうのがそもそも申し訳ないぐらいですし。キールズとスティリッツさんの婚約なんておめでたい事を発表する方がむしろ地元の人達には嬉しいでしょう」

「カインはいい子ねぇ。でも、今年でもう学生なのだものね。少しずつみんなに顔を見せていかないとね」

「はい」

アルディもアニタとレッグスと打ち合わせや歓迎会の手配などがあるということで、先に朝食を取っていた。

カインとディアーナは席について、キールズとコーディリアが来るのを待ってから食事を取ることにした。

少し経って、エクスマクスとアルディが食事を終えて食堂を出ていき、入れ替わりにキールズとコーディリアが入ってきた。

「やあ、おはよう。キールズ、コーディリア」

「おはよう！　キー君、コーディ」

ニコニコと朗らかに挨拶をするカインとディアーナに対して、キールズとコーディリアは寝不足のようだった。だるそうに入ってきて椅子に座るとそろって眉間を指で揉んでいた。

「急遽婚約発表ってことになって、全然眠れなかった。昨日告白して、今日もう領民に婚約発表って早すぎないか？」

「話を聞くに、すでに周りにはバレバレだったみたいだし、良いんじゃない？」

「他人事だと思って……」

キールズとコーディリアが席に着いたことで、四人の前に朝食が並べられていく。健康的に、野菜たっぷりの朝食だった。キールズは食欲が無いようでお茶ばかり飲んでいる。

「お兄様、これを差し上げます」

「ダメ。ちゃんと豆食べないと筋肉つかないよ。目玉焼きの黄身と合わせて食べてごらん。ボソボソ感が少しへるから」

ディアーナがカインの皿に豆を入れようとして、突き返されていた。渋い顔をしつつも、半熟の卵の黄身と和えて豆を食べたディアーナは急いでお茶を飲んで豆を飲み込んでいた。

「偉いねぇ。ちゃんと食べたディアーナはきっと強い子になれるよ～」

「お兄様より強くなれる？」

「きっとなれるよ！　僕より強くなったら、ディアーナに守ってもらおうかな」

「まかせて！」

カインがディアーナの頭を撫でようとして、サッシャに視線で止められていた。持ち上げた手をほっぺたに移動させて、ディアーナの頬を優しくなでていた。

ディアーナを優しい顔で見つめるカインの、その朗らかな笑顔を見てコーディリアがため息をつく。

「ほんと、顔は良いんだけどな……。顔は良い」

朝食が終わって一休みすれば、カインの歓迎会とキールズの婚約発表を兼ねたガーデンパーティーがいよいよ始まるのだった。

八月暴動

エルグランダーク公爵が治めているネルグランディ領は広大なので、いくつかの地域に分割してそれぞれに土地管理官を配置している。

ある程度の権限を持って担当地域を管理できるようにと、平民から召し上げた土地管理官には継承不可な一代男爵の爵位を与えており、課税配分などは各自の裁量に任せていた。

それは、領地が広大だからこそ地域によって得意な作物が違う事、天候や気温が異なる事、大雨や旱魃などの天災の有無も地域による事などを配慮した上で、領地内全てで統一した税率で課税するのは公平ではないという考え方から来ている。

毎年春の公爵による現地視察に合わせて行なわれる領主の歓迎会は、夜会として開催されている。

種まき、苗植えを始めるまえの決起集会も兼ねていて、領地内の各土地管理官たちが招待される。

夜会であるため、未成年であるキールズ以下の子ども達は当然のことながら参加はしていない。

本日行なわれる歓迎会は、カインとディアーナを主賓としているため昼食会のガーデンパーティーとして開催され、招待されているのも領主直轄地の領民たちだ。特に若い世代に出席してほしいと通達されているらしい。

おしゃれをして、美味しいものを食べて、同年代の友達が沢山できるかもしれない。そう思ってディアーナもとても楽しみにしていたし、楽しそうなディアーナを見られると思ってカインも楽しみにしていたのだ。

「それなのに、これはないよ」

会場の前庭には、真っ白いテーブルクロスの掛けられたテーブルが幾つも置かれており、その上には軽食や可愛らしいお菓子が用意されている。

朝食後にカインが用意した氷で冷やされている果汁やお茶もティーワゴンで用意され、各自給仕係の使用人達が側で待機している。

準備万端の会場には、なんらおかしなことはない。

正門から庭に入ってすぐの所に、招待されて来たらしい領民たちが居るのだがその様子がおかしいのだ。

みな、普段どおりの農作業するような服を着て、真面目な顔をしてまとまって立っているのだ。緊張して、とかそういった雰囲気ではない。

皆平民で、殆どが農業従事者ではあるがネルグランディ領は貧しくはない。領内の数カ所に『街』と呼ばれる繁華街があるのだが、そこへ買い物へ行ったり遊びに行ったりするのによそ行きの服を持っていたりするものだ。

エルグランダーク子爵家でも、収穫の頃には城の庭を開放して労い会を開いたりしているが、そのときにはみな一張羅を着て参加している。

それなのに、今回は皆わざわざ農作業時の服を着てやってきている。皆というか、主に若者層の者たちだ。

クワだのスキだのの武器になるような農具を持ってこなかっただけましだとカインは思うことにした。

「パーティーを楽しみに来たという感じがしませんね」

「お兄様……」

カインのつぶやきに、隣に立っていたディアーナがギュッと手を握ってきた。カインはその手を握り返して、反対の手でポンポンとさらに包むように優しくたたいてやった。

「お前たち！　どういうことだ。公爵家ご子息の歓迎会だと聞いていただろう！」

先に来ていた、直轄地の土地管理官代理のレッグスが大声を出して若者たちに問いただした。レッグスの大声に、若者たちはビクリと肩を揺らすと自分の周りの者とコソコソと話をしはじめた。

「……不思議ね？　見たことのない子が三割程いる気がするわ」

「アルディもそう思う？　私も、ちょっと見覚えのない子がいるのよね」

レッグスの妻のアニタと、カインの叔母のアルディがそんな会話をしている。

実際に農作業をしている家の当主やその妻については覚えていたとして、その子どもたちのことまで覚えているものなのだろうか。いくら地元密着型貴族といえどそんな事あるのかとカインは不思議に思い、つい聞いてしまった。

「領地の人たちの顔をみな覚えているのですか？」

カインの声に二人が顔を見合わせ、クスクスと笑った。可愛いおばちゃん達だなぁとカインはこんなときだが顔が緩むのを感じてしまった。

「農作業で手一杯になる時に、私達がみんなの子どもを預かったりしていたのよ。畑の近くに敷布を敷いて、小さい子たちを集めてまとめて歌を歌ったりお話を聞かせたりね。お昼にはそれぞれの子達とご飯を食べて、その後また私達の所に子どもをあずけて畑に行くのよ。アニタがなつかしそうな顔でそういった。順番にお昼寝したりね」

「キールズやコーディリアを産んだ時は、よその子と一緒になって畑の側でお昼寝したわ。ザリガニ釣りやセミ取りをしたり、石はじきで遊んだり。ちょっと大きくなってきた女の子とは一緒に豆の筋とりをしたりね」

アルディも頬に手をそえてなつかしそうに語った。

なるほど、領民の農作業がスムーズに進むための手伝いというのはそういう事も含まれているの……か？　それはどうなんだろうと、カインは少し疑問であった。

「だからね、私がこの領地にお嫁に来てよりこっちだと、この辺に住む子達はみんな私達の子どもみたいなものなのよ。ちゃんと、みんなの顔は覚えているわ」

そう言って懐かしそうに微笑む叔母の顔は慈愛に満ちた優しい顔だった。

「お義兄様には、渋い顔をされてしまうのですけどね」とちょっと困ったような眉を下げた顔をカインに向けた後、アルディは若者たちが固まって立っているあたりをまっすぐに見るように背筋を伸ばした。

まぁ、王都を拠点としているディスマイヤからすれば、領民に交じって地べたに座り子守をするというのはあまり貴族らしい行いではないんだろうなとカインも思う。

「夏休みに帰省した子どもの為に、この様な豪勢な食事を用意し、それを振る舞って権威を見せつけるその傲慢さを糾弾しにきた！　その白いテーブルクロスも、その上にのる軽食や菓子も、この様な夏に高級品である氷まで用意しているが、それらは全て我ら領民が汗をかき丹精込めて作った物を取り上げて、売り払った金で得たものだろう!!　働く我らの上にあぐらをかき、贅沢で豪華な暮らしをしていろあなた達貴族を許すわけにはいかない！」

若者の中から、一歩前に出てきた男がそう叫んだ。代表として出てきて叫んだ男がアーニーじゃないことを意外に思いながらも、アーニーじゃなくてよかったなぁともカインは思った。

次回の集会がいつなのかを突き止めて、そこで説得なり何なりするかーという話を昨日したばっかりだったのに、今日の歓迎会をその集会の会場にされてしまっては笑い話にもならない。

「楽しみにしていたのにねぇ……ディアーナ」

「懲らしめてやりなさい。の出番？　お兄様？」

こんな場面でもワクワクしたような顔でカインを見上げてくるディアーナは、最強の女の子だなとカインは嬉しくなってニッコリとディアーナへ笑顔を返した。

カインは隣に立っているキールズのベルトをクイクイと引っ張って気を引く。キールズは前を見たまま体を傾けてカインの頭に耳を寄せてくれた。

「キールズは、領地内での税金の使い方を把握してる？　特に、領民の為に使ってる感じの使い方」

「代表的なのは幾つかわかる。一応、父さんの後を継ぐつもりで勉強はしているからな。まぁ、カインが引き続きうちに領地を任せてくれるなら、だけど」

「もちろん。ありがとうキールズ」

カインが礼を言うと、キールズは体を起こして姿勢を正す。

さて、どうしようかとカインは領民たちを改めて見る。代表として前に出てきた三人ほどがまだ何かを言っている。

昨日のアーニーにしたみたいに風でふっとばして水を頭からぶっかけて頭を冷やしてもらうか。いったん全員氷漬けにして頭を冷やしてもらうか。昨日もすぐに解けたアーニーは元気に走って逃げていったので、一瞬凍るぐらいなら死にはしなそうだ。

武器らしい武器を持ってきていないのだし、一応は今の所「領地をまとめる貴族に窮状を訴えている」ということにすれば穏便に済ませることが出来るかも知れない。

過去にプッツンして色々とやらかしているカインではあるが、平和に終わることが出来るのならば平和にすませたい。特に、ディアーナの将来と関係無いところでは無闇矢鱈と高圧的に人を虐げるようなことはしたくない。

それこそ、ディアーナにはみんなから愛されるお嬢様になってもらいたいのだ。みんなというのは王族や貴族だけでなく、領民、平民も含まれる。

街にお忍びで行ったディアーナが、お忍びであることがその美しさ可愛らしさ愛らしさからバレバレなのにみんなから微笑ましく受け入れられて楽しく街遊びできるなんていう漫画みたいな未来だって見てみたい。

そこでならず者に襲われている町娘をかばって大立ち回りをし、拾った棒でならず者をやっつけるディアーナ。街中のみんなから拍手喝采をあび、てれながらも救った町娘と友達になり、その後一緒に遊ぶんだ。そんな夢の様な未来があったら良いなと思って一瞬の白昼夢を見るカインである。

「はじめまして、こんにちは。ぼくの名前はカイン・エルグランダーク。このネルグランディ領の領主であるエルグランダーク公爵の息子です」

領民の熱い訴えが途切れた瞬間を見計らって、カインは一歩前に出ながら大きな声で挨拶して名乗った。

集まった人たちに声が届くように、しかし怒鳴り声にならないように気をつけて声を上げる。ささやかに背中から追い風のように風を吹かせて声を流してみた。

「ネルグランディ領は、他の領地に比べてとても豊かで、住んでいる人たちも穏やかだと聞いております。今日、お会いできるのをとても楽しみにしておりました」

領民が集まっている方へと顔をむけ、三列目ぐらいまでの顔がみえる人たちについては一人ひとり目を合わせていく。

おどおどとして目線をそらす人と、ぎらりと睨みつけてくる人がいる。叔母の言っていた見覚えのない人というのがどちらの行動を取っている人なのかは、あまり領民と交流のなかったカインにはわからなかった。

「はじめまして、ごきげんようみなさま。わたくしの名前はディアーナ・エルグランダークと申します。同じく、エルグランダーク公爵の娘です」

人の観察をしていたカインの隣に、いつのまにかディアーナが立っていた。カインのマネをして、胸をはってよく通る可愛い声で名乗りを上げた。

「いつも、ここに来る時はコーディとキールズ兄様に遊んでいただいておりましたが、今日はもっと沢山のお友達ができると、とても楽しみにしておりました」

そういって、柔らかい優しい笑顔を浮かべてスカートを摘んで少し上げた。簡易的な挨拶の仕方だ。

カインは、驚いてディアーナを見おろしたがディアーナはまっすぐに領民たちをみている。

まだ小さい九歳の女の子が前に出てきて、楽しみでしたと挨拶をしたのだ。領民たちの間に軽く動揺がはしっている。カインとディアーナが領民を見るのが初めてなら、領民がカインとディアーナを見るのも初めてのハズだ。

夏の太陽を反射してキラキラと光る金髪と、夏の空を映しているかのような深い青い瞳の美しい兄妹が、空気を読まずににこやかに挨拶をしてみせたのだ。気勢をそがれもするだろう。

歓迎会のスタートが遅れていて、ボウルの中の氷が解けてしまっている。カインは水が入っているだけのボウルを手にとってその場で水を捨てると、ボウルをディアーナに預けて支えてもらった。

「氷がとても高価で贅沢だと、先程おっしゃいましたね」

にこやかに、あくまでにこやかに。

カインはディアーナの持つボウルの上に手をかざすと、口の中で何事かをつぶやいてゴロンゴロンと氷を空中に作り出していく。氷は、現れた端からボウルにおっこちていき、あっという間に山になる。

「お兄様、ボウル冷たいぃ」

「うん。ありがとう、ディアーナ。ボウルこっちにちょうだい」

ディアーナからボウルを受け取って、それを領民たちに向けて掲げた。

「夏の暑い中、僕たちの為に集まってくださる皆さんをおもてなししたいと思って僕が氷を作りました。贅沢だと思ってくださるなら、おもてなしになるでしょうか？　熱い思いを語ってくださり、喉が渇いてはいませんか？」

カインはグラスに冷えたお茶と氷を入れて両手に持つと、立ちすくんでいる領民たちの前へと進んでいく。

気まずそうな顔をしている人と、怪訝そうな顔をしている人にそれぞれグラスを差し出した。

「貴族であり、領主……の父はいませんが、代わりに息子である僕に是非お話を聞かせてください。貴族に対して不満に思っていること、領地で仕事や生活をする上で不便に思っていることを直接聞くことができるなんて、とても貴重な経験です。そのための歓迎会でもあるのですから」

気まずそうな顔をしている方の人は、おずおずとグラスを手に取ってその冷たさに驚いていた。

怪訝そうな顔をしている方の人はなかなかグラスを受け取ってくれない。結露でグラスの外側が濡れていき、カインの手が濡れていく。

「おにいさんの、さっきのお話をもういちどわたくしにもきかせてくださいませんか。お恥ずかしながら、言葉がすこしむずかしかったのでわからなかった所があるのです。なにか、困っていることがあるのですか？」

また、ディアーナがカインの後をついてきて、怪訝な顔をしている人に向かって話しかける。少し困った顔をして首を少しかたむけている。成人男性として平均的な身長のその人は、ディアーナから上目遣いで見上げられている。

ついに怪訝な顔の人もグラスを受け取って、ぐいっと冷茶を呷《あお》った。

さすが、可愛いは正義である。

「きちんと話を聞かせてくださいませ。そのためにも、みなさんまずはお茶を飲んで水分補給をしてください。お茶もお菓子もせっかく用意したのに、無駄にするほうがもったいないとはおもいませんか」

そういって、カインはさらにお茶の入ったグラスを目が合った時に気まずそうにしている人たちを中心に渡していく。

カインは、自分の顔が美しいことを自覚している。今回はさらにディアーナが常に追いかけてきて隣に立つようにしてくれた。

美しい顔から、優しく微笑まれつつお願い事をされて無下に出来る人は中々いないものである。

固まって立っていた領民たちだが、すこしずつバラけてテーブルの方へと移動する人が出てきた。

すかさずアルディとアニタが顔見知りの人間を捕まえてテーブルへと誘導していく。

コーディリアとキールズも同年代の子を引っ張ってバラけさせていく。

カインはホッとして胸をなでおろし、傍らにたつディアーナを見た。ディアーナはカインを見上げると、ボンネット帽のつばを狭めてカイン以外から顔が見えないようにしたうえで、ニカっと淑女らしからぬ顔で笑ってみせた。


「王都でも、ネルグランディ産の小麦をつかったパンはおいしいと評判だそうです。とても品質が高いと評判で小麦の中では高級品として取り扱われているんだそうです。王太子殿下からも好評ですし、王家御用達になるのもそう遠い未来ではないと思いますよ」

「私たちの作った小麦が、国王陛下にも召し上がっていただけるんですか……⁉」

「皆さんから納めていただいた税金で、こうしてきれいな服を着たり礼儀を学んだりしているのは、皆さんの成果を貴族や王族へと売り込むためでもあるんです。僕らは、小麦や大麦やこの土地の牛や鶏を王都の貴族に紹介してなるべく高いお金で買ってもらう努力をします。そうして農作物が高く売れれば、皆さんへも還元されますから」

自分の作ったものが、王族の口に入るかもしれないという事実に驚いている青年の手を両手で包むように握り、すこし見上げるように上目遣いで見つめながら、カインはそう言って微笑んだ。

農作業着の青年は頬を赤くしながらも、コクコクと首を縦にふっている。

カインは今のところ領地運営についてはほとんどノータッチである。領民へどのように還元されているかについては全く分かっていない。

母エリゼがお茶会などに領地の特産品を使ったお菓子を持って行っていたり、神渡りの振る舞いを食べたり持ち帰ったりしているハウスメイドたちが「領地の材料を使ったお邸のパンやケーキは特に美味しい」と話しているのを聞いていたり、アルンディラーノに「カインちのお菓子おいしいから遊びに行きたい」と言われたりしていたことの積み重ねをカインなりに解釈して、話しているに過ぎない。

それでも、大きく外してはいないとカインは考えている。領地をもっている貴族の王都の屋敷は豪華なアンテナショップである。そういった方向性の話なら、カインでも出来る。

となりで、ディアーナがやはり農作業着を着ている女性に対して話しかけている。

「お姉さんのおうちでは、何を作っているのですか?」

「……わたしのうちでは、季節ごとの野菜を作っています。今の季節だと、ウリやトマトなどが収穫時期です」

「わぁ。今日の朝ごはんでトマトを頂きましたの。とても味が濃くって美味しかったです!」

淑女の微笑みをしたディアーナがそう言いながら、さらに女性に近づいていく。朝の収穫や水撒きをしてからやってきたであろう土がついた作業着の袖を掴んでツンツンとひっぱり、反対の手を口に添えて内緒話があるというジェスチャーをするディアーナ。

困惑した顔をしながらも、身をかがめてディアーナに耳を寄せた女性に、ディアーナがこそこそと小さな声でささやく。

「あのね、王都にいる時はトマトあんまり好きじゃ無かったの。でもね、領地でたべるお野菜は味がこくってとっても美味しいから、沢山食べちゃうんだよ。お姉さんのおかげだね」

ディアーナのささやきを聞いて、目を丸くする女性。ディアーナは袖から手を離して口を隠していた手も腰に落とした。

女性が屈んでいた腰を伸ばして改めてディアーナを見る。

「ありがとう！　お姉さん」

女性と目が合うと、ディアーナはお礼を言ってニパッと笑った。それまでの貴族のお嬢様といった微笑みでなく、年齢相応の無邪気な笑顔をみせられて、女性の頬がみるみるうちに赤くなる。

（あざといっ。あざ尊いって。ディアーナ。可愛すぎるしアレでは誰もかなわないよ）

流れ弾を食らったカインが目をつぶり、魂を半分体から離脱させて感動に打ち震えていた。

別のテーブルでは、キールズが青年たち数人と会話をしている。

「南地区に、サイスト川から水をひいただろ。そう、五年前から始めて三年前に出来た運河。あれは、皆から集めた税金を使って造ったものだよ。……みんなからも人手を出してもらったのは確かだけど、ちゃんと工賃は払われていたし、長男や家主が参加した場合には農作業を休む分の補償金も出ていたはずだよ。騎士団に所属している騎士の、農作業手伝いの為の帰省も勤務扱いになっていたし。それらの賃金なんかを税金からだしているんだよ」

「オヤジが川を掘りに行ってて俺の分の仕事はきつくなるけど、自分たちの畑のためだしって我慢してたんだが。アレはちゃんと金が出ていたのか」

まだまだ両親が現役で、作業自体は自分がメインになりつつあるものの収穫物の売り渡しや税の支払い等の事務関係に携わっていない青年は、キールズの話を真剣に聞いていた。

「ココ数年は毎年豊作だから多めの率で納めてもらっているが、天候不順なんかで不作の年には税率が下がるって取り決めがされているんだよ。城の裏に倉庫があるのは知っているだろ？　あそこは豊作のときには小麦と大麦を保管してあるんだよ。凶作の時には領民に開放するためと、領民に代わって国に税を納める為に二年分ずつ保管してあるんだ。三年目の古くなった物から家畜の餌なんかに安く放出してる」

「あの倉庫って小麦倉庫だったのか。城の美術品や贅沢品を溜め込んでるって聞いたんだよ。オレたちから巻き上げた税金で調度品や贅沢品を買っては、古い贅沢品を倉庫に溜め込んでるって」

キールズの説明を受けて、青年がそんな事を言いだした。キールズは流石に聞き流せず、思わず声が荒くなってしまう。

「はぁ？　誰がそんな事を？」

「い、いや。誰って言うこともないんだが、あそこはなんだろう？　って話になった時に誰ともなくそういう話に……」

「なんなら、今から見に行ったって良い！　みんなを連れて見に行くか⁉」

「いや、そこまでしなくていいよ。疑ってない、疑ってないよキールズ。な？」

慌てた青年が手を前に出してキールズをなだめるように振りながら、周りで一緒に話を聞いていた青年たちに同意を求めた。周りの青年たちもウンウンと頷いている。

何か、自分たちが聞いていた話と違うようだと思いはじめてくれているようだった。キールズは、大きく息をはいて自分の気持ちを落ち着けると、また彼らに向かって話しはじめた。

コーディリアは、アニタとアルディと一緒に小さな子どもを抱いた女性たちと向き合って会話をしている。

「確かに、貴族という立場を笠に着て私腹を肥やすタイプの人もいるわよね。でも、うちの領主である公爵様はそういう人をきちんと裁いてくださる方ですもの。私達は労働力を提供し、お貴族さまはその権力で私達を守ってくださる。そういう関係なのだわ」

アニタが、目の前の女性の腕に抱かれている子どもの手をニギニギしながらそういって笑った。子どもはキャハーと言いながらアニタの親指を握り返すので、アニタは握られた手を小さく上下に振って楽しそうにあやしている。

「でも、公爵様は一年のうちに春しかいらっしゃらないでしょう。あまり領内の様子をご存じないのではないかって」

「領地内の土地管理官の男爵たちをあつめてパーティーをして、そうして帰っていってしまうじゃないですか」

アニタにあやされて、ごきげんな赤ちゃんを優しく腕で揺らしつつ、若い母親は不安そうな顔をする。ソレに対して、アルディが頬に手を添えながら答えた。

「お義兄さまは、一月ほどかけて領内をぐるりと巡っているわよ。うちの旦那様と何人かの騎士を連れてねぇ。聞いてないかしら、今年の春は最南のグリスグール地区の土地管理官を罷免して新しい方を任命しているのよ。前任の管理官が不正を行っていたって言うことで爵位の引き下げと土地の没収をしているわよ」

春先にやってきて、パーティーをして帰っていく領主。公爵に対してそんなイメージが領民にあったのだとしたら、ソレは自分たちのアピール不足ということも有るのかも知れないとアルディは苦笑した。夜会ではなく、カイン達の紹介を兼ねた昼の歓迎会だからこそ出来る話かもしれないと、ココぞとばかりに会話をすすめる。

「グリスグールの土地管理官は、領民を召し上げた一代男爵じゃなくて元々は領地持ちの子爵様だったのよね。そのせいでグリスグールの人たちにも色々と遠慮があったみたいで中々報告が上がってこなかったらしいの。でも、お義兄さまは、ウチの人から上がってくる報告書を見ておかしいって気づいたんですって」

ココだけの話よ、というふうに身を乗り出して悪い顔をしてコソコソと話すふりをするアルディ。世の奥様というものは、内緒話が好きなものである。

アニタもコーディリアも含めて額を突き合わせるように身を寄せて話の続きを聞こうとする。

「土地管理官が提出する報告書としては、ちゃんとしていて何も問題が無かったらしいのね。でも、お義兄様は、近隣地区の報告書と比べたのですって。いくらこの領地が広くて、領地の端っこと端っこでは気候も違うとは言え、隣同士の地域で大きく差がでるなんてそうそう無いはずだって」

「え、じゃあ。グリスグールの報告書と、近くの地域の報告書でなにか違いがあったということ？」

「そう。グリスグールだけ、凶作の年が多い事がわかったの」

「まぁ！　じゃあ、本当は豊作なのに凶作として報告していたということ？」

アルディの真に迫った喋り方に、集まった人たちが巻き込まれていくように会話に交ざっていく。

「そう！　そうなのよ！　グリスグールの前土地管理官は領民からは豊作時の税率で回収して、領地には凶作時の税率分だけ納めていたのよ。報告書だけではわからないことは、視察に行った時に領民から丁寧にお話を聞いて回ったってウチの人が言っていたわ」

「まぁ。それで、グリスグールの前土地管理官はどうなったのですか？」

そう聞かれて、アルディはニヤリと悪い顔をした。

「土地の没収。子爵から男爵への降爵。土地管理官からの罷免。そして、横領していた分の私財の没収をされたらしいわよ。そのうえ、お義兄様は没収した私財は元々領民のものだから土地のために使うようにって言ったそうよ」

悪漢がきちんと成敗された結末を聞いて、ほっとしたような顔をする女性たち。身を寄せ合っていたのをすこし離し、隣に立つ者同士でサワサワと雑談をはじめていく。

「思ったよりも、ちゃんと私達の話を聞いてくださる方なのかしら」

「貴族ばかりで集まって、パーティーだけして帰っていく人だって聞いていたのに」

「でも、実際に私達の所にはお話を聞きに来てくれたことはないじゃない？」

「そういえば」

サワサワと。噂話を確認しあう領民たち。

「母さん。その領民の為に使いなさいって言われたお金ってどうなったの？」

一連の話を聞いて、コーディリアが気になったのはそこだった。伯父であるディスマイヤが領民のために使うようにと言った金は今どこにあるんだろうか。

「追い出された子爵の邸に、そのまま置いてあるんじゃないかしら。おそらく、新しい土地管理官がその家に住んで、領民たちで使いみちを話し合っているんだと思うわ」

ふーん、とコーディリアが頷こうとしたその時。コーディリアの後ろで大きな音が鳴った。

食器が派手に割れる音と、何か大きな物が壊れる音。そして、誰かの悲鳴が庭に響いた。

カインは咄嗟にディアーナの前に立ち、レッグスがアニタとアルディの前に立つ。少し離れていたがキールズがコーディリアへ駆け寄って腕を引き自分の後ろへとかばった。

音のしたほうを見れば、テーブルクロスがかかったままのテーブルが横倒しになっており上に載っていた食器類が芝生の上に転がっている。一部は石畳になっている通路の上で割れてしまっているものもあった。

「だまされるな！　貴族は口がうまいんだ！　口先だけの甘い言葉にまどわされるな！」

「貴族はこんな城に住み、俺達はボロ屋に住んでいる。それはなんでだ。俺達から搾取した金で贅沢をしているからだ！」

大声で叫んでいる男がいた。足元に転がった焼き菓子を踏みつけて、大げさに腕を振って感情を込めて叫んでいる。

「だまらんか！　俺たちは労働力を提供する、領主様は安全と安定を提供する。そういう役割というはなしだろうが！」

レッグスが大声で言い返している。

カインの目の端に、ガーデンパーティー会場へ駆け寄ってくる騎士の姿が見えた。

その中に見知った顔がある。ヴィヴィラディアとアルノルディアとサラスィニアだ。そのほかに三人ほどが駆け込んでくるが、遠い。

「お貴族様が、平民を守るってか！　じゃあ守って見せろよ、どうせ自分の命が惜しくてにげるにきまっている！」

演説をしていた男が空に向けて高々と掌を突き出した。

「炎よ！　わが手に集いて現れよ」

「魔法だと！」

男の詠唱文言から火魔法を出そうとしていると判断したカインは、とっさに水魔法で相殺しようと構えて、舌打ちした。

パーティー会場には、カインたちの話に理解を示しはじめている人や給仕のためにテーブル間を歩き回っている使用人が入り交じっている。

カインと魔法を使おうとしている男の間にも何人も人がいて、カインが魔法を使おうとすると周りを巻き込みかねなかった。

「爆《は》ぜよ！」

「クソが！」

男は詠唱のうち、目標を設定せず魔法を実行した。詠唱を短縮して魔法の発生を早くしたのだ。

「爆ぜよ」宣言のとおり、天に向けて突き上げた掌の上に炎が現れて、パァンと軽い音をさせた後に四方へと小さな炎に分かれて飛び散った。

「堅牢《けんろう》の壁！」

カインが咄嗟に風魔法で防御壁をつくって大小の火の粉からパーティーの参加者を守る。それでも、火属性魔法を使った男よりカイン側にいた人しか守れていない。

風の壁を維持しつつ男に向かって走るカインだが、テーブルと人をよけながら走るのでなかなかたどり着けない。

最初に魔法を使った男の他に、数人がまた同じ様に魔法を使おうとしているのが目の端にみえた。

会場が混乱している。

駆け込んだ三人の騎士は領民をかばいながら籠手や剣の柄で火の粉を払い落としているし、キールズが小さな水魔法で一個一個火の粉を潰し、コーディリアが魔法で風を吹かせて火の粉を吹き飛ばしている。

ディアーナが、近くにあったテーブルに駆け寄り、テーブルクロスの端を掴むと一度持ち上げ、その後勢いよく真横に引き抜いた。

テーブルクロスだけが引き抜かれ、食器はテーブルの上に残っていた。

「お姉さん、これをかぶって庭の端っこまで走って！　そちらの人も一緒に！　クロスは大きいからみんなで頭かくして走って！」

そう言いながら、ディアーナがトマト農家の女性にテーブルクロスを押し付けた。

女性は、クロスを受け取りながらもおろおろしている。

「あの、お嬢様は？」

当然、一緒にテーブルクロスをかぶって逃げるのだと思って女性はそう聞いたのだが、ディアーナはニカっと笑うとグっと親指を立てて手を握ってみせた。

「少女騎士はか弱き女性を守るものなのよ！」

そう言い残して、ディアーナは駆け出し次のテーブルからもテーブルクロスを抜き取ると近くに居た人に押し付けている。

カインの他も、それぞれで出来ることをしつつ狼藉者《ろうぜき》に近づき、一人またひとりと騎士やレッグスなどに取り押さえられていく。

　幸い、魔法で発生させた炎を分散して飛び散らせただけなので威力はさほど高くない。風が吹けば飛んでいくし、叩き落として踏んづければすぐに消えてしまう。

　しかし、そうは言っても火である。髪に落ちれば燃えるし肌に落ちればやけどしてしまう。万が一目に入ってしまったら失明の可能性だって考えられる。

　カインはぐるりと周りをみながら、時には個人を弱い風の防御魔法で包んで守り、時には大きな風の壁を作ってまとめて弾いていた。

「お前、貴族だろう！　何が貴族を糾弾するだ、ふざけやがって！」

「うるさいだまれ！　誰のせいで貴族じゃなくなったと思っているんだ！」

　人とテーブルを避けつつ、最初に魔法を使い出した男の前までようやくたどり着いたカインが指を突きつけて叫ぶと、男も叫ぶように答えた。

　リムートブレイクでは基本的には全員魔法が使える。貴族と平民の区別なく魔力を持って生まれてきて、指先に火を灯すとか手のひらから風を起こして髪を乾かすなどの魔法は平民でも使えるのだ。

　しかし、呪文を唱えて魔法を制御し、思うように使いこなすには勉強と訓練が必要なので、詠唱魔法を使っているということは貴族である証拠に他ならない。

　たまに、アホみたいな魔力を持って生まれてくる事で特待生として魔法学園に入学する平民もいるが稀である。

　カインが、男を貴族だと断じたのにはそういった背景があるのだった。

　男がまたもや腕を上げて魔法を使おうとしたので、カインはその腕を凍らせた。ほんの、表面を薄い氷で覆わせただけだが、男は腕を振って氷を剥がすのに夢中になり魔法は中断された。

カインに意識を取られていた男は、後ろから近寄ってきていたヴィヴィラディアに取り押さえられ、その場に伏せられて腕をねじりあげられてしまった。

「はなせぇ！　くそが！」

カインがひとまずホッとしつつ、周りをぐるりと見渡せば魔法を使って周りに被害を振りまこうとしていた主だった者は三人の騎士とレッグス、キールズによって地面に押さえつけられているようだった。

その他、なんとなく気まずそうな顔で逃げ出すスキを窺っている風情の者が何人かいるが人手が足りない。

逃さないようにするにはどうするか、と焦ってカインがぐるりと周囲を見回したときだった。

「何事か！　コレはいったいなんの騒ぎだ！」

大きくてよく通る低い声が庭に響き渡った。

声のする方を見れば、騎士服を着たエクスマクスがアーニーの首根っこをつかんで引きずるようにしながら歩いてくるところだった。

そして、カインが何よりも驚いて目を見張ったものがその背後にあった。

それは黒い箱に金色の紋章を施された馬車から降りてくる、父ディスマイヤの姿だった。

エクスマクスと一緒にやってきた騎士たちが早足で近づき、アルノルディアがエクスマクスの側へ駆けていった。

アルノルディアが取り押さえていた者を代わりに押さえ込み、アルノルディアがエクスマクスに事の顛末を報告している間もこちらに向かって歩いてくる。

ディスマイヤも侍従を一人つれてこちらに向かってきていた。

「お父様……」

女性たちを誘導していたはずのディアーナが、いつの間にかカインの隣にやってきていた。

カインとディアーナが並んで立って父が来るのを待つが、ディスマイヤはその手前、取り押さえられている男性の前で足を止めた。

ディスマイヤに何事か言われて、取り押さえていた騎士が男の顔を上に向かせた。

「見た顔だな」

「グリスグールの元土地管理官ですね」

ディスマイヤの言葉に、エクスマクスが同じように顔を覗き込んで答えた。

「あぁ、フィルシラー元子爵か？」

ディスマイヤはそう言うと、元子爵から視線を外して周りをぐるりと見渡した。

倒れたテーブルと散らばる食器類、シーツをかぶって庭の端に避難している者やテーブルの下に避難している者、風魔法が使われた影響で剥げた芝生や炎魔法の影響で焦げた芝生。

それらを見てもディスマイヤは顔色を変えなかった。冷たい無表情のままである。

「エクス。そいつらは城の牢屋に入れておけ。今取り押さえていない者に関しても、レッグスとアニタに面通しをさせて直轄地の者でないやつは入れておけ」

「はっ」

エクスマクスが側に居た騎士に右から左の指示を出し、指示を受けた騎士が駆けていく。

足元で押さえられていたフィルシラー元子爵にもうひとり騎士が近寄り、二人がかりで抱えあげるとズルズルと引きずって城の西側へと連れて行った。

なにやらぎゃあぎゃあと騒いでいたが、ディスマイヤは聞こえていないかのようにその場からさらに足を進めた。

カインとディアーナの前に立ったディスマイヤの顔は厳しいままだった。

厳しいと言うよりは、表情が無いといった方が近い。無感情な顔をしていた。

「カイン。何をしていた？」

「貴族が……領主がどのように領民の役に立っているかを説明していました」

カインが言えば、ディスマイヤの眉間に一瞬だけシワがよる。静かにカインの顔をだまって見ている。

じっと見られながらも、何も言われないことにカインは居心地の悪さを感じて身じろぎをした。

「カイン」

「はい」

ようやくかけられた声は静かで、しかしとても重くてよく響いた。カインは反射的に返事をして無意識に背筋が伸びる。

「領民に媚《こ》びてはいけない。領民と馴れ合ってはいけない。私達は支配者であり、彼らは庇護される民なのだ」

「媚びてなど……いません」

勢いよく反論しようとしたが、静かに感情の無いディスマイヤの目を見てしまうと勢いは失せてしまい、言葉尻は萎んでしまう。

「どれだけ献身しているかを自ら明かすことを、媚びていると言わずになんというのだ。領地を豊か

にし、領民を幸福にするのは領主の責務だ。領民が未だ幸福でないと申すのであれば、ただ受け止め、さらなる策を施すだけだ。民に言い訳をし、理解を求めるなど領主のすることではない」

ディスマイヤの声はあくまで静かで、その響きに怒りや呆れといった感情はない。

「仰ぎ見るべき存在でなければ、民は自分たちの上に戴こうとは思わないだろう。威厳なき領主には、民は頭を垂れないだろう。人望なき領主には、民はついていこうとはしないだろう。カイン、語るなら希望を語れ。展望を示せ。貴族とは、領主とは、民に寄り添って並び歩くものではない。先に立って道を作り民を導く存在でなければならない」

「……僕は……」

ディスマイヤは、ぽんと軽くカインの肩を叩くように手を乗せると顎をあげて周りを見渡した。

「今の生活に不満のある者は、この地を管理しているレッグスとアニタを通じて申し出よ。考慮すべき内容であればまずはエルグランダーク子爵が対処しよう。子爵で解決できぬ問題であれば私が調整しよう。私のやるべきことは領地を豊かにすることである。故に個人の願いを叶えることは出来ぬと心得よ」

カインに向かって語りかけていたのとは違う、遠くまで良く届く伸びやかな声で朗々と周りに語りかけるディスマイヤ。

左足を引いて身を半分ほどずらし、別の方面を向いてまた別の立ち尽くす人々を見渡す。

「領民と領主は輿《こし》と担ぎ手である。担ぎ手がいなければ輿は一つも動くことは出来ぬが、輿がなければ担ぎ手はまとまらず、また道にも迷うだろう。私が領主として有るためには、あなた達領民が必要なのは間違いなく、またあなた達を導くためには領主が必要であることもまた間違いないのだ。あなた達が担ぐに値する輿である為に尽瘁するので信じてついて来るがいい」

ディスマイヤはそこまで言うと、今度はエクスマクスに視線を投げた。エクスマクスは一つうなずいて早足でディスマイヤに駆け寄ってくる。

「レッグスとアニタも来なさい。城で報告を聞く。騎士は念の為四名この場にのこり周囲の警戒をするように」

そういって指示をだすと、ディスマイヤは体を城に向けて歩き出そうとする。カインは慌ててディスマイヤの袖をつかみ、声をかけた。

「お父さま。僕は」

「この会は、カインとディアーナの歓迎会として開いてもらったのだろう？　では、主賓であるお前は次期当主として、残った皆さんを歓待し盛り上げ歓迎会をきっちり終了させてから城に戻りなさい。……ディアーナも、お兄様をきちんとフォローして手伝うように。いいね？」

ふと、カインの後ろに立つイルヴァレーノがディスマイヤの目に入った。

「イルヴァレーノ。ご婦人や小さい子の目立つ位置のやけどを優先して治癒魔法をしてあげなさい。できるね？」

「かしこまりました。旦那様」

イルヴァレーノの返事に小さく頷くと、今度こそディスマイヤは振り返らずに城の玄関へと向かってまっすぐ歩いていった。

その後ろを侍従とエクスマクス、レッグスとアニタが付いて歩いていく。

カインはショックを受けた。

ディスマイヤが歩いていくその後ろ姿に向かって、領民たちは深く頭を下げていたのだ。

言葉を尽くして理解を得ようとしたカインより、ただ黙って付いてこいとだけ言ったディスマイヤに対して領民は平伏したのだ。

社会福祉の仕組みも発達し、文明的な民主主義社会でアラサーまで生きた記憶を持ったカインは、正直言って貴族と平民という身分差社会について甘く考えているところがあった。

この未発達な社会で、先進国で高等教育まで受け、幼児・児童に関わる仕事をする関係で社会福祉系の仕組みや法律にもある程度触れていた自分は一歩抜きん出ていると驕っていた。

上手いこと立ち回れると思っていたし、途中まではちゃんとうまく行っていた。貴族に対して疑心暗鬼になっていた領民に、貴族も必要かもしれないと思い直させかけていたのだから。

イルヴァレーノがやけどや怪我をした人に声をかけて治療をし、使用人たちが倒れたテーブルを戻して新しい食器に置き換えたり、ディスマイヤが城の戸の向こうに消えたことで頭を上げた領民たちが声を掛け合っているのを背景に、カインはすでに閉まっている城の玄関を見つめて立ち尽くしていた。


城の玄関ドアが音を立てて閉まり、夏の日差しに慣れた目が室内を夜のように暗く映している。

玄関ホールの中ほどまで歩いたところで、突然ディスマイヤがしゃがみこんだ。

「エクシィ。カインに嫌われたかなぁ？　どう思う～？」

「エクシィって呼ぶなよ兄上。……カインは聡い子だから、大丈夫だよ」

「もうさぁ。無理やり留学させたから随分嫌われてると思うんだけどさぁ。でもさぁ。ダメじゃん？もともと孤児院で子どもと一緒に遊んじゃう子だからさぁ。ちゃんと言わないとさぁ。でもさぁ。もしかしたらもっと言い方あったかなぁって思ってさぁ。嫌われちゃったかなぁ。やだなぁ。どう思うぅ？」

「大丈夫だって。カインもわかってくれるさ。後で夕飯の時にでも言い直せばいいだろ、兄上」

「でもさぁ」

「さっきの兄上は、オヤジそっくりだったな」

「……ダメなヤツじゃん……」

ぐずるディスマイヤをエクスマクスとレッグスで抱えて、応接室へと移動させたのだった。

領主の一方的な通達

ネルグランディ城の一階にある応接室に、大人たちは集まっていた。

城の中に幾つもある来客対応の為の部屋のうちの、一番玄関に近い部屋だ。通常は、商人との打ち合わせや伝言や手紙を持ってきた他家の使用人を待たせるような事に使われる。

レッグスとアニタが長ソファーに、エクスマクスとアルディがその対面の長ソファーに、部屋の一番奥にある一人がけのソファーにディスマイヤが座っている。

「まず、レッグス。今度こそ一代男爵の爵位を受けてもらう。現在の領主直轄地を他と同じように間接管理地とし、土地管理官としてお前に任せる。もう、ガラじゃないとか責任持てないとかそんな言い訳はきかない」

ディスマイヤは、厳しい顔をしてレッグスとアニタの顔を順に見る。レッグスもアニタも困った顔をしていた。

「この辺の地名を取って、マイルアイド男爵と名乗れ。叙爵の祝賀に対する恩赦《おんしゃ》としてアーニーを釈放とする」

「領主様……っ！」

レッグスとアニタが目を見開いてディスマイヤを見る。ディスマイヤは、ブスッとした不機嫌な顔で片手をあげてレッグスの言葉を遮った。

「……騒乱罪、領主への反乱罪、領主親族……貴族への侮辱罪といったところだろうが、騒乱罪と反乱罪は実行動をほとんど取っておらず思想犯あつかいでいいだろう。もともと元子爵に唆されたのが原因のようだしな。貴族への侮辱罪についてはコーディが訴え出ないのであれば裁く必要もない。ディに対しては……カインがすでに暴走したんだろ？」

「いいのか兄上？　カインから逃げる時にまだなんか叫んでたぞ。改心したわけではないんだぞ」

ディスマイヤの甘すぎるとも言える寛大な発言に、エクスマクスが声をかけた。ディスマイヤはレッグスからエクスマクスへと顔を向けると、眉間に深いシワを寄せてみせた。

「良いわけないだろ。最後には恩赦で出してやるがとりあえず三週間は牢にぶち込んでおけ。反省させろ。隣の牢で元子爵らに拷問《ごうもん》でもしてその叫び声を聞かせておけ。出した後はエクシィの騎士団で見習いとして面倒をみろ。性根を叩き直せ。パルディノアの下にでもつけてガルツ山の魔獣退治にでも行かせたら良いだろう」

「……それって、遠回しに死ねって言ってるもんじゃないか？　兄上」

パルディノアは、ネルグランディ領騎士団の第三部隊の隊長でとても強い脳筋な人物である。自分に出来ることは他人も出来ると思っているが、その筋肉量や体力や気力は凡人にはとてもじゃないが追いつけない領域に達しており、そのため第三部隊は隊員の数が非常に少ない少数精鋭部隊であり、その全員が脳筋である。全ての物事は筋肉で解決が可能だと思っている集団なので、要人警護や町や村の警邏などよりも未開の地へと赴いて魔獣を倒すのに向いている。というか、ソレ以外のことをやらせると大変まずいことになってしまうことが多い困ったさん達の集まりなのである。でも、とても強い。

「パルディノアは意外と面倒見が良いから大丈夫だろ」

ディスマイヤはワザとエクスマクスから視線を外してなにもない空間をみながら大丈夫と言う。エクスマクスは複雑な顔をした。

「キールズがスティリッツと両思いで結婚するという話なんだろう？　一代限りとは言え男爵家の令嬢という肩書がつけば子爵家嫡男の嫁としても遜色ない。僕としてもキールズは可愛い甥っ子だからな、つまらない理由で反対はしたくない。犯罪者の妹を嫁に取るというのも外聞がわるいだろう。だから、レッグスは爵位を受けろ。これは命令だ。辞退は許さない」

なにもない空間から再びレッグスとアニタの顔を見て、ディスマイヤはそう言い切った。その顔は厳しい表情で、反論をさせない空気をピリピリと醸し出していた。

ふいっと顔をそらし、ディスマイヤは今度はエクスマクスの顔を凝視した。

「お前は、今後はレッグスとアニタに土地管理は完全に任せて騎士団運営に専念しろ。第四部隊のケツを叩いてしっかり働かせろ。アイツらがしっかりしていれば今回の件は大事にならなかったハズだろ。それと、領主代理はキールズにやらせる。アルディはキールズを手伝ってやってくれ」

ネルグランディ領騎士団の第四部隊は情報収集部隊である。現在は国も国境も領地も平和なので、各地の土地管理官達とエクスマクスをつなぐただの御用聞きに成り下がってしまっている。

「第四は……そうだな、鍛え直すようにしよう。領主代理の方は、キールズはまだ十五歳で学生だぞ」

「それがどうした。エクシィが領地代理としてこの地に着任したのも同じ頃だ」

「あの時はお祖父様が城にいらっしゃったじゃないか。お祖父様がやりくりしてくださったからなんとかなっていたんだよ」

「じゃあ、あのジジィを連れ戻せばいいだろ。どうせ元気でどっかフラフラしてるんだ」

「兄上、言葉遣いが……。お祖父様からは、時々手紙はくるがどこにいるのか分からないから連れ戻すなど無理だ」

まだ、エクスマクスが何かを言おうとしたがディスマイヤはそれを遮るように立ち上がってパンと手を叩いた。

「とにかく、レッグスは一代男爵を叙爵するように。叙爵式の時期についてはまた後で相談だ。エクシィは領主代理の任を外れて騎士団長に専念、領主代理はキールズにやらせる。キールズの婚約発表はレッグスの叙爵とアーニーの恩赦まで保留。以上だ。私は長旅で疲れた。細かい話はまた後にしよう」

領主であるディスマイヤが決定と言ってしまえば、それが決定事項である。まだ何事か言いたげなエクスマクスではあったが、浮かした腰をもう一度椅子に沈めてため息を吐いた。

「兄上、フィルシラー元子爵はどうします」

「アーニーに反省を促すのに使った後は処分しろ。一度はやり直す機会をやったんだ。二度目はない」

エクスマクスの声かけに、ディスマイヤは振り向かずにそう言うと応接室のドアを開けて出ていった。部屋を整えるのとメイドを手配するために、アルディが慌てて立ち上がってその後を追って部屋を出ていく。

「お父上に似てきましたね、ディスマイヤ様は」

レッグスが誰に言うともなくそうつぶやいたが、エクスマクスはゆっくりと首を横に振った。

「オヤジだったら、アーニーも処分されていた。兄上はオヤジよりだいぶ甘いよ」

そしておそらく、自分も騎士団長を解任されて領地から放逐されていただろう。そうエクスマクスは口の中でつぶやいた。

ネルグランディ領騎士団は、全部で四部隊ある。

第一部隊は要人警護と城および周辺地域（領主直轄領）の治安維持が主な仕事である。入隊二年目から二年間、王都のエルグランダーク邸の警備を担当するのも第一部隊の騎士たちだ。

第二部隊は国境警備および領地全体の治安維持が主な仕事である。人数が一番多く、分隊数も多い。領地内の各地域ごとに詰め所があってそれぞれに二分隊ずつ配属されている。主に、その地域出身者が配置されることが多く、実家通いしている者も少なくない。害獣駆除や溝にハマった牛の救出や道を塞ぐ倒木の除去などの仕事が多い。たまに盗賊や追い剥ぎを退治することも有る。

第三部隊は遊撃隊だ。少数精鋭の脳筋部隊で、魔獣や魔魚が出たと報告があれば飛んで行って退治する。普段は魔獣の目撃情報の多い山奥や森の奥などを見回りしているか、城の訓練場で訓練をしている。

筋トレ大好き部隊なので、腕が太くなっただとか胸囲が増えただの言い出してすぐに制服が着られなくなるという問題があって、普段はざっくりしたシャツしか着ていない。式典等の時だけ直前に採寸して毎度制服を作っている困った部隊だ。

第四部隊は情報収集用の部隊で、領地中を巡って情報を収集、分析して団長及び領主であるディスマイヤに報告するのが仕事である。

そのため、騎士団と言いながら魔法使いも所属している。市井に溶け込みやすく、小回りが利くように小柄な者が多い。

地域密着型の第二部隊の騎士として派遣されつつ、真の所属は第四部隊なんていう騎士もいる。

第一部隊の二年目の騎士とは別に王都で領主のために情報収集を行っている騎士もいるが、普段は使用人にまぎれているので主であるディスマイヤ、執事のパレパントル以外は誰が第四部隊の隊員だか把握しているものは邸にはいない。

第一部隊は、領主に一番近い部隊であり花形である。王都へ行けるのも第一部隊に配属された二年目の新人の特権であるし、そうであるからこそ実力者揃いなのである。

「いやぁ。だから、気を利かせたのが仇《あだ》になったといいますか……」

「今日のお客さんは普通の領民だって話でしたので、装備付けた騎士が回り固めてたら怖がるんじゃないかと……アルノルディアが言い出しまして」

「あ、なにげに俺のせいにしました？　一年先輩だからってズルくねぇですか、サラスィニア」

「庭は見晴らしも良いですし、少し離れて木の後ろとかね、柱の陰とかに隠れて警備しようって……

アルノルディア先輩が言い出したんです」

「……ヴィヴィラディア、てめぇ」

ネルグランディ領騎士団の花形、第一部隊の若き騎士たちが、牢屋の入り口外側で正座をさせられていた。

狼藉者たちを牢屋にぶちこんで、やれやれと外に出てきた所を部隊長に声をかけられ、説教をされているのである。

「話を聞くに、最初から不穏な空気だったというではないですか。それに気がついていながら距離を置いて警備していたという時点でマイナス一点です」

正座する騎士三人の前に立つ男は、細身だが背が高く、長い足を大きく開いて立ち、両腕は腰にあてて胸をそらしている。マイナス一点ですと言いながら腰に当てていた手を前に出して指を一本立てた。

「最初の男が大声を張り上げて御子息を詰った時点で飛び出していれば、相手に魔法を使われることもなかったでしょうね。そうすれば領民にもけが人は出ませんでした。マイナス二点です」

正座する騎士三人が見上げる隊長は、太陽を背にしているので逆光で顔が見えない。

突き出している手の指をもう一本立てて、立っている指が二本になった。

「そもそも、我々騎士団が領主様の命を受け、どれほど領民の生活に心を砕いているのかが全然領民に伝わっていなかった。その事も今回の騒動の原因でもあります。領民から納められた税により、我ら騎士団は編成され、そして大雨の後の堀の修繕だの害獣駆除だのをやっていることも、隣領の運営が崩壊している為に良く出没する野盗を排除しているのも、全然伝わっていなかった。結果、我らが敬愛するエルグランダーク騎士団長が領民から軽んじられ、煽動者の言葉に簡単に心奪われる者がでた。マイナス一億点です！」

逆光で表情の分からないまま、隊長がガッシとアルノルディアの頭を両手で掴んでくる。

そのまま、がしゃがしゃと髪の毛をかき回し、次いでしっかり握ってグルングルンと振り回した。

「た、隊長、頭もげる。頭もげるから」

アルノルディアがパンパンと隊長の腕を手のひらで叩くが、腕が止まる気配はまったくなかった。

「隠れずに、見えるところで警備して仕事している所を領民に見せなさい！　素早い初動で被害をゼロに食い止めなさい！　坊っちゃんに魔法使わせて、お嬢様の機転で女性たちを避難させて、あなた達は何をしていたんですか！　恥を知りなさい！　敬愛するエルグランダーク騎士団長様の名に泥をぬるんじゃありません！」

アルノルディアの頭をぐるんぐるんと振り回しながら、隊長が叫んだ。

「返事は！」

「「はい！」」

目を回しているアルノルディア以外の二人が、声を揃えて元気よく返事をした。

罰として一時間正座してなさい！　と言い渡された三人は、事情聴取の為に牢へと降りていく第四部隊の騎士や、ガーデンパーティー会場と邸を行き来する使用人たちから通りすがりに気の毒そうな目で見られる事になった。

戦い終わって日が暮れて

牢屋の前でアルノルディア達が叱られている頃、庭ではガーデンパーティーを続けるための、片付けと準備が進められていた。

カインとディアーナは会場から一歩下がった花壇の前に立ち、その様子を眺めていた。領民たちも会場を囲むように立ち、準備を眺めていたり庭園の花を見学したりしている。

「お兄様は、お父様がおいくつか知っていらっしゃる？」

「お父様の年齢？」

大勢の前なので、ディアーナがお嬢様言葉でカインに質問をしてくる。お澄まし顔もとても可愛い。

カインはディアーナに聞かれて考えてみたが、そういえば両親の年齢を聞いたことがないことに気がついた。

リムートブレイクでは現代日本のように何歳から大人という法律があるわけではないが、おおよその貴族は魔法学園を卒業したら大人扱いされる。跡継ぎである長子などは学園在学中に婚約者をつくり、卒業と同時に結婚する事が多い。

エルグランダークが筆頭公爵家である事を考えれば、カインの両親は十八歳か十九歳で結婚したことは想像に難くない。

カインが今十二歳であることを考えれば、両親は三十代前半であることは間違いないだろう。

「わからないけど、三十前半かな」

「私もお父様のお歳はわからないけど、お兄様が言うのならそうなのね」

ディアーナの言葉に、カインは思わず噴き出した。ディアーナは自分も答えを知らない質問をしたというのにとても偉そうだ。

「お父様があんなにいげんがあって、かんろくがあって、か……カリ……」

「カリスマですわお嬢様」

「カリスマがあるのは、三十年以上生きてきたけーけんがあるからなのですわ、お兄様」

途中、サッシャに耳打ちされながらも、腰に手をおいて胸を張ってそういうディアーナ。

「お兄様はまだ十二歳ですわ。お父様の半分も生きていないのですもの。いげんもかんろくもカリスマもお父様の半分もなくて当たり前なのですわ」

威厳も貫禄もカリスマも無くて当たり前と言われてかるくショックをうけるカインだが、ディアーナは励まそうとしていっているのだということはわかるし、言われていることはもっともなので軽く頷いてこっそり息を吐く。

「お父様はすごいね。僕も十年後にはお父様のようになれるように努力することにしよう」

「違うわ、お兄様。違うのよ」

カインの言葉にディアーナがゆっくりと首を横にふる。そして一歩前に出るとカインの裾を引っ張って頭を下げるように手でジェスチャーをした。

カインは曲げた膝に手を置いてディアーナの顔に自分の顔を寄せて「ん？」と首をかしげてみせる。

「お兄様、我慢をしてはいけないわ。我慢をしなくて良い努力をするのよ」

カインの耳たぶを掴んでひっぱり、こっそりとした声でディアーナはそう言った。

ディアーナは言い終わると耳たぶから手をはなして、カインの肩をそっと押して姿勢を戻した。

カインはびっくりした顔をしてディアーナの顔を見つめた。

我慢をするな、我慢をしなくて良いように努力をしろ。

たしか、それはカインがディアーナに言った言葉だった。前世の恩師に言われた言葉で、前世では
カインが座右の銘にしていた言葉だ。

カインは、上品に、紳士としての微笑みを顔に浮かべて静かに頷いた。

カインには前世の記憶として現代日本で生きた記憶がある。資本主義で民主主義な平和な時代で平和な国だった。差別はまったくないとは言わないが、建前としてはしてはいけないという事になっていた。

人間は社会的生物であるという考え方も浸透しはじめ、そのために相互扶助、弱者保護の法整備も完全ではないが少しずつ進めていっている国で生きた。

その感覚、その道徳観がカインにはある。この世界のこの国の、貴族として生きるにはきっと邪魔な常識なのだろう。

カインは、ちらりと後ろに立つイルヴァレーノを見た。

そして、周りを囲んでいる領地の人たちをぐるりと見渡した。

さいごに、もう一度ディアーナの顔をみて微笑んだ。

「そうだね、我慢しない。僕は僕のやりたいことをするための努力をしよう」

その言葉を聞いて、ディアーナは花が開くように明るく笑った。

「公爵様は三十六歳ですよ」

その声に驚いてカインが見上げると、女性はにこりと微笑んだ。

「不躾《ぶしつけ》に会話に入ってすみません。でも、公爵様のお歳は領民はすべて知っていることですので、つい口をだしてしまいました」

「領民はみんな知ってる？」

父の年齢を？　カインは貴族としての紳士の微笑みを維持できず、不審な顔をしてしまった。ディアーナも不思議そうな顔をして女性の顔を見上げている。

「毎年秋になると、ディスマイヤ様生誕記念祭が開かれるのです。去年が第三十五回だったので、今年は第三十六回になります。ですのでお歳は三十六歳と言うことになります」

「ディスマイヤ様生誕記念祭……」

なんだそれ。

「差し出がましい口をはさみました。先ほどは、風の魔法でお守りくださりありがとうございました。お礼が言いたかったのです。公爵様は厳しくおっしゃいましたが、気さくにお声掛けくださって私はとても嬉しかったです」

そう言って腰から曲げて頭を下げると女性は離れていってしまった。ディスマイヤ様生誕記念祭って何？　と聞こうとしたのにそそと下がって行ってしまった。

しかし、それを皮きりに次々に領民たちがカインたちの前にやってきてはお礼を言い、下がっていく。

「かっこよかったです、カイン様」

「前に立ってかばってくださり、魔法で火の粉を弾いてくださってありがとうございました」

「今まで、漠然と公爵様がお守りくださっていると思っておりましたが、具体的にどんな事をしてくださっていたのか、知れて俺は良かったと思ってます。教えてくださってありがとうございます。カイン様」

「ディアーナ様のテーブルクロス引き、とてもかっこよかったです」

「カイン様お顔綺麗」

「公爵様はお厳しい方ですが、カイン様はまだ学校に入ったばかりでお小さいのですから、気落ちしないでください」

次々に、お礼や励ましの声を掛けてくる領民たち。

「さっきの伯父さん超怖かったな。お前よりちょっと離れてたのに背筋ビシッと伸びちまったよ。カイン、お前はよくやったよ。領民に領主の仕事や税金の使いみちを説明するのが媚びるってことなら、俺もやってたんだからな。俺も後で父さんに怒られるかも知れねぇし。落ち込むなよ」

肩を叩いて同調してくれるキールズ。

「隠れて警備していた騎士より先に動いていたの、か……か、かっこよかったよ、カイン」

側に来て褒めてくれるコーディリア。

ギュッとカインの手を握って隣でニコニコしているディアーナ。

お茶会再開の準備が出来たと給仕係がカインに声をかけてきたので、カインは顎を上げて思い切り口角を引き上げて笑ってみせて。

「さぁ、準備が出来たようです。お茶会を再開しましょう」

腕をひろげながら、庭にいる皆にむかって宣言をした。

ガーデンパーティーでは、エルグランダーク一家（カイン、ディアーナ、キールズ、コーディリア、おまけでイルヴァレーノ）が楽器を演奏してみせたり、カインが飲み物に随時氷を入れて冷やすのをエンターテインメント的に演出してみたり、貴族的ではない、地元のまつりで踊る平民のダンスを教わってみんなで踊ったりして盛り上がり、日が傾いてきた頃に解散となった。

城の出口の門で領民一人ひとりにお土産のお菓子を手渡しながら、カインとディアーナは「今日はありがとう」「これからもよろしくね」と声をかけて見送った。

帰っていく領民たちも「立派な領主になってください」「公爵様はああおっしゃったけれど、私はカイン様の優しいところは好きです」など、友好的な声をかけて去っていった。

「はぁ〜。なんか、色々いっぱいいっぱいな感じの一日だった」

大きくため息を吐きながらカインがそんな感想を漏らし、首を左右に倒して肩をコキコキと鳴らしている。

背後で城の警備担当の騎士が門を閉め、ガチャンと大きな音がした。

「お父様が来るって知らなかったんだけど、イルヴァレーノ知ってた？」

「いいえ。聞いておりませんでした」

「私も知らなかったよ。サッシャは知っていた？」

「聞き及んでおりませんでした」

兄妹のどちらの従者も聞いていなかったという。

カインは横に並んで歩いていた従兄弟の顔を見上げたが、やはり首を横に振られるだけだった。

「俺とコーディは、アーニーの不審な行動を親に隠していたわけだけど、父上は父上で領内の不穏な動きをきちんと把握していたのかもしれないな」

「お父様は、何かあれば相談のお手紙を伯父様に送っていたそうだから、今回はそれでいらっしゃったのかも知れないわね」

キールズとコーディリアがそう言って自分たち的には納得しているようだった。

確かに、キールズとコーディリア視点からみれば、兄弟同然に育った兄貴分であるアーニーが突然コーディリアに求婚しはじめたってだけの話なのだろう。

どうも、カインがツッコミを入れるまでは貴族と領民の橋渡しのために、とか領地運営をスムーズにする為に、といった結婚したい理由を具体的に言ってはいなかったようでもある。そうであれば、アーニーだけではなく、領民の間に貴族……というか、領主に対する不信感が広がっているなんて事はキールズとコーディリアでは気がつかなかったのは仕方のないことなのかも知れない。

「必要があれば、今晩の夕飯のときにでもお父様から説明があるかも知れない。立食パーティーだったし魔法も使ったし疲れたよ。夕飯まで休みたいし早く城に戻ろう、キールズ」

「そうだ、魔法といえば。昨日から聞きたかったんだよカイン。お前、時々無詠唱で魔法使ってるだろ」

肩をぐるぐると回しながら、疲れたと言ったカインにたいして横を歩いていたキールズがぐるんと首をまげてカインの顔を覗き込んだ。

キールズに至近距離から覗き込まれて、カインは思わず一歩引いてしまった。

「無詠唱？　してるよ。コツをつかめば結構出来るからキールズにも明日教えるよ」

「無自覚天才様は本当にたちが悪いな。教わって出来るもんでもないだろ」

あっさりと無詠唱で魔法を使っていることを白状するカインに、キールズは鼻の頭にシワをよせて渋い顔をしながらもカインから身を退いた。

「カイン、私も無詠唱で魔法使いたい！　私にも教えてよ」

「コーディリアも？　いいよ。理屈は簡単だからね。コツさえつかめば出来るようになると思うよ」

ディアーナの向こうを歩いていたコーディリアも身を乗り出して手を挙げる。カインはコーディリアに対しても気安く頷いて請け負った。

「ディも！　ディもやる！」

「もちろん！　ディアーナがやりたいのならちゃんと教えるよ！　僕が責任持ってディアーナを無詠唱大魔導士にしてあげるからね!!」

「わぁい！！！」

広い前庭を横切って、使用人たちが食器やテーブルを片付けていくのを横目に子どもたちは城の玄関をくぐって帰城した。

一度めちゃくちゃになった歓迎会のガーデンパーティーを、なんとか立て直して最後は楽しかったと感想を残して帰っていく客人たちを見送るまで出来たカインたち。

それぞれが一度部屋にもどって汗を流し、着替えて一休みしてから夕飯の時間となった。

「……カイン。食事中はディアーナを膝からおろしなさい」

渋さの極まった顔をしたディスマイヤからそう注意され、カインは膝に抱いていたディアーナの頭をなでて脳天の匂いをスンスンと嗅いでから隣の席へと移動させた。

「お兄様、また後で遊びましょう」

とディアーナに言われてカインは嬉しそうに頷いた。

家族が全員席についたところで、食事の前の感謝の言葉を述べて食事が始まった。

「お父様、今日はお父様だけで来たのですか？　お母様は？」

ディアーナが、皿の上の豆を端に寄せながらディスマイヤに問いかけた。そういえば、と思ってカインがテーブルのメンバーを見渡せば、母が居なかった。

「エリゼは……。エリゼは、夏は領地に来ない。今回は、緊急で現地対応の必要があったから私だけで来たんだ。ディアーナはお母様に会いたかったかい？」

「お母様とお会いできていたら嬉しかったでしょうけれど。お父様とお会いできたので、私はとっても嬉しいですわ」

ディアーナの質問に、最初は渋い顔で答えだしたディスマイヤだが、後半は優しい顔で話しかけていた。ディアーナも、そんな父親に淑女モードで返答をしている。

王都から領地までの移動日数と、イルヴァレーノがカインを迎えに行った往復の日数を考えれば、ディアーナとイルヴァレーノが王都のエルグランダーク邸を出発したのはもう十日以上前の話ということになる。

会えて嬉しいという言葉も、大げさではないのだろう。

ディスマイヤは、ディアーナに会えて嬉しいと言われてデレた顔になる。

「僕も、久々にお父様にお会いできて嬉しく思います。お元気そうでなによりです」

カインも一応父親に声をかけた。昼間、領民との関わり方について叱られているがソレはソレ。引きずっていませんよというアピールを兼ねて、にこやかだが真面目という複雑な表情を作ってカインは少し頭を下げた。

「ああ、元気そうで何よりだよカイン。せっかく綺麗に髪を編んでいたのに解いてしまったんだな。後で、夕食後のお茶の時間にでも学校の話を聞かせなさい」

「はい、お父様」

ディスマイヤも、何ということはないという顔でゆっくり頷いてみせた。少し優しげな微笑みを浮かべて食事をすすめるように手で示す。

カインが改めて目の前の焼き魚に向き直ると、ディスマイヤはキールズの方へ顔を向けた。

「キールズ。スティリッツとの婚約の話だが、少し時間を置くことになる。レッグスに男爵位を叙爵するのに少し時間が必要だ。しかし、子爵家嫡男に男爵家令嬢となれば何にも問題は無くなるし、叙爵の恩赦でアーニーも釈放される。愛し合う二人の仲に水を差すようで申し訳ないが、これは了承してほしい」

ディスマイヤが、申し訳なさそうな顔でキールズにそういって軽く頭をさげた。領主であり公爵でもあるディスマイヤだが、家族だけの食事の場だからか伯父として甥に対するように接している。

「あ、あ、愛し……あってる……とか。いや、そうだけど。えっと、大丈夫です。逆に今日婚約発表な！　とか言われて焦ってたぐらいなんで、延びてホッとします」

愛し合う二人、とディスマイヤに言われて顔を真っ赤にしたキールズが、水を飲んだり咳をしたりしながらなんとかそれだけいうと、胸をなでながら眉毛をぐっと下げて苦笑いの顔をつくった。コーディリアはニヤニヤとしながら肘でキールズの脇腹をつつき、ディアーナはホホホと上品に笑っている。

その様子を見渡して、微笑ましそうに笑うディスマイヤと豪快に声を出して笑っていたエクスマクスだったが、ひとしきり声が収まると真面目な顔をしてアイコンタクトをとり、一つ頷いた。

「キールズ、カイン。コーディリアとディアーナもだな。今日の事について話しておきたい事がある」

エクスマクスが背筋を伸ばしてそう言うと、ディスマイヤが後を引き継いだ。

「昼の歓迎会に交ざって魔法を使い、場を混乱させたのはフィルシラーという男とその一味だ。フィルシラーは去年の春まで子爵の爵位を持っていて、ネルグランディ領の一番南の端の土地を管理している土地管理官だった男だ」

急に真面目な話になったので、思わずフォークを置くカインとキールズ。ディアーナは、カインがそうしたのを見て置こうとしたが、それを見てディスマイヤが手で制した。

「食事しながらでいい。大した話でもないんだ。顛末だけ気に留めておけばよい」

「はい」

ディスマイヤの言葉に素直に頷いて、カインはフォークを取って焼き魚の身をほぐす作業に戻った。一応、顔はチラチラと父親の方を気にしながら食事を続けることにした。

「フィルシラー子爵は元々は小さいながらもフィルシラー子爵領として単独の領地を持っていたんだ。ただ、代替わりしてから領地経営に行き詰まり、運営もままならなくなってエルグランダーク家が援助することになったんだよ。隣の領地のよしみでお金を入れたり監査人を入れたりしたがどうにもならなくてね、最終的にネルグランディ領内のいち地区として取り込んだという経緯があるんだ」

カインの頭の中に「ザ・無能」という言葉が浮かんだが口に出さずに魚の身と一緒に飲み込んだ。

父はあまり領地の事についてカインに話すことはなかったが、毎年春の父の視察に同行するようになってからキールズや叔父のエクスマクスの日常の会話の端々からその様子を窺うことは出来ていた。

　ネルグランディ領はここ数年、豊作傾向にあって領民の生活は安定していると聞いていたのだ。一番端っことはいえ、地続きで隣同士の土地が極端に貧しいというのは天候や土地柄のせいとは思えなかった。

「農具の更新や品種改良された種や苗などの情報取得を怠り、領民に無駄な苦労を強いて通常通りに税を納めさせ、自分は天候不順と偽って不正に納める税金額を引き下げていた。だから、土地管理官から罷免した」

　コップを手にとり、一口水を飲んで息を吐くディスマイヤ。

「税を回収しておきながら用水路の整備もせず、街道整備もせず、未開拓地への入植者への助成も保護もしていなかった。次男、三男などの親から土地を引き継げない者に対する騎士団への斡旋やその他職人への紹介などもしていなかった。だから、子爵位から男爵位へおろした」

　土地の管理を怠っていたから土地管理官という職から降ろし、貴族の義務とも言える領民の保護を怠っていたので爵位を下げた。

　ディスマイヤの言うことは端的に言えばそういうことだろう。カインは口の中のパンをゴクンと飲み込んで父の顔を見つめた。

「それで逆恨みをしたのだろうな。色々と領民の間にまざって貴族へのネガティブなイメージを吹き込んで回っていたようだ。エクシィに任せて第四に収拾を任せていたんだが……」

　ディスマイヤはそう言って呆れた顔をすると弟であるエクスマクスの顔を見た。エクスマクスは苦笑である。

「いや、根源を断てば噂など消えてしまうと楽観視したのが良くなかったな。結果としてカインとディアーナの歓迎会を台無しにしてしまったんだから申し訳なかった」

エクスマクスは、噂の火消しではなく犯人捜しに終始してしまっていたそうだ。頭をポリポリとかきながらカインとディアーナに向かって謝罪の意味で手のひらを前にだして見せた。

「とにかく、一度はやり直しの機会を与えたのにこんな事態を引き起こしたフィルシラーを放逐することはできない。牢屋に入れてあるのでカインとディアーナにこれ以上危害を加える事もできないから安心しなさい。あとはもう本当に火消しだけで良いだろうし、それは第四の仕事だ。エクシィが今度こそ指揮を執って徹底的にやるはずだ」

「あ、なるほど。叔父様を騎士団に集中させるためにも、レッグスさんを男爵にして正式な土地管理官にするんですね」

ディスマイヤの言葉をうけて、カインがそう言えばディスマイヤは満足そうに頷いた。

お父様の本当の訪領理由

ネルグランディ城には、大人数を招いての晩餐会を開ける食堂が二つあり、舞踏会を開けるホールが大小一つずつある。そしてホールの近くには招待客が休憩するためのサロンがいくつかある。

エルグランダーク一家は家族用の小規模な食堂での食事のあと、そのいくつかあるサロンのうちの一つに移動していた。

部屋の真ん中に大きな楕円のローテーブルが置かれ、その周りに二人がけソファーと一人がけソファーが交互に配置されている。部屋の壁際には小さめの丸いローテーブルと四人分のソファーのセットがいくつか散らすように配置されていた。

「私とエクシィに酒を、子どもたちには茶を出してくれ」

「寝る前ですよ。私にはお茶を。子どもたちには果実茶をお願いするわ」

それぞれがソファーに腰を下ろしたところでディスマイヤが待機していたメイドに声をかけ、アルディがそれを訂正した。

メイドは一礼すると準備のためにサロンから退室していった。

「明後日、王妃殿下とアルンディラーノ王太子殿下がこの城にやってくる。アルディには迎える準備をしてもらいたい」

「えええええ!?」

サロンの扉が閉まり、家族だけになったところでディスマイヤが爆弾発言をした。エクスマクスとアルディがソファーを揺らしながら立ち上がり、驚いて声をあげているところを見ると先触れの手紙などもなく、急に言われたことのようだった。

「先に早馬で誰か寄越すか手紙を出しておいてくれよ兄上！」

「僕がその先触れだよ。まったく王家は人使いが荒い」

エクスマクスが非難の声をあげるが、ディスマイヤも眉間にしわを寄せて渋い顔をしている。

「お父様は、領民の反乱を収めるためにきたんじゃないんですか？」

「ん？　あぁ、子爵一味のことか。違うよ。もともと僕がわざわざ来る程のことでもないよ。エクシィに任せておけば問題ない。カインの帰省とかち合ってしまったのは少し不運だったね」

タイミング的に、領民からの反発を抑えにきたのかとカインは思っていたのだが、違ったようだ。

「ウチの領地は豊かだからね。元子爵が煽ったほど領民の暮らしは悪くないはずだよ。そして領民たちは穏やかで善良だ。唆されて一時《いっとき》は貴族に対して不満を持つかもしれないがね、すぐに自分たちは決して貧しくないということに気づいたはずだよ」

そう言うディスマイヤの顔は穏やかだった。

確かに、よそから来た人達は別として、アニタの顔見知りたちはカインやキールズの説得にあっさり納得して鉾を納めてくれていた。

「お父様は、領民を信頼しているんですね」

カインが父を褒めていい話として締めようとしたが、そうはいかない人がいた。

「今は、一応解決したその話はいいでしょう！　明後日に王妃殿下と王太子殿下がこの城にくるってどういうことですか⁉　何をしにいらっしゃるんですか？　何日ほど滞在なさるんですか？　護衛はどれほど連れてこられるのですか？　それから」

「落ち着け、エクシィ。いいから座れ」

エクスマクスが身を乗り出してディスマイヤに矢継ぎ早に問いかけまくる。ディスマイヤは、身を退きながらもエクスマクスを落ち着けようと手を前に出して押し戻すようなジェスチャーをした。

「王妃殿下は我が領へ療養するためにいらっしゃる」

「どこか、お体を悪くされたのですか？」

「いや、いたって健康でいらっしゃる。なので、食事は特に注意点もないし、寝具やその他も普通に来客としてお迎えして問題ない」

「では、アル殿下が体調を崩されたのですか？」

ディスマイヤとエクスマクスの会話に、カインが少し腰を浮かせながら割り込んだ。その顔は心配そうに眉間に眉を寄せている。

「アルンディラーノ王太子殿下もお体に問題はない。もちろん、心にもだ。心配ない」

ディスマイヤが落ち着いた声でそう答える。では、療養とは何事なのか。今度は心配ではなく疑問によってカインの眉間のシワが深まった。

「療養ということにして王都を離れる必要があったとか？　まさかお命を狙われているとか、何かスキャンダルに巻き込まれたとか」

王都で何事かがあったとして、ディスマイヤがすぐに出てきたのだとすればスキャンダル等の情報は領地にはまだ届いていない。そもそも領地にいては王都の情報は取り寄せようとしなければ得られるものでもない。

「そういった事ではないから安心しろ」

「もう！　結局なんなんだよ！　きちんと説明してくれ兄上！」

「説明しようとしているのに、お前がどんどん質問してくるんじゃないか」

エクスマクスが堪えられなくなって訴えるが、ディスマイヤは困ったような顔で苦笑いしながらたしなめる。

エクスマクスが「むぅ」といいながら不満そうな顔をして、それでも一歩さがって自分のソファーへと腰を下ろした。

「明後日来るのは、王妃殿下と王太子殿下。そして、産まれたばかりの王女殿下だ」

なん……だと……っ。カインは目を見開いて、心の中でそうつぶやいた。

王女殿下ってなんだ。アルンディラーノの妹ってことか？　は？　そんなキャラクター、ゲームに出てこなかったぞ！

カインの心は大混乱の渦におっこちた。

夏休みはまだ始まったばかりだった――。

エルグランダーク家にまつわる逸事Ⅲ

Reincarnated as
a Villainess's
Brother

コーディリアの初恋

コーディリアがカインに初めて会ったのは、八歳のときのことだった。

毎年春になると、王都に住んでいる伯父が視察にやってくる。父であるエクスマクスの兄で、エルグランダーク公爵家当主であるディスマイヤ・エルグランダークである。

領騎士団の団長を務め、体が大きくて大雑把な父親とちがい、スラッと細身で背が高く、いつもキチッとした服装の伯父のことが、コーディリアは好きだった。

王都から来る時もお土産として王都の本やお菓子、はやりのアクセサリーなどを持ってきてくれるし、一年ぶりに会って成長した姿を優しく褒めてくれるのも嬉しかった。

コーディリアが八歳になる年の春、その伯父が初めて子どもを連れてきたのだ。一歳年上の男の子と二歳年下の女の子で、コーディリアの従兄弟にあたると紹介された。

「はじめまして、キールズ兄様。コーディリア嬢。ディスマイヤ・エルグランダークの長男、カイン・エルグランダークです。いつも叔父様叔母様からお話を伺うたびに、お会いしてみたいと思っておりました。本日、願いかなってお会いすることができて、感無量です。どうぞ、仲良くしてください」

そう言って紳士の礼をとり、コーディリアの手を取って手の甲にキスをするふりをしたカインに、コーディリアはすっかり見とれてしまった。

父も母も兄も自分も、そしてディスマイヤにも似ていないキラキラと光る金色の髪に、伯父譲りの空を切り取った様な真っ青な瞳。長いまつげ、優しそうに微笑む美しい顔。

風呂上がりにパン一で城の居住区域をウロウロする父や虫とりや魚とりで遊んで大口を開けて笑う兄たち、訓練後に上半身はだかでドスドス歩き回る領騎士団の面々に囲まれて育ったコーディリアにとって、カインとの出会いはまさに未知との遭遇であった。

絵本や童話に出てくる王子様とは、カインの様な男の子の事をいうのだと思った。今まで、家庭教師から礼儀作法なども習っていたが、こんな田舎でいつ使うのか、見せる相手も居ないのにと投げやりにしていたが、それはまさに今この時の為に学んでいたのだと思い付き、真面目にやってこなかったことを瞬時に後悔した。

「俺は、キールズだ。よろしくな、カイン。身内なんだし堅苦しい挨拶はやめようぜ」

コーディリアが固まっているうちに、横に立っていた兄のキールズがさっさと挨拶をしてしまい、さっと右手をだした。カインは持ち上げていたコーディリアの手をそっと優しく下ろすと、そのままキールズとガシッと握手を交わした。

丁寧に、淑女の挨拶を返す前にキールズにカインを取られてしまった。しかも気軽にいこうと提案されてしまったので、淑女の挨拶を返すタイミングを完全に失ってしまったのだ。

キッと横に立つ兄を睨みつけ、思い切りその足を踏んづけてやった。完全に八つ当たりであるが、カインに対するコーディリアの第一印象を台無しにしたのだ、当然の報いだとほっぺたを膨らませた。

カインが、その膨らんだほっぺたをツンツンとつついてきて、

「リスさんみたいで可愛いね、怒っている顔も可愛いけど、せっかく会ったばかりなのだし笑ってくれると嬉しいな」

目を細めて、嬉しそうな顔でそんな事を言ってきたのだ。コーディリアの顔はたちまち真っ赤になり、薄っすらと涙目になってしまった。

そんなコーディリアを見て、すこし困ったように笑うカインも美しかった。カインの顔をみていると顔が熱くなり、カインの優しい声を聞くと鼓動がドキドキと速くなった。きっとこれが、本で読んだり農作業中に領内のお姉さん達が話したりしていた恋に違いない。コーディリアはそう思った。こんなにきれいな顔で、優しくて、物腰が柔らかい男の子が目の前に現れたら、誰だって恋をしてしまうに違いない。これは仕方がないことなんだと自分を納得させていた。


コーディリアの初恋は、一時間も持たなかった。

カインの様子が豹変《ひょうへん》したのだ。

「うわぁあああん。ディアーナが可愛すぎるよぉおおお」

そう叫びながら頭を抱えてのけぞり、そのまま背骨が折れるんじゃないかと言うぐらいに背をそらした挙げ句、頭を床に付けてブリッジしてしまっていた。頭で体を支えたまま、器用に足を交互にバタバタと踏み鳴らし、ディアーナの素晴らしさについて叫び続けているのだ。

「え。なに。どういうこと」

木洩《こも》れ日を集めて束ねたような光る金髪を振り乱し、目と鼻と口から汁がたれている。先程の王子様ではないかと思わせられた貴公子らしい姿はどこにもなかった。

一時間前、王都からの旅を終え、子爵一家への挨拶をすませたので各自の部屋でまずは旅装を解いて気軽な服装に着替えましょう、という事になったのだ。

コーディリアがディアーナを、キールズがカインをそれぞれ部屋まで案内し、軽く汗を流してから着替えて、カインの部屋へ集合したのだ。

コーディリアの母のアルディが用意しておいた部屋着を着たディアーナを見た途端に、カインの様子がおかしくなったのだ。まだ春先で朝晩は冷えるということもあり、もこもこの白い長袖ワンピースを用意していたのだが、腰の少し下に丸いしっぽがついていて、耳あてを兼ねたうさぎ耳のついたヘアバンドがおまけに付いていたのだ。

「フリフリのお尻にしっぽついてるぅううう。かわいいがすぎるぅ！」

カインは頭を抱えていた手を耳の脇の床に付け、器用に足で床をけるとくるりと一回転して四つん這いになり、そのまま腕を伸ばして身を起こすとスクッと立ち上がった。

スタスタと窓際へと歩いていくと、窓とカーテンをきっちりとしめた。

「何やってるんだカイン？　まだ昼だしカーテン閉めたら暗いだろ」

キールズが、腕を組んで壁に凭《もた》れたままそういった。カインの動作が可笑しかったので先程まで笑っていたのだ。目尻に涙が浮いている。

カーテンの端を握りしめたカインが上半身だけ振り向くと、至極真面目な顔でこう答えたのだ。

「ディアーナが可愛すぎて、天使と間違えられたらどうするんだ。神様が迎えにきて連れて行ってしまうだろ」

キールズは、その答えを聞いてしばらくポカンとしていたが、じわじわと笑いがこみ上げてきて、口を押さえながら体を二つに折って笑い出した。

つい先程、玄関で優雅に挨拶をしてくれたカインに一目惚れしてしまったコーディリアだったが、一連のカインの奇行を見てしまい、その幻想が崩れていくガラガラという音が耳に聞こえるようだった。こんな変人にドキドキしてしまった自分が恥ずかしい。なかったことにしたいと思ってしまった。

コーディリアの初恋は、ここで一度終わってしまったのだ。

コーディリアの隣に立っていたディアーナが、もじもじしながら。

「可愛いだってぇ。ねぇコーディ、ディかわいい？」

とコーディリアに聞いてきた。見上げてくるディアーナの顔は、可愛いと言われることを疑っていない、期待に満ちた顔だった。

「べつに、普通」

コーディリアは、その期待に満ちた顔を崩したくなってしまって、とっさにそんな事を言ってしまった。

カインと同じ金色でサラサラの髪の毛から、ふわもこの白いうさみみが飛び出して揺れている様や、もじもじしながら腰が揺れるたびにぴこぴこと一緒に揺れる丸いしっぽもとても可愛かったのだが、素直に可愛いとは言えなかった。

コーディリアが一瞬で恋に落ちた、王子様のような貴公子のようなカイン。それが、涙を流して鼻水とよだれを垂らしてブリッジしたり床を転がったりする様なんか見たくなかった。

優しくてきれいなカインにそんな事をさせているのがディアーナだと思うと、どうしても素直になれなかった。

コーディリアに普通と言われてしまったディアーナは、目をまん丸く見開いて、ショックを受けたように固まってしまった。もじもじと揺れていたお尻も、指先を組んでねじっていた腕もピタリとその動きを止めてしまった。

「ふ、ふつう？」

小さく首をかしげて、眉毛をぐにょんと下げた顔でディアーナが聞き直してくる。その姿が、自分の可愛らしさをアピールしているように見えて、コーディリアはさらに苛ついてしまった。

「お洋服はかわいいけど、似合ってない。かわいくない」

可愛い。ディアーナは可愛いと思う。でも、可愛いと言いたくなかったのだ。コーディリアがかわいくないと言った途端に、ディアーナの口がキュッとへの字に曲がり、眉間にシワがギュッとよった。まずい、泣くかもとコーディリアが後悔した瞬間に、目の前からディアーナが消えた。

「ディアーナ、ディアーナは可愛いよ。僕の可愛いディアーナ」

カインの声にハッとしたコーディリアが部屋の中央へと視線を移すと、ディアーナを抱き上げたカインがくるくると回っていた。

「ねぇ、ディアーナ。可愛いというのは人によって差があるんだ。にんじんを美味しいという人もいれば、にんじんが美味しくないという人もいるのと同じだよ。わかるかな？」

ディアーナの脇腹を持って、高い高い、低い低いとその体を上げ下げしながらくるくると回ってディアーナをあやしている。先程までのデレデレの顔とは打って変わってカインの顔は真面目だった。

「お父様とお母様はにんじん好きだけど、ディはにんじんきらい。それとおなじ？」

しょんぼりした声で、カインに答えるディアーナ。落ち込んだ声だけど泣いてはいないようでコーディリアはホッとした。

「そう。おんなじものに対しても、人によって美味しいと思ったり美味しくないと思ったり、きれいだと思ったり汚いと思ったり、可愛いと思ったり可愛くないと思ったりするのは仕方がないんだ」

くるくると回るのを止めて、しっかりと腕の中に抱っこし直すとポンポンと優しく背中を叩き出した。ディアーナは小さな手でカインの髪の毛をにぎりしめながら、肩に顎を乗せていた。

「しかたないのねー」

「僕はもちろん、ディアーナ可愛い派だよ。ねぇディアーナ。可愛いと思うかどうかは人それぞれだけど、僕に可愛いって思われているのは間違いないんだから、がっかりする必要はないんだよ」

ディアーナを抱っこして、背中を優しく撫でたり叩いたりするカインの顔は穏やかで、優しそうに微笑んでいた。時々ディアーナの頭に鼻を突っ込んではスンスンと匂いを嗅いでいるようだったが、真面目にディアーナを慰めていた。

「お兄様がディの事かわいいって言ってくれたら、ディもそれでいいかなぁ」

そういうディアーナの声は、だいぶ元気が戻ってきていてはりが出ていた。カインの言葉にしっかりと元気づけられているようだった。

「ディアーナは可愛いよ！　世界一可愛い！　いつも可愛いけど、今日のそのもこもこワンピースもとっても可愛い！　大好き！」

「うふふふっ！　ディもお兄様大好き！」

すっかり機嫌を直したディアーナを見て、コーディリアはホッとした。自分で意地悪をしておいて、ディアーナが泣かなくて済んだ事を喜ぶなんてずるいと自分でも思ったが、どうしようもなかった。自分の中の感情に折り合いがつかず、不機嫌そうな顔になってしまっているコーディリアの元に、ディアーナがとてとてと近づいてきた。

何か仕返しに言われるのかと思って身構えたが、目の前までやって来たディアーナはコーディリアを見上げながらニカっと笑ったのだ。

「あのね、コーディはディのこと可愛くないと思ってるけど、ディはコーディ可愛いと思う！　たんぽぽみたいな明るいお目々、とっても素敵！　人それぞれ、ね！」

ニコニコと笑って、ディアーナはコーディリアの右手をギュッと両手で握りしめた。

「僕も、コーディリアは可愛いと思う！　ミルクティーの様な優しい色合いの髪の毛もとっても素敵だよ！　人それぞれ、ね！」

同じ様に、ニコニコと笑ってカインがコーディリアの左手をギュッと両手で握りしめた。

コーディリアは、どうして良いかわからずに壁際で笑っていた兄に視線で助けを求めた。

キールズは笑いすぎて痛むお腹を抱えてよろめきながらもコーディリアのそばまで来ると、ガシッと背中から肩を抱きしめた。

「俺も、コーディは可愛いと思うぞー。素直になれなくて意地はるくせに全部顔に出るところとかな！　人それぞれ、な！」

コーディリアの頭の上に顎を乗せて、キールズがわははと笑うのでその振動がコーディリアに伝わってくる。三人から可愛いと言われて顔が真っ赤になってしまったコーディリアは、「みんな嫌い！」と心にも無いことを叫んでしまったのだった。

翌年も、春になるとカインとディアーナがやって来た。一年ぶりに見るカインは背が伸びて少し逞しくなっているような気がして、コーディリアは改めて胸がドキドキしてしまった。やっぱりカインが好きだなぁと改めて思ってしまい、一年越しに初恋が再燃してしまった。

この年からイルヴァレーノというカインの従者が一緒にやって来るようになった。カインは彼がいると奇行が少し収まるようで、真っ当な少年の様に見えた。

キールズは領都にある学校へと通っているので昼間は不在にしていて、カインとコーディリアとディアーナの三人で過ごすことが多かった。

その年は雨の日が多くて、部屋の中で過ごすことが多かった。

「コーディリア。最初のうちは、刺繍枠をひっくり返して裏面を見ながら針を抜くと良いよ。そうすれば指に針が刺さらないし、裏から見ても糸がぐちゃぐちゃになりにくいから」

コーディリアの手元を覗き込んで、カインがそう教えてくれる。

とある雨の日に、室内でハンカチに刺繍をしている時だった。コーディリアはカインに女の子らしいところを見せようと、刺繍の腕前を披露しようとしたのだ。

コーディリアは良く母のアルディと一緒に野良作業をしている領民達の作業着の修繕などをしている。なので、裁縫は得意だと自負していた。

一番最初にキールズに「身内なんだから堅苦しいのは無しにしようぜ」と言われて以来、元気ハツラツに過ごしているディアーナであるが、カインのキラキラ挨拶の隣で、ディアーナは完璧な淑女の挨拶をしていたのだ。コーディリアはカインに見惚れていて視界の端でなんとなく捉えていただけだったが、両親と兄のキールズが褒めていたので間違いないのだろう。それでも、刺繍ならばまだ小さいディアーナより上手だろうと思っていた。刺繍は貴族令嬢の嗜みの一つでもあるし、カインにアピール出来ると思ったのだ。

しかし、雨だから室内で刺繍をしましょうと誘ってみれば、刺繍が一番上手なのはカインだったというオチが待っていた。侍従であるイルヴァレーノすら刺繍ができるというおまけまで付いてきた。

「ハンカチだと、ポケットチーフとして自分で使うのなら良いけど、人への贈り物だったり手洗いの時に実際に使うようだったりするとある程度裏側もきれいな方がいいよね。最初のうちは針を斜めに刺さないでまっすぐ刺すと裏と表であまり図柄が変わらない感じにできるよ。針を刺しながら、裏側をみて糸が出ているところを確認しながらやると良いよ」

コーディリアの手元を覗き込み、刺繍枠を持っている手にカインの手が添えられて、そっと裏返される。顔が近すぎて、カインの髪の毛からいい匂いがする。コーディリアは心臓が破けるかと心配になるほどドキドキしてしまい、赤くなっている顔を見られたくなくて側頭部でカインに頭突きをしてしまった。

「いったぁー！　突然どうしたのコーディリア」

頭突きされて痛むこめかみを押さえながら、カインは身を離して体の向きを変えた。並んで座っていたソファーに斜めに座り直し、コーディリアと向き合うように体を向けた。

「ち、ち、近いわ！　いくら従姉妹で親戚だからって、こんなに近くに座って、て、手を触るなんてダメよ！」

真っ赤な顔でそう言うと、コーディリアはやりかけの刺繍を持ったまま立ち上がり、テーブルをぐるりと回って向かい側に座っているイルヴァレーノに話しかけた。

「場所を換わって頂戴」

「……わかりました」

コーディリアに言われて、イルヴァレーノは静かに立ち上がるとカインの隣に座った。それを見て、今度はディアーナが立ち上がり、コーディリアの隣に座り直した。

「女の子同士ならいいよね？　コーディは、ディと教えっこしよう！」

ニコニコ顔で、ディアーナが自分のやりかけの刺繍を見せてきた。帽子をかぶったどんぐりが転がっている図案を刺繍しているようで、きちんと目も詰まっていて上手に出来ていた。

「上手にできているね、ディアーナ」

「でもね、ディも裏側をきれいにするのが苦手なんだよ」

ディアーナは、コーディリアに見せていた刺繍を枠ごとクルッと回して裏側を見せた。離れた場所の同じ色の部分を続けて縫おうとしているせいか、糸が飛び飛びで混線してしまっていた。端的に言ってぐちゃぐちゃだった。

「え、ぐちゃぐちゃすぎるよ？」

「一緒にがんばろうね！」

ディアーナよりは裏側きれいよ、と言いそうになってグッと言葉を飲み込んだ。無邪気にニコニコ笑っているディアーナの顔を見たら、競争するのも無駄な気がしてしまって、とりあえず頭を撫でておいた。サラサラで絹糸みたいな髪の毛はさわり心地がとても良くて、しつこく頭を撫で続けてしまった。ディアーナも気持ちが良いようで、大人しく撫でられている。

ふと、視線を感じて横を向けば、慈愛に満ちた優しい顔をしたカインと目があった。そこにあったのは、ディアーナを可愛がっているコーディリアに対する感謝や共感といった感情であった。

カインはどこまで行ってもディアーナが中心で、コーディリアの気持ちなんてまったく気づいていないし、コーディリアに対してなんの感情もないという事に気がついてしまい、コーディリアはまた、勝手に失恋した気持ちになってしまったのだった。

そんなこんなで、毎年春にやってくるカインに胸をかき乱され恋心を抱いては、その春のうちに失恋したり失望したりするというのを繰り返していたコーディリアである。

キールズに「アイツは変態だからやめておけ」と言われ、「わかってる」と答えるものの、一年越しに成長した姿で現れ、優しい笑顔で挨拶してくるカインはどうしたって綺麗でかっこよく、好きにならずにはいられなかった。カインは、部屋を移動するときに先回りしてドアを開けてくれたり、段差があるときには手を取ってエスコートしてくれたりするのだ。いつでもディアーナの次ではあったが、コーディリアをレディー扱いしてくれる。

カエルを捕まえたと見せてくる友人や、非番だからと無精髭のまま訓練場近くをウロウロしている城内の騎士たちが常に身近にいるコーディリアにとっては、紳士であるというだけでカインは特別な男の子だった。

それでも、キールズと一緒になって意地悪な事をしてみたり、川遊びをするのにコーディリアやディアーナの前で平気でシャツを脱いだりする姿をみては「やっぱり嫌い」と心の中で叫んで好きな気持を否定したりもした。

そんな感じで、コーディリアは毎年春に、カインを好きになっては嫌いになるというのを繰り返していた。後から考えてみれば、恋に恋していただけなのかもしれないと振り返ることもできるのだが、その時はいつも一生懸命だった。

アーニーがディアーナに結婚を申し込もうとするまでは。

カインがディアーナを大切にしていて、一番に可愛がっているということは理解しているつもりだった。それでも、アーニーに向かって魔力が噴き出し、人一人を一瞬で凍らせてしまう様な場面をみてしまうと、理解が甘かったのだと思い直すしかなかった。本気で怒ったカインはとても怖かった。何をするにも丁寧で、穏やかに笑っている事が多かったカインが、椅子を持ち上げて振り下ろそうとする姿は、逆毛が立っていたのも相まって何か知らない生き物のようにすら思えたのだ。

あんな怖い生き物に恋心を抱いていたのかと、自分が怖くなってしまった。

ディアーナを可愛くないと言っても、人それぞれだからと笑ってくれたカイン。ディアーナの刺繍がぐちゃぐちゃだと言っても、頭を撫でている姿に満足して笑っていたカイン。多少ディアーナをぞんざいに扱っても、カインは許してくれる。従姉妹だし、コーディリアにも優しいし、ディアーナの次ぐらいには好意を持ってもらえているんじゃないかといううぬぼれもあった。

間一髪、父であるエクスマクスが間に合わなければ、カインはアーニーを殺していたかもしれない。凍っていない部分を狙ったのだとしても、椅子を思い切り振り下ろせば大怪我をする。ただでは済まなかっただろう。

ディアーナに対する愛情が深すぎるカインが恐ろしかった。ディアーナにちょっとした意地悪をして、笑って許してもらえていたのはただの幸運だっただけなのかもしれないと思うと、もうカインに対して簡単に好きとか恋しいとか思うのは難しいと思ったのだった。

今年は、カインが隣国に留学したということで、春にはディスマイヤ伯父様だけがやって来て、カインとディアーナは夏に遊びに来た。

そこで色々あって、カインのことを怖いと思ったコーディリアだが、カインに対する恐怖を抱えていた時に、ディアーナの侍女であるサッシャの言葉をふと思い出したのだ。

「箱押しと言います」

後に、言葉の意味を聞いてみれば、それは『お芝居などで、特定の役者を応援するのではなく、劇団や演目そのものを応援する事』なのだと説明された。もっと小さい単位では、主役とヒロインをセットで応援する、コンビで登場する脇役を一人ずつじゃなくコンビで応援すると言ったことも含まれるのだとか。

サッシャは、綺麗な容姿で仲良しな兄妹をセットで応援（？）することを指して『箱推し』と言ったのだろう。

コーディリアは思い出す。騎士服を着て、君を守るという童話のヒーローの様なセリフをビシッと決めたディアーナを見た時に感じた胸のときめきを。それは、八歳の時に初めてカインを見た時に感じたときめきと一緒だったのではないか？　と。

カインに初めて会った時も、絵本から出てきた王子様みたいだと思ってドキドキしたのだ。

ずっと毎年春にしていた恋は、実は『カインのファン』だっただけなのかもしれないと、コーディリアは考えた。

カインを好きだと思った時の胸のドキドキと、カインに振り向いてはもらえないと思った時の胸の痛みは確かに恋だったのかもしれない。けれども、それは『カインのファン』だっただけだから、と思えば辛くないし、これからも『ファン』としてカインを好きでいられるかもしれない。

『箱推し』だと思えば、ディアーナの事を嫌わなくても済むかもしれない。

ディアーナとカインがやって来て、夏なのに伯父様もやって来て、色々と大変なことが起こりつつあるネルグランディ城の自室で、朝日を見ながらコーディリアは決意した。

「私の初恋は、まだだもんね！」

この夏は千客万来な予感もするし、来年には学校にも通い始める。コーディリアは、これから改めてするだろう「初恋」に向かって、良い出会いがありますようにと朝日に願掛けをしたのであった。

ディアーナの馬車の旅

カインが留学して一月半ほど経ったある春の日。カインから届いた手紙を握りしめて、ディアーナは不貞腐れていた。

机の上にぐでんと上半身を投げ出し、頭を机の天板に横向きにぺったりとくっつけてほっぺたを膨らませている。

「おうちからお兄様の寮までは片道七日なのだから、二週間のおやすみなら帰ってこられるけーさんなのに！」

カインからの手紙に、花祭り休暇という二週間のお休みがあってアルバイトをしたり飛竜に乗ったり魔獣退治をしたりしたよ、といった事が書いてあったのだ。ディアーナとしては、留学に向かう最後のお別れの時に「少しでもお休みがあれば帰ってくるよ」と言っていたカインの言葉を信じていたのに、裏切られた気分だった。

「二週間のお休みですから、片道七日間の距離ですと到着された翌朝には出発しなくてはならなくなってしまいますよ」

イルヴァレーノが滞在時間の短さを指摘してディアーナをなだめようとした。

「ディは、一日だけでもお兄様に会えたら嬉しいのに。お兄様は一日だけならいいやって思ったのかな」

マイナス思考に陥っている時は、何を言われても悪い方へと考えてしまうものだ。ディアーナも、カインがディアーナとの再会を軽く考えているのではないかという負の思考に引きずられてしまっている。

「それはない」

「ありえません」

ディアーナの言葉に、イルヴァレーノとサッシャが同時に反応した。使用人コンビで顔を見合わせ、目線でやり取りをした結果イルヴァレーノが先に口を開いた。

「カイン様なら、一日だけと言わず、半日とか一時間だけしか会えなかったとしても、出来るのなら帰ってきたかったと思いますよ。何か事情があったんだと思います。休暇があることを知ったのが直前すぎて馬車の手配が出来なかったとか、向こうの王族に引き止められたとか」

実際は、実家に帰省できるほどの馬車代をもっていなかったからなのだが、イルヴァレーノやサッシャはこの時点ではまだその事実を知らされていなかった。

「ディアーナ様とお会いする一日の為に、カイン様は往復十四日間を馬車の中でお一人で過ごさねばならないのですよ。旅馬車か、場合によっては乗合馬車に一人で乗って、宿場町では一人で宿をとってお休みにならなくてはなりません。もちろん、ディアーナ様にお会いするためであればあの方は気にしないでしょう。ですが、ディアーナ様はカイン様にその様な過酷な旅を強《し》いるのですか？」

　サッシャが往復のカインの孤独について語った。

　隣国とはいえ公爵家の嫡男なのだから、本来は居住性の良い質の高い馬車を往復で貸し切りにすべきであり、旅馬車や乗合馬車を乗り継いで帰ってくるなどということはありえない。

　しかし、急いで帰りたいカインも実のところは馬の休憩などを考慮しなければならない貸し切り馬車よりは、都合の良い時間に出発する馬車を乗り継いで帰ることを計画していたのでサッシャの言っていることは一周回って間違ってはいなかった。

「そっか……イル君がこっちにいるから、お兄様は帰ってくる時一人なんだ」

　エルグランダークの王都邸から隣国へと旅立った時、カインは執事のパレパントルと一緒だった。しかし、パレパントルは既に邸に帰ってきている。隣国でカインは一人なのだ。お手紙では、隣国の王子や同じクラスになった男子と友人になって楽しく暮らしていると伝えてきているので忘れていた。

　自分の前に立つサッシャとイルヴァレーノを順番にみて、自分には世話をしてくれるし楽しくお話相手にもなってくれる身近な人が二人もいる事に改めて気がついた。

「そうしたら、次のお休みにはディがお迎えに行ったらお兄様寂しくないかもしれないね」

「ディアーナ様を隣国へと送り出すのは、旦那様や奥様がお許しにならないと思いますよ」

　いいこと考えた！　という表情でディアーナはアイデアを披露してみたが、イルヴァレーノにすぐに却下されてしまった。

まだ九歳のディアーナは、大人のサッシャを連れて行くと言ったとしても、国外へ行くのは反対されるだろう。ディアーナとイルヴァレーノとサッシャ、三人はなんとなくお互いの顔を見合せると、ピッタリのタイミングでため息を吐いたのだった。

春が終わり、父ディスマイヤも毎年恒例の領地視察から戻ってきてからしばらく経ったある日のこと。日差しが強くて庭の木陰の色が濃くなっているその下で、ディアーナは届いたばかりの手紙を読んでいた。

「お兄様が夏休みに帰ってくるそうよ。一月半もあるのですって」

手の中の手紙を丁寧にたたみながら、顔をあげる。

そばには日傘を手に控えているサッシャと、手紙を持ってきたイルヴァレーノが立っている。

少し離れた四阿でお茶の準備をしているティールームのメイドが道具を持って行ったり来たりしており、来客の為に飾る花を庭師の老人にもらいにきている母の侍女も視界に入る範囲にいたりする。

そのため、ディアーナは今、世を忍ぶ仮の姿モードである。

「夏休みですか。カイン様が帰省されるのが楽しみですね」

イルヴァレーノも弁えた態度で相槌をうっている。

「でも、お休みになってからこちらにお兄様がいらっしゃるまでに、七日もかかるのよね。お休みの終わる時も、七日前にはこちらを出なければならないでしょう？　せっかくひと月半もお休みがあるのに、半分ぐらいしかご一緒できないなんて……」

ディアーナが片手を頬にそえて優雅にため息をつく。齢九歳にして、憂いを帯びた令嬢っぷりを感じさせる仕草である。思わず、花を切っていた庭師の老人も花をもらおうとしていた母の侍女も通りすがりのティールームの侍女もその姿に見惚れて立ち止まってしまったほどだ。

これは、しつけ担当のサイラス先生の教えではない。サイラス先生が教えてくれるのは『公爵令嬢として相応しい礼儀作法』なので、憂いを帯びた情感たっぷりのため息のつき方、などという物は指導していない。

これを指導しているのはサッシャである。ディアーナをサッシャの理想のお嬢様として育てるべく、『世を忍ぶ仮の姿』としてこうした仕草を教えているのだ。これはこれで、サイラス先生のカッチリとした礼儀作法とは違って「お芝居みたい！」ということで、ディアーナも楽しんでやっている部分がある。

礼儀作法は、最近はもうすっかり出来て当たり前と思われていて周りの反応も特になくてつまらないが、サッシャの教えてくれる令嬢仕草はため息を吐かれたり、立ち止まって注目されたり、頬を染められたりと、それを見た相手の反応が様々で面白いのだ。イルヴァレーノには「楽しんでやっているんならいいですけど、程々にしたほうがいいですよ」と言われたし、サッシャにも「やりすぎるといやらしくなりますよ」と注意されているので、その加減を見極めるのが最近のディアーナの課題となっている。

「私がお迎えやお見送りに行ければ、片道分はお兄様と一緒にいられるのですけれど、やはり隣国まで行くのはお父様に反対されてしまいましたし。残念ですわ」

令嬢言葉をつかいながらも、しょんぼりとうつむいて手元の手紙を見つめるディアーナ。それを見ていたイルヴァレーノが、言おうかどうしようかと迷った挙げ句に小さく口を開いた。

「カイン様の夏季休暇にあたって、僕が迎えに行くことになっています。エルグランダークの騎士数名と一緒に領地を経由してあちらの王都まで。ですから、手紙を書いてはいかがでしょう？　あちらについたらカイン様にお渡しします。きっと、カイン様の帰省時の慰めになりますよ」

イルヴァレーノはパレパントルからカインが帰省出来るほどのお金を持たされていない事をつい最近聞いて知ったのだが、その時に夏季休暇はどうするのか？　と聞いたのだ。その時に、迎えが出ると聞かされたのだ。騎士数名と上級使用人の誰かで向かうと言うので、イルヴァレーノは自分に行かせてほしいと手を挙げた。執事見習いとして、それも経験かとパレパントルは了承し、それに合わせて色々と調整してくれた。

この王都から隣国の王都まで往復をこちらで用意するのは、カインが向こうで馬車を借りて帰ってくるよりもお金がかかる。しかし、カインは仮にも公爵家の嫡男である。道中で何かあった時に国際問題になりかねないし、襲われないとは言えない身分でもある。さらに、一刻も早く帰省しようとするあまりに、速さ重視で素性の良くない馬車を使用する可能性も否定出来なかった。「頭も良いし色々弁えている子だけど、ディアーナが絡むと他のことをないがしろにするからねぇ、あの子」とはディスマイヤの談である。

生活する分には十分だが帰省するには足りない金額を渡されたのは、意地悪ではなくカインの身の安全を考えての事だったのだ。

「お迎えに行くのね。でも、私は隣国までついていけないのですから、やっぱりお兄様にお会いできるのは夏季休暇始まってから七日後なのですものね……そうね、イルヴァレーノの言う通り、お手紙を書こうかしら」

言いながら、ディアーナはカインからの手紙をそっと撫でた。

その様子を見ていたサッシャが、何か考え込むように俯いていた。ディアーナの日傘をギュッと握りしめ、なにやらブツブツとつぶやいている。

ティールームのメイドが用意できましたよ、と声を掛けてきたので三人は四阿へと移動した。


その日の夜、ディアーナの寝支度を整えたサッシャが部屋から出ていく素振りを見せず、布団に入ったディアーナは出ていかないサッシャに顔を向けた。

「どうしたの？」

声をかけると、サッシャはベッドのそばまで近寄ってきてサイドテーブルに一枚の紙を広げた。

「ご就寝前に申し訳ございません。こちらをご覧いただけますでしょうか」

言われて、ディアーナがベッドから身を乗り出してサイドベッドの紙を覗き込む。それは、模式図的に描かれたリムートブレイク王国の地図だった。

「地図だね」

「はい。こちらの東側の国境線の外は、記載がありませんがサイリユウム王国です。国境線の内側は、エルグランダーク家の領地であるネルグランディ領です」

「うん。エクスマクス叔父様が騎士団長として国境を守っていらっしゃるのよね。領主代行もしてるって」

「はい。それで、ここからサイリユウムの王都までは馬車で七日の距離ですが、その内訳が領地までが四日、国境からサイリユウム王都までが三日なのです」

サッシャの白くて細い指が、地図の上の王都と国境、国境から地図の外へと移動していく。ディアーナはそれを目で追って、うんうんと頷いた。

「そうだね、お父様も毎年春の視察では片道四日って言ってたし」

「ディアーナ様は、国外に出ることを反対されていらっしゃるのですよね？　でしたら、領地までお迎えに行くのはどうでしょうか？」

地図の真ん中から右端までを行ったり来たりしていた白い指が、ピタリと国境線の内側、ネルグランディと書いてある領地で止まった。

「ネルグランディ領は東の国境に接した領地で、サイリユウム王国への出入り口です。そして、ディアーナ様もおっしゃったとおりにエルグランダーク家の領地で、管理されているのはご親戚になります。ご親戚のお家へ遊びに行く、というのであれば国境を越えるよりは旦那様や奥様を説得しやすいのではないでしょうか？」

春の種まきの季節に父ディスマイヤが領地へ視察へ行くのに、ここ数年はカインとディアーナも同行していた。領地には従兄弟にあたるキールズやコーディリアも居て気心がしれているので、居心地は良い。

「それ、いいね！　お父様を説得しやすそうだね！」

「サイリユウム王国王都から領地までは三日の距離なので、夏休み開始の三日後には再会できます。お見送りも領地までご一緒すれば、夏休み終了の三日前までご一緒できますよ」

一月半のうち、十四日間が移動で費やされる所、六日間で済むようになる。

「画期的！　明日おきたら、早速お父様にご相談しなくっちゃ！」

「はい、私もこの季節の馬車移動の懸念事項や領地の状況などを調べておきます」

「おねがいね！　そうと決まれば早く寝なくちゃ！」

ディアーナはガバリと布団に入り、それを見たサッシャはランタンの明かりを小さく落としてドアへと向かった。一礼して部屋を出ようとしたサッシャに、ディアーナが布団の中から声をかけた。

「えへへ。サッシャ、色々考えてくれてありがとうね」

「私は、ディアーナ様の専任侍女ですから」

静かにドアがしまり、無音となったディアーナの部屋。しばらくたって小さな寝息が聞こえるようになっていた。隣の使用人部屋に戻ったサッシャは、小さくガッツポーズを決めていた。


そこから夏休みにかけて、ディアーナは遺憾なく公爵令嬢っぷりを発揮した。まずは長旅に耐えられる大きくて速い馬車を父ディスマイヤにおねだりした。叔父のエクスマクスや叔母のアルディ、従兄弟のキールズとコーディリアに手紙を出して夏休み滞在の根回しをしておく。刺繍の会へ、母が用事で欠席しましょうと言い出しても「一人でいけます！」と　言ってサッシャだけ連れて参加した。ひとりでできるもん作戦である。

夏季休暇期間に領地へ遊びに行きたいと言ったとして、虫が大嫌いな母はついてきてくれない。父も仕事の都合がつくかわからない。であれば、ディアーナ一人でも出かけられるというところをアピールしておけば、反対理由を一つ減らすことができるという寸法である。他にも、イルヴァレーノと孤児院に行ってみたり、図書館に本を借りに行ったりしてみた。筆頭公爵家の令嬢なので、当然護衛の騎士はついてくるしイルヴァレーノとサッシャも一緒である。それでも、両親と一緒じゃなければ何も出来ない、なんてことは無いんだと印象づける事は大事である。

そして夏が始まり、隣国の貴族学校の夏季休暇が始まる少し前、粘りに粘ったディアーナはパレパントルや母の侍女たちを味方に付けて、領地への旅行を勝ち取ったのであった。

【馬車旅一日目】（出発日当日）

リムートブレイク王国の王都は城郭都市になっている。高い塀にぐるりと囲まれており、東西南北にある四つの門のいずれかを通らなければ出入りできないことになっている。

カインが七歳の頃、廃倉庫の隠し階段から地下通路を使って城壁の外へ出たことがある。その上小屋を一つ爆破する、というおいたをやらかしたのだが、そういった経路で外に出るのはもちろん違法である。あの通路はその後近衛騎士団によって塞がれたらしい。

ディアーナ一行は王国の東端にある領地へと向かうため、東門を通ることになる。門で儀礼的に身分と目的地を確認されて「いってらっしゃい」と王国騎士に見送られれば、いよいよ旅の始まりである。

「木ばっかりだねぇ」

馬車の窓から外を見ていたディアーナが、見えた景色の感想を口にした。

感想の通り、王都を出てからずっと森の中をゆるく左右にカーブしながら馬車は進んでいる。

「王都の周りは王国直轄領になっていて、平原や森など自然のままになっているところが多いですね」

「人口が増えた時に、王都を拡張できるようにだよね」

家庭教師のイアニス先生から習ったことを思い出す。リムートブレイク王国の王都は城郭都市になっており、ぐるりと高い城壁で囲まれている。そのため、少しずつ街が広がっていくということはない。街を広げるとなると大工事となるため、その時に領地を持っている貴族との土地買収の交渉から入るのでは時間がかかって仕方がないので王都の周りは王家の土地ということになっていると教わった。その他にも、謀反など王都が攻撃対象になるような争いが起こった時の緩衝地域としての利用価値があるとも言っていた。

「あとは、王家の狩場などもございますね。基本的には王国直轄領ですが、飛び地で高位貴族家の領地とされている場所も多少はあるとか」

「ウチの狩猟場もあるよね。お父様が狩りが嫌いだから使ってないけど」

「ピクニックに行きましたね」

北の方には、貴族の嗜みとして行われる趣味の狩猟をするための土地もある。今の国王陛下はあまり頻繁には開催しないが、年齢の高い貴族たちは秋になると良く狩りに出かけるのだという。

まだまだ夏の初め、青々と茂っている森の木々を眺めていたら、イルヴァレーノが厳しい顔をしながら森の奥を睨みつけていた。

「王都から近いのに見通しの悪い深い森がある。ということは、悪い奴らが隠れる場所があるということです。ディアーナ様。サッシャ。座席に深く座ってください」

イルヴァレーノがそういうのとほぼ同時に、馬車がゆっくりと止まった。御者席に座る騎士が誰かと会話しているような声が聞こえる。

「馬車止まっちゃったね。お兄様の夏休み開始に余裕をもって出てきたけど、あんまり遅れたくないんだけどな」

「誰かと会話しているようですね。何があったのか確認しますか？」

サッシャが前方の御者席に繋がる小窓を指差した。イルヴァレーノがゆっくり顔を横にふる。イルヴァレーノのその様子に、サッシャが訝しげな顔をしたときだった。その御者席側の小窓から声がかかった。

「お嬢様、イル坊、サッシャさん。ちと、仕事しますんで馬車から出ないでくださいね」

御者席にいた騎士の一人だ。

今回の旅程、ディアーナとイルヴァレーノ、サッシャの他には騎士が二名付き添っている。今年の春に視察帰りのディスマイヤとやって来た、ネルグランディ領騎士団二年目のフィルラージと『領地に帰りたくない！　王都にいる！』とエルグランダーク王都邸に居座り続けて十年のベテラン騎士アールディグである。アールディグが声をかけてきた直後に、騎士がふたりとも馬車から降りたようで、馬車が上下に少し揺れた。

しばらくして、強めの口調でやり取りする声と、複数の荒々しい足音が聞こえてきた。

「盗賊でしょうか。二人で大丈夫でしょうか……」

窓からじりじりと馬車の中程へと座ったまま移動してきたサッシャが、こわごわとつぶやきながらディアーナの肩をギュッと抱きしめてきた。イルヴァレーノは窓の外をにらみながら、腰のベルトに片手を添えている。

「実力は大したことなさそうだけど、人数が多い。王都を出てからさほど経っていないから、王国騎士が直《じき》に駆けつけると思うけど……」

イルヴァレーノの言葉に、サッシャの腕の中からスポッと頭を出したディアーナが窓の方を見た。

「ディも出る？」

首をかしげながら物騒な事を言う。

「ダメです」

「おやめください」

使用人コンビが声を揃えて止めるので、ディアーナがほっぺたを膨らませた。

「ディも、そこそこ強いよ？」

ディアーナのベッドの下には木刀が隠されている。ディアーナはそれで毎日素振りをしているし、カインが留学する前まではニーナごっこと称して打ち合いもしていた。だが、実戦経験はないし、所詮は妹大好きカインが相手の練習である。騎士と一緒になって盗賊退治ができるほどではない。

イルヴァレーノは、なぜそこまで自信満々になれるのか呆れながらも、どう言えば諦めてくれるのかを考える。サッシャもぎゅうっと力を込めてディアーナをだきしめており、同じ気持ちであることがわかる。

「ディアーナ様。今回の旅は、王都から二つの領を越えてネルグランディ領へと向かいます。全部で三つの領地をめぐるんですから、諸国漫遊の旅とも言えます」

四日の旅程なので途中で宿泊もする。が、二つの領地は通り過ぎるだけで観光もしない予定なので、本来は諸国漫遊などとは言えないのだが、そこには目をつぶることにする。

「ですから、ディアーナ様が今やるべきことは、『フィルさん、アールさん、懲らしめてやりなさい』と言って二人を励ますことですよ」

その昔、カインがディアーナに話して聞かせた物語。世を忍ぶ仮の姿はカッコいいというのを伝えるための三つのお話のうちの一つ。

ディアーナもサッシャを『仮の姿仲間』に引き込むために使った『ゴローコーのショコクマンユー』のクライマックスシーンである。

「ゴローコー！」

イルヴァレーノの言葉に、ディアーナの目がランランと輝いた。まだ九歳とはいえ、ここまでチョロくて大丈夫なのか逆に心配になってしまうイルヴァレーノである。

ディアーナは、自分をギュッと抱きしめているサッシャの腕を優しくペシペシと叩くと、

「外に出ないよ。声をかけるだけだから離して」

と声をかけた。サッシャは疑り深い目でディアーナの顔を覗き込んだが、思うよりもディアーナの目が真剣だったので小さくうなずくと抱きしめていた腕を解いた。

ディアーナは座席の上に膝立ちし、御者席への連絡用の小窓を開くと外を覗き込んだ。

フィルラージとアールディグが馬車の前後を守るように立ち、獣の毛皮や革の胸当てなどバラバラの装備を着けたヒゲモジャな男たちが取り囲んでいた。様子をみるように軽く仕掛けてきては騎士二人に突き飛ばされる、という感じで未だにらみ合いの状態のようだった。

ディアーナは大きく息を吸い込むと、馬車の後方に立っているアールディグにも聞こえるように、小さな窓から大きな声で檄を飛ばした。

「フィルさん！　アールさん！　懲らしめてやりなさい！」

不意にかけられた可愛らしい言葉に、フィルラージもアールディグも盗賊たちから目を離さないようにしつつも横目で馬車を見た。フィルラージからは、小窓からちょこんと飛び出している小さな白い鼻が見えて、思わず口角が上がる。

「お任せください！」

「朝飯まえですよ！」

馬車の前後から返事が返ってきた。現在のリムートブレイク王国が平和な国であるとはいえ、エルグランダーク邸の騎士たちは定期的に山へと訓練にでかけている。魔獣退治をしたり、りんご狩りをしたり、木が茂っている場所での剣の振り方を訓練したりしている。また、まれにではあるが王国騎士の訓練に参加することもある。そんなこんなで、フィルラージもアールディグもそこそこ強いのだ。

多勢に無勢とはいえ、人数で押し通すしかない盗賊などに負ける気はなかった。

小さな可愛らしい主人から激励されればなおさらである。

「みねうちだ！　安心するがいい！」

「大人しく家に帰るがいい！　お前にも家族がいるだろう！」

なんだか、ノリノリでセリフを言いながら鞘に入れたままの剣を振って手近な者からなぎ倒し始めた。

しかし、さほど経たないうちに馬車の後方から馬の走る音が聞こえてきたかと思うと、

「全員下馬！　速やかに捕らえろ！　一人も逃がすな！」

という号令が聞こえてきて、あっという間に盗賊たちは捕縛されてしまったのだった。

アールディグから大丈夫だと言われて、ディアーナが馬車の外に出れば、そこには制服を着た王国騎士達が立っていた。

「いやぁ、間に合って良かったです。お怪我はありませんでしたか？」

「……囮《おとり》にしましたか？」

にこやかに話しかけてくる、代表らしき騎士に対してサッシャが疑うような視線を向けた。

「いやいや、そんなまさか。こちらの馬車を送り出してからですね、そういえば東の森は最近盗賊がでるという報告があったな、と。思い出しましてね。急いで追いかけてきたわけですよ。間に合って良かった良かった」

サッシャの視線から目をそらしつつ、王国騎士代表はそういって乾いた笑い声を上げた。

ディアーナの馬車は四頭立ての速い馬車とはいえ、急いでいるわけでもなかったのだから、馬でかけてくればもっと早く追いついていたに違いない。見失わない程度に距離を置いて襲われるのを待っていたのではないかとサッシャは疑っているのだ。

「盗賊が出るとわかっていらしたの？」

ディアーナが淑女モードで騎士に話しかける。騎士は背が高いので首を思い切り上に向けなければ話ができない。倒れそうになるのをイルヴァレーノが後ろで支えていた。

騎士は、ディアーナの前に跪いて視線を合わせるとニコリと笑った。

「商団や王都まで買い出しに来る隣の領の住民などが度々襲われておりました。見回りを強化していたのですが、我らの姿があると奴らは現れないのです。かといって、この道を行くすべての者に騎士を護衛につけるわけにもいきませんで、困っておったのです」

四頭立てで真っ白で大きな、いかにもお金持ちが乗っていそうな馬車。そして御者を兼任している騎士が二人だけ。盗賊からしたら格好の獲物に見えただろう。

王都を出る時に身元確認をされているのだから、エルグランダーク家の馬車であることはわかっていたのだ。そんな事情があるのであれば最初から王国騎士が数名同道してくれればそもそも襲われなかった可能性が高い。

「なら、いいわ。この道を使う他の皆さんのお役に立てたのなら何よりですわ。でも、事前に一言あればもっと良かったですわね。フィルラージとアールディグの心の準備だって出来ましたのに」

跪いて目線が同じ高さになっている騎士に向かって、淑女モードディアーナが頬に手を添えて小さく首をかしげ「憂いを帯びた顔」を作ってみせた。サッシャ直伝の令嬢仕草である。

「あくまで、お嬢様たちが出立した後に思い出して追いかけた、ということですのでね」

建前というのは大事なのである。これは貸しですよ、というのをアピールするためにディアーナはわざとらしく大きくため息を吐いた。

その後は、王国騎士の半分が捕らえた盗賊を連れて王都の東門へと戻っていき、半分が隣の領の入り口まで護衛してくれることになった。

馬車の中でサッシャはプリプリと怒っていたが、ディアーナは並走する騎士と窓越しにいろいろな話が出来てご機嫌だった。

こうして馬車旅一日目は、隣のサラクト領内の領都の宿に到着して終わったのだった。


【馬車旅二日目】

サラクト領の領都サラクトにある、高位貴族向けの宿で一泊したディアーナ達。筆頭公爵家の一人娘ということで出発前に領主の館に挨拶をしていくことになっている。当初は、領主の館に泊まってはどうかと誘ってくれていたらしいのだが、ディアーナにとっては面識のない相手である事と、サラクト領の領主も普段は王都に住んでいて不在にしているということなので先んじてパレパントルがお断りの連絡を入れておいてくれたのだ。

そのため、領主に挨拶というのも形だけのものなので顔を出して領主代行に挨拶だけすればいいということだった。ディアーナの公爵家の一員として初の社交的なお仕事といえる。

「ごきげんよう〜。領地を通りますよ〜。ってご挨拶すればいいんだよね」

宿の部屋にて、バンザイの格好をしたままサッシャに服を着せられているディアーナが、念のための確認をする。今日も一日馬車に乗るので、背中にリボンの結び目やボタンの無いデザインのワンピースだ。すっぽりと頭からかぶせて、胸元と襟元をリボンで結んでいく。

「領主代行というのも領主館の執事だそうですから、さほど緊張する必要はございません。旦那様からお預かりしたお手紙をお渡しすれば終わりです。万が一お茶やお食事に誘われるようなことがあっても『急ぐ旅ですので』と断って問題ございませんよ」

着付けを終わってポンポンとサッシャに腰を叩かれる。椅子へと導かれて、髪の毛を結ってもらっている間に「はじめましてごきげんよう。私はエルグランダーク家の長女ディアーナです。この度は領地へと向かう途中で寄らせていただきました……」ぶつぶつと、ディアーナは淑女らしい挨拶の練習をしていた。

サラクト領地の領主館での挨拶は、ディアーナの緊張が空振りになるほどのあっけなさで終わった。館の執事と侍女長が挨拶を受けてくれ、終始「かわいいかわいい」と言いながらお昼にどうぞとサンドイッチの入ったバスケットをくれた。紅茶の入った密閉できる保温ポットと、おやつのクッキーやカップケーキなども持たせてくれた。館の門を出るときには料理人や庭師なども総出で「かわいいかわいい」と手を振って見送ってくれたのだった。

「なんだったのかな……」

サラクト領主館のみんなが見えなくなるまで窓に向かって手を振りながらも、ディアーナはその歓迎ぶりに首をかしげていた。

「おそらくですが……カイン様が留学される際にもこの道を通っているはずですし、領都サラクトで一泊されているはずですので……。ディアーナ様の愛らしさをあのお屋敷の皆に語って聞かせていたのでは無いでしょうか……」

サッシャが、自信なさげにそんな事を言う。

ディアーナとイルヴァレーノの脳内で「僕にはディアーナという可愛い妹がいるんですよ！」「それはそれは可愛らしくて、愛らしくて、可愛いんですよ！」とデロデロの顔で語るカインの姿が再生された。とても有り得そうで否定できる要素がない。

サラクト領主館の面々は、そんな風に可愛い可愛いと連呼されていた小公女様の姿をひと目見ようと楽しみにしていたのだろう。そして、実際に九歳の小さい体で一生懸命淑女として振る舞おうとするディアーナが可愛かったのだろう。なにかといえばかわいいかわいいと言って目尻を下げていた。

「サラクト領地を治めている伯爵家は、確かご子息が三十歳ぐらいだったと思います。ですがまだご婚約もされておらず、当然お子様もいらっしゃらないので、お小さい子というだけでも可愛くて仕方がなかったのかもしれませんわね」

サッシャが、斜め上に視線を泳がせながら貴族情報を思い出していた。王城勤務で婚活をしていた頃の名残である。

ディアーナは、カインから可愛い可愛いと褒められるのには慣れているが、王妃様主催の刺繍の会と孤児院以外にはあまり外にでかけないので第三者から褒められることに慣れていない。

「さすがに、ディもこれは恥ずかしいよお兄様……」

見送りの人たちが見えなくなったところで、ディアーナは両手で顔を隠して俯いてしまった。耳まで真っ赤になっていた。

サラクト領内はとても開けた場所だった。王都から近く、領地の西側半分は馬車で一日ほどの距離ということもあり、野菜の生産が盛んな土地である。新鮮な野菜を王都に届けて、台所事情を支えている。領都であるサラクトはにぎやかな街だったが、街を抜ければ延々と広がる野菜畑の中を進んでいくことになる。見通しが良く、この地域では突然盗賊に襲われるなどという心配は皆無であった。

馬車の中でサンドイッチを食べたり、クッキーやカップケーキでティータイムを楽しんだりして過ごしているうちに、さらに隣の領地へと入っていき、馬車旅の二日目は終了した。


【馬車旅三日目】

ディアーナの前には、いかにも作業着という服装の人の良さそうな中年夫婦が立っていた。ニコニコと優しそうな笑顔で泥のついたままの手を広げてとても美しい紳士の礼の姿勢を執った。婦人も大きな作業用手袋のまま作業用のゆったりとしたズボンをつまみ、美しい姿勢で淑女の礼をしてみせた。

「お会いできて光栄です、ディアーナ様。お父上やお兄様からお話を聞いておりまして、ぜひお会いしてみたかったんですよ」

「いやぁ、噂に違わずめんこいお嬢さんだわぁ」

礼の姿勢はとても美しいのに、挨拶の言葉はすこしなまっていてイントネーションが独特だった。

「め、めんこい？」

この領地の領主夫妻の姿と行動と言葉のギャップにディアーナが目を白黒させている。サッシャは少しかがむと耳元で、

「めんこいというのは、可愛いという意味ですよ」

と補足している。が、ディアーナが驚いているのはそこではない。

「宿の方はいかがでしたか？　本来なら、公爵様のご一家なら領主である私らの家にお招きするべきなんでしょうけれどねぇ。領主である私らの家より領都の宿の方が豪華ですんで、ご容赦くださいな」

「公爵様も毎年春の行き帰りは宿に泊まりなさるしねぇ。通行料も宿泊時のチップも弾んでくださるので本当にありがたいことです」

ここ、リウデンダル領は領地としてはとても小さい。領主として治めている貴族も子爵なので位も高くない。しかし、王都からネルグランディ領、そして隣国サイリユウム王国へと続く街道が通っており、その通行料と宿場町の収入で成り立っている領地である。

「お布団はフカフカで、とても良く眠れました。ご飯も美味しくてお風呂も広くて旅の疲れを取ることができましたわ」

宿はどうでしたか、という言葉をかけられたのでディアーナは素直にそう答えたが、定型文的挨拶の一つだったので普段はそんなに丁寧に感想を言われることの無い子爵夫妻は一瞬驚いた顔をしたが、さらに目尻をさげてニコニコと笑みを深めた。

「それは何よりでございました。お帰りの際もぜひおよりくださいね」

夫人の方が、そう言って手袋を着けたまま自分の服装を見下ろした。

「我が家にお招き出来ないにしても、もっとちゃんとしてご挨拶すべきなんですけどね、生き物相手にしてるもんで、融通がきかなくて申し訳ないです」

「今朝になって牛が産気づきましてね。今まで出産を手伝っていたんですよ」

子爵の方も土のついた手でボリボリと頭を掻きながら苦笑いしている。小さな領地だからか、領主である子爵自ら家畜の世話などもしているらしい。いつものことなのか、サッシャはパレパントルから事前に「そんな事があっても無礼だと憤らないように」とは言われていた。サッシャからイルヴァレーノとディアーナにも「そんな感じの領主らしい」とは伝えていたのだが、三人の想像以上に庶民派というか土だらけの状態だったので怒るどころの話ではなかったのだが。

「赤ちゃん？　牛の赤ちゃんが生まれたの？」

子爵の言葉に、ディアーナが反応して身を乗り出した。

ディアーナは朝食やおやつで口にする牛乳が牛から得られると言う事は知っていた。しかし、牛の本物は見たことがなかった。その上、今朝生まれたばかりの子牛もいるといわれたら、俄然見てみたい気持ちが溢れてきてしまった。

「ディアーナ様、急ぐ旅なんじゃないんですか？」

嫌な予感がしたサッシャは、ディアーナを馬車に戻すべく注意を促した。急ぐ旅だから、子牛を見ている時間は無いのではないか？　と。

「カイン様の夏季休暇の開始日には余裕をもたせて出発してるから大丈夫ですよ」

サッシャが何を心配しているのかわからないイルヴァレーノは、素直に「さほど急ぐ旅ではない」と言ってしまう。ギッとサッシャから睨まれて一歩引いてしまったイルヴァレーノである。

「見て行きなさりますか？　お嬢様。子豚もいますよ。裏の池にはアヒルとひよこもいますよ。ひよこはめんこいですからね、お気に召すかもしれませんね」

「ひよこ！」

ディアーナはぴょんと小さく跳び上がって小さく叫ぶと、ワクワクした顔でサッシャを見上げた。

ディアーナは鳥の巣からおっこちた鳥の雛を見たことはあるが、それは目がぎょろぎょろとしてくちばしも平たくて、毛もぼさぼさしていてあまり可愛くはなかった。しかし、絵本で見る『ひよこ』はどれも可愛らしく描かれており、ふわふわでいつか見てみたいと思っていたのだ。アヒルも、絵本ではほっぺたがぷっくりとて、白くてまん丸い形に書かれている事がおおくて、触り心地が良さそうだとずっと思っていたのだ。

「サッシャ、ちょっとだけ。ちょっとだけ見せてもらおう？　ね？」

サッシャのスカートをツンツンとひっぱって、首をかしげて可愛らしくおねだりしてみる。カインであればこれでイチコロなのだが。

「子爵のお仕事の邪魔になるのではないですか？　それに外部から来た人間から動物に病気がうつることもあると聞いたことがございます」

サッシャは、ディアーナのおねだり光線を避けるように視線を子爵夫妻へと移し、なんとか断れないかと理由探しをしている。人がよく、いい意味で鈍感な子爵夫妻はあははと笑いながら手を横に振って否定した。

「子牛や子豚の居るところに入る前には、手を洗っていただきますがね。そんなに気にしなくても大丈夫ですよ。子牛の出産も一段落付きましたし、あとは領民たちに任せても今日の分ぐらいどうてことないですわ」

「可愛い子たちですからね、ぜひ見ていってください」

そう言うと、子爵夫妻はこっちですよと奥に向かって歩きだしてしまった。こうなるともうついていく他ない。サッシャは大きくため息をつくと、小さくかがんでディアーナと視線を合わせた。

「いいですか、見るだけですよ。いいですね？　見るだけですからね？」

「はぁい」

サッシャの言葉に、ディアーナは手を上げて元気に返事をしたのだった。ディアーナはいつだって返事だけはいいのだ。


子牛は、生まれたばかりだと言うのにもうディアーナの胸ぐらいの大きさで、好奇心旺盛なのかグイグイと鼻先を押し付けてきた。ディアーナのワンピースの胸元は鼻水とよだれでベチョベチョになってしまった。

子豚は、大きさは小さくて可愛らしく見えたものの、近くで見ると毛が薄くて薄ピンク色の肌が見えているのがなんとなく生々しい感じがして近寄り難かった。しかし、子豚はとにかく数が多く、後ろに回り込まれて突撃されたりスカートの中に頭を突っ込んできたりしても避けることが出来なかった。ディアーナのワンピースの裾は子豚の鼻水と床に撒かれていたおがくずまみれになってしまった。

アヒルとひよこは池にプカプカ浮いていた。その姿が思った以上に可愛らしくてディアーナはとても興奮した。池の周りを行ったり来たりしながらどうにかひよこを近くで見ようとして、その動きの激しさに怯えたアヒルとひよこは却って遠くへ行ってしまってちっとも近寄れなかった。池の周りを歩き回ったせいで、ディアーナのブーツは泥だらけになってしまった。

それでも、初めて見る動物たちとのふれあいにディアーナは興奮し、とても楽しい時間を過ごしたのだった。


「ごめんなさい」


出発した馬車の中で、ディアーナがしょんぼりと俯いていた。

動物たちとのふれあいを一通り堪能して、ようやくリウデンダル領主と別れて出立したのはもう昼になる頃だった。子爵夫妻も前日のサラクト領主館の執事たちの様にお弁当をもたせてくれた。産みたての卵のゆで卵や、新鮮な牛乳を使って作られたクリーム入ったパイや、ハムを挟んだサンドイッチなどが包まれている。持たせてくれる直前にパンを軽くトーストしてくれていたらしく、パンのいい匂いが馬車の中に広がっていた。しかし、それ以上に馬車の中は獣臭かった。日程には余裕があるものの、リウデンダルでもう一泊するのでなければ、次の宿泊予定地までは移動しなければならない。リウデンダルは小さな領地なので、高位貴族向け宿泊施設は事前に予約していないとそれなりの対応が出来ないのだ。筆頭公爵家の長女であるディアーナが泊まるには、食事も入浴も満足できるレベルでは提供できないのである。もう一泊滞在するのは諦めて、次の宿泊予定地まで移動しなければならなくなったのだ。

遊びすぎてしまい、次の目的地まで到着できるギリギリの時間の出発となってしまったので、ディアーナは着替えも出来ていない。牛と豚の鼻水とよだれ、おがくずで汚れたワンピースと泥だらけのブーツのまま馬車に乗っている。散々家畜と遊んだおかげでディアーナ自身がとても家畜臭かった。

「だから、見るだけですよと念を押しましたのに……」

サッシャが、鼻をつまみながら目を眇めて窓の外を眺めている。ドロドロになってしまっているディアーナを見るのが辛いので。自分のお仕えしているお嬢様をきれいに出来ない自分自身にがっかりしてしまうのだ。

「僕も、遅くなるならここでもう一泊出来ると思っていたので……すみません」

イルヴァレーノも、申し訳無さそうに馬車の中で小さくなっている。この中で、家畜見学に反対したのはサッシャだけ。ディアーナが楽しそうだからいいかと止めずに見ていただけのイルヴァレーノは獣臭くなってしまっている馬車の車内に申し訳ない気持ちが湧いてきて、思わずサッシャに謝ってしまうのだった。

時々馬車を止めては外でお弁当を食べ、深呼吸をしつつ、馬車はいよいよネルグランディ領へと入ったのだった。

【馬車旅四日目】

ネルグランディ領はとても広い。ネルグランディ領に入ったからと行ってすぐに領主の城へとたどり着けるわけではないので、領地に入って半日ほどの所に宿場町があるのだ。

既に領地に入っているので、ここではディアーナは誰かに挨拶する予定もないのでゆったり目に起床してゆっくりと朝ごはんを食べていた。

高級宿や一般向けの宿などが数軒あり、お土産屋や旅の雑貨などを売る商店などが並んでいるが、街そのものはさほど大きくはない。

夏の朝なので、宿の庭に設置されたパラソル付きのテーブルに朝食が用意されていた。まだ風が涼しくて過ごしやすい。

「いつみても、ここの風景はすごいね」

温かいお茶を飲みながら、ディアーナが庭の生け垣の向こう側に広がる風景をみて顔をゆるめる。木製の軸にカラフルな布を貼った大きな風車がいくつも並んでいるのだ。朝の涼しい風を受けて、風車はゆっくりと回っている。

もう今日は、城に向かって進むだけ。毎年春に少し滞在するだけの場所ではあるが、そこにいるのは良く遊んでくれる叔父と叔母、お兄ちゃんぶって面倒をみてくれる従兄弟と年の近い従姉妹である。第二の我が家のような気安さなので到着時間が多少前後しても気にならない。叔父一家はみなおおらかなのであちらも気にしない。

「ネルグランディ領で採れた小麦や大麦を、ここの風車で挽いて粉にしているんですよね。粉にしてから王都に持ち込むほうが高く売れるとか」

「毎年春の領地視察で見ている風景も、イアニス先生に習った後に見るとへぇ〜ってなるね」

「このあたりは春植えなので収穫の時期ではありませんし、稼働している小屋は少ないと思います。……見学は、また今度になさいましね?」

サッシャが警戒するようにディアーナを見つめながら注意する。風車の動力で粉を挽く所など見学しては、せっかくのきれいなワンピースが粉で真っ白になってしまう。

「今日は、止めておく……。領地の中だし、お兄様が帰ってきてからみんなで見学させてもらう方が楽しそうだしね」

昨日、獣臭くて泥だらけにしてしまった後ろめたさがあるので、ディアーナは聞き分けよくおとなしくすることにした。サッシャの日が少し怖くてフイッと顔をそらしてしまったディアーナである。

そよそよと優しい風がディアーナの髪を揺らしていく。食後の口直しとして出された果物をシャリシャリと食べながら、ゆっくりと回る大きな風車を眺めていた。

「貴族の人って、いろんな人がいるんだねぇ。領民と一緒に牛さんや豚さんのお世話してる貴族とかいるなんて知らなかったよ」

ディアーナは、昨日のリウデンダル領の子爵夫妻の事を思い出していた。

「いつもの春の視察では旦那様がご挨拶している間、宿や馬車で留守番をしていましたからね」

カインが九歳、ディアーナが六歳の時から父の領地視察に付いていくようになっていたので、ディアーナがこの旅程をたどるのはもう四回目である。宿も毎度同じ所に泊まっているのでそういう意味では不安のない旅だったと言える。サッシャもイルヴァレーノも慣れているし、宿の人も慣れている。

唯一違うのが、今回は父も母も同行しない、ディアーナだけの旅だということだ。通り抜ける領地の領主への挨拶するのも宿の主人からの挨拶を受けるのもディアーナがすることになる。

「お兄様にお話することが沢山できたね。早くお兄様にあいたいなぁ」

ゆるゆるとゆっくり回る風車を見ながら、ディアーナは空になったお皿の上にフォークをそっと置いて朝食を終わりにした。


小さな丘の上に建つ風車小屋を縫うように、丘の下を通っている街道を馬車がゆっくりと進んでいく。風車小屋の並ぶ地域を抜けると、緑色の麦畑が広がっていた。

「わぁ。すごいね！」

抜けていく風に合わせて波打つ緑色の海に、ディアーナが窓に張り付いて感嘆の声を上げた。いつもの、春の視察時にはまだ何も無い地面が広がっている場所である。時々畑の真ん中に、作業小屋や倉庫などが点在しているのも、その屋根に大きな鳥が止まっていたり、時々犬の鳴き声が聞こえて小鳥がワッと飛び立っていったりするのも見ていて楽しかった。

「季節が一つ違うだけで、だいぶ風景が変わりますね」

ディアーナの隣の窓に張り付いて、イルヴァレーノも目をキラキラとさせて景色を見ていた。孤児院のみんなで作っていた畑はとても小さいものだったし、エルグランダークの王都邸の庭も広くて立派だったけれど、見渡す限り広がる麦畑には敵わなかった。さわさわと風で波紋のように麦が流れるように揺れる姿に、目が奪われていた。

宿で包んでもらったサンドイッチなどを馬車の中で食べ、麦畑の間に時々現れる野菜や花の畑を見つけては名前当てクイズをしたりして過ごすうちに、馬車はネルグランディ城へと到着したのだった。


城の門をくぐった所が城から見えていたのか、玄関ポーチに馬車が着く頃には叔父叔母従兄弟が揃って出迎えてくれた。

「ディアーナ！　一人でよくきたなぁ。うんうん、元気そうだな！」

大きな体のエクスマクス叔父が、ぐわしっと頭をつかんでグイングインと撫でてくる。

「元気だよ！」

頭がもげそうにグラングランと振られながら、ディアーナはにこやかに返事をした。

「ディアーナ、道中問題なかったかしら？　危ないことなんかなかった？」

アルディ叔母が温かい手で優しく肩や背中を撫でてくれる。

「楽しいことが、いっぱいあったよ！」

撫でてくれるやさしい手に、自分の手を重ねて誇らしげに返事をした。

「ちゃんと水遊び出来る準備してきたか？」

「日焼けしないように、日傘や帽子は持ってきたの？」

従兄弟のキールズとコーディリアが、回り込んで笑顔でディアーナの手をにぎって玄関の中に連れて行こうとする。

「馬車にちゃんと準備してきたよ！　キー君！　コーディ！　よろしくね！」

握られた手を腕ごとブンブンと大きく振って、ニカっと笑って答えた。

後ろで、ディアーナが全く挨拶出来ていないことにサッシャが頭を抱えていた。イルヴァレーノがその様子を気の毒そうに見ながらも、

「荷物を降ろそう」

と背中を叩いて促した。この後、ディアーナの旅装を解いて着替えさせ、ディスマイヤやエリゼからもたされた土産を執事に渡さなければならない。

ディアーナの馬車旅は、ここで一旦終わりである。

イルヴァレーノは一晩休んで、明日は隣国までさらに三日の旅である。

「サッシャ！　イル君！　早く早く！　お部屋の家具が夏用になってるんだって！」

玄関ホールの中ほどで、ディアーナが振り向いて手招きをしていた。使用人コンビは顔を見合わす

と、苦笑いを交わしつつもディアーナの元へと足早に進むのだった。

イルヴァレーノの馬車の旅

「それじゃあイル君、お兄様をよろしくね」

「イルヴァ。カインに俺たちの分の土産わすれるなって伝えてくれよ」

「イルヴァレーノ君、気をつけてね」

ネルグランディ城の玄関前、ディアーナとキールズ、コーディリアからそれぞれ見送りの言葉を掛けられて、イルヴァレーノは一礼してそれらに応えると馬車へと乗り込んだ。

「アルノルディアとヴィヴィラディア、イル君をよろしくね」

「はい、ディアーナお嬢様。おまかせください」

御者席にはネルグランディ領騎士団の騎士である、アルノルディアとヴィヴィラディアが座っている。アルノルディアはディアーナの声に気楽に片手をあげて答えると、手綱を振って馬車を出発させた。玄関前のポーチから出た馬車は、門へと向かってゆっくりと庭を抜けていく。

ディアーナとイルヴァレーノとサッシャで、王都のエルグランダーク邸からネルグランディ城まで四日をかけた馬車の旅。その旅が終わり、ネルグランディ城へ到着したその翌日、今度はイルヴァレーノだけでサイリユウムの王都へ向けて出発する。

夏季休暇が始まるカインを迎えに行くために。

門を出てしばらく、城が後方に小さく見える様になった頃に馬車がゆっくりと止まった。イルヴァレーノは、緊張した。数日前に、王都を出たところで盗賊に馬車を止められた記憶が蘇る。そっとベルトの隠しナイフに手を添えて、馬車の外の様子を伺おうとしたその時、御者席との連絡用の小窓がコンコンとノックされた。

「イル坊。御者席に来ないか？」

小窓を開けて、アルノルディアがそう声を掛けてきた。イルヴァレーノは浮かせていた腰を椅子に落とし、大きくため息を吐くとホッとしたように笑った。

「行く」

御者席に、アルノルディアとヴィヴィラディアにはさまれて座ったイルヴァレーノは、それでも狭く感じない事に改めて馬車の大きさを感じた。

「いやぁ、主人不在でこの豪華な馬車に乗るのって緊張しないか？」

「フカフカの椅子とか、座ってはみたいけど汚したらと思うと気が気じゃなくない？」

両側から、アルノルディアとヴィヴィラディアが交互に話しかけてくる。イルヴァレーノは道の前の方をみたまんまで小さく頷いた。

「わははは。相変わらず無愛想だなぁ、イル坊は」

「カイン様と一緒にいると、そうでも無いのにねぇ」

アルノルディアとヴィヴィラディアは、イルヴァレーノがエルグランダーク家に拾われた時に王都邸にいた騎士たちだ。六歳の頃のイルヴァレーノを知っているせいか、気安く話しかけては、ぐちゃぐちゃと髪の毛をかき回すように頭を撫で回された。

カインに付き合って早朝ランニングをしている時に、最初は周回毎に騎士たちとハイタッチをしていたのはカインだけだった。しかし、アルノルディアはイルヴァレーノにもハイタッチを強要し、無視しようとするイルヴァレーノを捕まえて無理やりハイタッチさせてから開放する、なんてことを毎度やってくるものだから最後はイルヴァレーノが諦めてハイタッチをするようになった。

その後、アルノルディアが昼の担当になり、早朝担当がヴィヴィラディアに変わっても引き続きでハイタッチの習慣は続いていたが、ヴィヴィラディアの後に来た騎士が生真面目なタイプだった為にハイタッチの習慣は引き継がれなかった。

「今回の旅では、宿の手配とか全部イル坊がやってくれるんだろう？」

「ああ。でも、手配とはいっても、ウェインズさんから手配すべき宿もやるべき手順も全部指示されている。僕はその通りにやるだけだ」

林に囲まれた道をゆっくりと進む馬車。道はゆるくカーブを繰り返しているが、一本道だからなのか特に手綱を操っている様子もないのに馬は道なりに進んでいく。

「執事見習いとしての第一歩ってところだなぁ。頑張れよ～イル坊」

「パレパントルさんがどうしてその宿を選んだのか、ちゃんと考えながら見ておかないとね。手続きとかも、手順書見なくても出来るように自分が何をやっているのか考えながらやらないと」

アルノルディアとヴィヴィラディアが交互に言いながら、頑張れ頑張れといい笑顔を向けてくる。

イルヴァレーノが十歳になる前には二人共領地へと戻ってしまっていたので、二人の中ではまだイルヴァレーノは小さい子どもなのかもしれなかった。

「子ども扱いするな。わかってる。ちゃんと考えながらやるさ」

髪の毛をかき混ぜようとするアルノルディアの手をはたき落としながら、口をへの字にして言い返すイルヴァレーノ。だが、そういう態度が子どもっぽいという事に気がついていない。

「わははは。じゃあ、まずは国境越えの手続きだな。お手並み拝見だ」

「イルヴァレーノ、僕らの分も頼んだよ。がんばれ！」

手綱をゆるく持ちながら、アルノルディアが指差す前方に目を向ければ、広い川を渡る大きな橋が見えてきた。

橋の両岸に石造りの塔が立っているのが見える。そこが国境を守る検問所なのだろう。

リムートブレイク王国とサイリユウム王国を分ける大きな川。国境を越えるには橋を渡らなければならないのだった。

身分証明となる紋章を提示し、馬車の中が空であることを確認された後に、出国名簿に三人分の名前を書けばそれで国境を越えることは出来た。

一応、手配されている犯罪者名簿との照合という手順があるはずなのだが、エルグランダーク家の家紋の入った豪華な馬車と、ネルグランディ領騎士団の青い騎士服を着た騎士が二人いたことでほぼ顔パスで通れてしまった。

橋を越えて、サイリユウム王国へと入っても景色はあまり変わらなかった。

「川のあっち側とこっち側ってだけだからねぇ、気候も土質もさほど変わるわけないし、急に別世界！　なんてことにはならないんだよねぇ」

「初めての国越えだと、この変わらなさ加減にがっかりするんだよね」

橋を渡りきって、サイリユウム側の検問所の職員がのんきに手を振ってくれるのを見ながらなんとなくがっかりした顔をしていたイルヴァレーノを見て、騎士二人がわかる〜と言う顔をしている。イルヴァレーノは特に何も喋っていないのに。

「お互いの国が平和だから、あっさり検問通れちゃうしなぁ」

「あっけなさ過ぎて肩透かしだよね」

両側から、ポンポンと肩を叩かれる。

「何もないなら、それが何よりじゃないか……」

実は、騎士二人が言うようにちょっとがっかりしていたイルヴァレーノだが、同意するのも悔しかったのでそんな事を言ってみた。

「まぁね、旅程は順調な方がいいな」

「到着が遅れたら、カイン様なら自力でこっち戻ってきちゃいそうだよね」

「ありえる……」

それで行き違いになってしまったら目も当てられない。三人で苦笑いをしながら、少し焦ったように手綱を叩いてスピードを上げたのだった。

しばらく進み、木々が途切れて来ると道の両側には草原が広がっていた。ぽつりぽつりと時折小屋が建っているようだが、人が住んでいるのかはわからなかった。

「畑にしないで草原のままなんだな」

周りの様子を見ながら、イルヴァレーノがポツリとつぶやいた。

手綱をヴィヴィラディアに預けて、くつろいで座っていたアルノルディアがちらりとイルヴァレーノの顔をみて、そして空を見上げた。

「畑っていうのは、意外と人手がかかるものなんだ。隣の国に近いこの辺の土地まで開拓するほどの人手が無いんだろうな」

そう言って、手のひらを頭上にかざして眩しそうな顔をした。太陽がだいぶ上に来ているので手で日陰を作って眩しさを軽減しようとしているようだ。

「王都からネルグランディ領に来る間に、広々とした麦畑をみたんだ。サイリユウムよりもリムートブレイクの方が人手があるって事なのか？」

「ネルグランディ領が豊かなだけだよ。リムートブレイクにも未開の土地はまだまだあるよ。王都から我が領までの道すがらにはそういう所が見えないだけでね」

ディアーナと一緒に馬車で来た道では、見渡す限りの青々とした麦畑をみた。麦を製粉するための風車小屋が並ぶ様子も見てきた。孤児育ちで、その後もカインの侍従としてずっと王都にいたイルヴァレーノは、ネルグランディ領の麦畑や風車小屋の丘などを見て、自分の住んでいる国についても知らないことがあるのだと思ったばかりだった。しかし、その麦畑も風車小屋も王国のさらに一部でしかないと言われてもまだピンと来ない。

「ふぅん」

今は、そういうものかとしか思わなかったので、気のない返事になってしまった。

何も無い場所だから、御者の練習をしてみるか？　とヴィヴィラディアから手綱を押し付けられそうになっていた時、ふと手元が暗くなった。

雲で太陽が隠れたのかと思って見上げると、広く羽を広げた大きな生き物が頭上を横切っていくところだった。

「飛竜だ」

ヴィヴィラディアがポツリとつぶやいた。

上を見上げて、目を丸く開き、口が開きっぱなしになっているイルヴァレーノ。アルノルディアとヴィヴィラディアも一緒になって空を見上げていた。

飛竜はゆっくりと旋回して、馬を驚かさないように距離を取りながら低く飛ぶと、背中に人が乗っているのが見えた。ぐるりと回って横を追い越していく時に手を振っているのが見えた。

思わずといった様子でイルヴァレーノが手を振り返すと、飛竜は再び高度を上げて行き、草原の向こうへと飛んでいってしまった。

「なぁ、イル坊。カイン様に拾ってもらってよかったよなぁ」

そう言いながら、しみじみとアルノルディアが飛竜の飛び去った方向を見つめていた。

イルヴァレーノも同じ方向を見つめている。

「ただの領民、ただの孤児のままだったら、国境を越えて隣の国に来て、自分の国には居ない飛竜をみるなんて体験は一生出来なかっただろうよ」

「……うん」

国を越えるどころか、薄暗い所に隠れるように佇み、後ろめたい仕事ばかりをこなしているうちに、王都から一歩も出ないままとっくに死んでいたかもしれないと思っている。

イルヴァレーノを明るい場所に引っ張り出したのはカインだ。隣国への留学はカインの望んだことではなかったけれど、そのおかげでイルヴァレーノはこうして自分の国の外へ出て、自国にいたままでは見ることのない巨大な珍しい生き物を見ることが出来た。

この国に留学して半年、カインはもう飛竜は見ただろうか。三日後に会えるはずの主人に思いを馳せた。

「いかにも高級そうなでかい馬車を、騎士服着たヤツが操車してるんで様子見に来たんだろうな。サイリユウムでも飛竜はそんなに数はいないらしいし、珍しいものが見られて幸運だったなぁ」

「そうなのか？」

草原の向こうへ飛竜の姿が消えたころ、アルノルディアが感慨深げにつぶやいた。飛竜がリムートブレイクにはいない生物で、サイリユウムに来ないと見られないというのは先程聞いたが、サイリユウムにいても珍しい生物だったとは思わなかったイルヴァレーノは関心しながら、もう見えない飛竜を目を凝らして見ようとした。

「野生の飛竜はこの国の北の方に居るらしいんだけどなぁ、手なづけて人が乗れるってなるとそんなにいないらしい」

「まぁ、人の少ない地域の見回りに使ったりしてるんだろうね。そうだとすると、この辺は定期的に飛竜が見られる地域なのかもしれないよ」

「珍しいんだか、珍しくないんだか、どっちなんだ」

飛竜がいなくなった空は雲ひとつ無く晴れ渡り、その日の宿に着くまでなんの問題もなく馬車は進んでいったのだった。

宿場町に到着し、貴族向け宿で五日後の宿泊予約を取り付けたイルヴァレーノが、次は自分たち用の今日の宿を取ろうとくるりと受付に背を向けた。その首根っこをアルノルディアがひっつかむと、

「まてまてまて。どこに行くんだ」

と笑いを含んだ声でイルヴァレーノを引き戻した。

「まだやり残しがあった？」

イルヴァレーノが単独で宿を予約する、というのは初めての経験であった。先日までの王都からネルグランディ領までの旅程では事前に手紙で予約が取ってあったし、手続きは主にサッシャが行っていた。イルヴァレーノもやり方を覚えようとそばに付いてやり取りを見ていたので、それを真似して見たのだったが、アルノルディアが止めるということは何か手順を飛ばしていたのかと心配になった。

「いや、それは大丈夫。サイリユウム語もちゃんと通じる発音で話せていたぞ」

「じゃあ、何」

アルノルディアが親指と人差し指で丸を作ってにこやかに大丈夫と言ってくれるが、では何が「待て」なのか。初めての宿予約で間違いが無いことにホッとしつつも、訝しげな顔をしてアルノルディアを見上げて言葉を待った。

「いいか、ここは初めての宿なんだろう？　看板や外観はキチンと貴族御用達！　ってなっているが、実際の所どうなのかわかんないだろ。ちゃんと実際に泊まって確認しないと」

チッチッチと人差し指を振りながら、ドヤ顔でアルノルディアが説明するが、どうにも胡散臭い。

イルヴァレーノは斜め後ろに立っているヴィヴィラディアに視線を移してその目をじっと見つめてみた。

「いや……。まぁ、アルノルディアの言い分にも一理あるんだけど、ここは老舗だし裏の馬車置き場には他の立派な馬車もあったからそんなに疑う必要はないかなぁとは思うけど」

「一理はあるんだ」

なにせ、この宿にせよというのはパレパントルからの指示なのである。実際に自分たちまで泊まって確認する必要は本来無いはずである。

「事前に泊まっておけば、いざカイン様と一緒に泊まった時に色々融通が利く……かもしれないってのはあるかなぁ。例えば、事前に泊まって厨房の場所とか湯を貰いに行く場所とかを確認しておくと、慌てずに済むだろう？」

「湯？」

ヴィヴィラディアの説明に、イルヴァレーノが小さく首をかしげた。湯を貰うという言葉にピンと来なかったのだ。

「サイリユウムは魔法が使えない人達の国だからね。風呂が個室にあってもその場で湯を沸かすとかが出来ないんだよ。小さい宿なら厨房ででかい鍋で湯を沸かしてもらって、風呂で水で薄めて調整するし、こういった高級宿なら風呂用の湯沸かし場から湯をもらって風呂にためるんだよ」

納得のいっていない顔のイルヴァレーノに対して、ヴィヴィラディアが優しく丁寧に説明をする。エルリムートブレイクの貴族の家に身を寄せていると、使用人用の風呂でも魔法で湯が沸いている。エルグランダーク家ぐらいになれば、上級使用人には魔法学園を卒業していて、バリバリ魔法が使える人もいるのだ。

そんな人が風呂に魔法で水をはり、風呂釜に魔法で火を入れる。もしくは、水に触れると熱を出すという魔法道具を水にドボンと入れて湯を沸かしたりもする。どちらにしろ、魔法が使えないのでは同じようには風呂は沸かせないだろう。

孤児院にいた頃は、体を洗うといえば近場の川に水浴びに行くことだったのでそっちは全く参考にならない。カインに拾われて以来、エルグランダーク家の風呂事情が当たり前なのだと思っていたので、イルヴァレーノは小さく目を見開いた。

「もちろん、湯を運ぶのをイルヴァレーノがやる必要は無いけど、そろそろ風呂に入るから湯を頼むって言いに行く場所とかをね、事前に確認しておくと毎度受付を経由しなくて済むよって。もちろん、湯に限らず色々とだよ。実際に一泊してみればそういうのがわかるでしょっていうのが、アルノルディアの一理ね」

ヴィヴィラディアの説明を聞いて、一旦はなるほどと思ったイルヴァレーノ。だが、ココが貴族向けの宿であることを思い出して頭を横に振った。

「そうだとしても、今の僕らは全員使用人だ。貴族不在で貴族向けの宿に泊まるわけには行かないだろう？　送迎用の資金は預かっているけど、無駄遣いして良いわけじゃない」

そう言って、やはり受付に背を向けて出口へ向かおうとするイルヴァレーノの首根っこを、再びアルノルディアがひっつかんだ。

「ふっふっふ。この手に宿には、ご主人様との待ち合わせに先入りする使用人の為のグレードを落とした部屋とかが用意されているもんなんだよ。そっちは、比較的安い。もちろん、待ち合わせだの、予約だので後々貴族が来ることが確約されてなきゃ使えないけどな。さっきカイン様の帰りの部屋を予約したんだから、そこんとこはクリアされているわけだ」

アルノルディアがニヤリと笑う。

「それに、ディアーナ様の馬車を一晩預けるのに、普通の宿屋の馬車停めでは心もとないよ。ここなら、厩舎にも不寝番《ふしんばん》がいるらしいしさ」

でかくて白くて高級なディアーナの馬車は、装飾に金や銀なども使われている。馬車そのものが盗まれなくても、そういった部分を削っていく不届き者が居ないとは限らない。ヴィヴィラディアにそう諭されると、使用人と騎士だからといって安宿に泊まるのは良くないような気がしてきた。

「……」

イルヴァレーノが眉根を寄せて悩んでいるのを見て、アルノルディアはもうひと押しだと思ったのか、懐から一枚のメダルを取り出した。

「どうしても身分が気になるようだったら、それも心配ないぞ。さほど爵位は高くないが、俺とヴィヴィラディアも一応貴族だからな」

どこかの家の紋章が刻まれたメダルを無造作にぷらぷらと振ってみせながら、歯を見せて笑った。

なんだかんだと話し合った結果、カインが帰りに泊まる予定の宿に三人も泊まることになった。部屋はもちろん使用人用の部屋で、しかも三人部屋だ。

「ケチー。イルヴァレーノのケーチ」

窓際のベッドに腰をおろして、アルノルディアが軽口を叩いている。本気で愚痴を言っているわけではないのは丸わかりである。

「宿の様子見と、馬車を安全に預けるためなんだから、部屋は豪華じゃなくていいだろ」

子どもっぽくわざとらしくブーブー言っているアルノルディアをジト目で見ながら、イルヴァレーノはドアに一番近いベッドに荷物をおろした。

「三人で一緒の部屋って、合宿みたいで楽しそうだよね。後で宿の中を探検しにいくでしょう?」

「探検って……。下見だ。下見には行く」

真ん中のベッドに早速横になって伸びをしているヴィヴィラディアは楽しそうにはしゃいでいる。大きくて広い馬車とはいえ、座席と違ってクッションが良く効いているわけでもない御者席にずっと座っていたのだ。体の節々を伸ばしたくなる気持ちはイルヴァレーノにもわかった。

「それにさ、このレベルの宿に三人一緒の部屋なら、交代で起きてなくても大丈夫そうだもんねぇ。皆でしっかり布団で夜寝ることができるんだから、明日もバッチリ馬車を進められるよ」

ヴィヴィラディアの言葉に、イルヴァレーノはハッとした。孤児上がりの侍従と、騎士二名という襲ったところでなんの得にもならないメンバーであるが、往復六日分の旅費やカインのお土産代などをイルヴァレーノは預かっているのである。出入国に必要なエルグランダーク家の紋章も持っているわけで、そうなると防犯がしっかりとしている宿に泊まるか、順番におきて警戒しておくかしないといけなくなってしまう。

「防犯か……」

イルヴァレーノは自分自身にはさほど価値がないと思っている上に、過去に身につけた技術によって、ちょっとしたゴタゴタであれば何とかなると思っている。だから宿など寝られればどこでも良いと思っていたのだ。

しかし、大事なものを預かっている事を考えれば、防犯のしっかりした宿に泊まるのは確かに理に

かなっていると思えた。なるほど、と顎に手をあててイルヴァレーノが頷いていたら、

「エルグランダーク家の次期当主直々に指名された未来の執事なんだから、自信持てよイル坊。お前自身が大切にされるべき身だってことを、ちゃんと自覚しろよ」

一番奥のベッドにいたはずのアルノルディアがいつの間にかそばにいて、イルヴァレーノの頭をぐしゃぐしゃとかき回した。そしてそのまま「俺、便所」と言って部屋から出ていった。

頭がグシャグシャになったまま、イルヴァレーノがその後ろ姿を見送っていた。

「貴族向きの部屋の、一番良い部屋には続き部屋になっている使用人部屋もあるらしいよ。お客さんが居ないようだったら後で見せてもらいに行こうか」

アルノルディアが出ていって、閉まってしまったドアを眺めていたイルヴァレーノに、ヴィヴィラディアが声をかけて優しく肩を叩いた。


翌日からも、イルヴァレーノは御者席に座って騎士二人に挟まれながら進んでいった。何もない場所では手綱を預かって馬車の操車を教わってみたりしながら空の馬車を運び続けた。

アルノルディアとヴィヴィラディアがネルグランディ領の隣の領地出身で、それぞれ貴族の四男と五男だったという話を聞いた。

一応まだ父親が当主なので貴族家子息という立場であるが、兄が家を継げば爵位のない只の縁戚という立場になるんだと笑って話していた。

「それでも、兄が子爵ですっていえば身元は保証されるからねぇ」

「もう、騎士としてやっていこうって思ってるから、積極的に家名を名乗るつもりはないけどな。四

男じゃあ家から何か言ってくる事もないし」

それでも、初日の宿のように何かあれば貴族であることの優遇は受けるらしい。「その分取られるもんは取られるしな！」と言ってわははとアルノルディアは笑っていた。

六歳の頃に出会ったアルノルディアと、七歳の時に出会ったヴィヴィラディア。新人騎士がエルグランダーク邸に赴任している期間はたったの二年だが、九歳の春からは毎年カインに付いて領地へと行っていたので一年に一度は顔を見ていた。長い付き合いだと思っていたが、知っていることはそんなにないのだと改めて気付かされる旅だった。

「そういえば、付添騎士がフィルラージとアールディグからアルノルディアとヴィヴィラディアに変わったのは、もしかして二人が貴族家出身だからなのか？」

今更ではあるが、イルヴァレーノは王都から領地までと御者が変わった事について問うた。なんとなく、ちゃんと答えてくれそうなヴィヴィラディアの方を向いて、その目を見つめた。

「半分あたりかなぁ。流石に、外国でカイン様を守るのに二年目のフィルラージを行かせる訳には行かないからねぇ。フィルラージに関しては経験値が足りないのが理由かな。アールディグさんは騎士歴は長いんだけど、あの人はサイリユウム語が出来ないのが理由だよ」

思ったとおり、ヴィヴィラディアはにこやかに護衛交代の理由を答えてくれた。それに関して、アルノルディアがツッコミを入れてくる。

「アールディグさんも、ユウム語が出来ないわけじゃないよ。ネルグランディの国境近くに住んでる人は川の向こうとも交流あるからユウム語が出来る人は多いしね。ただ、お貴族様相手に失礼がない言葉遣いが出来ないいんだよ。今回はカイン様のお迎えだからね。どんなやんごとなきお人と遭遇しちゃうかわかんないからな」

イルヴァレーノは御者席の反対側に顔を向けると、アルノルディアの顔を見上げる。両手を頭の後ろに回して足を組み、リラックスした姿勢で座っているアルノルディアは目線だけ下げてイルヴァレーノを見ると、ニヤリと笑った。

「半分正解ってのは、そういうことだ。別に貴族である必要はないが、貴族に対して失礼にならない対応が出来て、暇なのが俺とヴィヴィラディアってことだ」

六歳で出会った頃から、アルノルディアに貴族らしい優雅さを見たことがないイルヴァレーノは、胡散臭そうなものを見る顔を作って軽く睨み返した。

「四男とか五男とかでも、一応子どもの頃からしつけられてるからねぇ。礼儀正しく行儀よくっていうのは一応できるんだよ、一応ね」

ヴィヴィラディアがフォローするが、イルヴァレーノの怪訝な顔をみて、わははとアルノルディアは笑ったのだった。


そんな会話をしたというのに、いざ貴族学校に到着してカインを見つけた瞬間、アルノルディアは「カイン様の隣にいるの第二王子じゃん！」と言って馬車の後ろに引っ込んでしまったのだ。ヴィヴィラディアも「執事見習いのお仕事だよ！　がんばれ！」と笑いながらアルノルディアの後ろに引っ込んでいった。

思いっきり不満顔を作って二人を睨みつけてやると、イルヴァレーノは深呼吸を一つしてからひょこっと体を表に出した。

半年ぶりに見る主人の顔が、自分を見つけて驚き、そして笑顔になっていく様をみて、むしろ騎士二人が引っ込んでいて良かったと思った。

小さく手を振ってやれば、小さく駆け寄ってくるカイン。イルヴァレーノの顔も自然と緩んでいたのだが本人は気がついていなかった。

穏やかカインの休暇のすすめ。

「バッカじゃないのか⁉」

エルグランダーク邸のカインの自室よりはずっと狭いが、一泊の宿としては広くて豪華な一室。イルヴァレーノの叫びがこだました。

夏季休暇が始まったカインを貴族学校から連れ出し、リムートブレイク王国を目指す馬車の旅の一日目、その日に宿泊する宿である。

カインを迎えに行く道すがら、帰りの宿を予約しておいたイルヴァレーノである。行きの道では貴族用宿屋の使用人用部屋に泊まっていたが、帰りはカインがいるので部屋も貴族用である。騎士の二人は帰りも使用人用の二人部屋に宿泊し、イルヴァレーノはカインの部屋の続き部屋になっている使用人用の部屋に宿泊する。こちらも、エルグランダーク邸のイルヴァレーノの部屋より狭く、ベッドしか無い。主人が泊まる部屋のベッドに下がっている紐を引くと、続き部屋の鈴がなるという仕掛けがあるのが特徴だった。

その、貴族向け部屋のベッドの上、カインのかばんが口を開けて置かれている。

「かばんがパンパンに膨れているから、ディアーナ様へのお土産が入っているんだろうとは思っていた。思っていたが、まさかお土産しか入ってないなんて思わないだろ⁉」

イルヴァレーノが、ビシッとかばんに指を突きつけてカインをなじる。開いているかばんの口からは、綺麗なレースが付いたリボンや、可愛い小袋に入れられた珍しいお菓子、良い匂いのする便箋と封筒のセットなどが見えている。

「お土産しか入ってないとは、イルヴァレーノも観察が甘いな。ちゃんと着替えも入ってるよ」

「下着三枚しか入ってないじゃないか！」

かばんの手前に、カイン愛用の自作ナップザックが置かれており、その上に男の子用の下着が三枚置かれていた。

「夏なんだし、夜寝る前に洗って干しておけば、朝には乾いてるよ。お風呂に入った後に履き替える下着が無いのは流石に困るかなと思ってちゃんと下着は替えを持ってきたんだからいいじゃないか」

カインは分からず屋を見るような、『困ったやつめ』とわがままな幼い子を見るかのような顔で、イルヴァレーノを見てくる。その表情にさらにイラッとしたイルヴァレーノは、自分の指で眉間を揉むと大きく息を吐き出して心を落ち着けた。

「長期滞在じゃないから、洗濯サービスなんて利用できないぞ。そもそも、宿の洗濯は朝に出して置くと夜に返してくれるって仕組みだから、夜出して朝返してもらうなんて無理なんだよ」

往路で泊まった時に、各宿屋で色々と使えるサービスなどを確認しているイルヴァレーノである。

騎士二人とイルヴァレーノにとっては六日の旅路なので、洗濯サービスなどが利用できるのであればありがたいと思って聞いたのだが、一泊だけでは利用するのが難しいという状況だったのだ。カインとしても、リムートブレイクの王都邸への帰省であれば七日の旅路なのだから、それなりに着替えを持ってきているとと思っていたのに、かばんを開けてみれば着替えは下着三枚しか入っていなかったのだ。

「夏のシャツなんか生地が薄いんだから、別に洗濯をお願いしなくったって良いよ。風呂に入る時に、ザバっと水洗いするぐらいで大丈夫、大丈夫」

カインは、自分で洗うから良いという。イルヴァレーノのこめかみに血管が浮いた。

「リムートブレイク王国筆頭公爵家嫡男という自覚がなさすぎる！」

イルヴァレーノのその言葉に、カインは一瞬キョトンとした顔をした。次の瞬間にはとても楽しそうに破顔した。

「夏休みだよ！　せっかく親元からはなれた場所にいるんだし、貴族もお休みしようじゃないか！ね、イルヴァレーノ。主人と侍従という関係もお休みして、ただの友達ってことでいいじゃん！」

正面から向き合って立っているイルヴァレーノの肩をバンバンと叩いて、カインは楽しそうだ。

「そういう訳に行かないでしょ……」

「でも、怒っているせいかイルヴァレーノはさっきから言葉が乱れちゃってるよ」

「うう……」

肩を叩かれつつ、イルヴァレーノは恨みがましい目でカインの事を睨んでいたが、やがて諦めたようにため息を吐いた。

「どうせ、何を言ってもどうにもならないんだ」

弱々しくつぶやくイルヴァレーノの言葉を耳にして、カインは嬉しそうに笑った。

「わかってるじゃん！　さすが友達だ！」

せめてもの抵抗として、カインのシャツはイルヴァレーノが洗濯をした。カインが魔法で桶に水を出し、体を洗う用の石鹸でゴシゴシと手でこすり合わせて洗い、よく絞った後に窓辺にぶら下げたのだ。窓を小さくあけて風通しも良くして置いたので、確かに朝には乾くだろうとイルヴァレーノもその時は思ったのだった。


翌朝、宿を引き払って、外に出て先に馬車を玄関先まで回してきていた騎士二人と合流したその瞬間。アルノルディアは爆笑し、ヴィヴィラディアはやれやれと言った風情で頭を振った。

カインの服はちゃんと乾いたのだが、絞ってそのまま乾かしてしまった為にヨレヨレのしわしわになってしまっていたのだ。

宿の人にアイロンを借りようとしたのだが、ここまでシワが強いと一度水に浸けて半乾きにしてからじゃないと難しいだろうと言われてしまった。つまり、洗い直さないとダメなのだ。アイロンの熱をかけて一部が乾いたとしても、袖口や襟などの布の重なっている所やボタンの付いている所などは乾かない。夏とはいえ、半乾きの濡れた服などカインに着せて風邪などひかせるわけにもいかない。

イルヴァレーノのその主張を通した結果。

「なんで、カイン坊っちゃんが執事服を着てるんですか！」

アルノルディアが指を指して笑う。

「僕の持っている中で一番上等な服がこれなんですよ」

イルヴァレーノがへの字口で拗ねたように答えた。

宿屋から出てきたカインは、イルヴァレーノの執事服を着ていたのだ。シンプルなシャツに夏用の薄いベスト、リボンタイ。イルヴァレーノの言うように使われている布や作りは上等であるが、デザインがどう見ても執事なのだ。

ちなみに、イルヴァレーノは普段着寄りのよそ行きといった感じのシャツである。襟はあるが頭から被るタイプのシャツなのでざっくり感がありあまり貴族向きとは言えないデザインである。

「さぁ、イルヴァレーノ坊ちゃま、早く出発いたしましょう。さ、馬車へどうぞ」

カインは悪ふざけで執事のふりをする。イルヴァレーノより先に馬車へ近づくとドアをあけ、イルヴァレーノを乗るように促した。

それを見てアルノルディアはさらに笑い、馬車に繋がれている四頭の馬が何事かと振り返った。

行きは御者席に座っていたイルヴァレーノだが、カインがいるので帰りは馬車に乗っている。ディアーナへの土産を積み込みすぎて、座れる場所も狭い。昨日の出発からずっと進行方向に背を向けて並んで座っているので、席順で主人と侍従を示す事もできない。

「はぁ〜。分かりました。夏休みですもんね。貴族もお休みなんですね」

イルヴァレーノはカインの手をとって、それを支えに馬車へと乗り込んだ。馬車の中でくるりと反転すると、今度はカインの手を握ってぐいっと引っ張り上げて馬車へと乗せた。

「執事ごっこにはノリませんよ。友達なんだから、対等です」

馬車に乗せられたので、今度は自分が乗せてやった。そういう意味で言ってやり、イルヴァレーノはフフンと鼻で笑ってやった。主人に対する態度ではないが、わざとそうした。

「せっかくこんな服着てるんだから、ごっこ遊びに付き合ってくれたって良いじゃないか。友達なんだから」

カインもわざとらしく頬を膨らませて拗ねて見せる。お互いに見下した顔とすねた顔でしばらくにらめっこしていたが、どちらからともなく噴き出して笑い出した。

「車内はにぎやかでいいねぇ」

「なんだかんだ、同世代で気が合うんだろうな」

車内から聞こえる笑い声に、御者台の大人二人がほっこりとしていた。


「ところで、今回は王都のエルグランダーク邸に戻らずに領地の城へ参ります。そこでディアーナ様がお待ちですからね」

「え！　本当に？」

「夏休み開始から、片道七日を移動に費やせば一緒に居られる時間が短くなってしまう、とディアーナ様が考えた結果です。領地で合流すれば会えない日にちを四日短縮できますからね」

「さすが僕のディアーナ！　賢い！　なんて兄思いの良い子なんだろうね！　あぁ、ディアーナってばなんて優しい子なんだろう」

「お土産で狭いんですから、悶えないでくださいカイン様」

元々は長旅にも耐えられ、家族皆で乗れるようにとディアーナがおねだりした大きな馬車。今はカインが買ったディアーナへのお土産で、二人が座っていっぱいいっぱいと言った感じになってしまっている。

アハンうふんディアーナぁぁとモダモダしているカインを鬱陶しげにイルヴァレーノが手で突き放

していた。

「そうだ、キールズ様から伝言が」

今思い出したというように、イルヴァレーノが手を打った。悶えていたカインもきちんと座り直し、イルヴァレーノへ向き直る。

「キールズから？　なんだって？」

今年は留学してしまったため、春の領地視察に行っていない。従兄弟のキールズとも一年以上あっていない事になる。懐かしさに目を細めたカインであったが
『俺たちの分の土産を忘れるな』と伝えるように言われております」

イルヴァレーノのその言葉を聞いて、目を見開いた。

「あー！　そうだ！　領地に行くなら叔父様たちへのお土産がいるじゃん！　もっと早く言ってよ！」

カインはそう叫ぶと、身をひねって御者席への連絡用小窓を叩いた。

「アルノルディア！　ヴィヴィラディア！　次の大きめの街で停めて！　お土産買わなきゃ！」

「土産はもう積めないってぐらい馬車に積んでるじゃないですか」

小窓を開き、アルノルディアが覗き込みながらそう返事をしてきた。実際、馬車の中は土産でいっぱいだ。

「エクスマクス叔父様やアルディ叔母様、キールズやコーディリアの分だよ！」

「あー。なるほど。わかりました。今日の宿泊予定の街が結構でかいんでそこで大丈夫ですよ」

「わかった、よろしくね」

お土産の算段がついて、ホッとするカイン。連絡用の小窓を閉めてゆったりと座り直した。

「イルヴァレーノもさぁ、サディスの街にいるうちに戻るのは領地の城だって言ってくれれば良かったのに」

カインが恨みがましく、口を尖らせながらそう言うが、イルヴァレーノは顔をすましたままである。

「言うひまもなく、ディアーナ様のお土産探してあっちこっち行ったり来たりしてたじゃないですか。知りませんよ。聞かなかったのはカイン様ですからね」

イルヴァレーノも、何度か言おうとしたのだ。お土産を積み込んで、いよいよサイリユウムの王都を出ようとした馬車の中であったり、一日目の宿について落ち着いた時だったり。

しかし、馬車に乗れば「母国語で話せるの楽～」といって離れていた間のあれこれを話そうと言われ、話し始めてしまえば話題が尽きずに宿に着いてしまい、宿に着いてみれば、着替えを下着三枚しか持っていない事が判明し、そのゴタゴタで話しそびれてしまっていた。

大体、カインが悪い。

「車内はにぎやかでいいな」

「いうなれば幼馴染だもんな、カイン様とイル坊は。なんだかんだ仲が良いんだろうな」

車内から聞こえてくる喧々諤々《けんけんがくがく》とした言い争いの声を、御者席に座る大人二人が楽しそうに聞いていた。

その日到着した宿泊地の街でお菓子やアクセサリーなどを買い、今度こそ手洗いしたシャツを半乾きのうちにアイロンをかけてから窓辺に干した。

その甲斐あって、カインは自分の服を着てディアーナと再会することができたのだった。

あとがき

あとがきの冒頭の挨拶をどうしようかなって考えました。

三巻なのでさすがに「はじめまして」の人はいないよね。とか、二巻と三巻は連続刊行だったので、「お久しぶりです」というのもヘンかな。とか。

じゃあ、「こんにちは」でいいじゃないかとも思ったんですが、それではお昼の挨拶になってしまいますし、朝読んでいる人も夜読んでいる人もいるかもしれないじゃないかって考えました。

時間を問わない挨拶として、「おはこんばんちは」や「おはこにゃばちにんこ」を思い出しましたが、年代や趣味の範囲によっては通じないかもしれません。

色々と考えた結果、あにてんのあとがきなのだしディアーナの仮の姿を見習うことにしました。

書籍を読んでくださっている皆様、電子書籍で読んでくださっている皆様、御機嫌よう。またお会いできた事、大変うれしく思います。皆様のおかげで、無事三巻まで出すことができました。三巻もあなたの心を躍らせる内容になっていることを切に願います。

……御機嫌よう。良い言葉ですね。

さて、あとがきから読む人もいるそうですね。私はあとがきは後で読む派なんですが、あとがきから読む派がいるとなるとネタばれになるような本文の解説を書くわけにもいきません。でも、小説と全く関係のないお話をするのも憚られます。一巻と二巻のあとがきでぜんぜん関係ない事を書いておいていまさらですが。

悪役令嬢の兄に転生しましたは、「小説家になろう」（以下「なろう」）連載版とTOブックス版で内容は変わりません。この先も、エンディングが変わったり分岐が変わったりする予定はありません。

でも、読んでくださった方はわかるとおり、TOブックス版には書き下ろしの短編や、作中でディアーナが読んでいる絵本の本文、ストア限定や電子限定の短編などが追加されています。さらに、キャナリーヌさんの素敵な挿絵も入っています。

お話自体はなろう版と変わらないのですが、これらの追加要素のおかげでこの世界の広がりや登場人物たちの存在感、物語の奥深さが増しています。最近流行の言葉で言えば、世界観の解像度がグンと上がるんです。

もともと、「小説家になろう」のサイトで無料で読めるお話なのに、お金を出して、本屋さんへ足を運んで、ダウンロードしてスマホやパソコンの容量を減らして、通信帯域を使って……。そういった手間隙お金をかけてこのお話を読んでくださっている方に、より面白くより楽しんで読んでもらえる本になっていたらうれしいです。どうですか？

ところで、私は整理整頓が苦手なのです。どのお話をどこで書いたのかだんだん判らなくなってきてしまって、ストア限定や電書限定のお話を「有るもの」として本編で話題に出したりしてしまっていないか心配です。なろうに逆輸入しないように気をつけなければなりません。

もしやらかしていたら、こっそり教えてください。お願いしますね。

巻末おまけ

魔法使い ファッカフォッカ V

～王様になった魔法使い～

むかしむかし、ずーっとむかしのお話です。

おとうさんのおとうさんが子どもの頃よりもっとむかし。

おじいさんのおじいさんが生まれた頃よりもっとむかし。

それぐらいむかしのお話です。

世界中を旅する偉大な魔法使いがおりました。

魔法使いの名前はファッカフォッカ。

いつでも魔法の研究について考えている魔法が大好きな魔法使いです。


ある日、ファッカフォッカはとても寒い国にやってきました。

崩れかけた門をくぐり、ぼろぼろのいしだたみの大きな通りを歩いていくと、しくしくと悲しそうな泣き声が聞こえてきました。泣き声の聞こえる路地をのぞきこむと、そこにはちいさな女の子がしゃがみこんでいました。


「どうしたの？」

ファッカフォッカは聞きました。

「おなかがすいて立てないの」

女の子はそう答えました。

ファッカフォッカは大きくうなずくと、

「なんだそんなことか」と言って、持っていた大きな杖を振りました。

「ファッカフォッカ、ファッカフォッカ、えーい！」

呪文を唱え終わると同時に、狭い路地の上にはおいしそうなごちそうが並んでいました。

「さぁ、どうぞ！　おなか一杯たべるといいよ」

ファッカフォッカはごちそうの前に女の子を手招きしました。

「ありがとう！」

女の子はお礼を言ってうれしそうにごちそうを食べ始めました。

ファッカフォッカは狭い路地から歩きでて、また大きな通りを進みます。

「ごちそうを出す魔法はまえにも使ったことがあるからなぁ」

そんなひとりごとをもらします。

ファッカフォッカは、新しい魔法を作ったり使ったりするのが大好きなのです。


大きな通りを少し進んだところで、二人の兄弟が一枚の薄っぺらい毛布にくるまってふるえていました。

「どうしたの？」

ファッカフォッカは聞きました。

「さむくてねむれないんだ」

兄弟は答えました。

ファッカフォッカは大きくうなずくと、

「なんだそんなことか」と言って、持っていた大きな杖を振りました。

「ファッカフォッカ、ファッカフォッカ、えーい！」

呪文を唱え終わると同時に、ふかふかもふもふで分厚い毛布が二枚空からふってきました。

「さあどうぞ！　ぐるぐるに包まってゆっくり眠るといいよ！」

ファッカフォッカは落ちてきた毛布を掴むと、二人の兄弟をすっぽりと毛布でつつみました。

「ありがとう！」

兄弟はお礼をいって、身を寄せ合って眠りにつきました。

ファッカフォッカはまた大きな道を前に進みます。

「毛布をだす魔法も前に使ったことがあるからなぁ」

そんなひとりごとをもらします。

やがて国を一周し、大きな広場にやってきました。

その広場には沢山の人があつまっていました。

「わたしもおなかがすいています！」

「ぼくもさむくてねられません！」

広場にあつまった人たちは、ファッカフォッカにつめよります。

みんなの困った顔をみたファッカフォッカは、大きく一つうなずきました。

そうして大きな杖をぐるりぐるりと振りまわしました。

「ファッカフォッカ、ファッカフォッカ、えーい！」

「ファッカフォッカ、ファッカフォッカ、えーい！」

呪文を唱えるたびに、ごちそうが沢山出てきます。

「ファッカフォッカ、ファッカフォッカ、えーい！」

「ファッカフォッカ、ファッカフォッカ、えーい！」

呪文を唱えるたびに、毛布がふわふわ降ってきます。

それでも、広場にあつまった沢山の人にはいきわたりません。

「ううん。魔法を沢山つかえて楽しいけれど、同じ魔法ばかりでは飽きてしまうし、こんなに人がいてはきりがないよ！」

ファッカフォッカは杖を投げ出したくなってしまいました。

「なんでこんなに大勢の人がおなかをすかせて、さむさにふるえているのかな？」

ファッカフォッカが聞きました。

「王様が春をひとりじめしているせいで、春が来ないのです」

みんなを代表して、一人の男の子が前にでてきて言いました。

「春が来ないと種まきができないので、麦も野菜もつくれません」

男の子に続いて女の子が前にでてきて言いました。

「森の木が大きくならないので薪もとれず、暖炉に火がいれられないのです」

きこり姿の大きな男の人が前に出てきて言いました。

みんなの話を聞いたファッカフォッカは、大きく一つうなずくと、

「なるほど、なるほど」といいました。

「春を呼ぶ魔法はまだ使ったことがないけど、やってみよう」

そういってニヤリと笑うと手に持った大きな杖を振りました。

「ファッカフォッカ、ファッカフォッカ、えーい！」

広場にファッカフォッカの声が響き渡りました。

ほんの少しだけ、暖かい風が吹いたような気もしましたが、春が来たかはわかりませんでした。

何人かの子どもたちが、森やはたけに春を探しに行きました。

「木の芽は芽吹いていなかったよ」

「冬眠中の虫も起きていなかったよ」

「春は見つからなかったよ」

子ども達はそういいました。

「なるほど、なるほど」

とファッカフォッカは大きくうなずくと、ふぅむと頭を働かせます。

なんで失敗したのかを考えて、次に成功する方法を考えるのです。

「そういえば、春というものを真剣に研究したことがなかったな。

まずは春を観察し、春を感じて、春を知らないといけないねぇ」

腕を組んでうぅんとうなります。

春を研究したくても、春は王様がひとりじめし

ているのです。

「そうだ、王様から春を取り返そう！」

ファッカフォッカがいいました。

春を取り返せば、春の研究ができるのです。

そうすれば、春を呼ぶ魔法も完成するかもしれません。

ファッカフォッカの言葉に、広場の人たちは首をかしげます。

王様はとても偉いので、逆らったらいけないと思っていたのです。

「王様といえども人だもの。間違えたことをしたら、間違えてるっておしえてあげなくちゃ」

ファッカフォッカの言葉をきいて、みんな頷きました。

「そうだ、そうだ。春はみんなのものなのだから、ひとりじめは良くないんだ」

「そうよ、そうよ。王様から春をとりもどしましょう！」

ファッカフォッカを先頭に、みんなでお城をめざしました。

「ファッカフォッカ、ファッカフォッカ、えーい！」

お城を守る衛兵は、ファッカフォッカの魔法で剣を花束に変えられてしまいました。

「ファッカフォッカ、ファッカフォッカ、えーい！」

お城を守る番犬は、ファッカフォッカの魔法で鎖につながれてしまいました。

「ファッカフォッカ、ファッカフォッカ、えーい！」

固く閉められていた門も扉も、ファッカフォッカの魔法にかかればすぐに開いてしまいました。

そうして、いよいよ王様の部屋へ到着しました。

王様の部屋は、春の部屋になっていました。

壁には青々としたつたが這い、淡い色の花が沢山咲いていました。

暖かいそよかぜが部屋の中で吹いていて、大きな天蓋つきベッドのカーテンをゆらしています。

床にはじゅうたんの代わりに柔らかい芝の若芽がしきつめられ、木の柱からは細い枝が伸びて新芽が芽吹いています。

春そのものの部屋に入って王様をさがすと、ベッドの中ですやすやと眠っているのがみつかりました。

「寝ている人を起こす魔法！　ファッカフォッカ、えい！」

ファッカフォッカが大きな杖をぐるぐると回して呪文をとなえると、王様はううんとうなりながら目覚めました。

「国のみんなが困っています。王様、春を返してください」

「春が来ないからタネ蒔きができません。王様、春を返してください」

「春が来ないから家畜が子どもを産みません。王様、春を返してください」

ファッカフォッカについてきた人たちが、口々に春が来なくて困っていると訴えます。

「自分用の春が欲しかっただけなのに、みんなを困らせていたなんて！」

王様は反省して、春をみんなに返すと言いました。

ファッカフォッカは大きく一つうなずくと、王様の部屋のベランダを大きく開けました。

「さあ、春よ！　部屋を出て国中に広がろう！

ファッカフォッカ、ファッカフォッカ、えーい！」

ファッカフォッカが大きな杖を大きく空へ掲げると、部屋から外に向かって暖かい風が強く吹きました。

するとどうでしょう。

枯れ木と枯れ草ばかりで灰色になっていたお城のお庭が明るい緑色に変わっていきました。葉が生えて緑に満ちた庭は、芽が膨らみ、花がさいてカラフルになっていきます。

緑の波がお城の庭の端までいくと、次はお城の外へと広がっていきました。

王様の部屋のベランダから飛び出した春は、水の波紋がひろがるようにぐんぐんと国中に広がっていきました。


「わぁ！」

その様子を見た人々が歓声をあげました。

次々とファッカフォッカに近寄って、順番にありがとうといいながら握手していきました。

最後に、王様がファッカフォッカの前に立ちました。

「ほんのちょっと、春一杯の部屋でお昼寝がしたかっただけだったのだ。しかし、気持ちよすぎて寝すぎたようだ。私は王様失格だ。偉大なる魔法使いファッカフォッカよ。どうかこの国の王様になってくれないか」

王様は、頭をさげながらそういいました。

「魔法で国をつくったことはまだないですね。面白そうだからいいですよ」

ファッカフォッカは気安く王様を引き受けました。

ファッカフォッカはこうして王様になりました。

春が来た国の中に、魔法の可能性があるうちは王様でいてくれるでしょう。

もし、王様に飽きたファッカフォッカがまた旅に出ることがあったら、その時はまたお話の続きをいたしましょう。

伝わらないジェスチャー

漫画:よしまつめつ

悪役令嬢の兄に転生しました
Reincarnated as a Villainess's Brother
俺は、妹を絶対
悪役令嬢にしない!!
漫画・よしまつめつ
原作・内河弘児　キャラクター原案・キャナリーヌ
©2021 Hiroko Uchikawa/TOBOOKS
©2021 Yoshimatsumetsu/AKITA PUBLISHING CO.,LTD.
秋田書店
DOKODEMO
どこでもヤングチャンピオンに
YOUNG CHAMPION
コミカライズ連載中!

王太子殿下に
妹が誕生!?
悪役令嬢の兄に転生しました
Reincarnated as a Villainess's Brother
4
2022年
発売決定!
著 内河弘児 イラスト キャナリーヌ

踏み込むな
カイン
赤ちゃん、
かわいい！
だがその裏には、
兄が妹の
破滅回避に挑む、
フルラブ・
ファンタジー！
赤ん坊は母親と
いるべきです
隠された王家の秘密が。

サンクランド王国編
クライマックスへ!
ミーア様の
お召し物が…!?

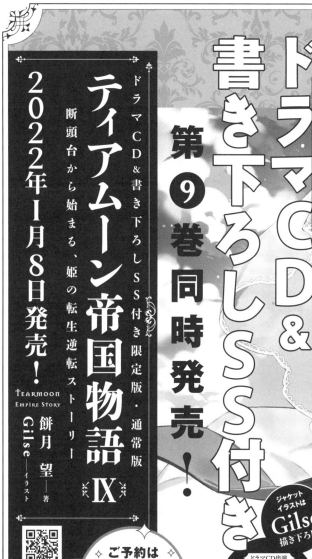

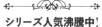

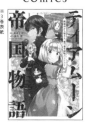

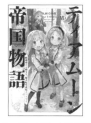

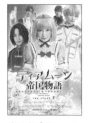

2022年早春
小説第②巻
発売決定！
元・客の隣国王弟と
再会する中――
シルと離ればなれに!?
NOVEL
著 楢山幕府
イラスト えびすし
行して完璧な悪女を目指す

今冬コミカライズ連載開始！
ニコニコ漫画でお待ちしてますわ！
COMIC
北国良人・漫画
原作：榾山幕府
キャラクター原案：えびすし
断罪された悪役令嬢は、

「雑草は駆除します」
当主の座を巡り最終局面へ！
大人気・幼い兄弟の
領地経営ファンタジー第6巻！
第1回
人気キャラクター
投票！
第6巻の巻末にて結果発表！
▼最新情報コチラ▼
舞台DVD
好評発売中！
冬発売!!!!!!!!